서울 자가에 대기업 다니는

김 부장 이야기

서울 자가에 대기업 다니는
김 부장 이야기

특별합본호

송희구 지음

서三삼독

너무너무 재미있다. 나는 단숨에 이 책을 읽었고, 작가의 필력에 진심으로 감탄했다. 직장인이라면 누구나 공감할 수밖에 없는 이야기이다. 거기다 이야기를 따라가다 보면 자연스럽게 삶과 투자의 지혜까지 배울 수 있다. 남녀노소의 경계 없이 모두에게 추천할 만한데 특히 직장인에게 일독을 권한다. 후회 없을 것이다.

— **브라운스톤(우석), 《부의 인문학》 저자**

사람들은 모르는 사람의 이야기에는 반응하지 않는다. 하지만 자신과 별 차이 없다고 생각하던 주변 사람의 집이 몇 억이 올랐다고 하면 그제야 자기 집값을 찾아보게 된다. 그래서 요즘 사람들이 더욱 부동산에 울고 웃게 된 것은 아닐까? 김 부장 이야기에는 그와 같은, 우리가 함께 공감하고 무릎을 칠 만한 소재와 스토리가 가득하다. 그런 점에서 이 책은 어디에도 없지만 어디에나 있는 사람들의 이야기라 할 만하다. 김 부장, 송 과장, 정 대리, 권 사원은 바로 여러분일 수도 있고, 여러분 주위의 아는 사람일 수도 있다. 이들의 이야기는 과연 어떻게 될까? 그래서 더욱 두근거린다. 다음다음이 더욱 기대되는 이야기다.

— **주언규, 경제 유튜버, 《슈퍼노멀》 저자**

기운 날 일 없어도 기운 내야 하는 '어른'들에게 전해주는 뼈 때리는 위로. 극한의 현실적인 디테일, 페이지마다 웃음과 소름이 교차하는, 그래서 결국 나를 돌아보게 하는, 간만의 깊은 이입감. 드라마로 탄생한다니 캐릭터가 아닌 진짜 사람이 살아있는 드라마가 탄생할 것 같다. 생각만 해도 기대가 넘친다.

— **배우 류수영**

저자의 글

앞만 보고 달리다가 잠시 주변을 둘러보니 훌쩍 지나가버린 세월에 헛헛함을 느끼는 부장님,

20대에 비해 주량과 체력이 급격히 줄었지만 아직 마음만은 청춘인 과장님,

회사 일은 익숙해졌지만 어떤 게 잘 사는 건지, 무엇을 해야 할지 갈피를 잡기 어려운 대리님,

설렘과 두려움을 안은 채 본인도 모르게 사회로 떠밀려 초년생의 길로 접어든 사원님,

존경을 담아,

이 시대를 살아가는 모든 직장인들에게 이 책을 바칩니다.

차례

3부 송 과장 편

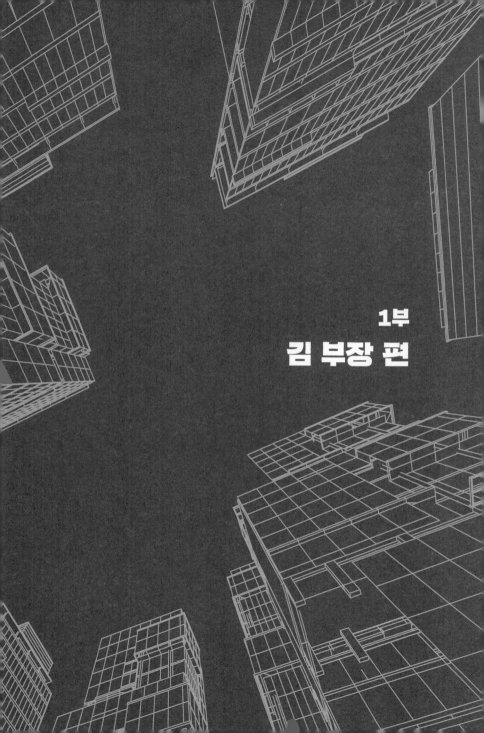

1부
김 부장 편

김 부장의 평화로운 일상

1

김 부장은 모 대기업에 25년째 근무 중이다.

동갑내기 아내와 서울에서 자가로 살고 있으며 아들도 제법 커서 대학생이다. 연봉은 1억 정도 되며 실수령액은 650~700만 원 정도 된다. 가끔 보너스도 나온다. 주식도 1천만 원 정도 투자하고 있다. 10년째 하고 있지만 크게 재미를 보지는 못했다.

남들은 성공한 사람이라며 부러워한다. 부모님도 내 아들 성공했다며 뿌듯해한다. 김 부장은 부장 직급을 달기 전까지 대기업의 복지를 누리고 하청업체의 접대를 받으며 만족스러운 삶을 살았다. 사고 싶은 것, 먹고 싶은 것에 부족함이 없었다.

그런데 부장이 되고 나니 동기들이 하나둘 회사를 떠나기 시작한다. 늙어 죽을 때까지 나에게 월급을 따박따박 줄 것 같던 이 회사가 내 동기들을 내보내기 시작한다.

김 부장은 슬슬 불안해진다.

갑자기 내 통장에 이 돈이 들어오지 않는다면?

생각만 해도 끔찍하다. 마음속으로 행복회로를 돌려본다.

설마 회사에서 당장 내보내겠어?

만약에 잘리면 아들도 다 컸겠다 집 팔아서 시골 가서 살지 뭐.

김 부장의 통장에는 수천만 원이 있다. 주식계좌에는 1천~ 2천만 원어치가 있는데, 날마다 오르락내리락 한다.

김 부장은 의문이다.

25년간 회사를 다녔는데 내 통장에는 왜 이것뿐이지? 본인의 씀씀이는 전혀 생각하지 못한다.

불안감을 이기기 위해 또 행복회로를 돌린다.

임원 달지 뭐. 임원 달면 연봉이 두세 배는 될 텐데.

그래도 여전히 불안하다. 이전보다 더 장표 작성에 집착하고, 팀원들을 압박하고, 실적에 매달린다. 나는 꼰대가 되지 말아야지, 하는 각오를 매일같이 하지만 조급한 마음은 김 부장을 꼰대로 만들어버린다.

동기가 커피 한잔하자고 한다. 연락도 잘 안 하던 동기가 갑자기 불러내니 반가운 게 아니라 심장이 덜컹 내려앉는다. 테이블에 마주 앉은 동기는 지방으로 발령이 났다고 말한다. 사실상 나가달라는 회사의 메시지라고 한다. 너도 얼마 안 남았으니 준비하라고 한다.

김 부장은 극도의 불안감을 느끼나 겉으로는 평온한 척 미소 짓는다. 그리고 속으로 중얼거린다.

난 진급 누락 없이 여기까지 왔다고,

서울에 집도 있다고,

노후준비는 끝났다고,

그리고 내년에 이사로 승진할지도 모른다고.

자리로 돌아온 김 부장은 더 초조해진다. 주식계좌를 열어본다. 코로나19로 박살 났던 주식들이 회복해서 오히려 플러스로 돌아섰다. 안심이 된다. 아직은 걱정하지 않아도 될 것 같다.

2

김 부장은 전무의 호출을 받는다.

옷 매무새를 가다듬고 전무실로 뛰어들어간다. 숙제를 가득 받아서 나왔지만 오히려 마음은 편하다. 다른 생각 안 하고 회사 일에만 매진하는 게 김 부장에겐 딱이다. 팀원들에게 업무를 부여하고, 본인은 취합하고, 이렇게 바쁘게 사는 게 바로 조직 생활의 재미 아니겠는가.

일에 열중하다 보니 어느새 퇴근시간이다. 동기들이 회사를 하나둘씩 떠나고부터 김 부장의 출퇴근길 파트너는 게임이 아니라 유튜브다. 타의로 회사를 떠나는 동기들을 보며 불안한 마음에 재테크 영상을 보기 시작했다. 월세도 받고 배당금도 받고 어디 투자도 하고, 김 부장이 대수롭지 않게 생각하던 내용들이 심도 있게 나온다.

사실 김 부장은 그런 영상을 보는 게 힘들다. 공부도 많이 해야 하고 직접 발로 뛰어야 하고 절약해야 한다고 강요하기 때문이다. 딱히 절약이란 것을 해본 적도 없고, 절약해야 할 이유도 모르겠다. 어느새 김 부장은 자동차 리뷰 영상을 보고 있다. 뒤이어 골프채 리뷰 영상도 나온다. 그동안 쌓인 데이터 알고리즘이 자연스럽게 그 길로 인도한다.

김 부장은 부장이 되고 나서야 어쩔 수 없이 골프를 시작했다. 전무, 상무와 개인적인 이야기를 할 수 있고, 본인의 의지를 어필할 수 있는 유일한 시간이기 때문이다.

그들은 김 부장이 성실하고 능력 있으니 임원이 될 거라며 자기만 믿으라고 한다.

필드를 한 번 갔다 오면 비용이 꽤 많이 든다. 전무와 상무를 집까지 가서 픽업하고, 운동이 끝난 후 모셔다드리는 서비스까지 마무리하면 기름값만 몇만 원이 나온다. 김 부장은 임원이 되기 위해 하는 투자라 생각하며, 회사 상사들과 골프 치고 밥 먹고 술 마시기를 반복한다. 평일에는 회사일에 최선을 다하고, 퇴근하면 골프 연습하고, 주말에는 필드에 나간다.

출퇴근할 때 보던 자기계발, 재테크 유튜브는 자장가로 전락한다. 지하철에서 졸다 보니 내려야 할 역을 지나친다. 벌떡 일어난 김 부장은 다음 역에서 헐레벌떡 내린다.

3

김 부장은 급하게 내리다가 몽블랑 가방을 떨어뜨린다.

과장이었을 때 해외출장 갔다가 면세점에서 산 명품 가방이다. 몽블랑 가방, 태그호이어 시계와 명품 넥타이는 김 부장의 자존심이자 나름대로의 멋이다. 대기업 직원이면 이 정도는 걸치고 다녀야 한다는 게 입사 때부터 김 부장이 굳건히 고수하고 있는 원칙이다.

떨어뜨린 가방을 보니 속상하다. 애지중지 아끼며 들고 다니던 가방인데 잔 기스가 나버렸다.

꽤 오래 들고 다니긴 했지.

김 부장은 출근하자마자 커피를 마시며 새로운 가방을 검색해본다.

옆 팀 최 부장이 들고 다니는 브랜드를 찾아보니 가격이 200만 원이 넘는다. 흠칫 놀란 김 부장은 자신보다 잘난 게 없어 보이는 최 부장을 다시 본다.

어떻게 200만 원이 넘는 가방을 들고 다니지?

생각해보면 김 부장의 몽블랑 가방도 면세점에서 1,200달러, 그러니까 150만 원 정도에 구입한 가방인데 면세점에서 산 데다 쿠폰에 카드사 할인에 할부까지 해서 굉장히 저렴하게 샀다는 기억만 있다.

최 부장 가방의 가격을 알고 난 뒤 김 부장은 온종일 가방 생각뿐이다. 책상 아래 놓인 자신의 낡은 가방이 거슬린다.

거래처 사람들이 이 가방을 보면 날 무시할 텐데.

팀장이 이런 가방 들고 다니면 팀원들이 날 무시할 텐데.

와이프도 내가 이런 가방 들고 다니는 걸 보면 속상해하지 않을까.

그래 이 가방은 아들 주고, 나는 새 가방을 사는 거야.

점심시간이 되자마자 외근 간다고 하고는, 롯데 에비뉴엘로 향한다. 화려하고 다양한 브랜드들이 많다. 최 부장의 가방 브랜드를 찾아서 매장에 들어간다. 자주 와본 것처럼 행동하려 한다. 가격표를 봐도 아무렇지 않은 척한다.

최 부장과 똑같은 것은 없고 비슷한 스타일이 있어 직원에게 보여달라고 한다. 이리저리 뒤적이며 보는 척하다가 가격을 물어보니 300만 원이라고 한다.

200만 원짜리는 없냐고 물어보고 싶다. 하지만 김 부장의 자존심이 허락하지 않는다. 대기업 부장이 이 정도로 흔들리지 말자고 마음속으로 되새긴다. 아니, 스스로 되새기는 게 아니라 자동으로 되새겨진다. 너무나 익숙하다.

"이걸로 할게요."

이왕 사는 거 최 부장보다 더 좋은 걸로 사자며 그냥 지른다.

"할부 몇 개월로 할까요?"

직원이 묻는다.

"일시불이요."

김 부장 사전에 할부란 없다. 자존심이다. 내가 이 매장을 나가는 순간까지 나는 멋있는 사람으로 보여야 한다.

내가 이 매장을 나가면 여기 직원들은 나를 완전 다른 눈으로 보겠지. 멋있는 사람이라고 수근거리겠지.

김 부장은 매장을 나와 스타벅스로 간다.

김 부장 사전에 빽다방이나 이디야는 없다. 대기업 부장에 명품 가방을 들고 다니는 사람이라면 스타벅스 정도는 가줘야 한다.

북적북적한 사람들을 피해 매장 구석에 앉은 김 부장은 새로 산 가방의 포장을 푼다. 브랜드 로고가 크게 찍힌 종이백을 든 채 사무실에 들어갈 수는 없다. 번쩍거리는 새 가방을 테이블에 올려놓고 바라보면서 스타벅스 말차라떼의 달달함에 취해본다.

이게 바로 나에게 주는 선물이라는 것인가,라며 위안을 한다.

그때 김 부장 눈에 왼쪽 손목에 찬 시계가 들어온다. 소매를 살짝 걷어서 가방 옆으로 왼손을 슬쩍 옮겨본다. 새로 산 가방과 같이 있으니 유난히 더 빛이 나는 것 같다.

오늘의 말차라떼는 더 달달하다.

사무실로 복귀해 다시 업무를 시작하는데 너무 기분이 좋다.

커피잔을 들고 어슬렁거리며 다른 부장, 차장, 과장들 자리를 슬쩍 쳐다본다.

자신보다 좋은 가방을 든 사람은 없다.

퇴근하려는데 가방이 두 개다. 둘 다 들고 가자니 폼이 안 난다. 창고에 가서 쇼핑백을 꺼내 예전 가방을 집어넣으려는데 아무래도 퇴근길에 새로 산 가방이 긁힐 것 같다. 잠시 고민하다 새로 산 가방을 쇼핑백에 담는다.

퇴근하는 내내 쇼핑백 안에서 번쩍거리는 가방을 보니 부자

가 된 기분이다. 지하철 맞은편에 새 가방 브랜드와 같은 로고
가 찍힌 핸드백을 든 아가씨가 앉아 있다.

왠지 반갑다. 김 부장은 시대에 뒤처지지 않았다는 생각에 흐
뭇하다.

퇴근해서 소파에 앉아 텔레비전을 트니 집값이 많이 올랐다
는 뉴스가 나온다. 김 부장도 본인 집 시세를 확인해본다. 호가
를 보니 작년보다 무려 3억이 올랐다.

10년 전에 산 아파트 값이 두 배가 되어 있다. 갑자기 가방을
살까 말까 고민한 순간들이 떠오른다. 집값이 몇 억이 올랐는데
이까짓 300만 원짜리 가방에 쫄았던 게 우습다.

김 부장은 스스로 본인 타이틀을 더 길게 만들었다. '부동산
투자도 잘하는 대기업 부장'이라고.

5

얼마 후 김 부장 부인이 모임에서 돌아온다.

저녁은 먹었는지 물어본다. 김 부장은 밥을 안 먹었어도 가방
생각에 배가 부르다.

아내의 모습을 가만히 살펴보니 '부동산 투자도 잘하는 대기
업 부장' 부인답지 않게 수수해 보인다. 핸드백이라고는 김 부
장이 몇 년 전 미국 출장 가서 아울렛에서 사온 코치 가방이
전부다.

이번 주말에 백화점에 가자고 말해본다. 아내는 말만이라도

고맙다며 필요 없다고 한다. 장이나 보러 가자고 한다.

김 부장은 아내에게 우리집이 샀던 가격에 비해 두 배나 올랐다고 말한다. 아내가 안 그래도 모임에서 절반은 부동산 이야기만 했다고 한다. 집이 있는 사람과 없는 사람의 분위기가 너무 달라서 본인은 가만히 듣고만 있었다고 한다. 아내는 10년 전 상황을 정확히 기억하고 말해준다.

김 부장은 그때 집값에 거품이 끼었다며 일본처럼 폭락할 거라고 주장했다. 아내는 아이들 교육 문제도 있고 매번 이사 다니기 힘들다며 집을 사서 한곳에 정착하자고 했다. 당시 과장이었던 김 부장은 자신의 인생에 대출은 있어서는 안 될 금기 사항이고, 집값이 내리면 책임져줄 사람이 없다며 완강히 반대했다.

아내는 김 부장이 주장을 굽히지 않자, 부동산중개소에 혼자 가서 계약을 하고 주택담보대출을 일부 받아 매수를 했다.

아내가 김 부장에게 그때 안 샀으면 평생 못 살 뻔했다고 말한다. 김 부장은 그때 기억이 떠올랐는지 아무 말도 못하고 텔레비전에 시선을 고정한다. 아내는 '당신이 열심히 일해서 모은 돈에 대출을 보태 산 거니 당신 덕분이야'라며 김 부장의 기를 살려준다.

다음 날, 김 부장은 출근길에 늘 듣는 윤도현밴드의 노래를 들으며 생각에 잠긴다. 돌이켜보니 결정적인 순간에는 본인보다 아내가 더 과감했던 것 같다. 최종 단계에서 망설일 때마다 아내가 확신을 가지고 일을 밀어붙였다.

회사에 도착해서 보니 아차, 새로 산 가방을 들고 오는 것을 깜빡했다. 누가 스크래치 난 가방을 볼까 봐 뒤집어서 책상 밑에 눕혀 놓는다.

커피를 마시며 뉴스를 보는데 부동산 가격이 치솟고 있다는 기사가 도배되어 있다. 어제 산 명품 가방에다 몇억 오른 집값까지, 김 부장은 기분이 날아오를 것만 같다.

6

팀원인 송 과장이 오후 반차를 쓰겠다고 한다.

김 부장은 남의 사생활이 늘 궁금하다. 팀원들 휴가에 이유를 묻지 말자고 다짐했으나 결국 또 물어보고 만다. 송 과장은 오후에 부동산 계약이 있다고 대답한다.

요즘 젊은이들은 참 당돌하다. 자기 때는 감히 이런 이유로 휴가를 쓸 생각은 해보지도 못했다.

"집 계약?"

김 부장은 송 과장에게 부동산은 자기한테 물어보고 계약하라며 탕비실로 끌고 간다.

"내가 산 아파트가 지금 두 배가 됐어. 궁금한 거 있으면 나한테 물어봐, 다 알려줄게. 나중에 집값 떨어지면 어떡하려고 그래?"

송 과장은 좋은 말씀 주셔서 감사하다며 지금 사도 괜찮은 가격의 매물이니 걱정하지 않아도 된다고 말한다. 왠지 모르게 여유가 있어 보인다.

아내가 과거에 집을 계약했다고 통보했던 날, 밤잠을 이루지 못하고 다음 날 회사에서도 벌벌 떨리는 손으로 커피를 마신 기억이 난다. 수억 원 대출이 주는 압박감, 집값이 폭락할지 모른다는 불안감, 처음 계약하는 부동산이라는 큰 짐이 김 부장의 목을 조이는 것 같던 그때 그 느낌이 생생하다.

그래도 15년은 더 살았고 집값 두 배 신화를 쓴 김 부장 자존심에 어디에 얼마에 어떤 물건인지는 차마 묻지 못한다. 지나가면서 송 과장이 전화통화를 하거나 동료들과 이야기하는 것을 들어보면 부동산이 화제인 적이 꽤 많았다. 옆 팀 최 부장도 최근에 살던 집을 팔고 다른 곳으로 이사 갈 준비를 할 때 송 과장이랑 한참 대화하는 것을 봤다.

김 부장은 설마 내가 저 어린애보다 세상물정을 모르겠느냐며 스스로를 치켜세운다. 설탕이 가득 들어간 믹스커피를 마시며 팀원들을 쓱 둘러보는데 이상하게 오늘은 커피가 쓰다.

상무님 비서가 김 부장을 찾는다. 상무님 방으로 오라는 메시지다. 예전 같으면 아무 생각 없이 곧바로 뛰어갔을 테지만, 최근에 지방으로 발령이 나거나 명예퇴직 한 동기들이 생각나 몸이 느릿하게 움직인다. 조마조마한 마음으로 문을 연다. 근엄한 표정의 상무와 눈이 마주친다.

아, 다행히 골프 얘기다. 다음 주 주말 골프 예약 잡고 멤버 구성하라는 지시를 받고 나온다. 김 부장은 또 한 번 생각한다.

상무와 전무 라인만 잘 타면 승승장구하겠구나.

자리로 돌아와 식은 커피를 버리고 새 믹스커피를 탄다.

자리에 앉아 주식 앱을 열어본다. 코로나 때 팔까 말까 했던 주식들이 전부 플러스다. 가슴이 뜨겁다.

역시 나야.

김 부장은 스스로에게 타이틀을 붙인다.

'주식 투자도 잘하고 부동산 투자도 잘하는 대기업 부장'이라고. 아까는 그다지 달지 않았던 믹스커피의 달달함이 온몸에 퍼진다.

7

김 부장은 골프연습장에 간다.

평일에 국경일이 하루 끼어 있는 날이다. 그동안은 바빠서 계속 나가지를 못했다. 도착해보니 동료 최 부장이 있다. 김 부장은 최 부장이 이 근처에 사는지 몰랐다. 회사에서 그다지 말할 기회가 없었던 최 부장과 차 한잔을 한다. 골프채가 골프공을 때리는 소리가 경쾌하다.

사실 김 부장은 최 부장의 가방이 궁금하다. 본인이 그 브랜드를 알고 산 건지 선물 받은 건지 그런 남의 사생활이 궁금하다. 입사 때부터 꾀죄죄하게 하고 다니던 최 부장이 어떻게 그런 고가의 가방을 들고 다니는지 궁금해서 참을 수가 없다.

회사와 관련한 이런저런 이야기를 한다. 크게 정보 값은 없는 이야기들이다. 무심코 다음 주말에 상무와 다른 임원들과 함께 필드에 나간다고 말하려다 멈칫한다. 최 부장이 내 자리를 치고 들어올까 신경이 쓰인다. 이런 경쟁심은 입사 초기부터 있었다.

"최 부장, 가방 멋있던데 언제 산 거야?"

대화 주제를 가방으로 돌린다. 진짜 하고 싶었던 대화다.

"아아, 딸이 취직했을 때 마침 내가 부장으로 진급했거든. 그때 기념으로 딸이 사준 거야."

그럼 그렇지. 최 부장이 그런 명품 브랜드를 스스로 알고 구매했을 리가 없다. 역설적으로 김 부장은 그 브랜드를 최 부장 때문에 알게 된 사실을 잊고 있다.

"그런데 이 동네 사는지 몰랐네?"

김 부장이 묻는다.

"원래 살던 곳이 회사랑 멀고 분위기도 좀 그래서 바로 옆 동네로 이사했어."

"이쪽 지역은 원래 알던 곳이야?"

"그건 아니고 몇 군데 후보를 봐뒀는데 자네 팀 송 과장이 추천해줘서 결정했어."

김 부장은 생각한다.

송 과장한테? 부동산 전문가인 나를 두고 송 과장에게 물어봐? 그것도 후배한테 물어봐? 자존심도 없나?

김 부장은 '혹시 바로 옆 동네라면 재개발 끝나고 몇천 세대 들어왔다는 거기?'라고 물어보려다가 그게 사실이면 너무 배가 아플 것 같아 묻지 않는다.

그 단지는 커뮤니티와 조경시설이 잘되어 있고 이 지역 대장주라고 뉴스에서도 몇 번 나왔기 때문이다.

설마 거기는 아니겠지. 내가 살고 있는 집보다는 싼 집이겠지.

김 부장은 애써 아닐 거라 생각하지만 내심 불안하다.

최 부장이 연습 끝났다며 낡은 골프가방을 들고 나간다. 김 부장은 최 부장이 혹시나 차를 바꿨을까봐 주차장까지 배웅하는 척한다. 다행히 최 부장의 차는 대리 때부터 타던 15년도 넘은 오래된 차다. 그래도 관리를 잘해서인지 멀끔하다.

팔 힘으로 트렁크를 쾅쾅 열고 닫는 최 부장의 모습을 보며, 전동 트렁크를 쓰는 자신이 더 급이 높다고 생각한다.

김 부장은 작년에 바꾼 자신의 그랜저를 쓱 쳐다본다. 저쪽 주차 칸에서 빛이 나는 것 같다. 괜스레 기분이 좋아진다. 다시 돌아온 김 부장의 타석에는 타이틀리스트 골프백과 혼마 골프채가 기다리고 있다.

오늘따라 공이 참 잘 맞는다.

집으로 왔다. 오랜만에 평일에 집에 있으니 아들과 식사를 한 번 하고 싶다. 그동안 야근하고 골프연습장 다니느라 아들 얼굴도 못 본 지 오래됐다.

아들은 대학교 4학년이다. 언제부터인지 자기 방에다가 택배용 박스를 잔뜩 쌓아두고 왔다 갔다 하는 것을 보았다.

8

김 부장이 묻는다.

"아들, 저거 무슨 박스야?"

"요즘 이것저것 팔아보고 있어요. 인터넷으로요. 창고가 없어서 물건을 방에 두고 있어요."

아들은 오랜만에 보여주는 김 부장의 관심에 적극적으로 대답한다.

"용돈벌이로 하는 거야? 전에 아르바이트도 하는 거 같던데."

"알바는 너무 돈이 안 되고 공부할 시간도 부족해서 제가 직접 물건 떼다가 팔고 있어요."

어쩐지 김 부장은 못마땅하다.

"그렇구나…… . 취직 준비는 잘 돼가니?"

"사실 취업 시장이 생각보다 어려워서…… 그래도 하긴 하고 있어요."

"그래 이 아빠처럼 대기업에 꼭 입사해야지."

"아…… 네…… . 그런데 아빠, 저도 취직하고 싶긴 하지만 요즘 취업 시장이 너무 좁아서요."

"취업은 항상 힘들어. 회사에서 아무나 쓰려고 하지 않지. 너 같으면 아무나 막 뽑겠니?"

살짝 치미는 화를 누르며 대답한다.

"아빠, 저 실은 지금 하고 있는 이런 온라인 유통 같은 거 해보고 싶은데요. 어떻게 생각하세요?"

아들의 예상치 못한 대답에 김 부장은 그만 목소리가 높아진다.

"뭐? 너 지금 대학 나와서 장사를 하겠다는 말이야?"

"그게 아니고요. 생각보다 지금 하는 일이 벌이가 괜찮아서요. 재미있기도 하고요."

"그럼 대학을 왜 나왔어? 대학 나와서 하겠다는 게 고작 장사야? 내가 너 대학 보내려고 얼마나 고생한 줄 알아? 중학교 때부터 과외, 학원비, 대학교 등록금에 그게 다 얼만데! 이까짓 장

사나 하라고 공부시킨 줄 알아? 이런 건 아무나 아무 때나 할
수 있는 거야!"

"그건 알겠는데요. 취직도 좋지만 저한테 맞는 일을 한 번 해
보고 싶어서요……."

"대기업을 다녀보지도 않고 맞는지 안 맞는지 어떻게 알아?
이 아빠를 봐! 네가 이 아빠 때문에 어디 가서 꿀린 적 없잖아!
저기 방에 있는 박스 다 갖다버려!"

"네…… 알겠어요. 죄송해요……."

"뭐 때문에 장사를 하겠다는 거야? 아빠가 계속 돈 벌어다 주
잖아. 넌 돈 걱정하지 말고 취직 준비 하던 거나 계속해!"

9

김 부장은 피가 거꾸로 솟는다.

서울 중위권 대학을 나온 아들은 대기업에 취직해서 연수도
받고 비슷한 조건의 직장 동료와 결혼해서 아이를 가져야 한다.
이게 당연하다. 김 부장은 한 번도 의심해본 적이 없다. 자신이
걸어온 길을 아들도 그대로 걸어가기를 바란다.

장사는 김 부장에게 수치스러운 일이다. 친구나 선후배들에
게 '내 자식이 장사해요'라고 말할 용기가 없다. 학교에서 공부
못하고 말썽 부리던 애들이 취업 못하고 마지막으로 선택하는
일이 장사라고 생각한다.

아침마다 하얀 와이셔츠에 넥타이를 매고 수트를 입고 구두

를 신고 번쩍이는 메탈 시계와 명품 가방을 들고 출근하는 것이 진정한 승자이자 사회의 리더라고 믿는다. 자신 같은 대기업 직원들이 대한민국을 굴리고 먹여 살린다고 믿는다. 김 부장은 붉으락푸르락 얼굴이 굳어진 채 텔레비전으로 시선을 옮긴다.

조용히 지켜보던 아내가 아들 방으로 들어간다.

"아들, 아빠 말도 맞지만 네 인생은 네가 결정하는 거야. 너는 네가 하고 싶은 거 해. 아빠한테는 엄마가 잘 말해볼게. 기죽지 말고 네가 하고 싶은 거 계속해. 해보다가 이게 아니다 싶으면 그때 다른 거 하면 되는 거야. 그게 젊음이고 도전이야. 알았지?"

"네 엄마, 고마워요. 그런데 아빠가 저렇게까지 화내실 줄은 몰랐어요. 사실 최근에 장사가 잘돼서 아빠 선물 하나 샀는데 어떻게 드려야 할지 모르겠네요. 맨날 같은 가방만 들고 다니셔서 가방을 하나 샀거든요."

"그래, 잘했어. 네가 전에 아르바이트 해서 모은 돈으로 샀다고 해. 막상 받으면 아빠도 좋아하실 거야."

"네…… 엄마."

김 부장은 걱정이 된다.

아들 녀석이 취직 못하면 어떡하지?

듣도 보도 못한 회사에 들어가면 어떡하지?

동창 애들은 벌써 대기업에 입사했니 마니 하는데 걔네들한테는 뭐라고 말하지?

설마 진짜 장사를 하겠다는 건 아니겠지?

손이 떨리고 다리가 후들거린다. 김 부장은 스스로의 평가보다는 남의 시선이 더 중요하다. 늘 그래왔다. 남에게 보이기 위해 살아왔다.

리모컨을 손에 쥐고 연신 채널을 돌린다. 무언가 집중할 수 있는 자극적인 프로그램이 필요한데 눈에 들어차는 게 없다. 쉽게 흥분이 가라앉지 않는다.

판도라의 상자

1

김 부장은 뜬눈으로 밤을 새우다가 늦잠을 잤다.

오랜만에 회사에 차를 끌고 간다. 회사 주차장에 들어가니 임원들 차인 제네시스가 늘어서 있다. 김 부장은 자신도 저 차를 탈 날이 머지않았다고 생각한다.

그러고 보니 회사 주차장에 외제차들이 많이 보인다. 한동안 지하철 타고 다니느라 주차장에 올 일이 없어 몰랐는데, 이렇게 외제차들이 수두룩하다니.

빈 자리가 하나 있어 살펴보니 옆 칸에 BMW가 세워져 있다. 주차를 하고 문을 여는데 옆 차에서 누군가가 전화통화를 하고 있다. 자세히 보니 김 부장의 팀원 정 대리다.

어? 저 자식이! 감히 외제차를! 나도 그랜저 타고 다니는데!

믿을 수가 없다. 당황스러움과 분노가 치밀어 오른다. 내가 대리였을 때를 생각하면 상사나 선배보다 좋은 차를 타는 건 상상도 할 수 없는 일이었다. 회사에 외제차를 끌고 온다는 것은 절대 금기였다.

간신히 분을 참고 못 본 척하며 차문을 여는데 건너편에 주차된 외제차에서 낯익은 얼굴이 내린다. 다른 사업부의 과장이다. 최소 열다섯 살은 어린 새파란 녀석이다.

와, 이것들이 미쳤네!

이 자식들 싹 다 불러서 정신교육 한 번 할까?

회사 편하게 다니니까 아주 자기네 마음대로네. 아우, 이 망할 것들!

사무실로 올라가려고 엘리베이터를 탄다. 손이 떨려 버튼이 눌러지지 않는다. 커피가 필요하다. 강력한 카페인과 대용량의 설탕이 없으면 김 부장의 마음이 진정되지 않을 것 같다. 김 부장은 믹스커피 두 봉지를 종이컵에 쏟아붓고 뜨거운 물을 넣어 휘휘 젓는다.

잘 모르는 다른 팀 과장은 그렇다 쳐도 우리 팀의 정 대리가 외제차를 몰고 회사를 온다는 건 도저히 용납할 수 없는 사안이다.

김 부장은 생각한다.

내가 꼰대인가?

아니야, 이건 꼰대가 아니야. 정상이 아닌 것을 정상이라고 생각하는 게 이상한 거야.

팀원이면 차를 사기 전에 나한테 허락받아야 하는 거 아닌가? 아니, 허락까지는 아니더라도 상사한테 물어는 봐야 하는 거 아닌가? 내 생각이 잘못된 건가?

업무 시작 시간이 되자 팀원 모두가 자기 일을 시작한다. 파티션 너머로 송 과장과 정 대리가 보인다. 부동산 거래한다고 휴가를 쓴 송 과장이나 외제차를 끌고 다니는 정 대리나 둘 다 꼴도 보기 싫다.

송 과장과 정 대리는 김 부장이 일을 시키면 맡은 일에 플러스 알파를 해오는 유능한 팀원들이다. 거기에 더해 김 부장의 기분과 감정을 항상 잘 맞춰준다. 두 사람 모두 팀의 주축 멤버이다. 업무 공백이 생기면 보고 자료나 각종 장표를 만들 사람이 없다.

그래도 아닌 건 아닌 거다. 개인적인 일인 부동산 계약 때문에 휴가를 쓰고, 임원들도 제네시스를 타는데 대리가 외제차를 끌고 회사를 오다니, 김 부장에게는 상식 밖의 일이다.

이런 생각이 맞는지 옆 팀의 최 부장이나 동료들에게 물어보고 싶지만, 남에게 물어보는 것은 김 부장의 자존심 사전에는 없는 일이다.

2

김 부장에게 비서가 상무의 호출을 전한다.

김 부장은 거울을 보며 넥타이를 매만지고 옷 매무새를 가다듬은 후 상무실로 뛰어간다.

"안녕하십니까, 상무님."

"어 그래, 김 부장. 멤버 구성 끝났어? 아직 안 채웠으면 최 부장도 넣어줘."

"네? 최 부장이요? ……네, 알겠습니다."

"그래, 가서 업무 봐."

아니, 최 부장을 왜? 갑자기 최 부장을…….

김 부장은 머릿속이 복잡하다. 상무와 전무 라인은 자신이 꽉 잡고 있다고 생각했는데 갑자기 최 부장을 골프 멤버로 넣으라니 뭔가 불안하다.

어제는 아들 때문에, 아침에는 외제차 끌고 온 새파란 녀석들 때문에, 지금은 최 부장 때문에 일이 손에 잡히지 않는다. 갑자기 몇 년간 끊은 담배 생각이 난다. 금연은 아내와 아들과의 약속인데 고민이 된다.

김 부장의 전신에 퍼져 있는 모든 신경세포가 잔뜩 긴장해 있다. 최근에 스트레스를 너무 많이 받았다.

모두가 자신을 괴롭히는 존재들 같다. 나는 잘못한 게 없는데 세상이 날 가만두지 않는다. 원망스럽다. 팀원들도 상무도 최 부장도 심지어 아들내미도 짜증난다.

담배는 차마 못 피겠고 탕비실에 있는 서랍을 거칠게 열고 초콜릿 바를 꺼내 우걱우걱 입에 밀어 넣는다. 살짝 식은 커피도 벌컥벌컥 들이켠다.

김 부장은 지금 이 감정이 분노인지 질투인지 알 수가 없다. 감정 제어가 불가능하다. 숨막히는 압박감이 밀려온다.

아무도 김 부장에게 쓴소리를 하지 않았다. 김 부장의 환경이 바뀌지도 않았다. 하지만 김 부장은 혼자서 벽을 쌓고 부정적인 감정들을 쏟아낸다. 기분이 좋으면 본인의 타고난 운과 능력 덕분이고, 기분이 좋지 않으면 모두 남 탓이라 책임을 돌려 버리는 습관이 무의식과 의식 속에 깊이 박혀 있다.

3

김 부장은 결심한다.

우선 겁대가리 없는 정 대리에게 외제차 얘기나 들어봐야겠 다. 점심을 먹으면서 요즘 나온 전기차 얘기를 하다가 슬쩍 미 끼를 던진다.

"정 대리, 아침에 보니까 좋은 차 타던데 그 차 어때? 우리 애 한 대 사줄까 하는데."

"부장님 보셨어요? 하하, 그거 중고로 샀어요. 이번에 신형이 나 오면서 구형은 중고가가 많이 내려갔어요. 싸게 샀죠."

김 부장은 한시름 놓는다. 중고를 샀다니 아주 조금은 용서가 된다.

"그래? 중고 사는 건 좀 위험하지 않나?"

"요즘은 보험 이력이나 사고 이력 보기가 쉬워서, 사고 차나 문제 있는 차들은 거르기 쉬워요. 혹시 아드님에게 중고로 사주 실 거면 저한테 말씀하세요. 고르시는 거 도와드릴게요."

"아니야, 아들 취직하면 새 차로 뽑아줘야지. 중고는 무슨……."

사줄 돈도 없다.

김 부장은 막상 정 대리 이야기를 듣고 나니 마음이 좀 풀린 다. 원체 밝고 긍정적이고, 말도 잘 듣는 정 대리다. 화가 좀 풀리긴 했지만, 그래도 회사에 외제차를 타고 오는 건 이해할 수가 없다. 어린 놈이 건방지다는 생각이 마음속에서 손톱 밑의 가시처럼 따끔거린다.

식사를 마친 후 송 과장과 정 대리, 권 사원 그리고 다른 팀원들은 자기들끼리 커피숍으로 간다. 사려깊은 권 사원은 매번 김 부장에게 커피 한잔하자고 권하지만, 김 부장은 같이 가면 자신이 돈을 내야 한다는 생각에 절대로 가지 않는다.

구두, 시계, 가방, 넥타이 등 겉치레에는 돈을 아끼지 않으면서 팀원들에게 쏘는 커피값은 아깝다. 팀원들이 가는 커피숍은 아메리카노 한 잔에 1,500~2,000원 정도지만, 솔직히 탕비실에 널린 믹스커피를 두고 왜 커피숍을 가는지 모르겠다. 맥심도 있고 카누도 있는데 말이다. 저 자식들이 뒤에서 자신을 욕하는 것 같다고 김 부장은 생각한다.

정 대리 차를 다시 보러 지하주차장에 내려간다. 아무리 구형 모델이라지만, 외제차에 비해 자신의 그랜저가 초라해 보인다.

저 중고차와 내 신차 가격이 비슷한데 왜 수입차를 생각 못했지?

그래, 전무님과 상무님이 제네시스를 타고 계신데 내가 감히 어떻게 외제차를 타?

맞아, 잘한 선택이야. 내가 외제차를 탄 걸 그분들이 보시면 대로하실 거야.

하지만 김 부장의 마음속 깊은 곳은 이성적인 결론과 다른 반응이다. 작년에 산 그랜저를 당장 팔고 외제차로 바꾸고 싶다고 소리를 지르고 있다. 그런 속마음을 애써 꾹꾹 누른다. 저쪽에 낡디 낡은 최 부장 차가 보인다. 조금이나마 마음이 놓이는 것 같다.

4

아, 상무님 카톡이네.

일요일에 필드에 나갈 때 최 부장과 자신을 픽업해달라는 내용이다. 전무는 운전기사와 따로 간다고 한다.

뭐? 상무님 기사 역할 하는 건 괜찮지만 나보고 최 부장까지 태우라고?

최 부장이 나를 태우고 가면 안 되나?

혼자 씩씩거리며 핸드폰 화면을 보다가 어쨌든 상무님 지시니 따르기로 한다.

상무가 곧바로 집 주소를 보내온다.

어라? 상무님 집이 여기였나? 우리 집이랑 가까운데?

예전 주소랑 다르네? 언제 이사 가셨지?

요즘 들어 긴장을 많이 해서 그런지 나이를 먹어서 그런지 소변이 자주 마렵다. 화장실에 간다.

최 부장이 소변기 앞에 서 있다.

김 부장도 바로 옆 칸에 가서 소변을 보며 말한다.

"최 부장, 상무님 말씀 들었지? 카톡으로 주소 좀 보내줘."

"어, 김 부장. 혹시 운전하기 피곤하면 알려줘. 내 차로 가자."

운전은 하기 싫지만 상무의 기사 역할을 하며 점수를 따고 싶다. 게다가 최 부장의 낡은 차를 타고 싶지도 않다. 골프 치러 가는데 내 블랙 세단을 타고 가야 시작부터 폼이 난다.

5분 뒤, 김 부장의 카톡이 울린다. 최 부장이 집 주소를 보내왔다. 골프장에서 만난 뒤로 최 부장이 어디에 사는지 내내 궁금했다. 판도라의 상자가 열린다.

아파트 이름이 상당히 길다. 영어도 아니고 이탈리아어인지 스페인어인지 아무튼 길다. 네이버에 검색해보니 김 부장의 촉이 맞았다. 불안한 느낌이 적중했다. 언론에서 자주 보이던 대단지 브랜드 아파트다. 조경과 커뮤니티가 잘 갖춰져 있고 거주민들 만족도가 높다는 이 지역의 대장주, 바로 그 아파트다.

김 부장은 핸드폰을 책상에 던지듯이 내려놓는다. 모니터가 뿌옇게 보인다. 밑상인 송 과장과 정 대리는 시야에 들어오지도 않는다.

다시 핸드폰을 잡고 본인과 같은 평수인 32평 시세를 확인한다. 김 부장 아파트보다 5억이 비싸다. 5억……. 속으로 소리지른다.

아니…… 저, 저…… 분양가에서 얼마가 오른 거야?

같은 평수에, 비슷한 위치에, 비슷한 역세권인데 무슨 5억씩이나 더 비싸? 돌아버리겠다.

지질한 최 부장이 나보다 5억이나 비싼 곳에 살다니 말도 안돼. 혹시 전세 아니야?

그래, 자가가 아니라 전세일 거야. 그래야만 해.

갑자기 상무님 집은 어디인지 궁금해 다시 카톡을 확인한다.

상무님 집이 최 부장과 같은 아파트다. 이게 무슨 일인지 당황스럽다.

상무님과 최 부장이 같은 아파트라니.

어이가 없다. 같은 아파트에 사는 게 별일은 아니지만 상무의 튼튼한 라인을 잡고 있다고 생각하는 김 부장으로서는 불안하다. 질투심과 불안감이 몰려온다.

5

필드에 나가는 일요일이다.

오전 4시 30분. 김 부장은 24시간 김밥천국에 가서, 자신과 상무가 먹을 김밥을 산다. 최 부장 것도 살까 말까 고민하다가 대인배처럼 보이기 위해 한 줄을 추가한다. 김 부장과 상무의 김밥은 3,500원짜리 참치김밥, 최 부장 것은 2,000원짜리 그냥 김밥이다. 구분을 하기 위해 봉지에 각각 따로 담는다.

오전 5시. 그 대단하다는 이름 긴 아파트로 간다. 정문부터 으리으리하다. 경비원이 내민 방문객 리스트에 이름과 연락처를 쓴다.

그런데 이상하다. 입구에서 바로 지하주차장으로 들어간다. 정문이 지하주차장으로 연결되어 있다. 지상은 어떻게 생겼는지 볼 수가 없다.

저기 상무가 보인다. 트렁크에서 무언가를 꺼내고 있다. 자세히 보니 회사에 타고 오는 차가 아니다. 흰색 차 트렁크 정중앙에는 삼각별 로고가 있다.

"어, 김 부장 왔어? 애들 엄마 차에 공을 실어 놓고 깜박했어."

사모님 차였다. 국산차만 고집하는 줄 알았던 상무도 외제차가 있다.

몰랐다. 대기업 직원이라면 당연히 국산차 검은색 세단을 타야만 하는 줄 알았다. 오히려 상무에게 배신감을 느낀다. 전무에게 고자질하고 싶다.

여차 저차 해서 두 명 모두 태우고 간다. 김 부장은 왜 최 부장을 멤버에 포함시켰는지 궁금하다.

어떻게 말을 꺼낼까 하다가 조심스럽게 묻는다.

"상무님, 전에 최 부장과 같이 친 적 있으셨나요?"

"최 부장이랑 필드는 처음이야. 이사 와서 커뮤니티 골프장에서 최 부장을 우연히 만났어. 여기 사는지 몰랐는데 말이야."

김 부장은 상무가 무슨 말을 하는지 모르겠다. 커뮤니티 골프장이라니, 단지 내에 골프장이 있다는 건가?

상무가 말한다.

"같이 친 지는 좀 됐어. 이사 오자마자 봤지, 아마? 최 부장이 골프 치는지 몰랐어. 좀 치는 거 같더라고. 폼도 좋고."

최 부장이 말을 얹는다.

"아닙니다, 상무님. 저도 배우는 중입니다. 가끔 실외 연습장 가서 휘둘러보는데 실내랑은 또 다르더라고요. 오늘은 상무님께 한 수 배우겠습니다."

최 부장 이 자식, 아부가 장난 아니다.

그나저나 실내 연습장은 아파트 내에 있다는 건지, 어디에 있다는 건지 아직도 모르겠다.

김 부장은 아무 말 없이 새벽빛이 밝아오는 고속도로에서 아스팔트만 쳐다보며 운전한다.

골프를 치는 동안에도 김 부장 머릿속은 딴생각으로 가득하다.

상무님과 최 부장이 어떻게 같은 아파트에 사는 거지?

정문에서 지상이 아닌 지하 주차장으로 바로 연결되는 거야?

커뮤니티 골프장은 도대체 뭐야?

대화를 복기하느라 집중이 되지 않는다.

최 부장의 아부하는 듯한 말투도 신경을 긁는다. 사실 아부는 김 부장 본인이 최고라는 것을 본인만 모르고 있다.

6

운동을 마치고 예약해놓은 식당으로 들어간다.

최 부장이 잠시 화장실에 가자 이틈을 노려 잽싸게 물어본다.

"상무님, 이사는 언제 하셨어요?"

"몇 달 안 됐어. 갈 데가 없어서 어쩔 수 없이 거기로 갔지."

"아파트 보니까 신축 같던데, 살기 좋으세요?"

상무 혼자 있으니까 물어보지 최 부장이 있었으면 절대로 꺼내지 않을 이야기다.

"살기 좋지, 새로 지은 건데. 아파트 안에 필요한 게 다 있어서 밖에 나갈 일도 별로 없고 편하긴 편하더라고."

"부럽습니다. 저도 그런 데서 살아보고 싶습니다."

"에이, 사는 게 다 똑같지 뭐. 근데 나는 전세야. 최 부장이 거기를 잘 샀지. 최 부장네 집값이 많이 올랐어."

떵…….

최 부장이 전세이기를 간절히 바랐건만 자가였다. 집주인이다.

최 부장이…… 꾀죄죄한 최 부장이…… 나보다 훨씬 좋은 집에 산다. 몇 억이나 더 비싼 집에서. 차도, 양복도, 넥타이도, 시계도, 가방도, 구두도, 전부 내가 더 좋은 걸 하고 다니는데 정작 집은 최 부장 집이 더 좋다.

주문한 닭볶음탕이 나온다. 보글보글 끓는 뻘건 국물이 김 부장의 심정을 대변한다. 입맛이 뚝 떨어진다. 밥을 먹을 기분이 아니다.

최 부장이 돌아왔다. 우리가 하던 얘기가 들렸나 보다. "상무님, 이주비는 잘 해결하셨어요? 사시던 곳도 재건축 끝나면 진짜 좋을 것 같던데요."

"뭐, 기다려봐야지. 그 썩은 곳에서 사느라 힘들었어. 맨날 녹물 나오고. 으, 생각하기도 싫다."

"정말 고생하셨어요. 기다린 끝에 그래도 잘 풀려서 다행입니다, 상무님."

김 부장 기억에 상무가 전에 살던 아파트는 거의 흉가 수준이었다. 필드 가는 날 새벽에 상무를 태우러 가면 주차장에 차들이 양쪽으로 가득해서 차가 겨우 한 대 지나갈까 말까 할 정도였다. 이중 주차가 아니라 삼중, 사중 주차였다. 이런 아파트가 아직도 존재한다는 게 신기했다. 연봉도 많이 받는 상무가 왜 거기에서 사는지 이해가 가지 않았다. 주식 투자를 잘못해서 시원하게 말아먹은 줄로만 알았는데.

상무와 최 부장이 대화를 이어간다.

"최 부장 말대로 송 과장이랑 얘기를 좀 했거든. 송 과장이 계속 가지고 가라고 해서 지금까지 가지고 온 거야. 살기 너무 힘들어서 그냥 팔고 나올까 했어. 그때 와이프랑 고민 많이 했거든. 송 과장이 이런저런 이유로 계속 가지고 있으라고 했는데, 결국에 잘됐지 뭐."

"그러셨군요. 고생 많으셨습니다. 식사하시죠."

송 과장? 상무님이 송 과장한테 물어보고 집을 팔지 말지를 정해?

그런데 그 썩은 아파트를 계속 가지고 간다니 무슨 말이지? 혹시 재건축을 기다리나?

핸드폰을 꺼내서 원래 상무님이 살던 아파트를 검색해보고 싶지만 상무님 앞에서 사적인 일은 절대 하지 않는 김 부장이다.

머릿속에서 정리가 안 된다. 닭볶음탕이 꽤 매운데도 아무 맛이 느껴지지 않는다.

식사를 마치고 상무님과 최 부장을 내려주러 다시 그 이름 긴 아파트로 간다. 아파트 정문에 도착했다. 새벽에는 어두워서 보이지 않던 것들이 보인다. 높은 소나무들이 위압감 넘치게 쭉쭉 뻗어 있다. 김 부장네 아파트 화단에 있는 아담한 나무들과는 다르다.

7

집에 도착했다.

골프가방을 들고 올라와보니 아내는 늘 그랬듯이 인터넷 강의를 들으며 공부를 하고 있다. 아내가 무엇을 하는지는 관심이 없다. 자신이 이 가정의 중심이자 세상의 중심이기 때문이다.

김 부장이 말한다.

"여보, 상무님네 아파트 가봤는데 좋아 보이더라."

차마 최 부장이 거기 산다고는 말 못하겠다. 자존심이 허락하지 않는다.

"상무님이 어디 사는데?"

"그 얼마 전에 재개발 끝나고 입주했다는 거기…… 이름이 뭐더라……."

"아, 거기? 와 좋겠다. 그 아파트 단지 커뮤니티가 진짜 좋다던데."

김 부장은 '커뮤니티'라는 말에 귀가 쫑긋한다.

"혹시 단지 내에 골프장도 있어?"

"그럼, 있지. 최근에 지어진 아파트에는 실내 연습장은 다 있어. 스크린 골프장이나 수영장 있는 곳도 있고. 요즘 아파트 트렌드야."

세상물정 모르던 김 부장은 이제야 이해가 간다. 상무와 최부장은 같은 아파트 단지 내에 있는 실내 골프 연습장에서 만난 것이다.

김 부장은 오늘 상무에게 들었던 이야기를 전한다.

"전에 상무님 사시던 아파트 기억 나? 완전 낡은 아파트. 그쪽 사시다가 이사 왔다고 하더라고. 입주 전까지 전세 사신대."

"아, 재건축 한다는 곳? 예전에 이주하고 철거한다고 들었는데 이주하셨구나?"

"근데 그 썩은 아파트가 우리 집보다 비싸?"

"재건축 얘기 나오기 전에는 우리 집보다 쌌는데 관리처분인가 되고 나서 확 올랐어. 내가 5년 전인가 이 집 팔고 거기 사자고 했었잖아."

김 부장은 도무지 기억이 나지 않는다.

"거기 입지 괜찮은 곳이라서 투자가치 좋은 거 같아 사려고 했는데 당신이 저런 곳에 사람이 어떻게 사냐고 진저리를 쳐서 못 샀잖아. 귀신 나올 것 같다고 당신이 뭐라 그랬었지. 그때만 해도 우리 집하고 별 차이 없었는데 지금은 가격 차이가 어마어마할걸?"

어렴풋이 기억이 난다. 빈민가 같던 그곳. 대기업 부장이 살 만한 곳은 아니었다.

김 부장은 시세를 확인한다. 매물이 별로 없다. 가장 최근 시세를 봤는데 김 부장 아파트와 6억 차이가 난다. 최 부장네는 5억이 더 비싸고 상무 집은 6억이 더 비싸다. 내 집은 살 때와 비교해 두 배가 되었고, 최근에 3억이나 올랐는데 그보다 더 비싸다.

현기증이 난다.

아내 말에 의하면 재건축이 될 상무네 아파트는 더 고급스럽게 설계되었다고 한다. 상무가 왜 그 썩은 곳에서 살았는지 이제야 이해가 간다. 몸빵을 하고 있었던 것이다.

상무님과 최 부장을 데리러 갔을 때를 떠올려본다. 지하주차장에서 1층으로 걸어 올라가서 엘리베이터를 타는 우리 집과는 완전히 다른 환경이다. 으리으리한 정문도 없고, 웅장한 소나무도 없고, 커뮤니티 시설도…… 없다. 아담한 놀이터뿐이다.

김 부장은 손에 쥐고 있던 육포를 질겅질겅 씹으며 생각한다.

왜 그때 아내 말을 듣지 않았을까?

아니야, 내 선택이 맞아. 후회는 없어.

나는 집이 아니어도 성공할 수 있어.

전무님과 상무님 라인을 꽉 잡고 있잖아.

임원이 되는 순간 모든 게 역전이야.

아내가 말한다.

"주말에 거기 한 번 가볼래? 차들은 다 지하에 있어서 지상 1층이 공원처럼 되어 있대. 애들 키우기 좋겠더라. 물론 우리 애들은 다 컸지만. 단지 안에 공원처럼 산책로가 조성되어 있어서 멀리 공원까지 안 가도 단지 안에서 다 해결이 되나 봐."

가보고 싶다. 그러나 혹시라도 최 부장과 마주쳐서 입을 떡 벌린 채 감탄하고 있는 내 모습을 들키면 너무나 창피할 것이 분명하다.

"아니야, 안 가. 백화점에나 가자."

"여보, 요즘 누가 백화점에 가? 아울렛도 충분히 좋은 거 많아. 뭐 살 거 있어?"

김 부장의 아내는 알뜰하고 헌신적이다. 그러나 김 부장은 딱히 필요한 게 없어도 산다. 그냥 목적 없이 소비하는 습관이 들어 있다. 돈을 쓰면서 분비되는 도파민에 중독되어 있다.

그놈이…… 건물주라고?

1

월요일이다.

김 부장은 여러 가지로 우울하다. 김 부장을 우울하게 만든
사람은 없지만 스스로 우울감에 빠진다. 남과 비교하면서 우월
감과 동시에 기쁨을 느끼며 살았던 김 부장이 이제는 남과의
비교로 우울하다. 술이 당긴다.

고등학교 친구들에게 연락해 가볍게 한잔하자고 한다. 김 부
장처럼 취직해서 아직까지 직장 다니는 친구, 중간에 직장 그만
두고 사업하는 친구, 일찌감치 은퇴해서 놀고먹는 놈팽이 친구,
김 부장까지 총 넷이다. 김 부장 회사 근처에서 모이기로 해서
김 부장이 장소를 정한다. 먼저 도착한 김 부장은 메뉴판을 보
며 친구들을 기다린다.

얼마 후에 놈팽이 녀석이 택시에서 내린다. 직업도 없는 놈이
택시를 타고 다니다니, 김 부장은 이해가 안 간다.

"어이, 놈팽이 왔어? 오랜만이야."

"김 부장! 잘 살고 있…… 아닌가? 얼굴이 반쪽이 됐네. 무슨 일 있어?"

"어, 요즘 스트레스 받는 일들이 있어서. 이따가 얘기하자. 근데 넌 택시는 무슨 택시야? 지하철 놔두고……."

"급하게 처리하고 올 일이 있어서 택시 타고 왔어. 늦을까봐."

"네가 급하게 처리할 일이 뭐가 있어? 너 백수잖아."

김 부장은 장난인 척 시비를 건다.

"백수는 백수지. 그래도 소소하게 일은 한다, 인마."

"무슨 일 하는데? 취직했어?"

"나 원래 임대업 했잖아. 자식, 알면서. 오기 전에 임대 계약 건 때문에 정신없었어."

김 부장은 당황했지만 아무렇지 않은 척한다.

임대업? 저 놈팽이가…… 임대업? 오피스텔이라도 샀나?

놈팽이가 말을 이어간다.

"전체 층을 한 회사가 쓰고 있었는데 갑자기 나간다고 해서 멘붕이 왔지. 이래서 임차인이 한 명이면 어려워."

"무슨 소리야? 전체 층이라니?"

김 부장은 이제 표정을 숨길 수 없다.

전체 층을 쓰다니? 혹시…… 설마…… 건물……?

"내가 전에 말했잖아. 작년에 8층짜리 건물 하나 샀다고."

단톡방에 친구들 소식이 올라오지만 읽지 않고 대수롭지 않게 넘겨버리는 김 부장이다. 김 부장은 듣기보다 말하기를 좋아한다. 주로 자기 잘난 이야기만 한다.

"건물을 샀어?"

"아, 왜 이래! 나 사표 던질 때 샀던 5층짜리 상가주택 팔고, 올 초에 대출 쫙 끌어서 샀다고 했잖아. 너 단톡방 안 보냐?"

"아…… 그, 그랬지……."

"지금 들어와 있는 회사가 좀 오래 있을 줄 알았는데 갑자기 나간다는 바람에 다른 회사 들여서 임대 맞추느라 신경 많이 썼어. 주변 시세보다 좀 낮추고 2년에 3퍼센트씩 올리는 조건으로 했는데 잘한 건지 모르겠네."

놈팽이가 오래전에 왜 회사를 그만뒀는지 생각이 안 난다. 그냥 잘린 줄로 알고 있었다. 학생 때부터 놈팽이는 항상 느긋했다. 느긋했지만 실속은 있었다.

친구놈들 중에 건물주가 있을 줄이야.

내가 제일 잘나가는 줄 알았는데…….

내 친구들 중에 내가 제일 잘나가는 사람이어야 하는데…….

나보다 공부도 못했고, 대학도, 직장도, 사는 곳도 구린 이 놈팽이가 건물주라니.

2

김 부장은 진심으로 궁금하다.

금수저도 아닌 흙수저가 어떻게 건물주가 되었는지 그게 궁금한 게 아니라, 지금 월세를 얼마 받는지 그게 더 궁금하다.

"월세는 얼마나 나와?"

"2천 정도 나오지. 근데 절반이 세금에 수리비로 빠지고 나면 남는 게 별로 없어."

김 부장은 속으로 숨을 삼킨다.

2천? 가만히 앉아서 2천?

놈팽이가 계속 말한다.

"말이 좋아 건물주지 완전 콜센터야. 조금만 문제 있어도 밤이고 새벽이고 시도 때도 없이 전화하고, 월세 안 내는 사람도 있고, 말썽 피우는 임차인 내보내는 것도 일이야. 그나마 지금은 사옥으로 쓰는 회사를 들여서 덜한 편이야."

김 부장 귀에는 배부른 소리로 들린다. 학창시절 시시덕거리며 술 마시고 미팅 하러 다니고, 코딱지만 한 자취방에서 라면 먹으면서 게임이나 하던 놈이 건물주라는 게 믿기지가 않는다.

김 부장은 건물주라고 하면 '불로소득, 악덕 임대업자, 금수저'가 떠오른다.

저 놈팽이 혹시 금수저였나?

아니다. 고등학교 때 놈팽이 집에 놀러간 적이 있는데 부잣집은 아니었다.

악덕 임대업자…… 저 성격에 그럴 놈은 아니다.

불로소득…… 그래, 불로소득은 맞는 것 같다.

아무것도 안 하고 돈 버는 것. 불로소득.

그런데 놈팽이가 방금 한 말을 들어보니 일은 조금 하는 것 같다. 그래도 불로소득이 맞다. 이런 생각들이 머리를 스쳐 지나갈 때 다른 친구들이 도착한다.

"어이, 김 부장! 어이, 놈팽이! 오랜만이야."

그래도 이 친구들은 김 부장이 속마음을 털어놓을 수 있는 친구들이다. 회사랑 집에서 있었던 열불 나는 일들을 싹 말해볼까 싶다.

삼겹살 4인분을 주문한다. 기름이 지글지글 녹으며 냄새가 진동한다. 보통 소맥으로 시작하지만 오늘은 바로 소주다.

서로의 안부를 묻다가 김 부장이 슬슬 시동을 건다.

"요즘 애들은 개념을 상실했어. 세상에, 회사에 외제차를 끌고 온다니까."

다른 친구가 대답한다.

"너네 회사 후배들이 외제차 끌고 온다는 얘기야?"

"그렇다니까. 새파랗게 어린 놈들이 외제차를 끌고 다녀. 그게 말이나 돼?"

김 부장은 소주를 따르며 당연한 듯 동의를 구한다.

"와, 이 인간 몰랐는데 수퍼 꼰대네. 드라마에나 나오는 꼰대가 여기 있었어. 하하하하."

"내가 무슨 꼰대야? 임원들도 국산차 타는데 과장 대리들이 외제차 가지고 오는 게 이해되냐?"

"인간아, 그건 조선시대 얘기고. 우리나라에 다섯 대 중 한 대가 외제차야. 그리고 외제차가 뭐 어때서? 본인 자유지. 요즘 누가 외제차 탄다고 뭐라 하냐고."

"그럼 집에서만 타든가 회사에 끌고 오는 건 진짜 아니잖아. 그런데 심지어 상무님도 외제차를 샀더라고. 대한민국 임원이 외제차는 진짜 아니지 않아?"

친구들은 김 부장을 한심하단 표정으로 쳐다본다.

"야, 김 부장, 고기나 처먹어."

김 부장은 삼겹살을 쌈장에 푹 담갔다가 우적우적 먹는다.

친구들이 공감을 안 해준다. 자기랑 같은 생각을 가지고 살고 있다고 믿었던 가장 가까운 친구들이 이런 생각을 하다니, 세상이 변했다는 생각이 든다.

나만 안 변한 건지, 세상이 너무 빨리 변한 건지.

내가 비정상인 건지, 저들이 비정상인 건지.

김 부장의 의식의 흐름은 소주와 함께 흘러간다.

3

술자리가 점점 무르익어가자 화제가 자녀 이야기로 옮겨간다.

김 부장은 여기에 대해서도 할 말이 많다.

"야, 우리 아들놈이 취직은 안 하고 장사를 하겠대. 이것 때문에 요즘 돌아버리겠어."

놈팽이가 대답한다.

"왜, 장사가 어때서? 취업보다 나은 거 같은데."

"말 같지도 않은 소리 하지도 마."

"장사도 타고나는 거야. 요즘 취업해봐야 회사에서 시달리기나 하지. 차라리 빨리 자기 일 하는 게 나을 수도 있어."

"대학 나오고 무슨 장사야? 대기업에 들어가야지. 장사한다고 하면 결혼도 못해요. 누가 알아줘? 여자들 다 도망가."

"외국이나 우리나라나 기업들이 시작할 때 다 구멍가게에서 시작했어. 그게 커지면 기업 되는 거야. 네 아들이 나중에 대기업 회장이 될지 누가 알아, 인마."

"말 같지도 않은 소리. 우리 애가 무슨 기업을 하냐? 그럴 만한 애도 아니고. 우리처럼 회사 다니면서 사원증 목에 걸고 폼 나게 사는 게 최고야."

김 부장은 매일 아침 출근하기 전 수트를 걸치고 전신 거울 앞에서 어깨를 편 자신의 모습이 뭉게뭉게 떠오른다. 자신도 모르게 뿌듯한 미소를 짓는다.

친구들이 와르르 웃는다.

"회사원이 폼이 나? 그건 네 생각 아니야? 무슨 회사원이 폼이야, 그냥 일하는 기계지. 요새는 노예라고 하더라."

놈팽이가 한마디 더한다.

"내 아들이 만약에 졸업하자마자 장사하겠다고 하면 나는 적극 밀어줄 거야. 지금 공무원 준비한다고 몇 년째 뭉개고 있는데 답답해 죽겠어."

"무슨 소리야? 장사꾼보다 공무원이 훨씬 좋지. 안정적이고 이미지도 좋고."

김 부장이 항변해본다.

"너는 그렇게 생각할지 몰라도 나는 아니야. 애들 젊을 때 뭐라도 해봤으면 좋겠어. 근데, 니 아들놈은 무슨 장사를 한대?"

"몰라. 인터넷으로 뭘 판다는데, 뭔지 모르겠어. 집에 박스들이 잔뜩 쌓였는데 다 버려버리고 싶어."

"따로 돈 드는 것도 아니네. 월세나 인건비 나가는 것도 아닌데 그냥 하게 내버려둬."

"아, 몰라. 집에 가면 아들내미 때문에 스트레스 받아."

"애 하고 싶은 거 하게 놔둬라. 자식이 네 소유물이냐? 요즘 애들 똑똑해서 알아서 잘만 하더구만."

친구들은 이번에도 내 편을 들어주지 않는다. 술이 점점 취해 간다. 검게 타버린 삼겹살을 구운 김치에 돌돌 말아 입에 넣는다. 바삭거리는 게 맛있다.

다른 친구가 놈팽이에게 묻는다.

"놈팽이, 너는 평소에 뭐하냐?"

"음…… 아침에 일어나면 헬스장 가서 운동하고 집에 와서 씻고…… 신문 좀 보고…… 와이프랑 식사하러 나가기도 하고 얘기도 하고 뭐. 어떤 날은 부동산 임장 다니고 어떤 날은 등산하러 가기도 하고 …… 건물에 하자 있다고 연락 오면 바로 달려가고, 뭐 그러고 살아."

"와 부럽다. 진짜 자유인이네."

"시간을 내 마음대로 쓸 수 있다는 게 제일 좋지. 지금 다시 회사 다니라고 하면 난 못 다닐 것 같아."

"나도 당장 회사 때려치우고 싶은데 애들 결혼도 시켜야 되고 나가서 할 일도 딱히 없고……."

김 부장이 끼어든다.

"왜 벌써 회사 그만둘 생각을 해? 우리 아직 젊어. 저 놈팽이가 특이한 케이스지."

"우리가 젊다고? 지금 우리 나이에 회사에서 정리되는 사람이 얼마나 많은데. 얼마 전에 내 동기가 잘리고 중소기업 취직했는데 전에 받던 연봉의 반도 못 받고 다니더라."

"설마 우리가 그러겠냐. 쫄지 마, 쫄지 마."

순간 김 부장의 머릿속에 지방 발령을 받고 내려간 동기들, 희망퇴직한 동기들이 떠오른다.

나와는 상관없는 일이야, 아무렴.

김 부장이 술을 마신 건지, 술이 김 부장을 마신 건지 알딸딸한 가운데 희망회로가 돌아간다.

김 부장은 소주잔을 가득 채운 후 단숨에 털어넣는다. 머리가 팽팽 돈다. 건물주 놈팽이 얼굴이 세 개로 보인다.

놈팽이 저 놈이 어떻게 건물주가 됐지?

물어보고 싶은데 물어볼 정신이 아니다. 소주만 연거푸 들이켠다. 오랜만에 친구들과 만나 옛 이야기를 하다 보니 시간이 어떻게 흘러가는지를 모르겠다.

4

너무 달렸나?

3차인지 4차인지 모를 술자리를 끝내고 친구들과 헤어지니 아침 6시다. 이대로 집에 들어가서 씻고 옷 갈아 입으면 지각할 게 뻔하다. 회사로 바로 가서 휴게실에서 잠깐이라도 눈을 붙이는 게 낫겠다 싶다.

건물 전체가 어두컴컴하다. 사원증을 찍으니 문이 열린다. 불 꺼진 복도를 지나 김 부장은 자기 자리로 걸어간다.

"깜짝이야!"

누군가 앉아 있다. 귀신인 줄 알았다. 술이 확 깨는 기분이다.

송 과장이다. 김 부장 옆옆 자리인 송 과장이 새벽부터 출근해 있다.

"소…… 송 과장, 뭐해?"

"부장님! 안녕하세요. 일찍 오셨네요. 책 읽고 있습니다. …… 괜찮으세요?"

"어, 어…… 아니야. 나 좀 쉴 테니까 일 봐."

술 냄새를 풀풀 풍기며 휴게실 소파에 쓰러진다. 머리가 깨질 것 같고 어지러운데, 막상 누우니 잠이 안 온다.

송 과장이 왜 이 새벽부터 출근해 있을까?

송 과장은 항상 책을 옆구리에 끼고 출퇴근한다. 무슨 책을 보는지 궁금하다. 아마도 김 부장이 초등학교나 중학교 때 보던 《퇴마록》이나 《드래곤라자》 같은 판타지 소설일 것이다. 아니면 《슬램덩크》, 《드래곤볼》 같은 만화책이겠지.

김 부장은 교과서 외에는 딱히 책을 읽은 적이 없다. 아마도 부장 진급 때 보던 토익 문제집이 마지막인 것 같다. 이런 생각을 하다가 스르르 잠이 든다.

바스락 소리에 화들짝 놀라 일어난다. 시계를 보니 9시. 급하게 화장실로 가서 폭풍 양치질을 한다. 머리는 떡이 되어 있다. 수염은 덥수룩하다. 손에 물을 묻혀 대충 빗어 내린다. 자리에 앉아 팀원들을 물끄러미 바라본다. 술기운이 여전하다. 몽롱하다. 어제 친구들과 무슨 이야기를 했는지 생각이 안 난다. 친구들한테 엄청 잔소리 들은 것 같은 기억뿐이다. 놈팽이가 건물주였다는 게 가장 충격이 크다. 숙취에 머리가 아파서 질투고 뭐고 정신이 없다.

새벽에 본 귀신, 아니 송 과장 모습이 다시 떠오른다. 송 과장은 매일 같이 무슨 책을 그렇게 열심히 보는지 궁금하다. 회사에서 별로 존재감 없는 송 과장……

상무가 송 과장한테 물어보고 집을 선택했다는 말이 생각난다. 최 부장이 송 과장에게 물어보고 집을 선택했다는 말이 생각난다. 상무와 최 부장이 자신들의 부동산 문제를 왜 송 과장에게 물어봤을까? 남다른 성과와 카리스마로 성공가도만 달려온 상무가 왜 저 새파란 송 과장에게……

모르겠다. 여전히 술기운이 가시지 않는다.

하루 종일 졸다가 멍 때리다 보니 어느새 퇴근 시간이다. 봄비는 지하철을 뚫고 집에 도착하자마자 샤워를 한다. 어제 머리를 안 감아서인지 머리카락이 평소보다 더 많이 빠진다. 이제 정신이 좀 든다. 문득 아들이 취직준비를 잘하고 있는지 궁금하다. 전에 화낸 것도 미안하다. 김 부장은 아들을 잘 달래서 장사할 마음은 접게 해야지, 하고 다짐한다.

5

김 부장은 아들을 불러낸다.

"아들 뭐해?"

"네, 그냥 있어요."

"취직준비는 잘돼가?"

"하고는 있기는 한데…… 잘 안 되네요."

"너 인터넷으로 물건 판다는 거 아직도 하니?"

아들은 혹시나 김 부장이 마음이 바뀌었나 싶어 표정이 밝아진다.

"아르바이트 할 때보다 수입도 좋고 시간도 많아서 좋아요. 신경 쓸 일은 더 많지만요."

"어휴, 아직도 한다는 얘기구나. 아빠가 그만하라고 했잖아. 제대로 취업을 해야지, 취업을."

아들은 다시 표정이 어두워진다.

"아빠, 그냥 다 말씀드릴게요. 회사 다니는 선배들이 그러는데 재미없고 일할 맛도 안 난대요. 월급도 생각보다 너무 적고요."

"너 지금 돈 때문에 하려는 거야?"

"돈 때문이 아니라 재미있는 일 하면서 돈도 잘 벌면 좋잖아요. 그리고 솔직히 취직이나 장사나 전부 돈 벌려고 하는 거 아닌가요?"

"회사를 다녀보지도 않고 재미있는지 없는지 어떻게 알아? 그리고 선배들은 네가 자기들보다 더 좋은 회사 들어갈까 봐 그런 헛소리 하는 거야. 그런 얘긴 듣지도 마."

"설마요……."

"주변에 장사하면서 돈 많이 벌었다는 사람들 있어? 그리고 그 사람들이 행복한지 한 번 봐라. 맨날 '돈돈'거리면서 탈세하고 손님 바가지 씌우고, 다 그런 사람들이야. 너는 잘 알지도 못하면서 그래."

"그건 일부 사람들 얘기잖아요."

"아니야. 장사나 사업이나 다 탈세하고 사기 치는 거야."

"요즘 세상에 탈세가 그렇게 쉬워요? 그러면 카센터 하시는 큰아버지도 그런가요?"

"큰아버지는 다르지. 그 카센터에서 오래 일하다가 인수한 건데, 케이스가 다르지. 그리고 차 고치는 게 얼마나 힘든 일인지 알아? 맨날 기름 묻히고 다니는데."

"큰아버지 힘드신 거 알아요. 근데 다른 사업하는 사람들도 힘든 건 마찬가지잖아요."

지지 않고 대꾸하는 아들의 말에 당황한 김 부장이 속으로만 품고 있던 생각을 꺼낸다.

"내가 이런 얘기까지 안하려고 했는데, 생각해봐라. 힘든 걸 떠나서 네 사촌형이 얼마나 창피하겠니? 큰아버지가 얼굴에, 옷에 기름 묻히고 다니잖아. 난 쪽팔려서 같이 밥도 못 먹겠더라."

"그게 뭐가 창피해요? 저는 큰아버지 일하시는 거 전혀 하찮아 보이지 않아요. 오히려 너무 좋아 보이던데요. 사장, 직원 구분 없이 같이 열심히 일하시는 모습도 좋고, 또 쉴 때는 화끈하게 일주일씩 쉬고 그러잖아요."

"그건 네가 아직 사회를 몰라서 그래. 겉으로 보이는 게 얼마나 중요한데. 그리고 사업하다 보면 사람이 욕심이 생기고 자기도 모르게 뒷돈 챙기고 안 좋은 생각하게 돼 있어. 크게 사업해서 잘된 사람들은 다 사기 쳐서 그렇게 된 거야. 직원들 등쳐 먹고 손님들 등쳐 먹고."

아들은 말문이 막힌다.

"병원 운영하는 이모는요? 그럼 이모도 사기꾼이에요?"

김 부장은 슬쩍 아내 눈치를 본다.

"의사가 하는 일에 비해 돈을 너무 많이 버는 건 사실이지. 잠깐 환자 보고 돈 받는 거 보면 진짜 땡 보직이잖아. 의사들도 한번 싹 갈아 엎긴 엎어야 돼."

아들은 어이가 없다. 실망한 눈빛이 가득하다.

"아빠, 의사 되려면 고등학교 성적 최상위권에 의대 합격해서 6년 공부하고 인턴 1년 하고 잠도 못 자가면서 레지던트 4년을 꼬박 해야 해요. 남자면 3년 군의관도 다녀와야 하는 거 아시잖아요."

"그건 내가 알 바 아니고. 아무튼 사업하는 사람이나 의사나 다 사기꾼이야. 다들 너무 쉽게 돈을 벌어."

아들은 할 말을 잃는다. 아빠가 이런 생각을 하고 있을 줄은 꿈에도 몰랐다. 그동안 아빠를 존경해왔는데 앞으로는 달리 보일 것만 같다.

6

보다 못한 아내가 끼어든다.

"여보, 의사들이 무슨 사기꾼이야. 당신이 아프면 누구한테 가는데? 의사한테 가잖아. 그만큼 중요한 직업이고 스트레스 많이 받는 만큼 버는 거야."

아내의 말에 김 부장은 더 굽히지 않는다.

"돌팔이들이 얼마나 많은데? 의사들 다 꼴 보기 싫어."

아들은 방으로 들어간다. 이어폰을 끼고 음악을 크게 튼다. 더 이상 아빠에게 실망하기 싫다.

아들의 방문이 닫히는 것을 지켜보던 아내가 말한다.

"그리고 사업하는 사람들이 왜 사기꾼이야? 회사 망하면 누가 책임 져? 직원들이 책임 안 지잖아. 사장이 다 책임지지. 그 대가로 직원들보다 돈 많이 버는 거잖아."

"흥, 원가는 10만 원인데 20만 원에 파는 게 사기지 뭐야."

"당신이 좋아하는 스타벅스 커피, 그거 원가 몇십 원밖에 안 해. 그런데 몇천 원에 팔아."

"그건 스타벅스잖아, 스. 타. 벅. 스."

"원가에 수십 배 붙여 파는데 그럼 스타벅스도 사기야? 인건비, 임대료, 유통비, 세금, 기타 잡비용에 그동안 쌓은 네임밸류까지 붙여서 파는 거잖아. 원두값 말고도 나가는 비용이 좀 많아? 다른 장사하는 사람들도 다 마찬가지야."

김 부장은 아무것도 모를 줄 알았던 아내가 이런 것까지 안다는 게 조금 놀랍다. 오늘은 숙이고 들어가야겠다.

"아, 몰라. 아무튼 난 쟤가 취업 안하고 장사하겠다는 건 절대 반대라는 것만 알아둬."

"여보, 본인이 재미있다잖아. 거기다 돈도 잘 벌리니까 더 재미있는 거고. 요즘 그런 일 찾기가 쉬워? 다들 하기 싫은 일 억지로 하면서 살잖아."

"아니 회사 다녀보지도 않고 재미있는지 안 재미있는지, 적성에 맞는지 안 맞는지 어떻게 알아? 그리고 형님이 카센터 일주일씩 문 닫고 휴가를 써? 그걸 쟤가 어떻게 알아?"

"왜 몰라? 나도 아는데. 직원들이 있으니까 한 번씩 길게 쉬시더라고. 조카들이 그때마다 여행 사진 올리는 거 보면서 부러웠나 봐. 외국도 많이 다녀온 것 같던데. 그러고 보니 우린 애하고 해외여행 가본 지 너무 오래됐어. 국내여행도 언제 다녀왔는지 기억도 안 나."

김 부장은 명절 연휴에도 회사에 출근하곤 했다. 말 그대로 회사는 김 부장의 전부이자 모든 것이다. 아들 졸업식, 입학식도 회사일로 가지 않았다. 아내 생일과 결혼기념일도 제대로 챙긴 적이 없다. 가족과의 추억보다는 회사에서의 승진과 평판이 더 중요하니까. 가족 여행도 언제 다녀왔는지 기억 속에서 흐릿하기만 하다.

집에도 내 편은 없구나.

김 부장은 소파에 누워 핸드폰을 만지작거린다. 카톡이 온다. 어제 친구들과 술 먹고 엉망이 된 사진, 지글지글 익은 삼겹살 사진, 취해서 이상한 표정을 짓고 찍은 사진들이다.

지금은 비록 중년이지만 어린 시절 친구들만 만나면 그때 그 시절로 돌아간다. 다 늙은 친구들이 'ㅋㅋㅋㅋㅋㅋ'을 연발한다. 그래도 이런 친구들이 있어 즐겁다.

카톡을 슥슥 넘기다가 문득 평소에 보지 않던 사람들의 카톡 프로필 사진을 열어본다.

놈팽이 카톡에는 헬스장 거울 앞에서 찍은 셀카, 산에서 부인이랑 찍은 사진들이 있다. 페인트랑 타일, 도배지, 벽돌 사진도 있다.

상무는 풀스윙 하는 사진을 올려놓았다. 김 부장이 일요일에 찍어준 사진이다. 스무 장을 찍었는데 그중 가장 잘 나온 사진을 올려놓았다.

최 부장은 딸내미 사진만 50장은 있는 듯하다. 혹시 그 썩은 차 말고 다른 차가 있는지 단서를 찾기 위해 매의 눈으로 살펴본다.

카센터 하는 큰형 프로필에는 조카들과 형수 사진이 가득하다. 배경을 보니 외국 느낌이 난다. 아니 외국임이 분명하다. 시커먼 기름 범벅인 채로 직원들과 어깨동무하고 찍은 사진도 있다. 큰형은 이런 사진을 왜 올리는지 모르겠다.

송 과장은 어디인지 모를 시골 사진을 올렸다.

정 대리는 자기 외제차 헤드라이트 사진을 올렸다.

권 사원은 고양이 사진을 올렸다.

아들의 카톡 프로필에는 가방 사진이 있다.

아내는 옛날에 여행 가서 찍은 가족사진을 올려놓았다. 사진 속의 내 모습이 낯설어서 나도 누구인지 모를 정도다. 너무 오래전 사진이다.

김 부장은 여행을 가본 지가 너무 오래돼서 여행이 주는 즐거움조차 잊었다. 여행 가면 돈만 쓰는데 왜 좋다는 건지 모르겠다. 그래도 일주일씩 휴가 쓰는 큰형이 아주 조금은 부럽기도 하다.

김 부장은 아들에게 그리고 아내에게 미안한 마음이 든다. 하지만 다 가족들 먹여 살리려고 그런 것이니 정당하다. 어쩔 수 없는 일이지 않은가. 김 부장은 미안해하지 않기로 한다.

부동산 투자도 잘하는 대기업 부장

1

아침이 밝았다.

지하철에는 오늘도 사람이 많다. 맨 끝자리가 비어 있는 게 보인다. 잽싸게 뛰어가 앉았더니 발밑이 핑크색이다. 임산부 전용 좌석이다. 주변 사람들 눈초리에 슬며시 일어난다.

흔들흔들 지하철 손잡이에 몸을 맡긴 채 멍 때리다 보니 놈팽이가 한 말이 떠오른다.

월 2천…… 월 2천…….

김 부장은 본인과의 격차가 너무 커서 질투심조차 들지 않는다. 그냥 다른 세상 얘기 같다. 부럽진 않다. 부러우면 지는 거다.

그런 생각을 하다가 주식 앱을 켠다. 전에 열었을 땐 분명 플러스 500만 원이었는데 지금은 플러스 300만 원이다.

200만 원을 잃었다는 느낌이 든다.

500만 원일 때 팔 걸 후회한다.

200만 원 손해 봐서 너무 억울하다.

회사 근처에 있는 스타벅스에 가서 기분을 달래고 싶다. 스타벅스에 들어가려고 문을 여는 순간, 갑자기 손해 본 200만 원이 생각난다.

발걸음을 돌려 사무실로 향한다. 그런데 왠지 오늘은 믹스 커피가 마시기 싫다. 저쪽으로 빽다방이 보이고 이디야가 보인다. 김 부장의 리스트에는 없던 매장들이다. 한 블록 건너에 던킨이 보인다.

그래, 도넛을 사면서 커피를 같이 사는 거야. 뉴요커처럼 말이지.

나는 절대 싸구려 커피를 마시는 게 아니야. 도넛을 잘 넘기기 위해 곁들일 게 필요한 것뿐이야. 커피는 그저 거들 뿐.

도넛을 왼손에 커피를 오른손에 들고 사무실로 들어간다. 사원증을 들고 찍을 손이 없어 허리를 굽혀 태그를 한다.

사무실에서는 최 부장과 송 과장이 대화를 나누고 있다. 무슨 이야기를 하는지 즐거워 보인다.

설마 내 얘기를 하는 건 아니겠지?

촉을 세운다. 들어보니 내 얘긴 아니다. 부동산 이야기를 하고 있다.

저 꾀죄죄한 최 부장이 나보다 훨씬 더 좋은 집에 살고 있다니, 아들 진로 때문에 잠시 잊고 있던 질투의 감정이 올라온다. 괜히 마음이 조급해진다.

최 부장을 따라잡아야겠다. 지금은 최 부장보다 안 좋은 아파트에 살지만 내가 마음만 먹으면 금방이다.

모든 면에서 내가 훨씬 뛰어나니까.

존경하는 상무님이 나보다 좋은 아파트에 사는 것은 인정하지만, 최 부장은 인정할 수 없다.

나도 어디 투자해서 더 비싸고 고급스러운 아파트로 이사 가야겠다.

김 부장은 우걱우걱 도넛을 씹으며 다짐한다.

2

오후에 송 과장과 경기도 인근에 출장이 잡혔다.

송 과장의 차를 타고 목적지로 간다. 가는 길에 물어볼 것이 많다. 그간 상무와 무슨 얘기를 했는지, 최 부장과는 어떤 얘기를 했는지, 왜 어제 새벽에 귀신처럼 앉아 있어서 나를 놀라게 했는지, 무슨 책을 그렇게 읽는지, 휴가를 써야 할 정도로 중요한 부동산 계약이 도대체 뭔지……

"송 과장, 상무님이 집 문제를 송 과장한테 물어보셨다는데…… 맞아?"

"네, 맞습니다. 상무님이 살고 계시는 재건축 아파트를 팔까 말까 고민하시더라고요. 먼저 오셔서 물어보셨어요."

"상무님이 왜…… 송 과장한테…… 물어보셨을까?"

"아, 제가 입사 전부터 부동산 투자를 좀 했거든요. 그게 주변 사람들한테 소문이 났는지 상무님까지 아시게 됐나 봐요."

"송 과장이 부동산 투자를 했어? 돈 좀 벌었나?"

"뭐, 차익 실현한 것도 있고, 아직 가지고 있는 것도 있고요. 옛날 시세 그대로인 것도 있어요."

"사실 우리 집도 두 배가 올랐어. 최근에 3억이나 올랐더라고."

"좋으시겠습니다. 부장님도 부동산 투자하시나 봐요?"

"흠흠, 뭐 조금 하고 있지. 주식도 하고 부동산도 하고…… 나도 이것저것 해."

"제가 모르는 것 있으면 여쭤보겠습니다. 주변에서 이렇게 같이 정보 주고받는 게 중요한 것 같더라고요."

"그, 그래…… 언제든지 물어봐."

출장 간 곳은 신도시가 들어서는 곳이다. 휑하다. 여기저기 공사가 진행 중이다. 한창 공사 중인 가운데 먼저 지어진 새 건물에 편의점이 하나 들어서 있다.

일이 끝나고 편의점에 가서 송 과장과 옥수수 수염차를 산다. 야외 플라스틱 테이블에 앉아 음료를 마시며 핸드폰으로 이메일을 확인하는데 저쪽에서 양복 입은 두 사람이 다가온다. 그들이 신은 구두가 김 부장 구두보다 더 번쩍인다. 머리에는 참기름이 잔뜩 발려 있다. 햇빛이 구두에 반사되어 눈이 부시다.

"사장님들, 안녕하세요? 괜찮은 상가 하나 소개해드릴게요. 지금 투자하시면 준공 후에 월세 삼사백은 따박따박 받으실 수 있습니다."

슬쩍 송 과장을 쳐다보니 별 관심이 없어 보인다.

반응이 없어도 계속 말을 건다.

"저기 짓고 있는 거 보이시죠? 저기가 여기 신도시의 중심이 될 곳입니다. 저희가 땅을 선점해서 상가 올리고 있어요. 1층은 카페나 베이커리 들어오면 딱이고요. 2층부터는 병원 넣을 수 있고요. 학원도 가능합니다. 요새는 필라테스, 요가 시설도 많이 들어옵니다. 지금 저희가 갖고 있는 회사 보유분 특별 할인하고 있는데 관심 있으면 연락주세요. 시세 대비 3억 빼드릴게요. 지금 거의 다 나가고 몇 개 안 남았어요. 다행히 코너 자리가 두 개 남아 있습니다."

말이 청산유수다. 김 부장은 혹한다.

매달 삼사백이라…….

일을 안 해도 아내와 둘이 살기에는 충분한 돈이다. 게다가 시세 대비 3억이나 싸게 준다니 초대박 할인이다.

김 부장이 말한다.

"명함 하나 주세요. 입지랑 가치 분석 해보고 연락드릴게요."

부동산 거래를 한 번도 해본 적 없는 김 부장이 허세를 부린다.

"네, 지금 뼈대 다 올라가서 내년 이맘때쯤이면 준공될 거예요. 빨리 잡으셔야 합니다. 수고하세요, 사장님들."

그들이 돌아가자 송 과장이 말한다.

"부장님, 분양 상가 잘못 물리면 되돌릴 수가 없습니다. 부장님도 잘 아시겠지만요."

"알지, 나도 잘 알지."

김 부장은 잘못 물리니 뭐니 무슨 말인지 잘 모르겠다. '따박따박 월 삼사백'만 귀에 꽂힌다.

친구 놈팽이처럼 일 안 해도 되는 거다.

저런 상가 세 개만 있으면 1천만 원이 매달 들어오는 수식이 성립한다.

불로소득의 기회다.

행운의 여신은 이렇게 찾아오는 거구나.

놈팽이도 이렇게 행운의 여신이 찾아와서 건물주가 된 거라 추측한다. 단지 나보다 그 여신이 빨리 왔을 뿐.

다시 송 과장 차를 타고 돌아간다. 송 과장이 집까지 데려다 준다고 한다. 이참에 김 부장은 아까 못다한 질문을 더 하기로 했다. 송 과장이 나의 존경하는 상무님에게 무슨 설명을 했는지, 둘 사이에 어떤 내용이 오갔는지.

한편으로는 상무님이 나를 건너뛰고 내 팀원인 송 과장과 직접 이야기를 한 것이 기분이 좋지 않다. 송 과장에게 꼬치꼬치 묻는 게 자존심이 상하지만 그래도 궁금해서 참을 수가 없다.

3

[3년 전, 송 과장과 상무의 이야기]

갑자기 이사(현재 상무)가 부른다.

"송 대리(현재 송 과장), 오늘 점심 괜찮아?"

"네, 이사님. 괜찮습니다."

"12시까지 내 방으로 와줘. 나가서 먹자."

두 사람은 근처 김치찌개 식당으로 간다.

"이모, 여기 김치찌개 2인분하고 계란말이 큰 거 하나 주세요. 중요한 손님이에요."

"아저씨, 또 오셨네. 무슨 맨날 중요한 손님이야. 기다려, 금방

해줄게."

"여기 자주 오시나 봐요?"

송 대리가 물티슈로 손을 닦으며 묻는다.

"어, 개인적인 면담이나 사적인 일 얘기할 때 자주 와. 내 방이나 임원식당에서 하면 너무 딱딱하잖아. 불편하기도 하고."

"네, 그러시군요."

"송 대리한테 개인적인 얘기 좀 하려고 하는데 괜찮을까?"

"네, 괜찮습니다."

드디어 이사가 진짜 용건을 꺼낸다.

"내가 사는 데가 말야. 재건축을 추진하고 있는데…… 이거 계속 살아야 하나 싶어서."

"아, 예전부터 사시던 그곳이요?"

"어, 거기. 근데 얼마 전 집사람이 장 보고 계단 올라가다가 무릎을 삐끗했거든. 나도 추운데 차 밀고 빼고 하는 것도 귀찮고. 애들도 다 커서 둘이서 큰 평수 사는 것도 의미 없고 청소만 힘들더라고. 여러 가지 생각해서 그냥 팔고 작은 데로 이사 갈까 하는데, 송 대리 생각은 어떤가 해서."

송 대리는 잠시 생각 끝에 신중하게 말을 꺼낸다.

"사모님 일은 안타깝습니다만, 그래도 이사님이 계속 가지고 가시면 좋을 것 같습니다."

"왜? 몇 년째 가격은 안 오르고 조합에서도 소송 중이고, 복잡해."

"저도 소송 기사 봤는데요. 별 영향 없을 것 같습니다. 몇 년간 횡보하고 약보합세였던 것은 맞는데요. 공급량이 대폭 줄어드는 시기가 오고 있어요. 자연스럽게 매매가가 올라갈 거라고 봅니다. 어쩌면 자연스럽지 않게 쭉쭉 올라갈 수도 있고요."

이사의 눈이 똥그래진다.

"공급량이라면 신축 아파트?"

"네, 신축이 정말 귀해지는 시기가 올 것 같아요. 어쩌면 지금부터 시작일 수도 있고요. 이사님 댁처럼 재건축을 막바지에 앞두고 신축될 곳들이 몇 년 뒤에는 부동산 아파트 시장을 좌지우지할 수도 있을 것 같습니다."

"그걸…… 어찌 아나?"

"이사님도 아시다시피 제가 사원 때부터 아파트와 토지에 투자를 해왔잖아요. 주말에는 부동산 돌아보는 게 취미이고, 임장다니면서 동네 맛집 찾아다니는 것도 좋아하고요. 물론 본업도 열심히 합니다. 하하."

송 대리가 머쓱하게 웃는다.

"알지, 송 대리가 일 열심히 하는 거. 일 얘기는 안 해도 돼."

"네, 감사합니다. 저뿐만 아니라 부동산 투자하는 사람들은 지금이 상승기 초입이라는 걸 알 거예요. 미국이 저금리 기조를 보이고 있고, 아직은 소득 대비 집값이 낮기도 하고, 입주 물량도 급격히 줄고……. 제가 대단해서가 아니라 다 공개된 자료로 예측한 것뿐이에요. 이사님, 꼭 가지고 가세요. 제가 경험은 짧지만 부동산은 사고팔고 반복하는 것보다 괜찮은 물건을 쭉 들고 가는 게 좋더라고요."

돼지고기가 가득 들어 있는 김치찌개가 나왔다. 계란말이는 넓은 접시에 꽉 차 푸짐하다.

"최 차장(현재 최 부장)은 분양권 샀다던데 지금 집 팔고 거기로 옮기는 건 어때?"

"거기도 좋긴 한데요. 이사님 댁이 더 좋습니다. 이사님 댁이 완공되면 최 차장님 댁은 구축으로 보일지도 몰라요. 학군도 다르고요. 그리고 이사님 댁이 세대수도 훨씬 많아요. 중요한 건 이사님 댁처럼 저층 아파트는 서울에 거의 없다는 거예요. 만일 작은 평수 신청하시면 몇억은 환급 받으실 것 같은데요. 맞죠?"

"어, 그렇다고는 하는데…… 녹물에, 주차에, 계단도 너무 힘들고…… 시세도 안 오를 거 같고……. 그래도 계속 가지고 가라는 거지?"

"네, 이사님."

"흠, 그래. 알았어. 송 대리 믿고 가지고 갈게."

이사는 송 대리 앞접시에 두툼한 돼지고기를 올려준다. 식사가 끝나고 계란말이 하나가 남았다.

"송 대리가 마지막 거 먹어."

4

[4년 전, 송 과장과 최 부장의 이야기]

최 차장(현재 최 부장)이 송 대리를 조용히 부른다.

"송 대리, 잠깐 시간 좀 내줄 수 있어?"

"네, 차장님."

"차 한잔하는 게 어때? 지하에 있는 공차로 가자."

"네."

최 차장과 송 대리는 공차로 내려간다. 점심시간에만 북적거리고 그 외 시간은 조용한 곳이다. 블랙 밀크티와 타로 밀크티를 주문한다.

블랙 밀크티를 한 모금 마신 최 차장이 말한다.

"송 대리, 사실 이사를 하고 싶은데 좀 물어보려고. 요즘은 1주택자들은 청약이 거의 힘들잖아."

"그렇죠. 청약은 힘드시겠네요. 요즘 만점에 가까운 사람들이 몇십만 명이라서요."

"그렇지. 그렇다고 들었어."

"그러면 청약 말고 매매하시는 방법밖에 없어요."

송 대리는 간단하게 대답한다.

"그럼 어디가 좋을까? 우리 부부가 그동안 재테크를 제대로 못해서 남들이 아파트로 돈 벌 때 한 푼도 못 벌었거든."

최 차장은 자신의 상황을 솔직하게 얘기한다.

"그럼 거주 편리성보다는 투자 비중이 큰 거네요? 서울 어디든 상관없으세요?"

"어. 상관없어. 딸도 다 컸고."

"그러면 한 번 찾아볼게요. 실례지만 예산은……?"

최 차장이 빨대를 입에 물고 양쪽 볼이 쏙 들어가도록 빨아들인다. 검정색 펄이 두툼한 빨대를 따라 우르르르 올라간다. 질서정연하다.

"그건 와이프한테 물어볼게. 와이프가 우리집 재무부 장관이거든. 하하."

"네, 알겠습니다. 내일이나 내일모레 다시 차 한잔하시죠."

"고마워, 송 대리. 부탁 좀 할게."

최 차장은 뭐 하나 부탁해도 '고맙다, 부탁한다'라는 말을 꼭 전한다. 후배에게도 먼저 인사한다. 웃으며 대하니 후배 입장에 선 푸근한 삼촌 같은 느낌이다. 권위적인 누구와는 사뭇 다르다고 송 대리는 생각했다.

다음 날, 송 대리가 최 차장을 찾아왔다.

"차장님, 제가 알아본 곳인데요. 회사랑 멀지도 않고, 이 일대가 재개발이랑 재건축을 하고 있어서 동네 자체가 확 좋아질 거거든요. 그중에 곧 입주 시작할 곳인데 분양권 매물이 좀 있더라고요."

"오…… 고마워, 송 대리. 한 번 보자."

"프리미엄이 2억 정도 붙어 있긴 한데 완공하고 입주 시작하면 더 오를 것 같아요."

"2억? 그럼 처음 분양받은 사람은 그냥 2억을 먹는 거야?"

"아, 네. 그렇게 생각하실 수도 있는데 또 그렇게 생각하면 사기가 힘들죠. 하하."

"어우, 프리미엄만 2억이라…… 괜찮을까?"

"옆쪽에 재건축 단지도 좋은데 매물이 적다 보니 그쪽 금액이 좀더 비싸요. 이사님 사시는 아파트요."

"아, 거기가 이사님 댁이구나. 몰랐네."

"분양권도 좋고 이사님 아파트도 좋으니 부동산 가서 한 번 보세요."

"그래, 가봐야겠네. 고마워, 송 대리."

그날 저녁 최 차장이 문자를 보냈다.

'송 대리 계약했어. 고마워. 와이프도 좋아해. 내일 보자고.'

업무 스타일이 시원시원하신 분이라 그런지 이런 결정도 빠르다.

5

송 과장의 지난 이야기를 모두 들은 김 부장은 벼르던 질문을 한다.

"그런 일이 있었군⋯⋯. 송 과장, 근데 상무님이 예전에 사시던 아파트 말이야. 거기 좋아?"

"아, 지금 철거 중인 곳이요? 네, 좋죠. 최 부장님 댁이랑 비슷해 보이지만 몇 가지 다른 게 있어요."

최 부장 아파트는 물어보지도 않았는데 송 과장이 덧붙여 말한다.

"지금 최 부장님 댁은 언덕에 있는 판자촌을 재개발한 곳이라 단지 내에 경사가 있고요. 지하철역과 거리가 좀 있어요. 그리고 결정적으로 학군이 달라요. 상무님 댁이 더 신축이기도 하고요. 상무님이 입주하실 때 최 부장님 댁은 7년차가 되겠네요."

송 과장은 이쪽에 살지도 않으면서 훤히 알고 있다. 신기하다. 김 부장은 본인이 아는 게 없어서 더 묻고 싶어도 묻지 못한다.

송 과장이 대답을 기다리지 않고 말을 이어간다.

"김 부장님 댁은 제가 보기에 재건축은 어려울 것 같고요. 리모델링으로 갈 것 같아요."

우리 집 깨끗한데 무슨 리모델링? 김 부장은 어리둥절하다.

"요즘은 리모델링도 거의 재건축 수준으로 해서 아파트가 환골탈태 하더라고요. 지하주차장도 더 깊게 파고 구조도 좋게 뽑고, 부장님 댁은 아직 리모델링 추진을 안 하나요?"

김 부장은 리모델링에 지하주차장 이야기가 나오니 더욱 이해가 안 간다.

"어…… 아직……."

침묵이 흐른다.

김 부장은 미세먼지로 뿌연 창밖을 바라본다. 나무들이 빠르게 지나간다. 리모델링이라면 집 인테리어 바꾸는 거 아닌가? 그런데 주차장은 무슨 주차장?

김 부장은 시계나 구두, 옷 이야기를 할 때 못 알아 듣는 친구들이 있으면 답답해했는데 지금은 본인이 대화가 안 통하는 답답한 사람이다. 회사일이라면 사소한 것까지 꿰뚫고 있어서 자부심이 넘치는 김 부장이 오늘은 말문이 막힌다.

……모르겠다.

송 과장이 나를 대화도 안 통하는 무식한 사람으로 볼 것 같다. 똑똑해 보이고 싶은데 할 말이 없다. 피곤한 척해야겠다.

김 부장은 남들과 회사 바깥 세상 이야기를 한 적이 거의 없다. 관심도 없다. 회사에서 일어난 에피소드를 늘어놓는 것. 그것이 김 부장이 사람들과 하는 이야기의 전부다. 아는 게 그것밖에 없다.

"부장님, 도착했습니다."

"그래, 송 과장. 고마워."

"제가 여기 리모델링 사업성이나 진행 상황 한 번 알아봐 드릴게요. 내일 뵙겠습니다."

"어, 어…… 그래, 조심히 들어가."

집에 들어가는데 발걸음이 무겁다.

'부동산 투자도 잘하고 대기업 다니는 부장.'

그저 살고 있는 아파트의 집값이 올랐다고 해서 부동산에 대해 아는 것이 아니었다. 투자를 잘하는 것도 아니었다.

6

김 부장은 터덜터덜 집으로 들어간다.

공동현관 앞 1층 주차장에 김 부장의 블랙 세단 그랜저가 보인다. 그런데 천장과 보닛에 하얀 점들이 있다. 김 부장이 놀라 확인한다. 비둘기 똥이다. 지하주차장에 델까 하다가 계단 올라오기 귀찮아서 1층에 주차했는데 비둘기들이 배설물을 차에 뿌리고 갔다.

먹다 남은 옥수수 수염차를 똥 위에 붓고, 가방 안에 있던 물티슈로 닦는다. 딱딱하게 굳어서 떨어지지 않는다.

김 부장네 아파트 지하주차장은 퀴퀴하고 습하고 어둡고 음산하다. 밤에는 박쥐가 튀어나올 것 같다. 지하에서 1층까지 올라오는 계단에는 쓰레기들이 널려 있고 곰팡이가 드문드문 퍼져 있다. 최 부장 아파트의 쾌적한 지하 주차장과 너무 비교가 된다.

갑자기 이 아파트가 싫어진다.

현관문을 열고 집으로 들어가자 아내는 늘 그랬던 것처럼 김 부장을 따뜻하게 맞아준다. 김 부장 표정이야 어떻든, 이렇게 하는 게 밖에서 고생하고 온 남편에 대한 예의라고 생각한다. 아내가 말한다.

"여보, 고생했어. 저녁 먹어야지."

"어, 배고프네."

아내가 들뜬 말투로 얘기한다.

"여보, 나 사실 그동안 공인중개사 공부했는데, 시험 보려고."

"뭐? 복덕방에서 일하게?"

김 부장의 말투가 뾰족하다.

"아니, 뭐 꼭 그런 건 아니고 자격증 같은 거 하나 있으면 좋을 것 같아서."

"내가 돈 다 벌어다주잖아. 자기까지 왜 그래? 아들은 장사꾼 되겠다고 하고, 와이프는 복덕방 아줌마가 되겠다고 하고. 왜 그래, 다들!"

"아니…… 그냥…… 뭐, 알았어."

김 부장으로서는 대기업 부장의 사모님이 부동산에서 일하는 것을 용납할 수 없다. 김 부장의 머릿속에 있는 부동산 아줌마들의 이미지는 드세고 고집스럽고 복비 챙기려고 혈안이 된 사람들이다.

7

몇 달이 지났다. 김 부장 아들의 졸업식이다.

김 부장은 졸업식에 가기 싫다. 취직도 못한 아들이 꼴 보기 싫다. 주변 사람들이 아들 졸업하고 뭐 하냐고 물어보면 뭐라고 대답할지 고민이다. 그러다 보니 아예 연락을 안 하게 된다. 누군가 물어보면 그냥 휴학 중이라고 해야겠다.

그래도 아내의 설득에 졸업식에 간다. 애써 웃으며 사진을 찍는다. 사진 몇 장 찍고 같이 집으로 돌아온다. 김 부장은 집으로 가는 차에서 무뚝뚝하게 입을 연다.

"아들, 아직 안 늦었어, 대기업."

아내도 아들도 대답을 하지 않는다. 집에 도착할 때까지 대화는 없다. 자동차의 엔진 소리가 유난히 크게 들린다.

이튿날, 김 부장이 출근한 후 아내와 아들이 대화를 나눈다.

"엄마, 사실 저 사업자등록 했어요. 주문량이 많아지면서 세금 문제도 있고 해서요. 하다 보니 그렇게 됐어요."

"그래, 잘했다. 본격적으로 네 일 하는 거구나. 축하해. 이제 대표님이라고 불러야겠네?"

"하하. 근데 아빠는 왜 제가 돈 얘기만 하면 민감해지시는 걸까요? 엄마는 그래도 제 말 잘 들어주시잖아요."

"엄마는 돈 얘기 하는 거 좋아해. 아빠가 싫어하지. 아마도 남자가 가정을 경제적으로 책임져야 한다는 의무감이 강해서 그런 걸 거야. 사실 엄마도 신혼 때까지는 직장 다니면서 재테크도 하고 그랬어. 아빠가 말려서 못해온 거지."

"아, 엄마도 일했었구나……."

"아빠가 잘못했다는 건 아니고. 그 덕에 너 어릴 때부터 지금까지 많은 시간 함께할 수 있어서 좋았지. 아빠도 혼자 일하느라 얼마나 힘들었겠어."

"그렇겠죠. 저도 대학 졸업했으니 이제 아빠 짐 덜어드리고 싶어요. 그런데 아빠가 계속 취직만 하라고 하시니 어떻게 해야 할지 모르겠어요. 취업 생각이 없는 건 아니지만 지금 일이 너무 재미있거든요."

곰곰이 생각하던 김 부장의 아내는 조심스럽게 말을 꺼낸다.

"그럼…… 이참에 독립해보는 건 어때? 떨어져 있으면 서로 스트레스도 덜 받을 것 같은데."

"네? 저 혼자 살라고요?"

"뭐 어때? 너 군대도 다녀왔고 졸업도 했고. 어른이잖아."

"아, 독립은 아직 생각해본 적이 없어서……."

"외국은 스무 살만 되면 알아서 나간다더라. 자립심도 더 강해지고 경제나 사회적으로도 더 빨리 성숙하고. 나도 너랑 떨어져 사는 건 아쉽지만 지금이 좋은 타이밍 같아."

아들은 머뭇머뭇 대답을 하지 못한다.

"오히려 가족끼리 같이 있을 때 더 사이가 안 좋아지는 경우, 많이 봤어. 아빠와 네가 취업 문제 때문에 갈등 상황이 잦아질 게 뻔한데, 그걸 보는 나도 힘들 거 같아. 우리도 좀 떨어져 있어 봐야 보고 싶은 마음도 생기고 서로 소중함도 느끼고 그런 거지. 그리고 네가 하고 싶은 것도 마음대로 할 수 있고."

"네, 생각해볼게요. 고마워요, 엄마."

"그래, 어디 살지 집도 한 번 알아봐. 월세 얼마에 살지도 계산해

보고. 그 동네도 둘러보고 부동산도 가보고 친구들한테 물어도 보고 해봐. 그렇게만 해봐도 세상 보는 눈이 훨씬 더 넓어질 거야."

"네, 해볼게요."

아들은 '독립'이라는 말에 가슴이 두근거린다. 자신을 평생 품에 끼고 살 줄 알았던 엄마가 독립하라고 먼저 제안을 하다니. 자신을 어른으로 봐주는 엄마가 고맙다. 무엇보다도 자신이 하고 싶은 일을 존중해주고, 할 수 있도록 지지해주는 부분이 가장 고맙다. 아들은 어쩌면 자신이 엄마에 대해 잘 모르고 있었던 게 아니었나 생각한다.

올 것이 왔구나

1

아침부터 상무가 최 부장을 부른다.

"최 부장님, 상무님이 찾으십니다."

"네, 바로 갈게요."

최 부장은 하던 업무를 내려놓고 상무실로 향한다.

"상무님, 부르셨습니까?"

"어, 앉아봐. 이번에 조직개편이 크게 있을 것 같은데 최 부장 생각이 궁금해서 말이야. 다른 건 아니고, 최 부장과 김 부장 두 사람이 팀장 자리를 한 번 바꿔보면 어떨까 해서. 업무 특성상 겹치는 부분도 있고."

"제가 김 부장 팀의 팀장이 되고, 김 부장이 제 팀의 팀장으로 오는 건가요?"

"어, 맞아. 그런데 김 부장이 공장 경험이 없잖아. 최 부장이야 공장 경험이 있지만."

"네, 그렇죠."

"그래서 6개월 정도 공장 시스템 좀 배우게 하고, 겸사겸사 정신도 차리게 하려고."

"네? 정신이요?"

"아니야, 아니야. 아무튼 김 부장이 내려가 있는 동안 자네가 그 팀까지 맡아보는 건 어때?"

"네, 업무도 해본 적 있고 그쪽 팀원들과도 잘 알아서 문제될 것은 없어 보입니다. 그렇지만 제가 김 부장만큼 잘할 수 있을지는 모르겠습니다."

"일단 해봐. 전무님하고도 이미 얘기해봤는데 자네만 동의하면 그렇게 진행할게."

"네, 알겠습니다."

다음 날, 전무가 김 부장을 부른다. 보통 업무 지시나 골프 예약은 상무나 비서를 통해서 전달하는데, 이번에는 직접 전화를 한다.

삐져나온 코털이 있나, 눈곱이 꼈나, 앞니에 긴 고춧가루는 없나 확인하고, 전무실로 향한다. 전무실로 가는 복도 창으로 따뜻한 햇살이 든다. 복도 카펫도 폭신하다.

느낌이 좋다. 임원 승진 소식을 알려줄 것 같은 예감이 든다. 관례적으로 승진은 인사 공고가 뜨기 전에 당사자에게 먼저 말해준다.

"안녕하십니까, 전무님!"

"어, 김 부장. 여기 앉아."

"네."

"요즘 별일 없지?"

"네, 별일 없습니다."

"그래…… 애가 졸업했다며?"

"네."

"어디 취직은 했나?"

"준비하고 있습니다."

혹시 아들한테 입사 기회를…… 주시려나?

김 부장은 순간 가슴이 설렌다.

5초간의 침묵이 흐른다.

"김 부장, 안전관리팀에 자리가 하나 비는데 거기 가보는 거 어때?"

"안전관리팀이라면…… 공장이요?"

"요새 안전이 회사 주요 이슈잖아. 김 부장이 그 쪽을 맡아보는 게 어때?"

두둥.

올 것이 왔구나.

김 부장에게 영원히 오지 않을 것 같던 그것이 왔다.

어떻게 인사를 하고 나왔는지도 모르겠다. 정신 없이 사무실로 돌아와 의자에 털썩 앉는다. 숨 돌릴 틈도 없이 상무에게서 전화가 온다.

"김 부장, 오늘 한잔해."

안전관리…… 안전관리…… 안전관리팀이라고?

안전관리팀이 중요한 팀인지 생각해본다. 이게 절호의 기회인지 정리해고의 수순인지 따져본다. 어떻게든 좋은 쪽으로 생각

해야 마음이 편하다. 미래의 이사, 상무, 전무를 거쳐 부사장이
될 내가 이렇게 내쳐진다는 것은 있을 수 없는 일이다.

그래, 공장 시스템 배우고 공장장 하다가 다시 본사로 오라는
뜻이구나.

실제로 그런 사례가 있었다. 김 부장과 차이가 있다면 그런
케이스는 안전관리팀이 아닌 설계, 생산기획, 기술팀 등 공장의
핵심 인재들이 있는 부서라는 것이다.

하아, 그래도 이건 아니지.

이게 바로 마른하늘에 날벼락이라는 것인가.

핵심 인재인 내가 왜 지방 발령을…….

나 없으면 진행 중인 프로젝트 다 접어야 할 텐데…….

나 없으면 회사가 안 돌아갈 텐데…….

왜 발령을 보내는 거지?

도대체 왜……?

왜……?

2

퇴근 시간이다.

상무가 음식점 주소를 보낸다. 꽤 비싼 스시 오마카세 집이다.
김 부장은 머릿속이 복잡하다. 제발 상무님이 좋은 소식을 주
려고 부른 것이면 좋겠다.

불안한 마음을 안고 스시집에 들어서니 상무가 먼저 와 앉아

있다.

"늦어서 죄송합니다."

"아니야, 김 부장. 내가 일찍 왔어. 이렇게 둘이서 한잔하는 건 처음인 것 같네. 그렇지?"

"네, 그런 것 같습니다."

"여기 잘하는 집이야. 주문은 해놨어."

"감사합니다."

깔끔한 차림새의 주방장들이 나란히 서서 생선을 다듬고, 해산물을 나열하고, 밥을 젓고 있다. 코스가 나오기 시작한다.

김 부장의 심장이 쿵쾅쿵쾅 요동친다. 무슨 말을 하려는지 빨리 듣고 싶다.

상무가 사케를 시킨다. 슬쩍 메뉴판을 보니 8만 원짜리다. 가볍게 건배를 하고 들이켠다.

"전무님 말씀 들었지? 안전관리팀으로 가는 거."

"네, 들었습니다."

"그래, 거기도 중요한 팀이니까 한 번 잘해봐."

"네…… 근데 제가 그 팀으로 가는 이유가 무엇인가요?"

"인사팀에서 결정해서 내려왔어. 나는 잘 모르겠네."

김 부장은 알고 있다. 인사팀에서 내려 보낼 사람을 정해서 통보하는 게 아니라, 인사팀에서 몇 명을 내려 보내야 하니 명단을 달라고 요청하는 시스템인 것을. 전무 또는 상무, 아니면 둘 다 나를 지목해서 명단에 올린 것이다.

초밥이 하나씩 나온다.

맛을 느낄 새도 없이 목으로 넘긴다. 이 맛있는 초밥을 이런 기분으로 불편한 상황에 먹어야 하는 것이 싫다. 김 부장은 다 좋게 풀릴 거라고 자기 위로를 해보지만, 냉정한 이성은 정리해고 수순이라는 것을 알고 있다.

사케가 계속 들어가고 상무와 김 부장은 슬슬 취한다.

"상무님, 그럼 지금 제 자리에는 누가 갑니까?"

"좀 있으면 알게 되겠지만, 최 부장이 갈 거야."

"최 부장이요?"

김 부장이 흥분한다. 독한 사케가 그 흥분감을 더 한다. 김 부장의 목소리 톤이 높아진다.

"최 부장은 제가 하던 업무 못해요, 상무님. 저 없으면 안 돌아가요."

"김 부장, 그게 자네의 문제야."

"네?"

상무님의 속마음이 나온다.

"회사생활에서 가장 중요한 게 뭔 줄 알아? 공감과 협업이야. 본인이 아무리 잘났어도 공감도 못하고 협업을 할 줄 모르면 조직원으로서는 적합하지 않아. 선후배들, 옆 팀, 다른 사업부와 함께 시너지를 내는 게 조직에서는 중요한데 말이야. 하…… 자네는…….'"

상무님이 말을 잇지 못하고 사케를 들이켠다.

김 부장 눈이 동그래진다.

"괜찮습니다. 말씀해주십쇼."

"자네는 너무 눈과 귀를 닫고 있어. 많이 보고 많이 듣고, 그리고 그것들을 열린 마음으로 받아들이는 게 중요해. 스스로 후배나 선배들 얘기를 잘 듣는지 한 번 생각해봐. 조직이라는 건 잘 어우러진 샐러드 같아야 해. 샐러드에다가 콜라를 뿌리면 어떻게 되겠나? 콜라 맛 때문에 샐러드가 엉망이 되겠지. 김 부장 자네가 콜라라는 생각은 해본 적 없나?"

5톤 트럭이 김 부장을 쾅하고 들이받은 느낌이다. 지금까지 누구도 이런 말을 해준 적이 없다.

김 부장이 가장 좋아하는 장어 초밥이 나온다. 윤기가 좌르르 흐르는 것이 먹음직스럽다. 하지만 지금은 거기에 신경 쓸 여유가 없다.

"또 하나 얘기하자면 말야. 일이라는 건 무조건 열심히, 오래, 많이 하는 게 다가 아니야. 얼마나 효율적으로 하느냐가 중요해. 김 부장이 주는 장표나 보고서는 감동적이야. 꼼꼼하고 빈틈없고 완벽해. 그런데 읽고 나면 남는 게 없어. 뭐가 중요한지, 그래서 뭘 어떻게 해야 하는지 핵심이 없어. 도대체 뭘 말하려는 건지 모르겠어. 남들과 다른 생각, 다른 시선이 필요한데, 자네 보고서는 이미 다 아는 걸 보기 좋게 정리만 했다는 느낌이야."

상무가 잠시 목을 축이더니 말을 이어간다.

"김 부장이 원칙을 잘 지키는 건 좋아. 그런데 그 원칙이 고지식으로 변하면 안 돼. 효율적이어야 할 뿐만 아니라 시대 흐름에 맞게 유연해야 할 필요도 있어. 김 부장처럼 열심히만 하는 사람들은 널렸어."

4

"이랏샤이마세!"

주방장들이 동시에 크게 외친다.

혼이 빠져 있던 김 부장은 정신이 또렷해진다. 다른 손님들이 들어온다.

김 부장은 무슨 말을 해야 할지 모르겠다. 신입 때부터 보고서 잘 만들기로 정평이 나 있었고, 시키는 일은 도맡아 했고, 야근에 특근까지 궂은 일을 마다하지 않았다. 그런 방식으로 한 번의 진급 누락 없이 여기까지 왔다. 그런데 보고서로 지적을 받다니, 이해가 되지 않는다.

"김 부장이 팀장 달기 전까지는 보고서 잘 만들기로 유명했던 거, 본인도 알지?"

뜨끔.

김 부장의 머릿속을 들여다보고 있는 것 같다.

"팀장은 리더야. 보고서 만드는 사람이 아니야. 보고서에는 팀원의 다양한 의견들이 담겨 있어야 해. 팀장이 전부 필터링 해버리면 그건 팀 보고서가 아니지. 리더는 자신이 돋보이기보다는 구성원들이 돋보이도록 자리를 마련해주는 사람이야. 팀원일 때는 우사인 볼트여도 상관없지만 팀장이 되면 히딩크 같은 감독이 되어야지."

상무가 건배 없이 사케를 혼자서 마신다.

김 부장도 마신다. 이 비싼 사케가 쓰다.

미소국을 마신다. 정사각형 두부가 국물과 같이 입속으로 딸려 들어간다.

상무가 말한다.

"자네도 알지? 내가 팀장 달기 전까지는 별로 인정 못 받았던 거. 팀원들이 나보다 체력도 좋고, 글도 잘 쓰고, 말도 잘 하고, 영어도 잘 하고……. 내가 팀원들보다 나은 게 없더라고. 그래서 팀장 되고 나서 가장 먼저 한 일이 뭔지 알아? 팀원들 일하기 좋은 환경 만들어주는 거였어. 요즘 젊은 사람들은 우리 때와 달라. 회사가 전부라고 생각하지도 않고 여기에 올인하겠다는 마음도 없거든."

상무가 회상하듯 말을 잠시 멈춘다.

"그래서 퇴근도 일부러 먼저 했어. 내가 자리에 있으면 눈치 보고 불편할까봐. 휴가도 마음대로 쓰게 하고, 일하다가 불편한 거 있으면 바로 해결해주려고 하고, 다른 부서와 일이 꼬이면 나서서 풀어주고. 그뿐인 줄 알아? 회식 문화도 완전히 바꿨어. 밤 늦게까지 고기에 소주를 먹는 회식을 없애고, 팀원들 좋아하는 곳에서 점심 회식을 했더니 다들 좋아하더라고."

김 부장은 늘 1등으로 출근해서 꼴등으로 퇴근했다. 먼저 퇴근하는 팀원들에게 한 마디씩 툭툭 싫은 소리를 던졌다. 회식은 무조건 삼겹살에 소맥 말아 먹고 2차는 맥주집, 3차는 국밥집으로 갔다. 김 부장은 그게 당연한 건 줄 알았다.

"권위의식, 자존심 다 내려놓고 모르는 게 있으면 가르쳐달라고 했어. 알고 있던 것도 확신이 없으면 찾아가서 가르쳐달라고 했고. 그러니까 신기하게 다들 열심히 알려주더라고. 자기들이 공부해서라도 도와주려고 해. 본인들이 공부하고 가르치기까지 하면 그 지식은 완전히 자기 게 되는 거잖아. 그러다 보면 업무 효율도 올라가고, 팀 실적도 좋아지고, 팀 고과도 잘 받고, 다들 회사 일에 재미 붙이고. 그런 게 선순환이지."

상무는 잠시 김 부장의 반응을 살피더니 말을 잇는다.

"나는 그렇게 배운 내용을 임원들 앞에서 발표할 때도 그냥 하지 않았어. 항상 팀원 누구에게 배운 내용입니다, 누구의 아이디어입니다, 누구가 조사한 자료입니다, 그런 식으로 팀원들이 돋보이도록 했지. 그게 다야. 다시 말하지만 난 절대 뛰어난 사람이 아니거든."

김 부장의 시선이 상무의 어깨에 머물러 있다. 김 부장이 누군가의 말을 이렇게 오래도록 듣는 것은 익숙하지 않은 일이다.

지난 일이 생각나는지 상무는 목에 핏대를 세운다.

"나는, 내가 모르는 게 있으면 개인적인 일뿐만 아니라 회사 업무도 상대가 대리든 사원이든 계약직이든 가리지 않고 물어봐. 김 부장 그거 알아? 내가 송 과장한테 아파트 물어봤다고 했을 때 자네 표정이 어땠는지?"

김 부장의 표정이 굳어진다.

"사람은 얼굴에서 감정이 다 드러나게 되어 있어. 회사생활 오래하면서 느낀 건데 말야. 자신의 부족한 부분을 인정하고 배우려는 사람이냐, 남들보다 우월하다고 생각하는 사람이냐, 이 둘의 차이는 엄청난 거야. 배우려는 사람은 주변 사람들과 소통

하는 과정에서 영향력이 커질 수밖에 없어. 그런데 자기가 우월하다고 믿는 사람은 스스로를 더 고립시킬 뿐이야. 결국 혼자만 남는 거지."

상무는 김 부장의 눈을 쳐다본다.

"김 부장은 어디에 해당되는지 잘 생각해봐. 모르는 건 창피한 게 아니야. 모르는데 아는 척하는 게 창피한 거지."

오마카세의 마무리로 튀김이 나온다. 상무가 와그작 베물어 먹는다. 김 부장도 와그작 베물어 먹는다. 튀김가루들이 김 부장 바지에 떨어진다. 어쩐지 그동안 쌓은 공들이 한순간에 부스러지는 느낌이다. 흩날리는 튀김가루가 김 부장의 모양새와 비슷하다.

몰랐다. 상무는 김 부장과 전혀 다른 생각과 행동 방식으로 전혀 다른 조직생활을 해온 것이다. 상무는 차갑게 식은 녹차를 벌컥벌컥 들이켜고 가방을 챙긴다.

"내가 말이 길었네. 혹시 감정이 상했으면 미안해. 예전부터 자네한테 해주고 싶은 말이긴 했어. 내일 봐."

"아닙니다, 상무님. 좋은 말씀 감사합니다. 조심히 들어가십쇼."

"아, 그리고 마지막 한마디. 모든 책임은 자기 자신에게 있는 거야."

가게 밖으로 나온 상무가 택시를 잡고, 별 다른 인사 없이 올라탄다. 김 부장은 예전과 마찬가지로 시야에서 사라질 때까지 택시를 바라본다.

대기업 부장이라는 타이틀이 인생의 전부였던 김 부장이다. 이 타이틀을 내려놓을 시간이 얼마 남지 않았다.

모든 책임은 자기 자신에게 있는 거야……. 무슨 뜻일까?

김 부장은 천천히 지하철역으로 향한다.

한 번에 너무 많은 충고를 들어서 정리가 안 된다.

복잡하다. 머리도, 마음도…….

5

며칠 뒤 인사발령 공고가 떴다.

회사 전체가 뒤숭숭하다. 다들 김 부장 눈치만 본다. 김 부장은 박스에 개인 물품들을 담고 차에 싣는다.

다시 본사에 돌아와서 임원 승진을 할 수 있을까 희망을 품어봤지만, 부질없다. 상무는 나를 버렸다.

나는 일하는 기계일 뿐 리더는 아니라고 했다.

집에는 뭐라고 말해야 할지 모르겠다. 아내에게도 아들에게도, 내 스스로에게도.

넘치던 자신감은 온데간데없다.

집 근처 공원에서 바둑 두는 느긋한 할아버지들이 부럽게 느껴진다. 드라마에서 남편들이 일없이 공원 벤치에 앉아 있던 이유가 이해가 간다. 자신과 관련 없던 사소한 것들이 눈에 들어오기 시작한다.

내가 전무님 상무님 골프 기사 노릇을 얼마나 했는데…….

시키는 일 밤낮도 주말도 없이 다 했는데…….

윗사람들이 하기에는 껄끄러운 일들도 내가 다 처리했는

데…….

배신당한 것 같다. 너무 화가 난다.

그래, 내가 고속 승진해서 그들을 밀어낼까봐 나를 미리 쳐내는 것이다.

바로 그거다. 다들 나를 질투하고 시기하는 것이다.

김 부장은 길바닥에 떨어진 캔을 힘껏 걷어찬다.

촤아악.

안에 음료수가 들어 있었는지 주황색 내용물이 김 부장 바지에 쏟아진다.

"이런 제기랄!"

바짓단이 축축해진 채 집에 도착한다. 바지도 무겁고 현관문도 무겁다.

"어? 오늘 일찍 왔네."

김 부장은 들어오자마자 어렵게 말을 꺼낸다.

"여보, 아들 들어오기 전에 말해야겠어. 나 공장으로 발령났어."

"공장? ……언제부터?"

"내일 새벽에 가야 해. 당분간 기숙사에서 지내야 할 것 같아."

"그렇구나……. 기숙사에서 밥은 잘 주려나?"

김 부장은 생각한다.

아내는 내가 왜 공장에 가는지 궁금하지도 않나.

아내는 내 밥이 그리 중요한가.

"아침, 점심, 저녁 밥 전부 공짜야. 그리고 공장에서 제일 중요한 팀으로 가는 거야. 공장이 요새 좀 어려운가봐."

"밥도 잘 준다니 다행이다. 당신처럼 유능한 사람을 어려운 곳에 보내서 기사회생 시키려고 그러나 보네. 난세에 영웅 난다 는 말도 있잖아."

김 부장은 잘 넘겼다는 생각을 하며 아내를 바라본다.

역시 아내는 아무것도 모르는 순진한 여자구나.

아내도 속으로 생각한다.

우리 남편도 때가 왔구나. 마음이 안 좋을 테니 자세히 묻지 말아야지.

6

김 부장은 내일 새벽, 장거리 운전을 위해 일찍 잠자리에 든다.

공장까지는 꽤 멀다. 알람 시간을 5시로 맞춰놨는데 4시 반 에 눈이 번쩍 뜨인다.

식탁에 아내가 준비해둔 간식이 보인다. 지퍼백 안에는 마른 오징어, 견과류가 들어 있고 그 옆에 텀블러에는 오미자차가 들 어 있다. 장거리 운전을 할 때면, 항상 아내는 입이 심심하지 않 도록 먹을거리들을 준비해둔다.

결혼한 지 20년? 25년? 30년? 기억은 안 나지만 언제나 한결 같다.

아내가 챙겨준 먹을거리와 일주일치 짐을 챙긴다. 명품 가방 과 시계는 더 이상 가지고 다닐 필요가 없다. 공장 점퍼를 입고 작업화를 신고 출퇴근하기 때문이다.

대충 세수하고 양치하고 나가려는데 신발장 옆에 뭐가 있다. 새 가방이다. 아들의 카톡 프로필에서 봤던 그 가방이다. 가방 위에 편지가 있다.

아빠, 오늘부터 공장으로 출근하신다면서요?
남들이 못하는 어려운 일 하러 간다고 들었어요.
정말 멋지고 존경스러워요.
아르바이트 해서 모은 돈으로 아빠 가방을 하나 샀어요.
언제 드릴까 고민했는데 오늘이 딱인 것 같아요.
우리 가족을 위해 힘들지만 최선을 다하시는 아빠가 너무 고마워요.
항상 응원할게요. 주말에 뵈어요. 사랑해요.

자고 있는 아들 방문을 열어볼까 하다가 성급히 차로 향한다. 차 문을 급하게 닫는다.

쾅!

흑흑흑······.

눈물이 난다. 주룩주룩 흐른다. 참았던 울음이 터진다. 핸들을 꽉 잡는다. 눈물이 멈추지 않는다.

"사장님, 이건 인생에 찾아온 3번의 기회 중 하나예요"

1

김 부장은 공장에 도착했다.

서울의 공기와는 다르다. 한바탕 울고 나서 마시는 시골의 공기는 상쾌하다.

안전관리팀 팀원들이 반갑게 맞아준다. 김 부장은 한 명씩 악수를 나누고 자리를 찾아간다. 본사와 분위기가 사뭇 다르다. 셔츠에 정장을 입고 다니던 사람들과 같이 있다가, 공장 점퍼를 입고 헬멧을 쓰고 묵직한 안전화를 신고 돌아다니는 사람들을 보니 낯선 기분이 든다.

팀원이 물품들을 가져다준다. 형광색 조끼와 '안전제일'이라고 쓰여진 헬멧이다. 김 부장은 비싼 시계, 구두, 가방, 정장에 흠집 날 걱정이 없어 마음이 편하다.

주중에는 기숙사에서 먹고 자고, 주말에는 서울 집으로 간다. 김 부장은 그냥저냥 다닐 만하다고 생각한다. 돈을 쓸 일이 없다.

퇴근 후 업무 지시를 하는 사람도 없다. 편하다. 임원들의 귀찮은 부탁도 없고, 실적 압박도 없고, 그저 주어진 루틴대로만 하면 된다. 일하는 스님이 된 느낌이다.

공장도 부서마다 분위기가 다르다. 안전관리팀과 달리 메인 부서 사람들은 활기가 넘친다. 본사 영업팀, 마케팅팀, 기획팀, 연구소 사람들과 회의도 하고 출장도 다니고 외주업체와 미팅도 많이 한다. 주도적으로 업무를 이끌어가는 느낌이랄까. 본사 사무실에서는 경험하지 못한, 다른 종류의 역동성이 있다.

그들에게서는 제품을 생산하고 공장을 돌린다는 자부심이 느껴진다. 그들이 네발자전거의 큰 바퀴라면 김 부장은 자신이 보조 바퀴 같다는 생각을 한다.

군이 필요는 없지만 만일에 대비해 필요한 사람.

법이 없었으면 군이 없어도 되는 조직.

그 조직의 팀장.

그게 나다.

2

김 부장은 헬멧을 쓰고 안전화를 신고 형광색 조끼를 갖춰 입는다.

매일 공장을 한 바퀴씩 돈다. 시설물을 점검하고 가끔 생산직 반장들과 이야기도 한다. 본사에서는 정규직과 계약직으로 나뉜다면, 공장에서는 사무직과 생산직으로 나뉜다. 생산직은 노동조합에 속해 있어서 꿀벌 같은 결집력이 있다. 회사에서도 쉽게 건드리지 못한다.

생산직 사람들은 또 다시 두 부류로 나뉜다. 공장의 전반적인 흐름과 시스템을 이해하는 필수 인력 키맨, 위에서 시키는 대로 기계처럼 일하는 노동자.

사실 기계처럼 일하는 노동자는 기계처럼 일하는 사무직과 다를 바가 없다. 장갑을 끼고 일을 하느냐, 키보드를 두드리며 일을 하느냐 그 차이뿐이다.

키맨들은 웬만한 사무직보다 뛰어나다. 이들이 고졸, 전문대 졸이라고 해서 지식이나 혜안이 부족하다고 생각해서는 절대 안 된다. 사무직과 생산직 사이에서 벌어지는 의견 차이나 갈등 요소가 있으면 키맨들이 나서서 해결한다. 결국 키맨들은 양쪽의 소통창구 역할을 하는 것이다.

김 부장은 나름 오랫동안 회사생활을 했지만 공장 인맥은 없다. 물론 이메일을 주고 받으며 업무를 진행한 직원들은 여러명 있다. 그러나 이메일로 친숙하다 해도 막상 얼굴을 마주하니 어색하다. 그러다 보니 사적으로 굳이 만나지 않는다. 그저 이메일 동료일 뿐 그 이상도 이하도 아니다.

3

임금 협상 시즌이 다가온다.

공장 곳곳에는 대형 레크레이션용 스피커가 설치된다. 생산 직들의 등에는 '쟁취, 투쟁'이라고 쓰인 스티커가 붙어 있다. 올해는 이 투쟁 기간이 얼마나 지속될까.

김 부장은 누구를 응원해야 할지 모르겠다. 뼈와 살을 갉아먹는 회사에 투쟁하는 노동자들 편에 서야 할지, 일자리를 제공하고 월급을 주는 회사 편에 서야 할지 정말 알 수가 없다. 나에게 이득이 되는 쪽은 어느 쪽일까, 김 부장은 생각해본다.

며칠 뒤 회사 정문 앞에 빨간 글씨가 휘갈겨진 현수막과 붉은 깃발이 휘날린다.

투쟁하고 쟁취하라

스피커에서는 군가와 트로트를 합친 듯한 투쟁가가 쩌렁쩌렁 울린다. 김 부장은 이걸 볼 때마다 삼국지의 적벽대전이 생각난다. 공장 공터에는 전사들이 5열로 늘어서 있고, 맨 앞에는 확성기를 든 장수가 뭐라고 외치고 있다.

역시 자신 같은 쫄보가 낄 곳이 아니다.

김 부장은 바지주머니에 손을 넣고 옆을 조용히 지나쳐간다.

김 부장이 공장에 내려와 겪고 있는, 또 하나 특이한 경험이 있다. 매일 점심시간에 벌어지는 풍경이다.

딩~동~댕~

점심시간을 알리는 벨이 울리면 갑자기 천지가 흔들린다. 직원들은 마치 단체로 달리기 시합이라도 하듯 식당을 향해 뛰기 시작한다. 더 적절히 비유하자면 말벌 떼가 무서운 소리를 내며 벌통을 향해 날아가는 듯하다.

처음에 김 부장은 천천히 움직였다.

다들 나잇살 먹어서 저게 무슨 짓이야. 배고픈 거지도 아니고 뭐 하러 뛰어.

그런데 줄이 너무 길어지다 보니 배는 고프고 점심시간도 줄어든다.

뛰지는 말고 빨리 걷기만 하자.

일주일이 지나자 김 부장의 움직임이 처음과 다르다.

기다리는 시간을 더 줄이자. 조깅하듯 뛰자.

어느새 김 부장도 그들과 함께 레이스를 하고 있다. 더 빠르게 뛴다. 어느 경로로 가야 최단 시간에 도착할지 매일매일 습득한다. 사무실부터 식당까지는 약 100미터. 이렇게 목표를 가지고 무언가를 해본 적이 얼마 만인지 모르겠다. 목표가 명확하니 힘이 난다. 이래서 인생의 목표를 세우라고 하는구나, 하고 김부장은 깨닫는다.

오늘의 반찬은 김치 4종 세트다. 백김치, 시금치, 무김치, 김칫국.

화가 난다.

토끼도 아니고, 초식공룡도 아니고, 어엿한 인간인데…….

원래 이 정도는 아닌데 임금 협상 기간에 전사들의 힘을 빼려고 일부러 이렇게 주는 건가.

원래 나오던 고기반찬은 어디에…….

고기 없으면 나오던 동그랑땡이나 메추리알은 어디에…….

퇴근해서는 딱히 할 일이 없다. 골프도 재미없다. 친구들도 다 서울에 있어서 못 만난다. 매일 밤 텔레비전 채널만 돌리다가 잠이 든다. 텔레비전이 꺼지기 전까지는 김 부장이 텔레비전을 보지만, 김 부장이 잠든 후에는 텔레비전이 김 부장을 본다. 하루하루가 변화 없이 똑같은 패턴으로 흘러간다. 지루한 생활이다.

4

몇 달이 지났는지도 모르겠다.

김 부장이 그렇게 시간만 때우고 있던 어느 날, 상무에게서
전화가 온다.

"아니 상무님, 안녕하십니까!"

"어, 김 부장. 잘 지냈어?"

"네, 잘 지내고 있습니다."

"공장에서 뭐 좀 배운 거 있어?"

"뭐…… 공장 사람들하고 말문도 트고…… 저희 팀 업무가
어떻게 돌아가는지도 좀 파악했고요."

"또?"

"……그 정도입니다."

"지금 본사에서 '부장, 차장, 과장' 같은 직급을 없애고 호칭을
통합할 계획인데, 알고 있어?"

"네, 듣기는 했습니다."

"김 부장 생각은 어때?"

"호칭을 하나로 부르면 누가 선배이고 누가 후배인지 어떻게
알겠습니까? 솔직히 잘 이해가 가지는 않습니다."

"그렇군. ……내가 했던 말은 생각해봤어?"

"무, 무슨 말이요?"

"스시집에서 내가 김 부장한테 했던 말."

상무님의 말투가 딱딱해진다.

"아…… 네……."

"자네가 느낀 게 뭐야?"

나를 질투하는 니들이 밉다.

김 부장은 이런 진심을 입 밖에 꺼낼 정도로 멍청하지는 않다. 다시 마음을 가다듬고 질문의 의도에 적절한 대답을 찾아본다.

"회사에 최선을 다하고……."

"내가 회사에 최선을 다하라는 말을 했나?"

"또…… 책임지고…… 스스로……."

날 선 상무의 목소리에 김 부장은 우물쭈물 대답하지만 사실은 별로 생각해본 적이 없다.

"김 부장은 무엇을 위해 회사에서 일하는 거야?"

"임원이 되기 위해 일합니다."

"임원이 되면 뭐가 좋은데?"

"남들한테 존경받고…… 인정받을 수 있는 거요……."

"알았어, 김 부장. 자넨 옛날 그대로네. 이만 끊지."

"네, 상무님. 최선을 다하겠습니다."

전화를 끊은 상무는 바로 최 부장을 호출한다.

"최 부장."

"네, 상무님."

"지금 팀 두 개 운영하는 거, 해보니 어때?"

"네, 할 만합니다."

"당분간 계속해줘. 아니면 그 두 팀을 하나로 합치든지. 전무님이랑 상의해볼 테니."

"김 부장은요?"

"장점이 많은 친군데 정신 못 차린 거 같아. 앞으로도 변화가 없을 것 같고. 안타까워……."

5

얼마 지나지 않아 인사팀장이 김 부장을 부른다.

몇 달 전 전무가 불렀을 때도 지금과 비슷했다. 나와는 상관없는 듯이 햇살만은 가볍고 따뜻했다. 김 부장은 마음의 준비를 한다.

"앉으시죠, 김 부장님."

"네."

"지금 회사에서 좋은 조건으로 세컨드 라이프가 진행되고 있어요."

세컨드 라이프. 말이 좋아 '세컨드 라이프'지 실상은 희망퇴직이다. 인사팀장이 말을 잇는다.

"김 부장님 정도면 위로금 2억에 퇴직금은 따로 받으실 수 있겠네요. 내년에는 위로금이 1억으로 내려갑니다. 먼저 하시는 게 이득이에요. 다른 부장님들도 이미 많이 신청하셨습니다. 올해 위로금 소진되기 전에 잘 생각해보고 연락 주세요."

공장으로 발령받을 때보다는 충격이 덜하다. 어느 정도 예상하고 있던 일이기도 하다.

김 부장은 회사에서 잘해보겠다는 의지나 열정이 이미 사라졌다.

이런 식이구나.

갑자기 공장으로 내려 보낸 다음 위로금 덜렁 주고 퇴직을 시키는구나.

김 부장은 두렵기도 하지만 외로운 마음이 더 크다. 공장에서는 그저 이방인이다. 동료도, 선배도, 후배도 친한 사람이 없다. 같이 술 한잔할 사람이 없다.

상무와의 그날 술자리가 직장생활의 마지막 술자리가 될 줄이야.

아내가 보고 싶다. 아들이 보고 싶다. 누가 뭐래도 늘 내 편인 두 사람.

카톡을 열었다. '뭐해?'라고 쓸까 하다가 그만둔다.

남들 다 하는 영상통화, 나도 한 번 해볼까 싶다.

남들이 영상통화 하면 저런 걸 왜 하냐며 아니꼽게 봤는데…….

오늘은 오글거리는 영상통화 해보고 싶은데 용기가 나지 않는다.

영상통화 버튼, 누를까. 눌러볼까.

김 부장은 결국 누르지 않는다.

밤이 깊어지도록 김 부장은 잠이 오지 않는다. 텔레비전 채널을 계속 돌리지만 머릿속은 다른 생각으로 가득하다.

인사팀장에게 뭐라고 대답해야 하나.

버틸까…….

나갈까…….

그냥 말까…….

한참을 고민하던 김 부장은 결심한다.

이렇게 질질 끌려 다니면서 회사 다닐 바에야 위로금 준다고 할 때 나가자.

다음 날 아침, 인사팀장을 만난다.

"올해 나가는 걸로 신청해주세요."

인사팀장이 환한 미소를 지으며 따뜻한 어조로 말한다.

"잘 생각하셨습니다, 김 부장님. 그럼 명단에 올리겠습니다."

희망퇴직 시즌에 인원을 많이 정리하면 할수록 인사팀장의 평가와 고과는 올라간다. 김 부장도 알고 있다.

6

퇴직 신청한 지 고작 하루 만에 인사팀장에게서 이메일이 온다.

지금까지의 노고에 감사드리고, 근무일은 이번 달 말까지라고 한다. 위로금과 퇴직금은 퇴직일에 맞춰 입금한다는 말도 덧붙여 있다. 원래 몇 개월에 나눠 지급했지만 이번에는 특별히 한 번에 주겠단다.

빨리 나가주는 것에 대한 마지막 배려인가.

김 부장은 씁쓸하다.

다음 안전관리 팀장으로 누가 올까…….

나 같은 신세가 될 사람은 누굴까…….

전임자도 같은 생각을 했겠지…….

여기 부서원들은 이렇게 팀장이 자주 바뀌는데 무슨 생각을 하며 회사를 다닐까…….

온갖 생각이 휘몰아친다.

아니야. 내가 남 걱정할 때가 아니지.

아내와 아들에게는 차마 잘렸다고 말 못하겠다.

친구들에게도 말 못하겠다.

누군가에게 내 속사정이라도 털어놓으면 시원할 텐데.

그럴 만한 사람이 없다.

상무님 말이 맞았다.

나는 내 스스로를 고립시켰다.

그런데 너무 오래된 습관이라 쉽게 변할 것 같지 않다.

백수로 살기는 싫다.

뭐라도 해봐야겠다.

치킨집, 빵집, 커피숍…….

생각해보니 아들에게 절대 하지 말라던 장사다.

왜 아들에게 그런 말을 했을까, 후회된다.

회식 때 자신이 술김에 함부로 대했던 음식점 사장님들이 대단하게 느껴진다.

나의 꼬장을 웃으며 받아주던 사장님들.

내가 그 입장이 되어 술 취한 젊은 사람들의 시중을 들어야 한다고 생각하니 도저히 자신이 없다.

텔레비전 채널을 돌린다. 뉴스에서는 아직도 부동산 가격이 상승하고 있고 코스피도 3천을 넘어섰다는 보도가 나온다.

그래, 투자야. 나도 투자자가 돼보자.

유튜브 검색창에다 '주식, 부동산, 투자, 창업, 부자, 돈' 같은 단어를 입력해본다. 조회수 많은 영상들을 클릭한다.

사업을 하기 전에는 동일 업종에서 아르바이트 경험을 반드시 해보라고 한다. 가게를 오픈할 때는 입지 분석이 필수라며 상권 형성과 쇠퇴에 대해 설명한다. 은퇴 후의 창업은 늘 위험이 도사리고 있다고 한다. 주식투자는 회사의 구성원이 된다고 생각하고 장기적으로 보라고 한다.

부동산 채널을 틀어본다. 누구는 폭락한다고 하고 누구는 계속 오른다고 하고, 누구는 당장 팔라고 하고 누구는 당장 사라고 한다. 돈과 시세는 오르락내리락 한다는 것을 처음 피부로 느낀다. 연마다 조금씩 오르는 월급만이 전부였던 김 부장은 갑자기 '돈'이라는 것이 낯설다. 이제부터는 모아둔 돈을 까먹으며 살아야 한다. 마르지 않는 샘 같던 월급이 없어진다고 생각하니 집에 전기, 수도가 갑자기 끊기는 것 같은 느낌이다.

생각이 많아진다. 퇴직하고 남편이 집에 있으면 아내와 부딪친다는데 나도 그렇게 될까.

내가 집에서 큰소리 칠 수 있었던 것도 아빠이자 남편이라서가 아니라, 돈을 벌어왔기 때문이 아닐까.

집안에서조차 돈이 권력이자 지위인 것인가.

돈…… 돈…….

7

아, 명함!

김 부장은 문득 지갑에 있는 명함이 떠오른다. 송 과장과 출장 갔을 때 만났던 분양 상가 사람들이 준 명함이다. 분명 '따박따박 월 삼사백'이라고 했다.

김 부장은 반신반의하며 전화를 해본다.

"안녕하세요. 지난번에 신도시 상가 분양하신다고 해서요. 명함 보고 연락드립니다."

"아, 사장님 안녕하십니까? 전화 잘하셨네요. 지금 거의 준공일 다 됐고요. 마침 딱 하나 남았습니다. 주말에 오셔서 한 번 보시고 결정하세요."

"네, 알겠습니다. 연락드리겠습니다."

전화를 끊은 김 부장은 갑자기 기운이 솟는 느낌이다.

그래, 나도 놈팽이처럼 월세 받는 거야.

근데 송 과장이 분양 상가 조심하랬는데…….

일단 만나나 보지 뭐.

주말이다. 평소보다 속도를 내어 고속도로를 질주한다. 흥분이 되어 졸리지도 않는다. 집으로 가지 않고 바로 신도시 상가 분양 사무소로 간다. 그때 봤던 참기름 머리 남자다.

"안녕하세요, 사장님!"

사장님 소리를 들으니 기분이 우쭐하다.

"오시느라 고생하셨죠? 잘 생각하셨습니다. 바쁘실 테니 바로 설명부터 드리겠습니다."

참기름은 브리핑을 시작한다. 이 건물 가까이에 지하철역이 들어온다며 거의 결정된 거나 마찬가지라고 열변을 토한다. 확정되면 시세가 단박에 두 배는 오를 거라고 한다. 그리고 상가 건물 1층에는 식당, 약국, 카페가 들어오기로 했고, 2층부터 5층은 치과, 한의원, 피부과, 정형외과, 소아과 등 병원이, 6층은 학원, 요가, 7층은 헬스장 등이 이미 입점 계약되었다고 한다.

"사장님, 남은 물건이 이거 하나예요. 코너 자리이고 지하철역 바로 앞일 가능성이 큽니다. 아마 파리바게트나 스타벅스 임차는 맞춰드릴 수 있을 거 같아요."

뭐? 스. 타. 벅. 스?

내가 스타벅스 주인이 된다고?

초고압 전류가 발끝에서 머리끝까지 짜릿하게 지나간다.

"이 정도 위치면 월 오백은 받을 것 같은데요."

삼사백에서 오백으로 올랐다.

침착하자…… 침착하자…….

동요하지 않은 척, 평온한 척해본다. 좋아하는 모습을 보였다가는 가격 협상에서 불리할 수 있기 때문이다.

김 부장은 생각한다.

그래, 이런 딜은 회사 다니면서 수없이 해봤어. 이런 건 내가 전문이지.

자신감이 조금씩 솟는 거 같다.

김 부장은 일부러 고개를 갸우뚱거리며 묻는다.

"그래서 분양가가 얼마라는 거죠?"

"11억입니다."

"네에? 11억이요?"

"네, 원래 분양가가 11억입니다. 그런데 여기서 3억을 빼드릴 게요. 마지막 하나 남은 물건이기도 하고 또 저희도 빨리 다른 상가를 지어야 하거든요. 자금 흐름이 중요하잖아요."

"그럼…… 8억인가요?"

"네, 사장님."

"아…… 그래도 생각보다 비싸네요."

"정말 저렴한 겁니다. 신축 상가에, 코너 자리에, 지하철역 출 구 바로 앞인 데다가, 주변에 대단지 아파트 3만 세대가 들어서 는 입지예요."

"좋은 건 알겠는데……."

"지하철역 출구 생기면 3만 세대 사람들이 다 사장님 상가 앞을 지나가는 거잖아요. 3만 세대면…… 한 10만 명쯤 되겠네 요."

아니 이 사람이 벌써부터 내 상가라고 하네.

김 부장은 들뜬 기분을 숨기며 더 고민하는 척한다.

"그래도 8억은 좀 비싼 거 같은데요."

"그러세요? 음…… 하고 싶은데 좀 부담되신다는 거죠? 알겠 습니다. 그럼 제가 본부장님께 한 번 물어보겠습니다. 여기서 조 금 더 빼드릴 수 있는지요. 아마 쉽지는 않을 거예요. 워낙 인기 많은 곳이라."

참기름은 구석으로 가서 전화를 한다.

잠시 뒤.

"사장님, 좋은 소식입니다! 본부장님이 1억을 더 빼주겠다고 하세요. 마지막 물건이기도 하고, 또 본부장님이 워낙 통이 크셔서 시원하게 빼주시네요. 와, 그런데 저도 이런 경우는 잘 못 봤습니다. 사장님이 이 물건 임자인 모양입니다.”

“그럼 1억 더 빼면 7억이네요. 근데 제가 7억도 없어요. 상가가 이렇게 비싼 줄 몰랐어요.”

“아니 요즘 같은 저금리 시대에 누가 전부 현찰로 삽니까? 대출받아 사는 거죠. 저희 회사와 연결된 은행이 있는데 거기에서 저리에 대출을 다 해드립니다. 다른 편 코너 상가는 대출 5억까지 나왔어요. 사장님, 가용 자금이 얼마나 있으실까요?”

김 부장은 생각한다.

위로금 2억, 퇴직금 대략 1.5억, 통장에 있는 돈이 얼마더라…….

주식계좌는 혹시 대박 날지 모르니 그냥 남겨두고…….

“한 4억 정도 있어요.”

“그럼 3억만 대출받으면 되겠네요. 3억이야 충분히 나옵니다. 사장님, 잠시만 기다려보세요. 은행하고 통화 좀 해보겠습니다.”

김 부장은 또 기다린다.

“사장님, 3억은 충분히 나온다고 합니다. 이자는 다른 곳이랑 비교해보고 오셔도 되고, 기존에 거래하시던 은행에서 대출받으셔도 됩니다. 번거로우시면 그냥 저희한테 맡기셔도 되고요. 우선 계약서 쓰시고 계약금 조금만 걸고 가세요. 여기 산다는 사람들이 오늘만 해도 몇 명 연락 왔거든요. 그런데 사장님이 오신다고 해서 제가 다 보류해놨어요.”

김 부장은 마음이 급해진다.

어떡하지…… 7억…… 대출이 3억…….

7억이라는 숫자도 무섭고 3억 대출은 더 무섭다.

회사에서는 실적 이야기 할 때 몇십 억 몇백 억이라는 말은 쉽게 하면서 막상 내 돈을 쓰려니 너무 큰돈이다.

송 과장에게 전화해볼까…….

놈팽이에게 전화해볼까…….

송 과장이 여기 와봤으니 잘 알겠지?

놈팽이가 건물주니까 더 잘 알까?

김 부장은 창밖으로 멀리 송 과장과 옥수수 수염차를 마시던 편의점을 보며 바지주머니 속에 있는 핸드폰을 만지작거린다.

"따리리리리링. 오빠 전화 받아. 오빠 전화 받아."

참기름의 핸드폰 벨소리다.

"여보세요. 네! 사장님! 지금 오신다고요? 아 근데 어쩌죠? 지금 다른 분이 계약하려고 와 계세요. 네? 아, 아직 사인한 건 아니고요. 네네, 그럼 제가 조금 이따가 다시 전화드릴게요. 네, 사장님."

어떡하지. 어떡하지.

참기름의 통화 내용을 들으니 김 부장은 마음이 더 조급해진다. 빨리 결정해야 할 것만 같다. 행운의 여신이 준 기회를 놓치기 싫다.

남들 다 받는다는 대출 나도 한 번 받아볼까?

요즘 서울 집값 10억이 우습게 넘는데 상가 7억이면 싼 거 아닌가?

게다가 4억 할인까지 받는데.

스타벅스 주인이 될 수 있는 기회잖아.

내가 스타벅스에 돈을 내는 게 아니라 앞으로 그들이 나한테 돈을 내는 거야.

스타벅스 직원들도 나에게 사장님 오셨냐며 인사하겠지.

공짜 커피도 가능한가?

"어떻게 하시겠습니까, 사장님? 다른 분이 지금 계약하러 오신다는데요."

"할게요."

"결정 잘하셨습니다. 인생에 기회가 3번 온다는데 오늘 그중 한 번을 잡으신 겁니다. 그리고 옆이나 위층 상가 분들한테는 4억 할인받았다는 얘기는 절대 하시면 안 됩니다. 저희 큰일납니다. 그분들은 다 제값 주고 샀어요."

김 부장은 뿌듯하다. 남들은 제값 주고 살 때 할인까지 받은 자신이 대견하다. 마트 마감 시간에 떨이 제품을 싸게 사왔다고 좋아하던 아내가 생각난다. 이런 기분이었나. 재빨리 계약서에 서명을 한다. 바로 계약금 1천만 원을 송금하고 사무실을 나온다.

완전 이득 보는 장사다.

한 번에 4억을 벌었다.

원래 3억만 빼준다고 했는데 나의 뛰어난 '네고' 실력 덕분에 1억을 더 뺐다.

김 부장은 차에 타자마자 승리의 함성을 지른다.

예스! 예스! 예스!

이런 게 부동산 계약이구나.

이런 게 투자구나. 어렵지 않네. 쉽잖아!

유튜브 전문가들이 복잡하게 강의하는 그런 거 다 필요없어.

회사, 그딴 거 다 필요없어.

배신자들이 득실거리는 그런 회사 따위, 나를 시기질투하는 놈들만 있는 회사 따위.

통쾌하다!

내가 떵떵거리며 사는 모습을 보면 모두가 날 부러워하겠지!

으하하!

창문을 활짝 열고 이문세 노래를 크게 튼다. 집으로 가는 길에 붉은 노을이 살짝 구름에 가려 빛이 퍼지고 있다. 마치 하늘에서 예수님이 내려오실 것 같이 몽환적이다.

아내에게는 스타벅스 입점 계약하고 나서 서프라이즈로 알려 줘야지.

나도 놈팽이처럼 운동 다니고 등산 다니고 사우나 다니고…… 아들 취업하는 거 도와줘야지.

8

월요일이다.

새벽같이 공장으로 향한다. 마지막 출근이지만 마음은 가볍다. 머릿속은 온통 상가에 스타벅스 생각뿐이다. 옆 차선에서 다른 차가 급하게 끼어들어도 쿨하게 넘어간다. 평소 같으면 다시 추월해서 창문으로 상대방 운전자를 노려보던 김 부장이다.

이런 게 돈이 주는 여유로움인가, 김 부장은 생각한다. 매월 삼사백, 아니 오백이 나오면 무얼 하며 하루하루를 보낼지 기대가 된다. 한 달에 오백만 원을 다 쓸 수 있기는 한가. 공장 입구를 한결같이 지키는 수위 아저씨는 오늘도 깍듯이 인사를 한다. 평소와 다르게 절로 미소가 떠오른다. 김 부장도 깍듯이 인사를 한다. 잠깐이지만 함께 일한 팀원들과 가볍게 한잔할까 생각하다가 그만둔다. 앞으로 영영 볼 일 없는 사람들이니 간소하게 인사만 하고 짐을 싼다. 김 부장은 짐을 들고 밖으로 나온다.

군대 제대할 때 생각이 난다. 더운 날 80명이 선풍기 4대로 버티던 막사, 뽑아도 뽑아도 끝없이 자라는 잡초, 주말에만 내리는 폭설. 그 지긋지긋한 곳에서 뛰쳐나가고 싶었지만 막상 떠날 때의 그 시원섭섭한 기분이란. 그때는 제대만 하면 무엇이든 할 수 있을 것 같았다.

자신감 99, 두려움 1.

나가도 바로 사회로 가는 게 아니라 대학교라는 울타리가 있었다. 대학을 안 다니던 친구들은 '나가서 뭐하지?'라는 말을 많이 했지만 나와는 상관없는 일이었다.

대학 졸업할 때 생각도 난다. 그때는 지금보다는 취업이 쉬운 시절이었다. 요즘 청년들이 취직이 어렵다는 것을 이해 못하는 이유이기도 하다. 사회로 나가는 첫 걸음을 뗀 그때도 지금처럼 희망에 차 있었다.

자신감 90, 두려움 10.

사회라고 하지만 회사라는 울타리가 지켜주고 있었다. 회사 빌딩은 하늘에 닿을 듯 높아 보였고, 목에 걸린 사원증은 빛나는 자존심 같은 것이었다. 퇴근 후에는 넥타이와 사원증을 휘날리며 동기들과 회사 근처 술집 거리를 활개치고 다녔다.

오늘 김 부장은 회사를 떠난다. 더 이상의 울타리는 없다.

자신감 -100, 두려움 200.

진짜 날것의 사회로 나간다. 예전에 친구들과 새벽 동대문 시장에 갔을 때 본 풍경이 떠오른다. 그땐 저 사람들은 왜 저렇게 열심히 사는지 의문이었다. 지금 생각해보면 야생에서 살아남기 위한 몸부림이었다.

나는 그렇게 몸부림치지 않고 살 수 있다.

서울에 내 집도 있고, 분양 받은 알짜배기 상가도 있다.

야생에서도 잘 살 수 있을 것이다.

이렇게 생각하니 자신감 50, 두려움 50으로 다시 세팅된다.

김 부장은 트렁크에 짐을 싣고 닫힘 버튼을 누른다. 아직도 최 부장은 팔 힘으로 여닫는 오래된 차를 타고 있을까, 갑자기 궁금해진다.

그랜저의 앞바퀴가 공장 입구 경계선을 지난다. 뒷바퀴마저 그 선을 넘는다.

와, 진짜 떠난다.

막상 최후의 선을 넘어가니 감회가 새롭다. 김 부장은 한동안 잊고 있던, 20대 후반의 모습이 떠오른다. 입사하고 처음 공장에 견학 갔을 때, 호기심 많고 열의에 차 있던 자신의 모습이…….

집으로 가는 길에 고속도로 휴게소에 들린다. 우동을 한 그릇 시킨다. 옆자리에는 어린아이 둘을 데리고 식사를 하는 가족이 있다. 큰애는 돈가스, 작은애는 볶음밥, 엄마는 비빔밥, 아빠는 우동이다. 아빠들은 왜 우동만 먹을까, 문득 궁금하다. 김 부장은 아내, 아들과 함께 여행하면서 입은 맛없지만 기분은 맛있게 저들처럼 휴게소 밥을 먹고 싶다고 생각한다.

9

김 부장은 집에 도착해서 짐을 푼다.

"여보, 무슨 짐이야?"

아내가 묻는다.

"회사 그만뒀어. 나랑 안 맞는 거 같아서. 여기저기서 오라는 데도 있고."

아내가 당황한 표정이다. 예상보다 빨리 그만뒀기 때문이다.

"잘했어, 여보. 회사 오래 다녔는데 좀 쉬어. 그동안 좀 고생했어? 쉬다가 근질근질하면 다른 데 취직하면 되지 뭐."

역시 아내는 순진하다. 세상물정을 모른다. 집에만 있어서 그런 것 같다.

아내는 표정을 가다듬으며 속으로 생각한다.

남편 상처가 크겠다. 자존심도 센 사람인데. 나한테 어떻게 말할지 오는 내내 엄청 고민했겠네.

"씻어. 금방 밥 차릴게."

"응, 출출해."

아내가 뚝딱뚝딱 요리를 한다.

아내가 별다른 질문 안하고 넘어가서 다행이다. 어느새 밥상이 다 차려졌다.

"여보, 근데 나 할 말이 있는데……."

아내가 말을 꺼낸다.

"뭔데?"

"당신이 그때 공인중개사 시험 보지 말라고 했잖아. 그거 시험 봤어. 공부해둔 게 아까워서…… 미안해."

아니 복덕방 아줌마가 될 셈……. 김 부장은 저도 모르게 튀어나올 뻔한 말을 입안으로 삼킨다.

예전 같으면 복덕방 아줌마 될 생각이냐고 몰아세웠을 텐데 지금은 그럴 상황이 아니다. 아내가 미안해할 일도 아니다.

"그, 그래? 시험은 잘 봤어?"

아내는 단박에 날을 세울 줄 알았던 남편이 의외로 관심을 갖자, 긴장한 얼굴을 푼다.

"한 번에 1차, 2차 다 붙었어. 벌써 자격증도 나왔고."

김 부장은 좋아해야 할지 말아야 할지 모르겠다. 어떤 표정으로 어떤 말을 해야 할지 생각이 안 난다.

'축하해'라고 해야 하나? 속마음이 너무 드러날 것 같다. 남편이 백수가 돼서 그런다고 아내가 생각할 것 같다.

"그럼 부동산에서 일하는 거야?"

"응, 일단 소소하게 아르바이트부터 해볼까 해."

아르바이트는 무슨! 김 부장은 저도 모르게 튀어나올 뻔한 말을 다시 삼킨다.

월급이 끊긴 상황에서 내가 할 말은 아니다.

내 앞에 있는 여자는 더 이상 잘나가는 대기업 김 부장의 사모님이 아니라 백수의 부인이다.

"그래, 낮에 심심하면 한 번 해봐."

"정말? 고마워, 여보. 당신이 못하게 할 줄 알았는데. 사실 일한 지 오래돼서 일 좀 해보고 싶었거든. 그리고 공인중개사 공부한 것도 써먹어보고 싶고."

아내가 해님처럼 환하게 웃는다.

공황 장애

1

아침이 밝았다.

출근을 하지 않으니 너무 이상하다. 25년 동안 하던 일이어서 인지 고작 며칠이 지난 것으로는 어림도 없다. 그래도 새벽같이 일어나 지하철역까지 빠른 걸음으로 가서 자리 경쟁을 하지 않 아도 되니 좋다.

세수를 하고 옷방으로 간다. 명품 가방, 명품 넥타이, 명품 시 계에 고급 수트…… 언제 걸쳤는지 기억도 나지 않는다. 지금 생 각하니 왜 저것들을 사려고 눈에 불을 켜고 다녔는지 모르겠 다. 명품 쇼핑에 투자한 시간과 돈만 해도 아득하다. 철저히 계 산해서 계획적으로 산 것 같지만 알고 보면 대부분 충동 구매 였다. 언젠가는 쓸모가 있을 거라 합리화를 하며, 사고 나서 모 셔두기만 했을 뿐이다.

시계는 먼지가 뽀얗게 앉아 유광에서 무광으로 변했고, 롯데 에비뉴엘에서 산 가방도 옷장 구석에 처박혀 빛을 못 본 지 오래다. 신발장 안의 고가의 구두는 광택을 잃었다. 그래도 아들이 사준 가방은 현관 앞에 두고 수시로 들고 다닌다. 핸드폰과 카드지갑이라도 넣어서 외출할 때마다 꼭 챙긴다.

김 부장은 아내에게 볼일이 있다고 하고 집 밖으로 나선다. 분양 사무실로 향한다. 가는 길에 월급이 들어오던 주거래은행에 가서 대출 상담을 받아볼까 하다가, 귀찮기도 하고 별다른 게 없을 것 같아 분양 사무실과 연결된 은행에서 대출을 받기로 한다.

사무실 앞에서 참기름 남자가 다리를 떨며 담배를 뻑뻑 피고 있다. 김 부장을 보자 급하게 담배를 끈다.

"사장님, 오셨습니까! 벌써 임대 들어오겠다는 곳이 여러 군데 있어요."

"정말요?"

"네, 위치가 너무 좋잖아요. 저라도 장사하고 싶을 거 같아요."

이런 저런 얘기를 하고 서류를 주고받자 모든 계약이 끝났다. 나중에 스타벅스 담당자와 사인만 하면 된다. 하하.

집으로 가야 하는데 대낮에 들어가기가 어색하다. 백수가 된 것 같은 기분이지만 무슨 말씀. 나는 어엿한 투자자다.

투자자라고 하니…… 워런 버핏? ㅋㅋㅋ

그 정도는 아니고, 누가 있나……?

아는 사람이 워런 버핏뿐이네.

김 부장은 편의점에 아이스크림을 사러 들어간다. 아이스크림이 비싸다. 어릴 때 사먹던 아이스크림 가격만 생각하다가 당황해서 다시 나온다. 자축하고 싶은데 주변을 둘러봐도 다른 가게들이 보이지 않는다. 편의점으로 다시 들어간다.

월드콘을 살까 하다가 그만둔다. 손잡이 과자 부분이 눅눅해지면 좋은 기분을 망칠 것 같다. 한참을 고민하다가 추억의 쌍쌍바를 사서 나온다.

오늘은 반드시 반으로 쪼개야지.

아니나 다를까 딱 절반으로 갈라지지 않는다. 오늘따라 더 이상한 비율로 나뉜다.

2

한 달이 가고 두 달이 지났다.

곧 상가 건물 준공이다. 신도시 뉴스를 계속 찾아본다. 다른 호재가 있는지, 지하철 노선은 언제 확정되는지 살펴본다.

잔금을 치르는 날이다. 분양 사무실에서 전화가 온다.

"사장님! 좋은 소식입니다. 사장님 상가에 들어오고 싶어하는 식당이 있어요. 프랜차이즈예요!"

식당? 무슨 소리야. 내가 원하는 건 스타벅스인데……. 못해도 파리바게트인데…….

김 부장은 당황스럽다.

"무슨…… 식당인데요?"

"이름은 잘 모르겠고 프랜차이즈라고 합니다. 이게 카페보다 나을 수 있어요. 카페는 워낙 많이 생겨서 경쟁이 치열하다 보니 임차인이 금방 접고 나갈 수 있거든요."

아…… 스타벅스는 물 건너 간 건가…….

김 부장은 일단 들어보기로 한다.

"그리고 스타벅스 같은, 브랜드 밸류가 너무 강한 프랜차이즈는 매출이나 수익률 대비로 임대료를 주기 때문에 오히려 사장님께 안 좋을 수도 있어요."

어느 상가 전문 유튜버가 그런 말을 한 것 같기도 하다.

아, 그래도 스. 타. 벅. 스…….

어쩔 수 없다. 스타벅스는 다음으로 기약한다.

"네, 그 식당 계약하겠다고 해주세요. 지금 출발할게요."

그렇게 임대차 계약을 한다. 3층에 치과가 들어오는지 한창 인테리어 중이다. 김 부장은 뿌듯하다. 치과 원장님과 가끔 점심이라도 먹어야겠다고 생각한다. 친해지면 진료도 싸게 해주지 않을까, 김칫국부터 마신다.

그날 저녁 뉴스에 신도시 지하철 확정 보도가 뜬다.

정말로 거기에 지하철이 들어오는구나.

와, 대박!

역시 나는 투신이야!

투! 자! 의! 신!

얼마 후, 준공이 나고 분양 사무실은 철수한다. 날이 좋은 어느 날, 김 부장은 계약한 음식점 인테리어는 잘되고 있는지 가서 살펴보기로 한다. 가는 길에 순대국 한 사발을 훌훌 마신다.

차에 기름도 가득 넣었다.

설레는 마음으로 상가에 도착했다. 휑하다. 아무도 없다. 인테리어 시작하기로 한 날에서 일주일이 지났는데 조용하다. 멀찌감치 다른 상가 공사장에서 들리는 소음뿐이다.

임차인에게 전화해본다.

"여보세요?"

"안녕하세요, 저 임대인인데요. 인테리어는 언제 시작하는지 궁금해서요."

"아…… 어쩌죠? 그 가게 못할 것 같아요."

"네? 무슨 소리예요? 계약까지 했잖아요!"

"네, 못하게 됐습니다. 죄송합니다."

"보증금은요?"

"보증금 안 돌려주셔도 됩니다. 안녕히 계세요."

뚜뚜뚜뚜뚜.

이게 무슨 일이야?

어떻게 된 거지?

이 사람이 잘못 말한 거겠지.

생각해보니 보증금을 너무 조금 받았다.

월세를 높게 받고 보증금을 낮춰 받는 게 요즘 트렌드라고 분양 상가에서 그랬다.

설마.

에이.

참기름한테 전화해보자.

김 부장이 전화를 건다.

"지금 거신 번호는 없는 번호이오니……."

뭐야? 잘못 눌렀나?

다시 건다.

"지금 거신 번호는 없는 번호이오니……."

뭐지?

뭐야?

전화번호를 바꿨나?

불안의 화살촉이 이마를 뚫고 뒤통수로 통과한다.

나…… 혹시…… 사기당한 건가?

에이, 설마…… 지하철 들어온다고 뉴스까지 나왔는데…….

심장이 쿵쾅쿵쾅 뛴다.

3

김 부장은 근처에 있는 부동산중개소에 들어간다.

안경이 코끝에 걸쳐 있는 아주머니와 아저씨가 근엄한 표정으로 앉아 있다. 말 붙이기가 무섭다.

"저…… 안녕하세요."

"네, 무슨 일로 오셨어요?"

"여쭤보고 싶은 게 있는데요. 지하철역 여기 앞에 들어오는 게 맞나요?"

"네, 지하철이 들어오긴 하는데 바로 여기는 아니고, 2킬로미터 떨어진 저쪽에 들어와요."

2킬로미터? 분명히 참기름이 상가 바로 앞이라고 했는데…….

그렇게 자세하게 브리핑 하고 친절하게 상담까지 해줬는데…….

"제가 저기 코너 상가 주인인데요. 혹시 임대 들어오려는 사람이 있을까요?"

"여기 지금 지어질 상가 건물만 수십 채예요. 그리고 지하철역이랑 한참 멀어서 임대받기 어려울 것 같은데요."

"지하철역이 원래 여기 생기기로 했던 거 아니에요?"

"아니요. 원래 저쪽에 생기기로 했었어요. 혹시 임대 알아보는 사람 있으면 연락드릴게요. 연락처 주고 가세요."

멀찍이 있는 다른 부동산중개소에도 가본다.

"저쪽 상가 코너 주인인데요. 임대 좀 맞추려고 하는데…….'

"에이, 지금 여기 유동인구도 없는데 누가 벌써 들어오려고 해요? 입주 끝나야 뭔가 틀이 잡히지…….'

"그럼 저 병원들은 뭐죠?"

"병원은 선점이라는 게 있어요. 식당이나 카페랑은 달라요. 그렇다고 해도 먼저 들어온 병원들 몇 년은 고생해야 될 거예요."

"아…… 네……."

"아무튼 저 상가 1층이라고 하셨죠? 임대료 확 낮춰서 내놓으시면 들어올 사람이 있을 수도 있죠. 연락처 놓고 가세요."

하늘이 노랗다.

그래, 나는 사기당한 것이 분명하다. 사기당한 거야.

근데 어쩌지. 사기당했다는 걸 인정해야 하나.

내가, 사기를?

내가?

대출 이자는?

월급이 없는데?

퇴직하면서 받은 거 다 밀어 넣었는데?

김 부장은 망연자실하다. 회사에서 잘린 뒤 퇴직금 사기당한 사람, 뉴스에서나 보던 그런 사람, 멍청한 사람이라고 비웃던 그 사람이 바로 자신이었다. 잔금은 이미 치렀고, 분양하던 참기름 자식은 연락이 되지 않는다.

지난번 송 과장이 했던 말이 생각난다. 물리면 안 된다고 했다. 물린다는 게 딱 이런 거였다. 김 부장은 송 과장에게 전화를 해볼까 고민한다. 전 같으면 후배에게 이런 전화를 하는 게 자존심이 허락하지 않았지만, 지금은 그런 걸 따질 때가 아니다.

떨리는 손으로 통화버튼을 누른다.

"부장님, 안녕하세요! 잘 지내셨죠?"

송 과장이 반갑게 전화를 받는다.

"어…… 어…… 송 과장, 잘 지냈어? 회사 나올 때 얼굴도 못 보고 나왔네. 미안해."

미안하다는 말을 해본 적 없는 김 부장이 처음으로 미안하다고 한다.

"아닙니다, 부장님. 제가 먼저 연락드렸어야 했는데요."

"그, 그래……. 아니 다른 게 아니고 뭐 좀 물어볼 게 있어서. 우리 전에 신도시 출장 갔을 때 상가 분양하던 거 기억나?"

"네, 기억납니다. 왜요?"

"내 친구가 그 지역 상가에 관심이 있다고 해서……."

"부장님하고 갔던 그날, 거기 조사 좀 해봤거든요. 그런데 상가가 너무 많이 들어오더라고요. 상권은 입주 다 끝난 후에 지하철 운행 시작하고 봐도 늦지 않을 것 같아요."

"아…… 그렇구나. 그냥 친구 놈이 관심이 있다고 해서 물어봤어."

"혹시 주변에 그쪽 상가 산다는 사람 있으면 말리세요. 신도시는 상권이 왔다 갔다 하고 상가가 한꺼번에 지어져서 공실 위험이 진짜 커요."

"응, 그렇구나. 그래, 고마워."

김 부장은 조만간 한 번 보자고 대충 얼버무리고는 전화를 끊는다.

송 과장은 느낌이 온다. 이미 사태는 벌어졌다는 것을. 본인 급한 일 아니면 절대 연락하지 않는 김 부장이다.

이 사태를 어떻게 해야 할지 김 부장은 혼란스럽다. 이 시간에 자신의 말을 들어줄 사람은…… 놈팽이뿐이다. 건물주니까 상가에 대해서도 잘 알 것이다. 놈팽이는 자신을 안심시켜줄 것이다. 분명히 무슨 대안이 있을 것이다.

마지막 남은 구명줄에 손을 뻗듯 전화를 건다.

"어이, 김 부장!"

"놈팽아, 오늘 만날까?"

"오늘? 그래, 보자. 어디서?"

"너 있는 곳으로 갈게."

"그래? 그럼 집 앞에 커피숍 있으니까 거기로 와."

부들부들 떨리는 손과 마음을 부여잡고 놈팽이가 알려준 커피숍에 도착한다. 입구에 큼지막한 광고판이 붙어 있다.

아메리카노 1,500원

건물주면 어디 비싼 곳에서 커피를 마시는가 했는데 생각보다 소박하다. 혹시 자신 같은 백수를 만나는 자리라 1,500원짜리 커피숍에 온 건가. 김 부장 본인도 깨닫지 못한 열등감이 스물스물 기어오른다.

4

놈팽이가 커피를 주문한다.

1,500원짜리인데도 사이즈가 굉장히 크다. 스타벅스 커피보다 3배 저렴한데 양은 3배 많다.

김 부장이 테이블 위에 최신상 아이폰을 올려놓는다. 놈팽이도 테이블 위에 핸드폰을 올려둔다. 5년은 지난 것 같은 갤럭시 6인지 7인지 모르겠다. 낡았다.

"야, 너 건물주 폰이 이게 뭐냐?"

"왜? 잘만 되는데. 전화랑 카톡만 되면 되지 뭐."

"그래도 너무했다. 좀 바꿔라."

"고장 나면 바꿀 거야. 네 건 얼마야? 좋아 보이네?"

"100만 원 넘지, 아이폰인데."

김 부장은 2년마다 신상 폰으로 바꿔왔고, 갤럭시 쓰는 사람은 유행에 뒤처지는 사람이라 생각했다.

"그건 그렇고. 이 시간에 어떻게 나왔어? 네가 양복 안 입고 있는 거 보니까 어색하다."

"나 회사 그만뒀어. 짜증나서. 오래 다니기도 했고."

"그래, 잘했어. 회사 오래 다녀서 뭐하냐. 다른 일 하려고?"

"물어볼 게 있는데, 신도시 새로 생기는 데 있잖아. 내가 상가를 하나 분양 받았거든."

"뭐? 상가를 분양 받았다고? 어디 상가?"

김 부장은 주소를 불러준다. 놈팽이가 핸드폰으로 찾아본다.

"4억 할인 받아서 7억에 코너 자리 받았는데, 어때?"

"잔금 끝났어?"

"어."

"야, 이 븅신아! 미리 물어보든가 해야지, 왜 지금 얘기해! 아파트가 들어서지도 않은 신도시에 왜 상가를 사!"

"지하철역도 생긴다고 하고 임대도 잘 들어온다고 하고 할인도 많이 해주고……."

"지 잘난 맛에 살더니…… 어휴…… 대출은? 대출은 얼마나 받았어?"

"3억……."

"이자 낼 돈은 있고?"

"없어. 퇴직금이랑 통장에 얼마 있던 거 싹 넣었어."

놈팽이가 눈을 질끈 감는다.

"주변 부동산에 가봤어? 임대 맞춰달라고 얘기는 해놨어?"

"어. 근데 다들 어려울 것 같다고 하네……."

"어차피 벌어진 일이니까 어떻게 할지 생각해보자. 나도 한 번 알아볼게."

"어, 고마워."

"제수씨는 아냐?"

"아니, 몰라……."

"야! 이런 걸, 최소한 가족이랑 상의하고 해야지. 투자해본 적도 없으면서 혼자 결정하면 어떡해!"

"스타벅스 계약하고 나서 서프라이즈 해주려고 했는데……."

"스타벅스 좋아하네. 스타벅스가 미쳤냐? 왜 그런 상가에 들어가! 제수씨한테 솔직하게 다 말해. 너 혼자 감당할 문제가 아니야. 매달 이자는 어떻게 내려고? 돈 한 푼도 없다며?"

김 부장은 아내에게 말할 자신이 없다. 머릿속이 복잡하고 여러 가지 상념들이 몰아친다.

다시 취직을 해야 하나.

이 나이에 써줄 곳이 있을까.

나보다 젊고 똑똑한 친구들이 넘치는데 내가 그 틈에 낄 수 있을까.

아들은 날 보고 뭐라고 생각할까.

친구들은 날 보고 뭐라고 생각할까.

아내는 날 보고 뭐라고 생각할까.

전무님, 상무님, 최 부장은 뭐라고 생각할까.

가슴이 코끼리에 짓눌린 듯 답답하다.

5

김 부장은 집까지 어떻게 운전했는지도 모르겠다.

주차장에 도착해 시동을 끈다. 집에 들어갈 용기가 안 난다. 의자를 뒤로 눕혀 선루프를 통해 하늘을 본다. 선루프에는 비둘기 똥들이 아직도 굳건하게 붙어 있다. 여전히 아내에게 말할 용기가 나지 않는다.

집에 들어갔는데 아무도 없다. 다행이다.

텔레비전을 켠다. 한 시간 정도 지나자 부동산 아르바이트를 다녀온 아내가 밝은 표정으로 들어온다.

"여보! 오늘 나 첫 계약 했어. 전세 계약인데 그래도 너무 짜릿해. 사장님이 나보고 소질 있는 것 같대. 우리 저녁 맛있는 거 먹자."

"어…… 축하해……."

김 부장은 저렇게 좋아하는 아내에게 사기당했다는 사실을 차마 말할 수가 없다. 이 분위기를 망치기 싫다. 가슴이 답답하고 숨쉬기가 불편하다. 후…… 후…… 숨을 몰아쉰다. 회사 다니면서 받던 스트레스와는 차원이 다른 강도의 스트레스다.

다음 날 아침, 아내가 황급히 달려온다.

"여보, 괜찮아? 힘들어 보여."

"숨이 잘…… 너무 답답해…… 병원에…… 가봐야겠어."

병원이라면 질색하던 김 부장이 자기도 모르게 병원 가자는 말을 한다. 의사는 다 사기꾼이라던 김 부장이다. 아내는 급히 택시를 잡아타고 함께 응급실로 간다.

응급실에 도착하자 김 부장이 말한다.

"좀 나아졌어."

간호사가 김 부장에게 진료실로 들어가라고 한다. 크록스를 신고 피곤한 표정을 한 의사가 앉아 있다. 차트를 보며 여기저기 체크하더니 김 부장에게 말한다.

"다 정상수치고요. 신체적 문제는 없습니다. 공황 증상이네요. 정신과를 가보셔야겠어요."

정. 신. 과?

미친 사람들만 가는 정신과를, 나보고 가라고?

김 부장은 말문이 막힌다.

아내는 김 부장을 부축하며 나온다.

"여보, 오늘 당장 가보자."

"지금 나를 미친 사람으로 보는 거야? 무슨 정신과야!"

김 부장은 목소리를 높인다.

"의사 선생님이 가라잖아. 당신 아까 숨쉬는 것도 힘들어했잖아. 그러다 잘못되면 어쩌려고 그래."

아내는 같이 목소리를 높이지 않고 조곤조곤 설득한다. 그러나 이제 좀 편해진 김 부장은 숨이 안 쉬어진 그 순간을 금세 잊었다.

"괜찮아, 괜찮아졌어. 그리고 정신과는 절대 안 가."

그날 저녁, 김 부장은 다시 가슴이 답답해진다. 누군가 목을 조르는 거 같다. 아까보다 더 큰 코끼리가 명치를 짓누른다. 숨이 쉬어지지 않는다. 곧 죽을 것만 같다.

"여, 여보, 병원 가자……."

병원에 혼자 갈 자신이 없다.

아내는 김 부장을 데리고 다시 응급실로 간다. 오전에 진료한 의사와 다른 의사인데 똑같이 크록스를 신고 있다.

"공황 증상 같습니다. 스트레스를 많이 받으셨나 보네요. 심리적 압박감이 커지면 종종 발생해요. 약 처방해 드릴 테니 바로 드시고 내일이라도 바로 정신과 가세요."

김 부장은 약을 먹고 응급실 대기실에 한동안 앉아 있는다.

아내가 말한다.

"여보, 내일 정신과 가보자."

"아니야…… 나 멀쩡해. 그냥 스트레스인데 무슨 정신과야. 저 의사들이 진단을 잘못 내린거야."

"여보! 그만 정신차려!"

아내가 김 부장에게 큰 소리를 낸다. 다소곳하기만 하던 아내가, 항상 내편이던 아내가 나에게 소리를 지르다니.

내가 백수라서 소리 지르는 건가…….

이제 나를 무시하는 건가…….

"이러다가 죽으면 어쩌려고 그래? 의사 선생님이 가보라잖아. 그것도 두 명이나! 왜 그래, 왜!"

다시 아내가 목소리를 높인다. 김 부장은 아내가 화를 내는 이유가 궁금하기보다 주변 사람들이 자기를 쳐다보는 게 더 창피하다. 사람들이 자기만 쳐다보는 것 같다. 이 순간에도 김 부장은 남의 시선이 더 신경 쓰인다.

집으로 가는 차 안이 적막하다. 숨소리밖에 안 들린다. 아내의 눈치를 흘긋 보며 김 부장이 마침내 침묵을 깬다.

"여보, 내일 거기 갈게……."

김 부장은 아내의 제안에 동의하기로 한다. 나는 사기꾼 의사들 말에 동의한 게 아니다, 아내가 가자고 해서 가는 거다,라고 생각하며 김 부장은 고개를 끄덕인다.

아내는 정신과 병원 여기저기를 찾아보더니 예약을 한다.

"여보, 예약했어."

"어, 어."

내가 정신과를 가다니…….

약간, 아니 많이 이상한 사람들만 간다는 정신과다.

가면 미치광이들이 날뛰고 있겠지.

소리 지르고 물건 던지고 난리법석이겠지.

나한테 싸우자고 덤벼들면 어떡하지?

김 부장은 온갖 상상을 한다. 내일이 오지 않으면 좋겠다.

풀썩

1

김 부장은 정신과 앞에 도착한다.

문 옆에 '정신건강의학과'라고 써 있다. 아는 사람이 내가 여기로 들어가는 걸 볼까봐 불안하다. 두리번거리다 냉큼 들어간다. 생각했던 것보다 조용하다. 어제 갔던 응급실보다 훨씬 조용하다. 소리 지르고 날뛰는 미치광이들은 없다. 가끔 가던 치과와 분위기가 비슷한 것 같기도 하다. 대기하는 사람들도 출퇴근 때 보던 지하철 맞은편에 앉아 있는 사람들같이 평범해 보인다.

종이컵을 집어 정수기 물을 받는다. 물을 마시며 정수기 옆에 설치되어 있는 패널의 의사 프로필을 본다. 고등학교 때 전교 1, 2등 하던 친구들이 지원했던 학교다. 혹시 빽으로 들어간 게 아닌가 의심한다.

간호사가 김 부장 이름을 부른다.

"오른쪽 끝 방으로 들어가시면 됩니다."

김 부장과 아내는 방으로 향한다. 원장실이라고 쓰여 있다.

"안녕하세요."

김 부장은 의사의 인사에 별다른 대꾸 없이 원장실을 둘러본다. 다른 병원과 달리 책상, 책, 공기청정기만 있고 별다른 의료 기구가 없다. 정신과라서 그런가 보다. 정신과 의사라면 근엄하고 나이 지긋한 사람일 것 같았는데, 젊은 여자 의사다.

나보다 한참 어려 보이네.

저렇게 젊은 사람이 뭘 안다고.

세상 얼마나 살았다고.

나보다 인생 짧게 산 사람한테 들을 말이 있을까.

"안녕하세요. 여기 앉으세요. 어디가 불편하신가요?"

김 부장이 대답하지 않자 아내가 대신 대답한다.

"남편이 숨이 잘 안 쉬어지고 답답하다고 해서 응급실에 갔더니 공황 증상이라고 해서요."

"네, 알겠습니다. 보호자분께서는 밖에서 대기해주시겠어요?"

"네."

주춤주춤 일어선 아내가 진료실을 나간다.

보호자? 나를 진짜 환자로 보는 건가?

김 부장은 이 상황이 당혹스럽다.

"선생님, 호칭을 어떻게 해드릴까요?"

젊은 여의사가 또박또박 말을 잇는다.

"김 부장이라고 불러주세요."

저 의사도 나를 미친 사람 취급하는 것 같아서 기분이 몹시 나쁘다.

　　　　　　　　　　　　　　　　1부 김 부장 편

"김 부장님, 공황장애는 이유 없이 생기기도 하지만, 강도 높은 스트레스 상황에서 생기는 경우가 많은데요. 혹시 최근에 그럴 만한 상황이 있었을까요?"

"없어요."

"가족분들과의 관계는 어떠세요?"

"좋아요."

김 부장은 팔짱을 끼고 다리를 꼬고 앉아서 먼 산을 바라보며 퉁명스레 대답한다.

의사는 곰곰이 생각한다.

"말씀하기 어려운 고민이 있으시다거나……."

"아니요, 그런 거 없어요."

의사는 사전 질문지의 직업란을 본다. '무직'이라고 쓰여 있다.

"회사를 그만두신 지는 얼마나 되셨나요?"

"얼마 안 됐어요. 왜요?"

"그렇군요. 직장생활 오래하시다가 일을 그만두신 이후에 변화들이 많았을 텐데요. 요즘의 기분에 대해서 말씀을 해주시겠어요?"

"별일 없어요."

"회사는 왜 나오게 되셨나요?"

"그게 왜 궁금해요? 상사들이 내가 치고 올라가서 자기 자리 뺏을까봐 미리 날 쳐낸 거예요. 주변 사람들도 내가 잘나가는 거 흠집 내고 다녔고요."

"그러시군요. 그건 김 부장님의 추측인가요, 아니면 사실인가요?"

"사실입니다."

"혹시 본인의 퇴직 사유를 정확히 알고 계신가요? 자세히 설명해준 사람은 없나요?"

상무님이 한 말이 생각난다.

"대충 들은 적은 있는데 다 나를 내보내기 위한 핑곗거리일 뿐이었어요."

"알겠습니다. 오늘은 여기까지 하겠습니다. 김 부장님은 밖에서 대기해주시고요. 보호자분 들어오시라고 해주세요."

김 부장은 자리를 박차고 일어난다.

왜 여기 앉아서 이런 대답을 하고 있어야 하는지 모르겠다. 짜증이 난다.

아내가 의사 앞에 앉는다.

"남편분이 직장에서 갑자기 나오게 되어 불안하신 것 같습니다. 그 불안을 가족에게 드러내기 싫어하시는 것 같고요. 혼자 문제를 감당하려고 하는 것 같은데…… 그런 심리적 부담이 누적되어 공황이 온 것 같네요. 이런 분들은 대개 정신과에 대한 반감이 크고 방어적입니다. 사모님한테는 본인 속마음을 좀 이야기를 하시나요?"

"아뇨. 저한테도 아무 얘기 안해요. 남편은 절대 약한 모습 안 보이려고 해요. 그래서 속상해요."

"그만큼 책임감이 강한 분인 거죠. 가족은 반드시 본인 힘으로 먹여 살려야 한다는 철학이 있어서 그래요. 이 부분은 다음 상담부터 서서히 풀어가도록 할게요. 그래도 여기까지 온 것 자체가 가능성이 있다는 뜻입니다. 오늘 약 처방해드릴 테니 힘들면 드시라고 해주세요. 처음부터 억지로 먹게 하면 거부감만 커질 수 있거든요. 다음 주 예약하고 가시면 됩니다."

"네, 감사합니다. 선생님."

2

김 부장과 아내는 약 봉지를 챙겨 집으로 간다.

"여보, 가슴 답답한 증상 있을 때 먹어. 여기다 둘게."

"나 미친 사람 아니야."

김 부장은 선반에서 라면을 꺼낸다.

"내가 끓여줄게."

"아니야. 내가 끓일래. 당신은 아르바이트 하러 가. 시간 됐잖아."

김 부장은 가만히 있는 게 더 괴롭다. 아내가 차려주는 밥을 먹는 것도 괴롭다. 일도 안 하는 백수가 쌀만 축내는 기분이다. 그냥 손에 잡히는 아무 일이나 하고 싶다고 생각하며, 아내가 식탁 위에 두고 간 정신과 약 봉지를 물끄러미 바라본다.

다들 나를 제정신이 아닌 사람으로 보는 게 싫다.

집에 저런 약이 있는 게 싫다.

물이 끓자 면을 넣고 스프를 넣는다. 냉장고에서 달걀을 꺼내 탁 깨서 넣는다. 달걀 껍데기가 라면 속에 빠진다. 대학 자취 시절에는 친구들 사이에서 '라신'(라면의 신)으로 불리던 김 부장이 이제는 달걀 하나도 제대로 못 깬다. 결혼하고 냄비 손잡이를 잡아본 지 20년은 된 것 같다. 껍데기들이 보글보글 거품과 함께 떠오른다. 젓가락으로 집으려 하는데 잘 집히지 않는다.

내가 거품 위의 달걀 껍데기 같은 존재인 거 같다.

회사에서도 나를 이런 눈으로 본 걸까.

빨리 건져내서 버리고 싶은 그런 필요 없는 존재.

집에서도 이런 존재일까.

아내와 아들조차 나를 불필요한 존재로 생각하는 건 아닐까.

라면이 적당히 익어갈 때 즈음, 참치 캔을 따서 둥둥 떠 있는 기름을 버린다. 냄비째 라면을 식탁에 놓고 후루룩 먹는다. 참치도 한 젓가락 먹는다. 평소와는 다른 맛이다.

김 부장에게 라면은 등산 끝나고 먹는 성취의 라면, 축구 끝나고 먹는 승리의 라면, 술 취해서 먹는 해장의 라면, 친구들과 편의점에서 먹는 우정의 라면, 주말이 오기 전 금요일 점심에 먹는 설렘의 라면이었다. 그러나 지금은 사기당한 백수, 패배자, 정신이상자의 라면이다.

라면 끓인 시간보다 먹는 시간이 더 빠르다. 직장 생활 하면서 상사 눈치 보며 급하게 먹던 버릇이 남아 있다. 한 번 빨라진 식사 속도는 느려지기 어렵다.

배가 부르다. 핸드폰을 바라본다. 문자도, 부재중전화도 온 것이 없다. 임대 맞춰달라고 들렀던 부동산에서는 감감 무소식이다. 아무도 연락하지 않는다. 예전 같으면 여러 사람들이 회사일로 김 부장을 찾았을 텐데. 회사를 나온 뒤로는 텔레마케터가 자신을 고객님으로 부르는 전화뿐이다.

3

다음 정신과 상담일이다.

젊은 여자 의사는 반갑게 김 부장을 맞이한다.

"안녕하세요, 김 부장님. 잘 지내셨어요?"

"네."

"회사 얘기를 좀 더 해볼까 해요. 지난번에 회사에서 주변 사람들이 김 부장님을 험담하고 배신했다고 말씀하셨는데, 이 부분에 대해서 들어볼 수 있을까요?"

"그야 내가 진급 누락 없이 승진한 몇 안 되는 사람 중 한 명이기도 하고요. 또 회사에서 가장 중요한 프로젝트는 주로 내가 맡아서 했으니까요."

정신과 의사는 알고 있다. 본인이 잘나가던 '왕년' 이야기를 하는 것은 누구나 환영한다.

"그러셨군요. 김 부장님을 견제하는 사람들이 많았나 봐요?"

"원래 회사라는 게 경쟁이에요. 입사하는 순간부터 동기들하고 경쟁하고, 치고 올라오는 후배들하고 경쟁하고요."

"늘 경쟁하는 게 힘드셨겠어요."

"별로 힘들진 않았어요. 어릴 때부터 경쟁해 버릇해서 익숙했어요."

절대 열리지 않을 것 같던 김 부장의 입은 회사 이야기로 인해 자연스럽게 풀린다.

"어릴 때부터…… 그 이야기를 좀 더 해볼까요?"

"입사해서는 진급 때문에 경쟁하고 학생 때는 성적 잘 받으려고 친구들이랑 경쟁하고…… 어릴 때 집에서는 형들하고 경쟁하고 그랬죠. 누구나 다 하는 그런 거요."

"어릴 때 형들하고 경쟁한 이유는 무엇일까요?"

김 부장은 생각에 잠긴다. 어린 시절에 대해 생각해본 적은 거의 없다. 앞만 보고 달려왔으니 뒤를 돌아볼 여유 따위는 없었다.

김 부장이 꾹 다물었던 입을 힘겹게 연다.

"부모님이 나를 잘 알아주지 않으셨어요. 칭찬도 안 해주시고, 별로 관심도 안 주셨던 거 같아요. 그래서 형들보다 잘하고 싶었어요. 관심 받고 싶었던 건지…… 무슨 이유인지……."

"학생 때 친구들과 경쟁했던 것도 부모님에게 인정받으려고 열심히 하신 건가요?"

"네…… 아마도……."

김 부장은 본인의 지난 시절에 몰입해 있다. 지금까지도 잊히지 않는 두 개의 사건을 떠올린다.

4

우리집에서는 큰형이 항상 우선이었다.

큰형은 방을 따로 쓰고, 나는 둘째 형과 방을 같이 썼다. 둘째 형은 나와 같이 방 쓰는 게 불편하다며 방을 따로 달라고 어머니께 늘 불평을 했다.

국민학교 때 어머니는 귤 열 개를 사와서는 네 개는 큰형, 세 개는 둘째 형, 세 개는 나에게 주셨다. 내 책상에 세 개를 올려놓고 나갔다가 돌아와보니 두 개는 어디로 갔는지 없고 한 개만 남아 있었다. 나는 둘째 형에게 내 귤 어쨌냐며 따졌고, 둘째 형은 자기를 도둑놈 취급하냐며 화를 냈다. 생각해보니 둘째 형은 내 물건에 손댄 적이 없었다.

큰형 방으로 갔지만 거기에도 귤은 없었다. 책상 서랍을 한 칸 두 칸 뒤졌는데 너저분하게 학용품만 굴러다닐 뿐 귤은 없었다. 문득 책상 옆에 쓰레기통을 열어보니 귤 껍질이 잔뜩 버려져 있었다. 나는 귤 껍질을 모두 꺼내 조각조각 맞췄다. 맞추고 보니 네 개는 족히 넘었다. 다섯 개를 맞추고도 몇 조각이 더 남았다. 내 귤을 큰형이 먹은 것이었다. 나는 귤 껍질 퍼즐을 그대로 두었다. 큰형이 학교에서 돌아오면 이 증거물을 보여주며 따져야겠다, 마음먹었다.

큰형이 돌아왔다.

"뭐야! 누가 이렇게 해놨어!"

나는 형 방으로 가서 소리쳤다.

"형이 내 귤 먹었지?"

"이거 네가 그랬어? 쓰레기를 왜 방바닥에 깔아놔! 다 치워!"

"형이 내 귤 먹었잖아. 귤 내놔!"

짝!

형이 내 뺨을 때렸다. 형에게 맞는 것은 일상적인 일이라 아무렇지 않았다. 그보다는 귤을 빼앗긴 게 더 억울했다.

"엄마한테 다 이를 거야!"

나는 방에서 혼자 씩씩거리며 남은 한 개의 귤을 바라보았다.

어머니가 일을 마치고 돌아오셨다. 나는 당장 달려가서 어머니에게 큰형이 한 짓을 일렀다.

"엄마! 큰형이 내 귤 두 개 훔쳐 먹었어요!"

어머니는 아무 대꾸도 하지 않으셨다.

"큰형이 내 귤 두 개 훔쳐갔다고요!"

어머니는 말없이 입고 있던 낡은 겉옷을 옷걸이에 걸고 장갑을 벗었다.

"엄마! 형이 훔쳐갔다고요!"

나는 빽 소리를 질렀다

"조용히 해! 그럼 네 형한테 따지든지!

"큰형이 분명히 훔쳐갔는데 발뺌하잖아요. 내가 쓰레기통에서 귤 껍질 다 세어봤다고요. 큰형이 가지고 간 거 맞아요!"

"형이 그걸 왜 가지고 가니? 엄마 힘들어. 조용히 좀 있어."

"엄마 나빠! 큰형도 나빠!"

나는 방으로 들어가서 책상에 엎드려 한 개 남은 귤을 꽉 쥐고 펑펑 울었다.

내 편은 없었다. 내 말을 들어주는 사람은 없었다. 화가 났다가 억울했다가 다시 화가 났다가 서러웠다가, 감정이 교차하면서 터진 울음이 다음 울음을 만들어냈다. 어깨를 들썩이며 울었다. 이마는 땀에 젖었다.

한참을 울고 나니 손 안에 있던 귤이 말랑말랑해졌다. 눈물이 그칠 때 즈음 귤 껍질을 깠다. 말랑한 껍질은 손가락 움직임 세 번 만에 다 까졌다. 신맛보다 단맛이 더 강했던 그때의 따뜻한 귤 맛은 잊히지가 않는다.

생각해보면 나는 집안에서 누구와도 친밀하지 않았다.

형들과 말을 섞지도 않았고 부모님과 대화를 한 적도 거의 없었다.

줄곧 반장을 하던 큰형 학교에 어머니가 떡을 맞춰 들고 가신 기억이 난다. 나도 반장이 하고 싶었지만 잘난 것 없는 나를 친구들이 반장으로 뽑아줄 리 없었다. 공부라도 잘하면 반장이 될 수 있을까 싶어, 1학기 기말고사에서 반 2등으로 좋은 성적을 냈다. 그 덕분인지 2학기에 부반장이 되었다. 반장과 압도적인 표 차이로 졌지만 부반장이라는 것만으로도 충분히 만족했다.

무엇보다 집에 가서 부모님과 형들에게 자랑할 생각에 신이 났다. 신발주머니를 휘휘 돌리며 집으로 뛰어갔다. 그날도 집에는 아무도 없었다. 아무나 빨리 집에 오기를 기다렸다.

덜컥덜컥 문 열리는 소리가 나고 둘째 형이 들어왔다.

"형! 나 부반장 됐어!"

둘째 형은 나를 흘깃 보더니 아무 말 없이 가방을 책상 위에 던지고는 책상 위에 굴러다니던 동전 몇 개를 집어들고 다시 나갔다.

한 시간 뒤에 어머니가 들어오셨다.

"엄마! 나 부반장 됐어!"

"그래."

뜨뜻미지근하게 대답을 하시고는 화장실로 들어가셨다. 화장실 문을 닫는 어머니 뒷모습, 그때 달칵거렸던 문소리. 그 장면은 아직도 기억에 생생하다.

화장실에서 나오신 뒤에라도 한마디 해주실 줄 알았다. 나는 화장실 앞에서 기다렸지만, 어머니는 별다른 말씀 없이 방으로 들어가셨다. 그때 어머니가 '잘했다'라는 칭찬 한 마디만 해주셨어도…….

6

김 부장의 이야기를 경청한 의사가 질문한다.

"부모님께서 김 부장님을 인정해주시지 않았다고 생각하는 이유는요?"

"모르겠어요. 워낙 일만 하고 사셔서……. 그때는 먹고사는 것도 힘든 시절이라…… 저희 형제들 거둬 먹이는 것도 쉽지 않았을 때고……."

"그럼 한 번 바꿔서 생각해볼까요? 김 부장님은 본인이 원했던 것처럼 아드님을 칭찬해주고 인정해주고 많은 관심을 보여주셨나요?"

픽!

한 대 맞은 기분이다.

김 부장 아버지 모습이 지금 자신의 모습과 다르지 않다. 자식의 말에 귀 기울이지 않던 아버지. 어머니에게 칭찬받고 싶었던 만큼 아버지에게도 인정받고 싶었다. 그렇지만 아버지는 어머니보다 더 얼굴 볼 새 없이 바쁘셨다. 아침에 일어나기도 전에 일하러 나가셨고, 잠이 들어야 들어오셨다. 열심히 일하는 게 당연한 시절이었지만, 김 부장은 자신도 모르게 아버지의 모습을 그대로 따라 하고 있었던 것이다.

정신과 의사는 다음 질문으로 넘어간다.

"다시 회사 얘기로 돌아갈게요. 부장까지 승진을 하셨으면 밑에 후배들이 꽤 많았겠네요?"

"네, 많았어요."

"그 후배들에게는 어떤 부장님이었다고 생각하세요?"

픽!

한 대 더 맞았다.

상무님이 하신 말씀이 생각난다. 팀원들이 만든 보고서를 내 마음대로 바꿨던 것이 생각난다. 팀원들이 나를 바라보는 표정은 '멋져요'가 아니라 '왜 그러세요'였던 것이다. 자신만을 돋보이기 위해 살아왔던 내 모습이 파노라마처럼 지나간다. 상무님이 하신 말이 이제야 이해된다.

"글쎄요. 솔직히…… 아닌 것 같네요……. 저만 잘나가면 된다고……."

김 부장은 고개를 숙인다.

"지난번에 처방해드린 약은 드셨나요?"

"아니요."

"숨이 가빠온 적은 없었나요?"

"있긴 했는데……."

"공황 증상은 감기와도 같은 거예요. 감기약 드시는 것처럼 드세요. 무릎 통증, 허리 통증 있을 때 약을 먹거나 파스 붙이

듯이요."

사실 김 부장은 정신과 약을 먹는 게 두렵다. 이걸 먹는 순간 끊을 수 없을 것만 같고, 진짜 정신이상자가 된 것 같은 기분이 든다.

의사가 김 부장 마음을 안다는 듯이 말한다.

"정신과 약은 중독성이 없습니다. 걱정 안 하셔도 돼요. 공황 증상이 불편하게 느껴질 때 드시면 도움이 됩니다. 오늘은 여기까지 하겠습니다. 다음 주에 뵙겠습니다."

"네, 감사합니다."

김 부장은 저도 모르게 감사하다고 말하고 나온다.

정신과는 치과처럼 아픈 게 없어서 좋다. 밖에서 기다리던 아내는 환하게 웃으며 김 부장 손을 잡고 병원 밖으로 나간다. 마음이 한결 편해진 듯한 느낌이 든다. 인정하기 싫지만 편해진 것은 사실이다.

7

핸드폰이 울린다.

놈팽이 이름이 핸드폰 화면에 뜬다. 상가 이야기를 할 것 같아 받지 않는다. 아내에게 언제까지 이 비밀을 지킬 수 있을까.

아내가 없을 때 놈팽이에게 전화를 건다.

"어, 놈팽이 전화했었네."

"잘 사냐? 궁금해서."

"그냥 있어."

"내가 혹시나 해서 하는 말인데, 어떻게든 손실 메우려고 다른 데 투자하거나 하지 말라고. 이럴 때 또 투자하는 게 제일 위험해."

"투자할 돈도 없어."

"그럼 다행이고. 그냥 궁금해서 전화해본 거야. 시간 많은 친구 생겨서 좋네. 한 번 보자."

"어, 그래."

그래도 나 잘 살고 있나 연락 주는 건 놈팽이뿐이다.

갈 데 없는 김 부장은 집 근처 산으로 향한다. 산에 올라가며 의사가 한 말을 생각한다.

내 부모님의 무관심한 태도가 나의 모습이라니.

아들은 그동안 얼마나 관심에 목말라 있었을까.

내가 아들의 날개를 꺾으려 했던 것은 아닐까.

내가 아들에게 해준 게 뭐가 있다고.

아들이 삐딱선 타지 않도록 잘 키워준 아내가 고마워진다.

산 정상에 도착한다. 오랜만에 등산을 했더니 다리가 후들거린다. 어디선가 불어온 바람이 땀을 식혀준다. 주머니를 뒤져 자유시간을 하나 꺼낸다. 우적우적 씹어 삼킨다.

멀리 최 부장네 아파트도 보이고 철거가 거의 끝난 상무의 재건축 아파트도 보인다. 한때 초미의 관심사였던 집이다. 그렇게 집착해왔던 집이 뭔지. 이제 와서 아무 의미도 없어 보인다.

집 생각보다는 김 부장 본인 스스로 대해 질문한다.

그들이 나를 정말 시기, 질투해서 쳐낸 걸까.

내가 정말로 무능한 걸까.

하아…….

한숨이 길어진다.

절벽 아래를 내려다보니 그다지 아찔하지가 않다. 바닥이 가깝게 보인다. 순간 김 부장은 오만 가지 생각이 든다.

여기서 떨어지면 편해질까?

내가 없어지면 아내와 아들이 고생하지 않아도 될 텐데.

난 왜 이럴까. 왜 이 모양일까.

행운의 여신은 없는 걸까.

행운의 여신은 저 아래 있는 걸까…….

저 아래로 가면 여신을 만날 수 있겠지…….

풀썩.

김 부장은 자리에 주저앉는다. 무릎에 힘이 풀린다. 가족이 없었다면 행운의 여신을 만나러 외로이 갔을 것 같다. 아내와 아들을 두고 갈 수는 없다. 그대로 주저앉은 채 멀리 시선을 옮긴다. 페인트 칠한 지가 오래되어 누렇게 변한 김 부장 아파트가 보인다.

그래, 집도 있는데 노숙자처럼 되기야 하겠어.

저 집 한 채 없었으면 어쩔 뻔했나.

퇴직하고 보니 남는 건 가족과 저 집 한 채뿐이다.

아, 망할 상가 하나와 대출이 있다.

한동안 반대편에 있는 산을 바라보다가 엉덩이를 털고 발걸음을 돌려 내려온다. 오랜만에 운동을 했더니 배가 고프다. 김밥집이 있다.

그때 최 부장도 참치김밥 사줄 걸.

아니야, 나를 끌어내린 장본인 아닌가.

상반되는 감정이 치열하게 다툼을 한다. 입맛이 없어진다.

집으로 향하던 중에 문득 아내가 어디서 어떻게 일하는지 궁금하다. 생각해보니 어느 부동산인지 물어보지도 않았다. 그러고 보면 김 부장은 가족에게 참 관심이 없었다. 어떤 남편인지, 어떤 아빠인지, 어떤 팀장인지 그들의 시선에서 자신을 생각해본 적이 없다. 오히려 길거리에 스쳐가는 낯 모르는 사람들의 시선에 더 신경을 썼다. 백화점 직원, 카페 종업원, 회사 로비 안내원 등 자신이 누군지도 모르는 사람들에게 잘 보일 생각만 했다.

대출 이자 지불할 날짜가 다가오고 있다

5 4 3 2. 1

1

대출 이자 지불할 날짜가 다가오고 있다.

첫 번째 이자를 낼 돈은 있다. 주식 앱을 켠다. '+100'이다. 주식계좌에 있는 돈을 다 빼면 그래도 몇 달 동안 이자는 낼 수 있다. 혹시 대박이 터질지 모르는 몇 개 종목은 비상금으로 남겨두기로 한다.

아내가 일을 안 했으면 생활비는 어떻게 했을까. 관리비는 어떻게 냈을까. 아득하다.

돈. 돈. 돈.

결국 돈인가. 돈이 사람을 이렇게 비참하게 만드나.

직업을 잃은 것뿐인데 직업을 잃으니 돈이 없다.

돈이 없으니 내가 없어진 기분이다.

아들 말이 맞았다.

다 돈 벌려고 일하는 거다.

나는 임원이 되려고 회사를 다닌 건데, 상무님과 전무님은 더 많은 월급을 받으려고 임원이 된 거였다. 그들도 직원일 뿐이었다.

그들이 성공의 최정점에 있는 줄 알았는데, 바깥에서 보니 그냥 다 같은 직원이다.

돈이 세상의 중심인 세상, 자본주의 세상이다.

일하지 않는 자는 굶고, 일하는 자는 굶지 않는다.

나는 지금 일을 하지 않고 있고, 사기까지 당했다.

굶지 않고 있는 게 신기할 뿐이다.

감사해야 하나.

때마침 놈팽이에게서 전화가 온다.

"김 부장 뭐해? 놀자! 백수끼리 놀자고!"

"어, 그래. 기분도 꿀꿀한데. 근데 남자 둘이서 뭐하나?"

"족발이나 뜯자. 우리 가던 족발집으로 와."

"어, 그래."

2

김 부장은 놈팽이를 족발집에서 만난다.

"반반, 대 사이즈로 주세요."

"너 맨날 이렇게 놀면서 사냐?"

"뭘 놀아. 운동하고 공부하고 책 보고 임장 다니고, 나름 열심히 살아."

"부럽다. 돈 걱정 안 하고."

"돈 걱정을 왜 안 해? 돈 나갈 데가 얼마나 많은데. 이자랑 세금만 해도…… 아으, 한잔 받아."

맥주를 콸콸콸 따른다. 놈팽이는 예전부터 거품이 잔뜩 생기도록 따른다.

"운동하고 왔어?"

"어, 헬스. 헬스 하고 나면 단백질 섭취가 필수지."

"그래서 족발 먹자고 했구먼."

"족발만 먹어야 하는데 맥주도 같이 마시니까 살이 안 빠진다. 근육도 빠지고."

놈팽이는 '네가 좋아하는 족발, 기 죽어서 못 먹고 있을까봐 먹자고 했다'는 말은 속에만 담아둔다.

"상가 쪽에선 아무 연락 없어?"

"없어. 사기 친 놈들 싹 다 잡아넣어야 하는데……."

놈팽이가 잠시 생각하더니 제대로 마음먹은 듯이 말을 꺼낸다.

"김 부장, 내 말 잘 들어. 그 사람들이 사기 쳤다는 거 그건 나도 알겠는데, 그래도 결국 모든 투자는 본인이 결정하고 책임지는 거야. 너 그때 회사에서 나올 때쯤이었지? 너처럼 자존심 센 놈들은 그 존심을 계속 유지하려고 해. 회사에서 갖고 있던 지위가 전부였는데 갑자기 없어져봐. 지푸라기라도 잡고 싶잖아. 뭐라도 하게 되고."

놈팽이가 이렇게 진지한 얘기를 하는 것은 처음이다. 장난만 치던 녀석이 상무와 비슷한 말을 하다니 새삼 놀란다.

"투자를 할 때는 개인적인 감정은 최대한 배제시켜야 하는데, 그때 네 상황에서는 그게 힘들었을 거야. 회사에서는 나가라고 하지, 돈줄은 끊기지, 가족들이나 친구들한테 쪽팔리지. 그런 비이성적인 상태에서 하는 투자는 백 프로 실패야. 그래서 나도 투자할 때는 내 감정이 섞였는지 안 섞였는지 결정하기 전에 항상 확인하려고 해."

놈팽이는 구멍 난 깻잎에 마늘과 불족을 얹어 먹는다. 몇 달 전의 김 부장이라면 직원한테 벌레 먹은 깻잎 좀 보라며 깨끗한 깻잎으로 다시 가져오라고 했을 것이다.

"보통 사기꾼들은 엄청 친절한데 그 분양 사무실 사람들은 너무 친절하지도 불친절하지도 않았어. 사라고 강요하지도 않고, 그렇다고 허술하게 놔주지도 않더라고. 대신 나를 초조하게 만들었던 것 같아."

"요즘은 예전처럼 막 사라고 닦달 안 해. 걔네들은 밀당 선수야."

김 부장은 맥주를 원샷 한다.

"그런데 말이야. 너 만약에 그 상가에 임차 들어와서 월세 잘 받고 있다고 생각해봐. 좋겠지?"

"어."

"내가 봤을 땐 아니야. 지금 이렇게 된 게 차라리 잘된 걸 수도 있어."

"뭔 소리야. 왜?"

"그럼 네가 성공한 투자자라고 자만하게 될 거 아니야. 부동산 전문가라고 착각하게 되고 자만심만 쓸데없이 높아지고. 그러다 보면 과감해져서 진짜 큰 사고 치게 되어 있어. 3억 대출 이자는 네가 알바를 하든 배달을 하든 뭘 하든 어떻게든 낼 수 있잖아. 근데 상가 건물 전체를 분양 받았다고 생각해봐. 3

억이 아니라 30억 대출받는 거야. 그때는 진짜 골로 가는 거지. 내 주변에 실제 그런 사람이 있어."

김 부장은 턱하니 말문이 막힌다.

꼬질꼬질 추리닝을 입은, 나보다 더 백수처럼 보이는 저 녀석이 갑자기 한참 형처럼 느껴진다.

30억 빚이라니. 3억이라 그나마 다행인 건가.

3

김 부장이 깨작거리는 것을 지켜보던 놈팽이가 말한다.

"팍팍 좀 먹어. 너무 매워? 막국수 먹을래?"

"나는 족발집 막국수는 안 먹어. 막국수 전문점에서만 먹어."

김 부장이 제일 싫어하는 게 족발집에서 나오는 허접한 막국수다.

"허, 이놈 뭘 좀 아네. 그나저나 상가는 제수씨한테 말했어?"

"아니……."

"아직도 말 안 했어? 나만 아는 거야? 참 영광이다, 으이그."

"요즘 공인중개사 자격증 따고 부동산에서 아르바이트 하는데 재밌어 해. 그 기분 망치기도 싫고, 말할 용기도 없고……."

"제수씨가 공인중개사 자격증 땄다고? 이야, 너보다 낫다. 너 자격증 뭐 있냐? 운전면허증? 으하하하하. 너 1종도 아니고 2종이잖아. 1종이면 학원 버스 기사라도 해보라고 할 텐데 못하겠네."

놈팽이는 어릴 때부터 늘 이러던 놈이라 별로 기분 나쁘지 않다.

"제수씨도 땄으니까 너도 따봐. 요즘 젊은 사람들도 많이들 한다더라."

"야, 그걸 내가 어떻게 해. 내가 무슨 부동산이야……."

"네가 지금 앞뒤 가릴 때야? 정신 못 차렸네. 우리 고등학교 동창 민수 알지? 민수 요새 택시 기사 한다더라. 일반택시 몇 년 하다가 개인택시 하면서 잘 산대. 완전 개인사업자야. 너도 택시 해보든가."

조금만 추워도 히터 틀어달라 하고, 조금만 더워도 에어컨 틀어달라 하고, 담배 냄새 난다고 창문 열고, 라디오 소리 줄여달라 하고, 급하니까 빨리 가달라 하고, 술 먹고 토하고……. 김 부장은 자신이 택시 타서 했던 짓이 기억난다. 차마 택시는 못하겠다.

"내가 무슨 택시 기사야, 장난해?"

"그럼 뭐 할래, 치킨집 할래?"

닭고기가 안 익었다고 눈 부릅뜨고 따지고, 이 집 맛없다고 동네방네 소문 내고 다니고, 뼈가 까맣다고 오래된 닭 쓴 거 아니냐며 불평하고, 단무지 양이 왜 이렇게 적냐고 투덜거렸다. 치킨집도 차마 못하겠다.

"안 해, 치킨집."

"그럼 택배?"

도대체 언제 오냐고 택배 기사를 닦달하고, 박스가 찌그러져 있으면 왜 던졌냐고 따지고, 카트에 박스를 가득 싣고 엘리베이터 탄 기사에게 좁다고 눈을 부라렸다. 택배도 차마 못하겠다.

"안 해."

"안 하는 게 아니라 못 하는 거겠지, 븅신. 사지 멀쩡한데 못하는 게 어디 있어?"

김 부장은 다시 말문이 막힌다.

"장난이야, 인마. 족발이나 뜯어. 뼈는 다 네 거야. 나 뼈 싫어해."

얼마만의 족발인가. 먹고 싶을 때마다 먹을 수 있었고, 회식 때마다 너무 많이 시켜서 남기기 일쑤였다. 그런데 회사를 나오고 나서는 차마 내 돈 주고 사먹지를 못했다.

맛있다.

"놈팽아, 근데 너 정신과 가본 적 있냐?"

"어. 몇 번 갔지. 가끔 가."

"정말? 왜?"

"다운된 기분이 오래간다거나, 화가 쉽게 난다거나, 그럴 때 갔어. 갑자기, 정신과는 왜?"

이렇게 느긋하고 성격 좋은 건물주 놈팽이가 정신과에?

미친 사람들만 가는 게 정말 아니었나…….

"아…… 그, 그냥."

"그래, 너도 한 번 가봐. 그러고 보니 지금 너한테 필요한 건 정신과야. 진단 좀 받자."

"어…… 그래볼까…….”

"정신이 이상한데 정신과 안 가는 놈들이 진짜 이상한 놈들이야. 자기가 이상한 걸 알고 가는 사람들은 정상이고. 나 화장실 갔다 올게."

놈팽이가 화장실에 간다. 놈팽이가 오늘따라 어려운 말을 많이 한다. 김 부장이 걱정이 돼서일까. 김 부장은 놈팽이가 사라진 쪽으로 고개를 돌린다. 화장실 간다던 놈이 몰래 계산하고 있다. 못 본 척 다른 곳을 본다. 평소 같으면 달려가서 '뭐하는 거야, 내가 계산할게'라고 했을 텐데. 오늘은 '어? 언제 계산했어. 내가 계산하려고 했는데'라고 나갈 때 말할 것이다. 차가운 맥주를 계속 마셔서 그런지 으슬으슬 춥다.

4

세 번째 정신과 상담일이다.

아내와 손을 꼭 잡고 간다. 연애할 때나 잡았던 손을 최근에 다시 잡는다. 김 부장도 이유는 모른다. 정신과에 몇 번 가다 보니 남의 시선도 별로 신경 쓰이지 않는다. 놈팽이도 종종 다닌다니 자신도 가도 될 것 같다.

진료실에 들어가자마자 이번에는 김 부장이 먼저 인사한다.

"안녕하세요, 선생님."

"안녕하세요. 잘 지내셨어요?"

"네, 잘 지냈습니다."

"지내면서 하셨던 생각이나 느꼈던 감정들 중에 어떤 이야기를 해볼까요?"

"흠…… 너무 제 중심으로 살았던 것 같아요."

"누구나 사람은 자기중심적이죠. 우월해지고 싶은 것도 당연한 거고요. 그게 심해지면 나르시시즘, 자기애성 인격장애가 되는 거고요."

인격장애?

내가 미친 사람이자 장애인?

"제가…… 그럼 인격장애……인가요?"

"술에 취했다고 하면, 약간 취했을 수도 있고 완전히 정신 못 차릴 수도 있는 것처럼, 뭐든 강도의 차이가 있잖아요. 인격장애도 미미할 수도 있고 아주 심할 수도 있는 거죠. 대부분의 사람들이 인격장애를 가지고 살아갑니다. 그게 티가 안 나고 사회생활에 불편함이 없으니 모르고 사는 것뿐이에요."

"아…… 네……."

"회사 얘기를 좀 더 구체적으로 해볼까요? 혹시 김 부장님을 불편하게 만드는 인간관계가 있었나요?"

바로 최 부장이 떠오른다.

"네, 있어요. 최 부장이요."

"최 부장님이 김 부장님께 어떤 불편한 감정을 주었을까요?"

"저랑 같이 진급 누락 없이 쭉 왔고, 비슷한 업무도 쭉 해왔고요."

"그래서 늘 견제해왔나요?"

"네……."

"최 부장님도 김 부장님을 라이벌로 생각했을까요?"

"모르겠어요. 그건…… 아닌 거 같아요."

"김 부장님이 최 부장님과 업무적으로 비슷했다면, 업무 외적 요인은 뭐가 있을까요?"

"예를 들면…… 최 부장이 좋은 가방을 하나 들고 다니면, 저는 그것보다 더 비싼 걸로 샀어요. 그리고 최 부장이 집도 더 좋은 데 살고요……."

"업무적으로도 사적으로도 경쟁심을 느끼셨나 보네요."

"네……."

"보여지는 게 중요하다고 생각하시고요?"

"네, 브랜드 있는 구두나 넥타이나…… 정장, 시계, 그런 거사 모으는 게 습관이었어요."

"김 부장님 주변에 그렇게 하고 다니는 사람들이 있었나요?"

"네. 시계는 상무님 거 보고 샀고, 구두는 젊은 팀원들이 알려준 유행한다는 브랜드고, 넥타이는 좀 비싼 거……. 그렇게 좋은 것들을 걸치고 다니면 기분이 좋았어요. 집에 나서는 순간부터 지하철 타고 회사 도착해서 복도를 걸어갈 때까지 다 사람들이 저만 쳐다보는 거 같고……. 지하철역이나 화장실 거울을 보면 그런 걸 걸친 제 모습이 너무 멋있어 보였어요."

"제가 보기엔 김 부장님은 인정받기 위해 회사에서 본인의 방식대로 최선을 다하셨고, 그래서 진급도 잘하셨고, 외적인 부분도 인정받기 위해 명품을 걸치면서 우월해지고 싶으셨군요."

"네, 맞아요."

"그런데 갑자기 회사에서 나가라고 하니 충격이 크셨고, 그이유는 남들의 배신과 질투라고 생각하셨던 거고요."

내 생각을 아주 잘 정리해준다. 사기꾼은 아닌 것 같다.

"보통 주변의 인정이나 우월감이 중요한 분들은 개인의 결함이나 실수로 인해 벌어진 일을 어떤 방식으로든 그럴듯한 핑계를 만들어 스스로를 보호하려 해요. 열등하다는 감정을 느끼는 것이 고통스럽거든요. 자신의 행동에 합리화를 하고, 모든 원인이 나를 제외한 외부에 있다고 생각하죠."

이 의사가 지금 내 뼛속까지 후벼 파고 있다.

"최 부장을 떠올릴 때 불편한 게 또 있다면요?"

"네, 우리 집도 집값이 많이 올랐다고 생각했는데 최 부장 집이 훨씬 새집이고 비싸더라고요."

"그게 질투가 나셨나요?"

"네, 꾀죄죄하게 하고 다니던 사람이 저보다 좋은 집 산다니까 더……."

"배 아프셨네요."

"네……."

내가 이렇게까지 나에 대해 깊이 파고들었던 적이 있었던가.

아내도 친구들도 나의 내면을 들쑤신 적이 없었는데.

여기서 이렇게 닭고기처럼 발골당하는 건가.

의사의 질문은 계속된다.

"그 불편한 감정을 피하고 싶어서 어떻게 하셨나요? 더 좋은 집을 사셨나요?"

"아니요. 상가를 샀어요."

흡.

놈팽이에게만 발설한 1급 기밀을 말해버리고 말았다.

"상가를 사셨군요. 오늘은 여기까지 하겠습니다."

"제 아내에게는 말하지 말아주세요."

"네, 여기서 하신 이야기는 저와 김 부장님만 아는 겁니다. 상가 사셨다는 건 김 부장님이 사모님께 직접 말씀하시는 게 좋을 것 같아요."

의사는 알고 있다. 퇴직한 사람들이 사업이나 투자에 실패해서 스트레스로 인해 공황 장애에 걸린다는 것을.

대기실에서는 아내가 변함없이 환하게 미소를 지으며 김 부장을 맞는다. 상담하면서 너덜너덜해졌다고 생각했지만, 한편 스스로를 알아가는 계기가 된 것 같다.

이제는 내가 궁금해졌다,

그 잘난 김 부장에 대해서.

5

집에 도착했다.

김 부장 아파트 주차장에도 예전에는 별로 없던 수입차가 즐비하다. 차 문을 열려다가 갑자기 김 부장이 말한다.

"외제차…… 외제차……. 참 웃겨. 그치?"

"뭐가?"

"아이폰 보고 우리가 외제폰이라고 안 하잖아. 망고나 바나나도 외제 과일이라고 안 하는데, 유독 차만 외제차, 수입차라고 하는 게."

"그러게. 그러고 보니 진짜 그러네? 요즘 수입차가 갑자기 많아지긴 했어."

"본사에 있을 때 젊은 애들 수입차 끌고 왔을 때 혼자서 버럭했었는데, 그땐 왜 그랬는지 몰라."

"하하. 그랬어? 뭐 우리 세대 문화는 그랬지만 지금은 변했지."

"왜 나만 그걸 못 받아들였는지?"

"이런 사람도 있고 저런 사람도 있고 그런 거지. 내가 당신이었어도 비슷했을 거야."

"근데…… 여보…… 나 할 말이 있는데……."

김 부장이 침을 꿀꺽 삼킨다. 침 넘어가는 소리가 차 안에 울려 퍼지는 것 같다. 아내와 첫 키스 하기 직전, 침 넘기는 소리가 아내에게 들릴까 조마조마했던 그때가 생각난다.

"응?"

"상가 하나 분양받았거든……."

"상가? 무슨 상가? 누가?"

"내가…… 저기 신도시에 새로 짓는 상가를 하나 분양받았어……."

"상가를 당신이 산 거야?"

"어…… 당신한테 말하고 샀어야 했는데……."

"얼마짜린데?

"7억……."

"7억? 여보…… 그 큰돈이 어디 있어서?"

"퇴직할 때 받은 거랑…… 대출이랑 해서……."

"하아……."

아내가 땅이 꺼져라 한숨을 내쉰다.

"미안해…… 3억 대출을 받았는데 지금 임대가 안 나가……. 내가 이자는 어떻게 해서든 내볼게. 정말 미안해, 지금 말해서."

"여보…… 왜 그랬어!"

"미안해……."

음소거를 해놓은 듯하다. 모든 것이 정지된 것 같다. 김 부장에게는 1시간 같은 1분이 지났다.

　시간이 어떻게 흘렀는지 모르겠다. 아내가 머리를 털면서 고개를 든다.

　"그랬구나. 그래서 당신 얼굴이 그동안 많이 어두웠구나. 당신이 어떻게든 잘 해보려고 그런 걸 텐데…… 하아, 그래도 나랑 상의는 하고 했었어야지."

　"그랬어야 했는데…… 혼자 급하게…… 그렇게 됐어. 정말 미안해……."

　아내 앞에서 고개를 숙이기는 연애시절 몰래 미팅하다가 걸렸을 때 빼고 처음이다.

　"어차피 이렇게 된 거니까, 그 상가에 한 번 가보자."

　"어어? 그, 그럴까?"

　쳐다보기도 싫던 신도시로 향한다. 여기저기 공사 중이다. 오늘도 참기름 아저씨들이 팸플릿을 들고 길거리에서 배회하고 있다. 온갖 현수막들이 여기저기 걸려 있다.

　　회사보유분 할인 분양
　　마지막 기회
　　임대확정
　　고정수익
　　노후대비

　마침내 김 부장 상가에 도착한다. 이리저리 둘러보더니 아내가 말한다.

"이 정도 평수면 뭐가 들어올 수 있을까 생각해봤어?"

"카페? 빵집? 그 정도……."

"주변에 상가가 너무 많아. 그리고 아직 아파트 입주하려면 좀 남았고……."

지난번 들렀던 부동산에서 들은 말이다. 이 정도는 누구나 다 아는 것인가 보다. 아니면 공인중개사 자격증을 따서 알 수 있나 보다.

"딱히 지금 들어올 만한 게 없어 보이네. 뭐가 없을까……. 아들이 지금 방을 창고로 쓰고 있는데 좁아 보이더라고. 아들한테 한 번 물어볼게."

"그, 그건…… 좀……."

"뭐 어때. 어차피 비어 있잖아. 누구라도 쓰면 좋은 거지. 내가 한 번 말해볼게. 여보, 앞으로는 중요한 결정 있으면 나한테도 꼭 미리 말해줘. 우리는 가족이잖아. 당신이 대기업 출신에 똑똑하고 능력 있는 건 알지만, 혼자 머리 싸매고 고민하는 것보다 여러 사람 생각 들어보는 게 도움 되는 거 알지? 그리고 나는 아내니까 나한테는 꼭 말해줘. 지금 이 시간부터."

다른 사람 같았으면 이혼 사유감이라고 난리 칠 텐데 진짜 내 아내는 천사다.

아내는 어쩌면 내 머리 꼭대기에 있는 걸지도 모른다.

아내가 이 상황에서 난리 치면 나도 같이 받아칠 테고, 더 고집스럽게 나를 정당화하려고 버틸 테고, 부부 사이는 흐트러지고, 스스로 반성할 기회조차 없겠지.

내가 어떤 사람인지 이제는 나도 좀 안다.

아내님 손바닥 안

1

네 번째 정신과 상담일이다.

발걸음이 가볍다. 정신적으로 완벽한 사람은 없다. 머리가 조금 아파도 병원에 가는 사람이 있고 안 가는 사람이 있다. 상무의 충고대로 모르는 것보다 모르면서 아는 척하는 게 창피한 거고, 놈팽이 말대로 본인이 이상한 데도 정신과에 안 가는 게 이상한 거다.

지난 상담 때 나를 조각조각 해체했던 의사 선생님에게 밝게 인사한다.

"안녕하세요."

"안녕하세요, 김 부장님. 전보다 기분이 좀 나아 보이시네요?"

"네, 아내에게 말했어요."

"편해지셨나요?"

"네."

오늘은 진짜 내가 누군지 알아보는 시간이다. 생각나는 것, 기억나는 것들을 모두 털어놓을 생각이다.

"오늘은 어떤 얘기를 해볼까요? 혹시 하고 싶었던 이야기가 있으세요?"

김 부장은 숨을 깊게 몰아 쉰다.

"저라는 인간이 어떤 인간인지 알고 싶고요. 인정하기 어려웠던 것들을 이제는 인정하고 싶어요."

"인정하기 어려운 것들이라…… 조금 더 구체적으로 말씀하신다면요?"

"제가 백수라는 것, 사회에서 버려졌다는 것, 아 사회……라기보다는 회사에서 버려졌다는 것, 제 능력이 부족해서 버려졌다는 것……. 인정하기 싫지만 인정은 해야겠고…… 사람 마음이 원래 이런가요?"

"물체에도 관성이 있듯이 삶에도 관성이 있어요. 마찬가지로 김 부장님도 과거가 그동안의 삶을 정의해왔어요. 자아는 어린 시절부터 겪어온 경험을 토대로 형성되어왔기 때문에 쉽게 바꿀 수가 없어요. 과거부터 습득해온 익숙한 방식들을 김 부장님도 쉽게 바꾸긴 어려우실 겁니다."

"네…… 선생님."

"경쟁심, 질투심, 우월감 같은, 김 부장님이 어릴 적부터 마음 안에서 키워왔던 것들이 어떻게 자신을 힘들게 했는지, 어떻게 지금의 김 부장님으로 이끌었는지 그런 걸 알아야겠죠. 특히 우월감은 성공의 토대가 될 수도 있고, 목표의식을 갖는 데 중요한 역할을 할 수도 있지만, 너무 지나치면 독이 될 수도 있어요. 내적으로든, 외적으로든요. 김 부장님 상황처럼 원치 않은 신변의 변화가 생기고 급격하게 새로운 환경에 적응해야 할 때는 그런 감정을 과감하게 떨쳐버릴 필요가 있습니다."

"네, 그러고 싶어요. 저 혼자 잘난 맛에 살면서 다른 사람들 무시하던 태도, 남들보다 뛰어나야 한다는 우월감, 원하는 대로 되지 않을 때 상대방에게 느꼈던 질투심…… 다 버리고 싶어요, 이제는."

"정말 많이 발전하셨습니다. 처음 오셨을 때와 지금 김 부장님 모습은 너무 다른 모습이에요."

"감사합니다……."

의사는 차트에 무언가를 체크하더니 김 부장을 쳐다보며 다시 묻는다.

"김 부장님, 요즘 집에서 많이 힘드시죠?"

"네…… 사기당한 백수가 집에 있으니……."

"학생 때 시험 못 본 적 있으세요?"

"네."

"그거랑 같다고 생각하세요."

"무슨 말씀이시죠?"

"시험을 못 봤을 때 어떠셨어요? 학교 생활 다 망친 것 같고 세상이 끝난 것 같지만, 나중에 되돌아보면 그때 왜 그렇게 고민했을까, 하는 생각이 들죠. 똑같아요. 회사에서 은퇴했다고 해서 삶을 은퇴한 게 아니에요. 사기 한 번 당했다고 해서 인생이 막을 내리는 게 아닙니다."

의사는 숨을 고르고 다시 말한다.

"남은 삶을 생각해보세요. 젊었을 때처럼 도전적으로 받아들이느냐, 그저 과거만 회상하면서 한탄하고 후회하며 죽음만 기다리느냐, 이건 완전히 다른 이야기입니다. 어떤 선택을 할지는 김 부장님 몫이고요."

김 부장은 이제야말로 의사에 대한 평가를 다시 내린다. 이 젊은 의사가 지금 자신에게 인생 충고를 하고 있다. 심지어 틀린 말이 없다. 사기꾼이 아님이 확실하다. 빽으로 의대 들어간 사람이 아니다.

"이 정도면 김 부장님은 충분히 이해하셨으리라 생각되네요. 가슴 답답한 증상은 어떠신가요?"

"네. 아내와 대화를 많이 하고부터 없어졌어요."

"네, 가족이나 친구들과 그동안 바빠서 못했던 이야기를 충분히 하세요. 대신 솔직하셔야 합니다. 누군가 좋은 차, 좋은 집을 샀다거나 자녀가 성공했다고 자랑하면 '부럽다, 배 아프다'라고 솔직히 말하세요. 김 부장님도 남부럽지 않은 예쁜 사모님과 자녀분이 있으시잖아요. 그렇죠?"

"네, 진짜 소중한 사람은 가장 가까이 있었어요. 그걸 지금에서야 깨달았네요. 가장이랍시고 가족들의 희생과 이해를 너무 당연하게 생각한 것 같아요."

"어떠세요? 가장으로서 느끼는 책임이 여전히 무겁게 느껴지시나요?"

"전에는 그랬는데 요즘은 누가 가장인지도 모르겠어요. 집에서 제가 제일 철이 없는 것 같아요. 가장은커녕 제가 진짜 어른인가 싶을 때도 있어요. 회사 다닐 때는 단순하게 스무 살이 지나면 다 성인이지,라고 생각했는데 회사에서 나오고 보니 그것도 아닌 거 같더라고요. 오십이 넘어서야 의심이 드네요."

"모든 성인은 여전히 유아기, 청소년기의 연장선상에 있어요. 각각의 시기가 따로 떨어져 있는 게 아니라 하나의 선으로 연결되어 있어요. 어릴 때 친구를 만나면 그 시절 기분으로 돌아가는 게 다 하나의 선으로 연결되어 있기 때문이에요. 부모님에게 어릴 적 받지 못했던 인정과 공감이 성인이 되어서도 여전히 인간관계에 강하게 투사되고, 그런 부분이 같이 일하는 동료들이나 자녀에게 그대로 전달되는 경우가 많습니다. 김 부장님도 마찬가지고요."

"무슨 말씀 하시는지 이제 좀 이해가 갑니다. 회사나 집에서의 제 모습을 돌이켜보니 왜 그렇게 살아왔는지, 저의 본성이 어떤지, 제가 고쳐야 할 것들이 뭔지 조금씩 알 것 같아요."

김 부장의 눈시울이 살짝 뜨거워진다.

"네, 오늘은 여기까지 할게요. 수고하셨습니다."

2

김 부장은 자신에 대해 더 많이 알게 된 것 같다.

자신의 문제를 인정할 수 있게 되었다. 시작일 뿐이지만 말이다. 김 부장은 무엇이 잘못되었는지 차근차근 따져본다.

남과 나를 비교함으로써 나의 사회적 지위를 확인했다.

그 지위를 통해서 나와 타인의 존엄성과 가치를 판단했다.

성공의 기준을 멋대로 세워놓고 자아도취에 빠져 우월감에 젖어 있었다.

내가 갖지 못한 것을 남이 가졌을 때 용납하지 못했다.

질투심을 원망과 적대감으로 확장했다.

업무의 목적, 결과, 과정보다는 나에 대한 관심과 평판이 더 중요했다.

그로 인해 구시대적이고 편협한 아집과 선입견을 팀원과 동료들에게 강요했다.

내 감정에 솔직한 적이 한 번도 없었다.

나 스스로를 성찰해본 적도 없었다.

무엇이 진짜 중요한지 고민해보지 않았다.

나와 다른 모든 것들을 '다름'이 아닌 '틀림'이라고 규정해왔다.

내가 이 세상의 중심이라고 생각하며 살아왔다.

3

김 부장은 병원을 나와 집에 도착했다.

이것저것 생각을 정리하다 보니 어느새 집이다. 현관문을 열자 아내가 맞아준다. 기다렸다는 듯이 아내가 조용히 이야기를 시작한다.

"아들한테 내가 잘 말했어, 상가 문제."

"응, 그래. 잘했어."

"여보, 운동도 다니고 공부하고 싶은 거 있으면 해. 하고 싶은 거 해봐. 우리 아직 젊어."

"그러게. 회사 나오면 다 끝인 줄 알았는데…… 이제 뭐라도 해보려고. 나도 공인중개사 자격증 따볼까?"

"그래, 좋은 생각이야. 내가 도와줄게. 아들 방을 공부방으로 써도 되겠다. 책상도 그대로 있으니까. 내가 보던 책들도 다 거기 책장에 꽂아놨어."

김 부장은 아들 방으로 들어가본다. 침대와 책상, 옷장만 덩그러니 놓여 있다. 아들 침대에 털썩 앉는다. 매트리스가 삐걱 소리를 내며 푹 내려앉는다.

중학생 때 사준 침대인데 아직도 쓰고 있었구나.

온기 가득했던 아들 방이 텅 빈 것을 보니 허전하다. 허전하다기보다 공허하다고 할까. 빈 방의 공허함보다 마음의 공허함이 더 크다.

김 부장은 아들 방을 천천히 둘러본다. 책상 위에 편지가 있다. 새하얀 봉투에 담긴 편지지를 꺼낸다. 민트색 편지지에는 아들이 손글씨로 편지를 빼곡히 써놨다.

아빠, 저예요.

아들은 딸이랑 달라서 좀 어색하네요. 아빠랑 아들 사이는 원래 그런가 봐요. 저도 딸처럼 살가운 아들이 되고 싶은데 그게 안 되네요. 그래서 그런지 글로 표현하는 게 편해요.

아빠, 아빠 뜻대로 취업 못 해서 정말 죄송해요. 아빠가 부족하게 공부시켜서가 아니라 제 능력이 부족해서예요.

저 뭐하냐고 누가 물어보면 유통업 한다고 말해주세요. 제가 지금은 작게 장사를 시작해서 보잘것없어 보일 수 있지만, 곧 아빠가 떳떳하게 자랑하실 만큼 성공할 거예요.

그리고 상가 얘기 엄마한테 들었어요. 제 사무실 겸 창고로 쓰기 딱 좋다고 들었어요. 정말 감사해요. 키워주시고 학비까지 대주셨는데 이렇게까지 지원해주시다니 어떻게 고마움을 표현해야 할지 모르겠어요.

그동안 앞만 보고 달려온 우리 아빠!

이제는 천천히 달리셔도 돼요. 아빠한테는 엄마와 제가 있잖아요. 아빠의 후반전 인생을, 이 아들이 응원할게요. 사랑해요.

아들의 편지를 쥔 손이 가늘게 떨린다. 김 부장은 가슴이 먹먹하다. 감정을 다스리기가 어렵다. 생각이 꼬리를 물고 이어진다.

내가 무슨 복이 있어서…… 내가 뭐가 잘났다고…… 나만 잘난 줄 알고 살아온 나에게 이런 아들과 아내가 있다니…….

나는 그동안 자식을 무엇으로 생각한 건가. 자식을 내가 돋보이기 위한 수단으로 생각한 것은 아닌가.

남들 자식보다 내 자식이 더 잘나야 한다는 강박, 남들 자녀가 좋은 대학, 좋은 회사 들어갔다는 말이 들릴 때마다 생기는 질투심, 이것도 결국은 나의 지질한 본성과 욕심 때문이 아닌가. 그래서 내 자식이 내가 원하는 대로 되기를 바란 게 아닌가.

친구들, 친척들, 동료들에게 내 자식 대기업 다닌다고 자랑하고 싶었다. 자식을 나를 위한 과시용 도구, 사회적인 체면과 자존감을 높여주는 수단으로 보았다. 이렇게 소중한 아이를 그렇게 생각해왔다니…….

딱딱한 틀에 박힌 가치관을 그간 아버지라는 권위로 강요해왔다. 얼마나 힘들었을까. 공부만이 살길, 대기업만이 살길이라는 무언의 압박을 견디느라 얼마나 힘들었을까.

아버지였지만 아버지가 아니었다는 자각에 김 부장은 마음이 쓰리다. 도리어 아들이 자신을 가르친다.

이제 아들은 어린아이가 아니다. 내 소유물도 내 아바타도 아니다. 어엿한 사회인이다. 내가 50대에 처음 맞이한 야생의 사회를 아들은 서른도 되기 전에 홀로 뛰어들어 씩씩하게 항해를 시작했다. 어쩌면 나보다 어른일 수도 있다.

내가 회사생활에 갇혀 있지 않고 자식 교육에 관여했다면 어떻게 됐을까. 이 아이는 절대 이렇게 자라지 않았을 것이다. 아마도 영혼을 상실한 제2의 김 부장이 되었겠지.

내가 이렇게 회사 밖으로 나오지 않았다면 또 어떻게 됐을까. 평생 회사 속의 김 부장으로 남아 있었을 것이고, 가족들과 여행도 한 번 못 가본 채 사무실 컴퓨터 앞에서 생을 마감했겠지.

이제는 나를 내보낸 회사에 감사하려 한다. 내가 누구인지 알 수 있도록 내 가슴을 짓누르던 코끼리에게 감사한다.

4

김 부장은 문득 시선을 느낀다.

방문을 열고 들어온 아내가 자신을 바라보고 있다. 이렇게 못난 자신과 결혼해준 아내에게 미안하다.

"당신, 나 같은 놈이랑 왜 결혼했어?"

아내가 흐뭇한 표정으로 말한다.

"자신감 있고 당당한 모습, 본인 일에 충실한 모습…… 그냥 당신이라는 사람이 좋았지. 지금도 그렇고."

"당신은 나 같은 놈이랑 그동안 어떻게 살았어? 내가 미웠던 적은 없어?"

어느새 김 부장 옆에 앉은 아내는 턱을 괴며 눈동자를 왼쪽에서 오른쪽으로 굴린다.

"왜 없었겠어……. 근데 오래전이라 기억은 잘 안 나네."

"뭔데? 말해줄 수 있어?"

"아들 태어나고 내가 직장 그만뒀잖아. 그리고 다시 다니려고 했을 때 당신이 일하지 말고 집에 있으라고 했는데, 낮에 집 안에 가만히 있으면 그냥 우울해졌어. 직장 다니는 친구들과 가끔 통화하면 부럽기도 하고. 무기력하던 게 결국 우울한 감정으로 바뀌더라. 그땐 그게 우울한 건지 몰랐어."

"잠깐만, 맥주 가지고 올게."

김 부장이 냉장고에서 맥주 두 캔을 가지고 온다.

"미안한데, 나 손톱이 짧아서 안 따지네."

아내가 생각에 잠긴 표정으로 캔을 받아들더니 차례대로 캔 뚜껑을 딴다. 치이익, 하며 맥주 거품이 올라오는 소리가 경쾌하다.

"나는 밥하고 청소하고 빨래하는 사람인가 하는 생각도 들었어. 거실에 들어오는 햇살이 좋아도 좋아 보이지 않았어. 베란다의 난간이 철창처럼 보이고, 유리창이 교도소 면회실 창문처럼 보였어. 아무 이유 없이 눈물이 뚝 떨어지기도 하고, 속으로 당신 원망 많이 하고, 몇 개월을 그렇게 보냈나 봐."

"왜 나한테 말 안 했어?"

"당신은 그때 출장에 일에 정신없었어. 아들이 잘 때 들어오고 일어나기 전에 나가서, 맨날 잠든 모습만 본다고 아쉬워했잖아."

"아…… 그랬나……."

"당신이 날 가둬놨다는 생각도 들었고 나를 집안일 하는 파출부라고 생각하는 것 같기도 했고. 너무 원망스러워서 친정엄마한테 하소연하면, 다 그렇게 사는 거라고 인생 별거 없다고 하시고."

아내는 맥주 캔만 만지작거리다가 다시 말을 시작한다.

"그렇게 우울하게 계속 시간을 보내다가 아들이 학교에서 설문조사지를 가지고 왔어. 집에 텔레비전이 있는지, 차가 있는지, 살고 있는 집이 자가, 전세, 월세인지 그런 조사를 하더라. 지금 생각하면 왜 그런 조사를 했나 몰라. 그때 우리 전세였잖아. 아들 기죽을까봐 자가에 동그라미 쳤는데, 그러고 나서 내 집 하나는 꼭 갖고 싶어졌어. 아들한테 거짓말하기도 싫었고. 그때부터 어떤 목표가 생기고 나니까 기분이 나아지더라고. 지금처럼 인터넷으로 시세를 알 수 있던 게 아니어서 여기저기 부동산 돌아다니다 보니까 바깥공기도 자연스럽게 맡게 되고, 집 보려고 여기저기 돌아다니다가 공원에서 산책도 하게 되고. 생산적인 일을 한다는 느낌에 우울한 건 점점 없어졌어. 그때 알았지. 내가 스스로 변하지 않으면 끝없는 우울함에 허우적댈 거라는 걸."

아내는 그때 생각에 목이 메는지 잠깐 말을 멈춘다.

"하루는 아들 놀라게 해주려고 죠스바, 수박바를 하나씩 사 들고 하교 시간에 맞춰서 학교 앞에서 기다리고 있는데 안 나오는 거야. 이상해서 빈 운동장을 둘러보고 교실까지 들어갔는데 아무도 없었어. 자꾸 안 좋은 생각이 들어서 미술실, 음악실 이런 데 다 가보고 교무실도 갔는데, 애들은 다 하교했다는 거야. 마음이 급해져서 다시 운동장 쪽으로 가보니 구석 잔디밭에서 아들이 쪼그리고 앉아 있더라고. 다 녹아버린 아이스크림을 바닥에 내던지고 뛰어가서 '너 여기서 뭐해!'라고 소리를 질렀어."

김 부장은 처음 듣는 이야기다.

"아들은 깜짝 놀라면서 고개를 내 쪽으로 돌리고 '이거 보고 있었어요'라고 하더라. 개미들이 자기 몸의 세 배나 되어 보이는 빵 조각을 한 덩이씩 들고 운반하고 있는 거야. 그게 재미있어서 계속 보고 있었던 거지. 내가 봐도 신기한 광경인데 아들에게는 얼마나 흥미로웠겠어. 앞뒤 모르고 소리부터 지른 게 너무너무 미안하더라고."

아내는 고백하듯이 말을 잇는다.

"그날 저녁에 왜 아들에게 그렇게 화가 났을까 생각해봤어. 아들이 누군가에게 납치됐을 것 같다는 불안감을 표출한 것인지, 날 걱정시킨 아들에게 화풀이를 한 건지 계속 생각해봤어. 그런데 둘 다 아니더라. 나는 학교 앞에서 아이스크림 들고 기다리는 좋은 엄마가 되고 싶었는데, 좋은 엄마가 될 기회를 날려버린 것에 대한 억울함이랄까. 그게 제일 크더라고. 결국 아들을 위해서가 아니라 '좋은 엄마', '아들과 아이스크림 먹으며 같이 하교하는 최고의 엄마'가 되길 원한 나를 위한 거였어."

5

김 부장은 속으로 뜨끔하다.

이제서야 깨달은 자신보다 한참 먼저 스스로를 성찰하고 고민했던 아내가 대단해 보인다. 그동안 자신은 아내를 몰라도 한참 몰랐던 것 같다.

"그날 이후로 내가 부족한 엄마라는 것을 알았어. 그래서 육아책도 찾아보고 자녀와의 관계에 관한 책도 많이 봤어. 도움이 많이 되더라. 그러다 보니 어느 새 심리학, 철학 책들까지 보게 됐고."

아내가 김 부장을 다정하게 바라본다.

"그렇게 서점에서 책을 읽고 있는데 문득, 나에게 시간적 자유를 준 당신이 고맙더라. 당신은 회사에서 힘들게 일하고 있을 텐데 나는 여유롭게 책 읽고 있고……. 나도 내가 하는 일에 의미를 찾고 더 좋은 방향으로 만들어야겠다는 생각을 하게 됐어. 당신이 예전에 아들이 게임하고 있다고 컴퓨터 선을 가위로 자르고 디스켓까지 다 버렸던 거 기억 나?"

"어……."

김 부장은 자신의 과거가 부끄럽다. 시선을 어디에 둬야 할지 몰라, 괜히 눈만 굴린다.

"그 일이 있고 나서 아들이 진짜 많이 울었어. 종일 공부하다가 그때 잠깐 게임한 건데 마침 그 모습을 당신이 본 거거든. 그 뒤로 나는 이 아이의 울타리 같은 안식처가 되어야겠다고 생각했어. 마구간의 말들도 위협을 느끼면 난폭해지잖아. 사람도 그래. 조이면 조일수록 더 튀어나가려고 하는 법이고. 집은 물리적 안식처, 나는 정신적 안식처. 내가 당신과 싸우는 모습도 아들한테 보여주기 싫었어. 그러면 집도 나도 아들의 안식처가 되어줄 수 없으니까…….'

"그랬구나. 난 전혀 몰랐네……."

"그리고 결혼생활에 대해서도 많이 생각, 아니 공부가 되었달까? 결혼이라는 게 처음에는 반반 맞춰서 하나가 되는 거라고 생각했거든. 당신한테 기대하는 게 많았고 그걸 채우지 못하니 나날이 우울하고 불행하다고 느꼈는데 그게 아니더라. 상대한테 기대하는 게 오히려 이기적인 거야. 기대를 안 한다고 해서 덜 사랑하는 것도 아니고. 서로한테 많은 것을 바라는 결혼은 결국 실망과 부담으로 이어지는 거야."

아내는 맥주를 한 모금 마신다.

"결혼을 하면 상대방의 모든 것을 끌어안으면서 완전히 하나가 되어야 하는 줄 알았는데, 독립적이고 개인적인 상대방을 존중해야 더 결속력이 생기더라. 말로 설명이 쉽지가 않네. 당신이 회사에서 늦게 돌아와도 내가 별 말 안 했지?"

"어."

"내가 만일 빨리 들어오라고 닦달했으면 당신은 집에 들어오기 싫었을 거야. 구박하는 마누라가 집에 있는 것보다 당신을 알아주는 사람이 기다리고 있다고 만들어주고 싶었어."

"그랬구나……"

"또, 당신이 나 일 못하게 했을 때 처음에는 너무 미웠는데, 한편으로는 당신도 피해자라는 생각이 들더라. 우리 세대는 어쨌거나 남자는 가족의 생계를 책임지고, 여자는 집안일을 책임지고, 나이가 곧 계급이고, 이런 전통적인 틀 안에 갇혀 살아왔잖아. 지금 세상은 그 구닥다리 틀을 통째로 흔들고 있고. 당신처럼 자존심 센 사람들이 어떻게든 그 틀을 붙들고 있는 모습이 가끔은 불쌍해 보이기도 했어."

그랬다. 내가 잘난 척하면서 가장이랍시고 회사일에 매여 있는 동안 나는 아내 손바닥 위에 있었다.

아내가 나보다 나에 대해 더 잘 알고 있었다.

세상일에 대해 아무것도 모르고 집안일만 하는 마누라가 아니라 공자, 노자, 제갈공명…… 아무튼 그런 사람이었다.

창피하다.

우리집 서열은 아내가 1등, 아들이 2등, 내가 3등이다.

15도, 45도, 90도

1

핸드폰이 울린다.

큰형이다.

"어, 큰형. 어쩐 일이야?"

"너네 회사 구조조정 크게 했다고 신문에 난 거 봤어. 넌 괜찮냐?"

"어……. 나는 그 전에 나왔어. 다른 일 해보려고……."

"다른 일 뭐 하게? 평생 회사원만 한 놈이. 우리 가게 와서 일좀 배워볼래? 생각해봐."

나보고… 카센터에서 일하라고? 차 밑에 기어 들어가고 기름묻히고…….

차에 대해서 잘 알지도 못하는데…….

전화를 끊은 김 부장은 아내를 보며 말한다.

"큰형이 자기 카센터 와서 일해보라는데?"

"가봐. 가보고 아니다 싶으면 안 하면 되지. 공인중개사 시험
날짜도 아직 좀 남았으니까 오전에만 한다든지, 알바식으로 해
도 되는지 물어보고."

"그럴까……? 이력서 뿌렸던 데서는 연락이 하나도 안 왔어.
하긴, 이 나이에 어느 회사에서 써주겠어……."

대기업 부장 출신이 카센터라니……. 공인중개사가 더 낫다.
하지만 지금 이것저것 가릴 때가 아니다. 그래도 아무 벌이가 없
는 것보다는…… 뭐라도 해서 대출 이자를 내야 한다.

다음 날 아침, 김 부장은 큰형의 카센터로 출근한다.

"어, 왔어?"

"무슨 일 해야 돼?"

"저기 찌그러진 차 있지? 저거 가서 펴. 애들한테 배워."

큰형은 예전이나 지금이나 변한 게 없다. 배려가 없다.

"농담이고, 이쪽으로 와봐. 부품 들어오고 나가는 거 확인하
면서 재고관리 하는 거야. 넌 대기업 다녔으니까 엑셀도 잘 할
거 아니야. 작은 카센터지만 네가 배운 기술들 한 번 써봐."

다행히 기름 묻히는 일은 아니다.

일이 끝나고 큰형은 김 부장에게 같이 저녁을 먹자고 한다.

근처에 단골 식당이 있는 건지 따로 묻지도 않고 바로 움직인
다. 김치찌개를 주문하고 소주를 한 병 시킨다. 큰형은 보글보글
끓는 찌개를 덜어 김 부장에게 건네며 묻는다.

"제수씨 공인중개사 땄다며?"

"어, 어떻게 알아?

"와이프하고 제수씨하고 가끔 통화해."

"아……."

"너도 공인중개사 그거 따봐. 합격할 때까지 여기서 일하고. 집에만 있으면 눈치 보이잖아. 나도 집에 며칠 있어 봤는데 온몸이 쑤시더라. 빨리 늙는 것 같고."

"어. 안 그래도 공부하고 있어."

"그리고 말이야……."

큰형은 말을 머뭇거린다.

"그때 네 귤 훔쳐 먹어서 미안하다."

"응?"

"그때, 자식아. 네가 쓰레기통 뒤져서 귤 껍질 방바닥에 쭉 펴 났잖아. 그때 들켜서 엄청 창피했어. 그래서 손부터 나간 거야."

김 부장은 들었던 숟가락을 멈추고 큰형을 쳐다본다.

큰형도 기억하고 있었다.

나만 기억하고 있는 줄 알았는데 기억이라도 해주니 고맙다.

"그리고 말이야…… 너 어릴 때 부반장 한 적 있잖아."

"어? 어……."

"그때 어머니가 너네 반에 돌리려고 떡 맞추셨거든. 그런데 할아버지가 그 다음 날 돌아가셔서 급하게 그 떡을 제사상에 쓰셨어. 너한테는 말 안했지?"

"……응."

"어머니는 내가 반장 됐을 때만 떡을 돌리셨어. 부반장 됐을 때는 안 돌리셨고. 근데 네가 부반장 됐을 때는 막내라서 그런 건지, 네가 처음이라 그런 건지 떡을 준비하시더라고."

"어……."

"우리 집 가난했잖아. 엄마도 네 친구들한테 돌릴 떡을 제사상에 쓰겠다고는 차마 말 못 하셨나봐. 네가 더 상처받을까봐."

"아……."

"지금에서야 얘기하는 거야. 너무 오래전 일이긴 하지만. 야, 그리고 그동안 네가 좀 바빴냐? 이제 아들하고 제수씨하고 여행도 가고, 시간도 보내고 해."

"어, 어……."

"네 아들이 전에 우리 집 왔을 때 우리 애들 여행사진 보고 엄청 부러워하더라. 혹시 경비 필요하면 내가 좀 보태줄게. 그때 귤값이라 생각해."

"어……."

김 부장은 과거에 대한 증오랄까 미움이랄까, 그동안 품고 있던 마음속 응어리들이 풀린다. 배수구에 얽힌 머리카락처럼 꽉 막혔던 것들이 제거되는 느낌이다.

내가 이 사실을 일찍 알았다면 달랐을까?

그때 형이 사과했고, 어머니가 나를 위해 떡을 맞췄던 것을 알았다면 나는 덜 억울했을까?

지금처럼 다른 사람들에게 인정받고 모두가 경쟁 상대라고 생각하지 않으면서 살 수 있었을까?

글쎄, 그건 모르는 일이지.

이번에도 남 탓하기는 싫다.

2

여기서도 김 부장의 호칭은 '김 부장'이다.

큰형부터 직원들까지 모두 김 부장이라고 부른다. 큰형은 김 사장. 나는 김 부장.

마음이 편하다. 가족회사 같다.

카센터에서 며칠을 일하다 보니 금방 익숙해져서 부품 재고와 주문 내역 정리는 오전 한 시간이면 끝난다. 타이어 교체하는 것 정도는 할 수 있을 것 같다. 몸으로 하는 일이라면 치를 떨던 김 부장도 환경이 바뀌니 마음도 바뀐다. 다들 몸으로 뛰는데 혼자만 컴퓨터 앞에 앉아 있으니 외톨이가 된 기분이다.

김 부장의 핸드폰이 울린다. 송 과장이다.

송 과장이, 갑자기, 왜?

"여보세요?"

"안녕하세요, 김 부장님. 오랜만에 연락드립니다."

"어, 송 과장. 어쩐 일이야, 잘 지냈어?"

"네, 어떻게 지내세요?"

"어, 뭐 그냥 잘 살고 있지."

"궁금한 게 있어서 연락드렸는데요. 부장님 아직 그 아파트 살고 계시죠??

"어, 아직 살지."

"혹시 리모델링 사업 조합 결성되었나요?"

"아내 말로는 조만간 할 것 같다고 하던데……."

"네, 알겠습니다. 조합이 언제 설립되나 궁금해서요. 부장님 혹시 회사 소식 궁금하시면 언제든지 연락 주세요."

"어, 그래. 송 과장도 잘 지내고."

"네, 부장님. 감사합니다."

김 부장은 꺼진 핸드폰 화면을 바라본다.

갑자기 송 과장이 자신의 아파트에 왜 관심을 갖는 거지? 궁금하다.

차가 한 대 들어온다. 타이어 점검하고 교체하는 건이다.

"잠깐만, 내가 해볼게."

"김 부장님이요?"

"어, 이거 누르면 돼?"

"네, 여기에다 끼우시고 누르면 돼요."

따라라라락.

타이어에 박혀 있는 볼트가 풀린다. 투박하지만 기분 좋은 진동이 손을 타고 들어온다.

따라락 따라락.

바퀴 네 짝 볼트를 모두 뺀다.

"김 부장님 잘하시네요!"

김 부장은 생각보다 할 만하다고 생각한다. 어깨너머로 배운다는 게 이런 건가 보다.

"재밌네. 쉬운 건 내가 해볼게. 가르쳐줘."

"네, 김 부장님."

같이 있는 직원이 친절히 가르쳐준다.

회사에서는 왜 후배들에게 물어보는 게 싫었을까. 이렇게나 별거 아니었던 일을.

그렇게 김 부장은 카센터의 기초작업을 배운다.

3

김 부장이 점점 카센터 일에 적응해가던 어느 날 형이 부른다.

"차 수리 다 끝나고 나면 별도로 세차비 받는 거 알지? 저기 자투리 공간이 있는데, 너 손세차 한 번 안 해볼래?"

"세차?"

"그래, 네가 세차장 운영해봐. 사업자 따로 내고. 이 지역에 유동 차량이 은근히 많고 셀프 세차하기 귀찮아 하는 사람들도 많아. 셀프 세차장이 주변에 없기도 하고."

"생각해볼게."

"그래, 세차용품은 이미 다 있어. 그냥 패널로 세차장처럼 꾸미고 대기실만 만들면 바로 할 수 있어."

인생이 이렇게 흘러가나.

내가 형의 제안을 수락한다면 나는 세차장 주인이 되고, 평생 세차를 하게 될 것이다.

그래, 나 혼자 결정하지 말자.

아내한테 물어보자.

김 부장은 집에 오자마자 아내한테 묻는다.

"형이 카센터 옆에 자리 남는다고, 세차장 해보라는데······ 어떨까?"

"고압수로 쏘는 거 말하는 거지?"

"어, 맞아."

"몸을 많이 쓰는 일인데 괜찮겠어? 당신 체력 꽝이잖아. 하하하."

"아니야, 요새 타이어도 갈고 나 좀 해. 늘었어."

"오…… 그래? 해봐. 안 해보고 후회하는 것보다 해보고 후회하는 게 낫지."

"고민도 없이 해보라고 하네?"

"무슨 고민이 필요해. 형이 당신 일자리 하나 만들어준 건데. 복도 많아요."

아내의 긍정적인 반응을 얻은 김 부장은 더 이상 망설이지 않는다. 아침에 출근하자마자 큰형에게 간다.

"형, 한 번 해볼게. 세차장."

"잘 생각했어. 혼자 하면 시간 오래 걸리니까 처음에는 여기 직원들 몇 명 붙여줄게. 그러다 장사가 좀 되면 네가 직접 사람을 고용해서 해보는 거야."

"그럴게."

"그동안 수리 끝나고 출고하는 차들로 세차 연습부터 하자. 약품 같은 거 잘 쓰고 구석진 곳 잘 닦는 게 포인트야."

김 부장은 오늘부터 세차를 시작한다. 고압수에 몸이 튕겨져 나갈 것 같지만, 강력한 물줄기가 주는 쾌감이 있다. 얼룩들과 먼지들이 씻겨 내려가는 게 너무나도 시원하다.

혹시 이 일이 나의 천직인가.

샌드위치 패널로 지붕을 만들고, 대기실도 만들어서 정수기도 들여놓고 비품들을 산다. 회사에서는 아무렇지 않게 마시던 믹스커피를 내 돈 주고 사려니 너무 아깝다.

카누만 먹었는데.

이왕 사는 거 카누 살까, 맥심 살까…….

일단 맥심을 사자.

그럴듯하게 외관을 완성하는 동안 김 부장은 세차 노하우를 익힌다. 고압수를 두 손으로 잡아야만 했는데, 익숙해지니 한 손으로도 컨트롤이 가능해졌다.

명품달인 손세차

간판도 그럴듯하게 달았다.

4

드디어 첫 번째 손님이 들어온다.

초록색 번호판이 달린 낡은 차가 들어온다.

"어서 오세요."

15도 각도로 인사하며 김 부장은 생각한다.

저런 똥차 세차해봤자 티도 안 날 텐데.

나 같으면 그냥 기계세차 하겠다. 뭐 하러 돈 주고 손세차를 해?

사람은 쉽게 변하지 않는다. 오십 년 넘게 뿌리 박혀 있던 권위의식과 계층의식은 쉽게 뽑히지 않는다.

겉은 낡았는데 내부는 깨끗하다. 딱히 할 게 없다. 대충 물 뿌리고 비누칠 하고 슬슬 문지른다.

형이 멀리서 바라보다가 다가와서 말한다

"너 애무하냐?"

"어?"

"너 지금 이거 썩은 차라고 대충 하는 거지?"

딱 걸렸다. 어떻게 알았지.

"너 만약에 저 사람이 재벌이면, 이렇게 대충 할 거야?"

"에이, 재벌이 무슨 이런 차를 타."

"야, 이 자식, 큰일 날 소리하네. 재벌이건 아니건 고객은 다 고객이야. 차가 똥차나 슈퍼카나 다 같은 차라고. 네 멋대로 등급 나누지 마. 장사할 때는 네 자존심, 체면, 편견은 집에다 두고, 퇴근하고 가서 찾아. 알겠냐?"

"어……."

다음 차가 온다.

"어서 오십쇼!"

외제차다. 45도로 인사한다. 삼십 대 중반으로 보이는, 팔에 문신이 가득한 퉁퉁한 남자다. 흰 구두를 신고, 한쪽 손에는 클러치를 들고 내린다. 허벅지는 굉장히 두꺼운데 발목은 심하게 얇다. 저 가녀린 발목이 저 몸을 얼마나 지탱해줄지 의문이다.

김 부장은 세차 위치에 맞게 차를 다시 댄다. 어렵지 않은 일이다. 그런데 김 부장 바지에 묻어 있던 검은 기름이 베이지색 시트에 묻는다.

으악!

세차를 시작하지도 않았는데 가죽 시트에 기름이 묻었다!

손님이 차에 뭘 두고 내렸는지 이쪽으로 온다.

아, 어떡하지. 오지 마! 정지! 정지!

"뭐야, 이거!"

시트에 묻은 기름을 발견한 손님의 언성이 높아진다.

"아…… 죄송합니다."

"이거 어떡할 거야!"

"죄, 죄송합니다."

김 부장은 당황해서 죄송하다는 말만 반복한다.

큰 소리를 들은 형이 달려온다.

"무슨 일이야?"

"모르고 시트에 기름을 묻혔어……."

큰형이 비품 창고로 뛰어가 가죽 클리너와 헝겊을 가지고 온
다. 가죽에 약품을 뿌리고 헝겊으로 살살 문지른다. 잘 안 지워
진다.

"형, 빡빡 문질러야 되는 거 아니야?"

지켜보던 김 부장이 손님의 눈치를 살피며 소리 죽여 묻는다.

"너무 세게 하면 가죽 색이 하얗게 변해. 살살 오래 문질러야
돼. 넌 가서 헝겊 새 걸로 가져와."

형이 땀을 뻘뻘 흘리며 여러 가지 약품을 섞어가며 기름때를
지운다. 작업복의 등 부분이 금세 땀에 젖었다. 다행히 지워진다.

깨끗하게 기름때를 지운 후 큰형이 손님에게 말한다.

"고객님, 정말 죄송합니다."

90도로 세 번은 인사한 것 같다.

"아오, 씨……."

손님은 다시 대기실로 들어간다. 큰형은 카센터 일을 제쳐두고 김 부장과 차를 닦는다. 평소보다 더 꼼꼼하게 세차한다.

"다 끝났습니다, 고객님."

"얼마죠?"

"오늘 저희가 실수했으니 만 원만 받겠습니다. 정말 죄송합니다."

부아아아앙, 요란한 소리를 내며 차가 떠난다. 그 모습을 끝까지 지켜보던 큰형이 김 부장에게 말한다.

"앞으로는 조심해. 요즘에는 밝은색 시트가 많아서 항상 비닐이나 종이를 깔고 타야 돼."

"어……."

큰형은 그렇게 살아왔다. 장사하는 사람들은 다 남 등쳐먹고 사기 치는 줄 알았는데, 허리가 부서져라 굽혀가며 인사하고, 사죄하고, 일하면서 기계처럼 미소 짓는다. 김 부장은 그런 형의 모습에 적잖은 깨우침이 있다.

"형, 괜찮아? 미안해."

"야, 뭐 이정도 가지고 그래. 저 정도면 양반이야. 소리 지르고 차 값 물어내라 하고 물건 던지고 발로 차고 별별 사람들이 다 있어. 그래도 만 원 받았잖아. 약품 값 받았으니 본전이지 뭐. 남의 돈 가져오는 게 쉬운 줄 알아? 네가 다니던 회사 안에서는 상식 선의 사람들이 많았을 거야. 나도 대기업 다니던 친구들한테 들어서 알아. 근데 그 멀쩡한 사람들도 밖에만 나오면 자기보다 못하다고 생각하는 사람 앞에서는 변하더라고. 참 이상해."

김 부장이 그랬다. 자기 기준에 자신보다 못한 직업을 가졌거나 별볼일없어 보이는 사람들에게는 저도 모르게 우월감이 들었고, 저절로 태도가 권위적으로 되었다. 막말을 하기도 했다. 회사 안에서와는 다른 태도였다. 최소한의 예의도 차리지 않았다.

이제는 김 부장 본인이 그 막말을 견딜 차례다.

다음 차가 들어온다. 김 부장의 그랜저보다 저렴한 차다.

"어서 오십쇼! 최선을 다하겠습니다!"

김 부장은 90도로 인사한다. 한 번 호되게 당하니 최선을 다하겠다는 말이 절로 나온다.

일은 끊이지 않았다. 몇 대를 연달아 세차하고 쉬고 있으려니 큰형이 말을 건다.

"힘드냐?"

"어. 오랜만에 몸 쓰니까 쉽지 않네."

"하다 보면 익숙해져. 나도 아직까지 타이어 들었다 내렸다 하잖아."

큰형은 김 부장이 안쓰러운지, 계속 안색을 살피며 신경을 써준다.

"뭐 마실래?"

"내가 사올게."

김 부장은 큰형의 마음 씀씀이가 느껴져 먼저 일어나 카센터 맞은편 편의점으로 간다. 옥수수 수염차 두 개를 산다.

김 부장은 형과 나란히 앉아 차가운 옥수수 수염차를 들이켠다. 얼마 전까지만 해도 정장에 비싼 시계를 차고 넥타이에 구두를 신고 흠집이라도 날까 애지중지하던 가방을 끼고 마시던 옥수수 수염차를 지금은 땀에 푹 절은 작업복 차림으로 마신다.

껍데기뿐이었던 그때와 껍데기를 버리려는 지금의 김 부장은 다르다. 아니, 달라지려고 한다.

단숨에 옥수수 수염차 한 병을 비운 형이 말한다.

"세차할 때 시간에 쫓기지 마. 그러면 이도 저도 안 돼. 진짜 바쁜 사람이 아닌 이상, 네가 열심히 하는 모습을 보면 시간이 조금 길어져도 싫은 소리 안 해. 오히려 더 감동해. 그러면 믿고 맡길 수 있는 집이라 생각하고 다음에 또 오게 되어 있어. 그렇게 단골을 만드는 거야. 자기 친구들, 지인들도 데리고 오고, 입소문이 나면 그 다음부터는 잘될 수밖에 없어. 손님들한테도 다 보여. 행동에서 보이는 진심은 모를 수가 없어."

김 부장은 고개를 끄덕인다. 큰형의 말이 가슴에 와 박힌다.

5

차 한 대가 또 들어온다.

이번에도 낡은 차다. 놈팽이다. 건물주가 저런 차를 타다니, 김 부장은 새삼 놀란다. 얼마 전에 세차장 오픈한다고 연락했더니 찾아왔다. 다른 친구들에게는 차마 연락하지 못했다. 아직 시간이 필요하다.

"어이, 김 부장! 세차 부탁해!"

"오셨습니까, 놈팽이님!"

"족발집에서 볼 때보다 얼굴이 좋아졌네."

"대기실에 앉아 계시지요, 놈팽이님."

세차가 끝나고 놈팽이와 함께 맞은편 편의점으로 간다.

"배고프다. 이 앞에 한식 뷔페가 있었는데 얼마 전에 문을 닫았어. 내가 맨날 접시에 제육볶음 산더미처럼 쌓아 먹어서 망했나……. 암튼 그래서 이 근처 먹을 데가 없어. 여기서 대충 먹자."

여기까지 와준 놈팽이에게 미안한 마음에 김 부장은 말이 길어진다.

"어, 상관없어."

놈팽이와 김 부장은 삼각김밥과 두유를 산다. 삼각김밥 포장 겉면에 친절하게 뜯는 순서가 번호로 표시되어 있는데도, 김 부장은 항상 대충 뜯어서 밥과 김이 분리된다. 가장 싫은 건 김이 비닐 안에서 찢어져서 못 먹게 되는 것이다.

"세차 일 해보니까 어때?"

삼각김밥을 제대로 뜯어서 우물우물 먹던 놈팽이가 묻는다.

"관절 마디마디가 떨어져 나가는 기분이야. 이럴 줄 알았으면 생각 좀 하고 결정할 걸."

"생각? 생각이야, 걱정이야? 그런 상황에서 네가 할 수 있는 건 생각이 아니라 걱정이야. 쓸데없는 걱정. 처음이라 그래. 나도 처음 인테리어 할 때 죽는 줄 알았어."

"네가 무슨 인테리어를 해?"

"세입자 들어오는데 도배랑 페인트칠을 생돈 주고 하는 게 아까워서 내가 직접 했어. 온몸에 페인트, 본드 냄새가 범벅이 되어서……. 아으, 지금은 돈 줘도 못하겠다."

놈팽이 카톡 사진에 있던 페인트, 그거였다.

"남들은 나더러 건물주라고 하는데…… 내가 말했잖아, 콜센터라고. 그런데 예전 건물에서는 내가 직접 마루 구멍 난 거 메꾸고, 화장실 변기 바꿔주고, 보일러 수리도 배워서 고쳤어. 도배랑 페인트칠은 기본이고. 의자 위에서 도배지 붙이다가 넘어져서 병원도 다녔었어."

"그랬구나. 고생 많이 했네."

건물주의 삶도, 회사원의 삶도, 세차장 주인의 삶도 크게 다르지 않았다.

"지원한 중소기업에서는 연락 없는 거야?"

"어. 나 같은 늙다리를 누가 받아주겠냐?"

"내가 봤을 땐 네 나이가 많아서가 아니야. 그 분야에 전문성과 노하우가 있으면 나이와 상관없이 여기저기서 모셔가. 네가 만약에 회계사, 노무사, 전기기사 같은 자격증만 있어도 어디라도 들어갔지. 또 연구소나 공장 사람들은 제품에 대한 지식이라도 있잖아. 근데 너 같은 양복쟁이들은 대체할 수 있는 사람이 너무나 많아. 진짜 영업의 달인이나 마케팅의 신으로 그 바닥에서 소문나지 않는 한, 쉽지 않아."

"그런가? 하아……."

한숨이 나온다.

"근데, 광택도 하냐?"

"아니, 그냥 세차만. 광택 약품을 뿌리긴 해."

"너네 형이 일부러 힘든 일 시킨 건가?"

"옆에 빈 자리 남는다고 시킨 거야."

"내가 봤을 때는 네가 하도 네 잘난 맛에 살아서 쓴맛 좀 느껴보라고 시킨 것 같은데? 하하하하하."

"뭐야, 이 자식아?"

"힘든 것 좀 해봐야 다음에 다른 일 할 때 수월할 거 아니야. 그나저나 세차장 차린 거에 대한 후회는 없어?"

"아, 몰라. 불러주는 데 없고, 집에 있으니 좀이 쑤시고, 눈치도 보이니까 이거라도 해야지. 별 수 있나?"

놈팽이가 따가운 햇볕에 미간을 찌푸리며 말한다.

"인생은 '짜장면이냐 짬뽕이냐' 선택의 연속이야. 너 출근할 때 생각해봐. 에스컬레이터에서 걸어 내려갈까, 그냥 서 있을까 고민하지. 저 멀리 지하철이 들어오고 있으면 뛸까, 그냥 다음 거 탈까 고민하잖아. 뛰어가서 탔는데 사람이 많아. 그러면 다음 차 탈 걸, 그러지. 다음 차에는 사람이 더 많을 수도 있는데 말이야. 자, 열차에 탔어. 좌석이 하나 남았는데 옆좌석에 덩치 큰 남자가 있어. 좁아도 앉아 갈까, 그냥 서서 갈까 고민하지. 만약에 앉았는데 옆의 덩치남 때문에 불편해. 그러면 그냥 서서 갈 걸, 그런 생각 들 거 아니야? 반대로 서 있는 게 낫다고 생각해서 그냥 서 있었어. 그런데 사람들이 많아지고 점점 다리가 아파지면 그냥 불편해도 앉아서 갈 걸, 할 거 아니야. 모든 선택에는 후회가 따르기 마련인데 애초에 그 후회를 할 필요가 없어. 아무도 답을 모르거든."

"요즘 짬짜면 한 그릇에 나오잖아."

김 부장은 괜히 한 번 딴지를 걸어본다. 놈팽이가 너무 바른 말만 하는 것 같다.

"무슨 헛소리야? 한 그릇이라도 중간에 칸막이로 막혀 있잖아. 너는 짜장면을 짬뽕이랑 섞어 먹냐? 아, 짜파구리는 섞어 먹네…… 하여튼 인마."

둘은 두유를 쪽쪽 빨아마신다.

"김 부장, 너는 진짜 운도 좋다. 무슨 복이냐, 너는?"

"내가 운은 무슨 운. 회사 잘리고 사기당하고 이러고 있는데."

"사기당한 상가는 아들이 잘 쓰고 있지. 너 잘릴 때쯤 와이프는 공인중개사 자격증 따서 일하고 있지. 형이 일해보라고 이렇게 일자리 만들어주지. 전생에 이순신이었나 보네. 그리고 제수씨 엄청 착하고 똑똑하고, 아들도 자기 앞가림 다 하잖아. 그거면 된 거야. 뭘 더 바라는데?"

"그런가?"

놈팽이는 다 먹은 두유갑을 쓰레기통에 툭 던지더니 일어난다.

"나 간다. 고생해라."

"어, 조심히 가라."

"아, 그리고 내 차 같은 똥차 무시하지 마. 혹시나 해서 말하는 거야."

김 부장은 뜨끔하다. 다들 김 부장 자신보다 김 부장을 더 잘 아는 것 같다.

안녕히 가십쇼!

1

김 부장은 오늘도 깍듯이 인사를 한다.

김 부장은 오늘도 차에 고압수를 쏜다.

김 부장은 오늘도 비누칠을 한다.

김 부장은 오늘도 마른 수건으로 물기를 닦아낸다.

김 부장은 이제야 알 것 같다. 수입차든 국산차든 다 같은 자동차다. 성별, 직업, 나이, 학벌, 소득 상관없이 다 같은 존엄한 가치를 가진 사람이자 고객이다. 자존심과 오만함이 혹시나 남아 있다면 출근하기 전 현관 앞 소화전 안에 두고 온다.

일은 적성이 아니라 적응이라고 했던가.

인생 참 모르는 거다. 인생에는 정답이 없다.

운명?

운명도 결국 내가 선택하는 것이다.

모든 선택은 내가 하는 것이고 그 선택에 대한 책임은 나에게 있다.

인생 전반전에서는 찾지 못했던 진짜 나의 모습, 스스로 내면에 쌓아온 쓰레기들, 이제는 이 고압수로 다 허물어버리고 싶다.

이 비눗물로 다 씻어버리고 싶다.

외부에서 찾아온 인생의 가치를 내 안에서 찾고 싶다.

내가 집착하던 시계, 가방, 정장, 넥타이, 구두, 그 외에 다른 것들은 모두 껍데기였다.

내가 그것들을 소유하고 있던 게 아니라, 그것들이 나를 소유하고 있었다.

이미 내가 던진 야구공에는 미련을 둘 필요가 없다.

다음에 던질 공에 집중하면 된다.

지금 실패했다는 생각이 들더라도 현재에 실패한 것이지 미래에까지 실패한 것은 아니다. 내 인생 전체가 실패한 것도 아니다.

오십 중반을 넘어 예순이 다 되어서야 알겠다.

공부 잘해서 좋은 대학 가고, 결혼해서 아이를 낳고, 아이가 커서 좋은 대학 가고 대기업 다니고, 남들보다 좋은 집 살고 좋은 차 타면서, 최종적으로 내가 임원 되는 게 인생의 답이라고 생각했다. 하지만 그건 내가 정한 답이 아니었다. 남들이, 아니 어쩌면 허울뿐이던 나의 또 다른 자아가 세워놓은 규정을 그저 따라가려 했던 것뿐이다.

남들이 가졌다고 나도 다 가져야 할 필요가 없다.

남들이 써놓은 성공 방정식을 내가 풀 필요가 없다.

그저 나 스스로에게 솔직하고 떳떳하고 당당하게, 사랑하는 사람들과 한 걸음씩 걸어가는 것. 그게 진정한 의미의 인생이다.

"안녕히 가십쇼!"

2

김 부장은 녹초가 되어 집에 도착한다.

늘 생기 넘치던 아내도 오늘은 지쳐 보인다.

"고생했어. 나도 오늘은 머리가 좀 아프네."

그동안 힘들단 말 한 마디 없던 아내였는데, 김 부장은 문득 걱정이 되어 묻는다.

"왜? 무슨 일 있었어?"

"계약하기로 한 매수자, 매도자를 만났는데 둘이 연락처를 주고받더니 직거래를 했더라고. 나딴엔 열심히 했는데 그렇게 되니까 힘이 좀 빠지네……."

"그런 일들이 많아?"

"많지. 별 희한한 일들이 너무 많아. 다른 부동산에서 물건 채 가는 건 아무것도 아니야. 그야말로 전쟁터야. 전화도 하루에 수십 통씩 오는데 실제로 찾아오는 사람은 거의 없다고 보면 돼. 무슨 콜센터도 아니고……."

김 부장은 놈팽이 말이 생각난다. 놈팽이도 자기가 콜센터라고 했는데, 아내 입에서도 같은 말이 나온다.

그랬다. 건물주든, 공인중개사든, 세차장 주인이든, 카센터 사장이든 세상에 쉬운 건 없다. 자기가 하는 일이 가장 힘들 수밖에 없다. 인간은 그렇게 생각하도록 만들어졌다.

"그나저나 나 이제 부동산이 어떻게 돌아가는지 알 것 같아. 계약서 쓰고 매물 정리하고 홍보도 하고 많이 배웠어. 그래서 부동산중개소를 아예 차려볼까 하는데 어떨까?"

아내가 조심스럽게 김 부장에게 묻는다.

"그럼 도전해봐. 당신이라면 잘 할 수 있어."

"정말? 왔다 갔다 하면서 봐둔 자리도 있어. 위치가 꽤 좋아."

"그래, 당신이 자주 지나다니던 곳이면 좋겠지."

김 부장은 이렇게 자기 일을 찾은 아내가 자랑스럽다.

아내는 일단 결정하고 나니 빠르게 일을 진행시킨다. 알아본 자리를 계약하고, 사업자등록도 마친다. 일사천리다. 간판도 달고, 손님들도 소개받는다. 개업한 지 며칠 지나지 않아서 중개도 몇 건씩 들어온다.

　　책임중개
　　성실상담

3

부동산 공인중개소 개업 후 일주일이 지났다.

김 부장이 퇴근 길에 아내의 가게에 들른다. 축하 화분이 여기 저기 늘어서 있어서 막 개업한 티가 난다. 모니터를 들여다보고 있던 아내가 김 부장을 발견하고는 기쁜 표정을 짓는다.

"여보, 드디어 첫 계약! 벌써 한 건 했어!"

"잘했어. 당신 정말 대단해!"

"계약할 사람들 금방 오기로 했어. 그런데 집 내부는 안 봐도 상관없대. 요즘 사람들은 집 볼 시간도 없나봐?"

김 부장에게 커피를 내온 아내가 긴장이 되는지 자꾸 시계를 쳐다본다.

"괜찮아, 여보. 잘될 거야. 하던 대로만 해."

김 부장은 아내가 자신한테 했던 것처럼 아내를 다독인다.

문이 열린다. 아내가 일어나서 밝게 인사한다.

"어서 오세요."

"안녕하세요? 오늘 월세 계약하기로 한 사람인데요."

들어오는 손님을 본 김 부장의 눈이 커진다.

"어! 자네가…… 여기 어쩐 일이야?"

"김 부장님!"

정 대리다. 회사에 중고 외제차를 타고 다니던 정 대리가 문을 열고 들어온다.

2부
정 대리·권 사원 편

1

정 대리는 제주도 호텔을 검색한다.

좋아 보이는 곳은 가격이 만만치 않다.

여자친구는 프로포즈를 제주도에서 받고 싶다고 한다. 이왕 가는 거 숙소는 신라호텔로 잡았다. 검색창에 신라호텔을 입력한다. 1박에 50만 원, 3박이면 150만 원.

평생 한 번 있는 이벤트니 확실하게 하고 넘어가야 한다. 프로포즈를 제대로 안 하면 평생 원망하는 소리를 듣는다고 결혼한 선배들이 충고했다.

비행기표, 렌터카, 식비, 디저트 등등 이것저것 하면 300만 원은 들 것 같다.

프로포즈 선물도 있다. D브랜드 핸드백 500만 원.

이렇게 저렇게 더하니 프로포즈 비용만 800만 원이 들 것 같다.

결혼식 비용은…… 아직 거기까지는 생각하지 못했다.

여자친구에게서 카톡이 온다.

'풀 오션뷰로 했지? 바다가 조금만 보이는 방 말고, 전면 통창에 바다가 꽉 차게 보이는 방.'

급히 호텔 예약사이트에 다시 들어가 확인한다.

이런! 부분 오션뷰다.

리뷰를 검색해보니 머리를 창 밖으로 내밀고 고개를 돌려야 겨우 바다가 보일 정도다. 큰일 날 뻔했다.

바로 취소하고 다시 예약하려는데 아, 여자친구가 원하는 풀 오션뷰는 70만 원이다.

70만 원에 3박이니 총 210만 원.

뭐 어때, 이왕 가는 거 150만 원이나 210만 원이나 거기서 거기지 뭐.

정 대리는 어깨를 으쓱하고는 예약을 변경한다.

여자친구 말에 의하면 바다가 보이는 통창 앞에서 사진을 찍으면 그렇게 잘 나온다고 한다.

사진도 많이 찍어주겠다고 약속했다. 사진발이 잘 받게 렌터카는 오픈카로 하기로 했다.

선글라스는 당연한 거고, 차에다 풍선도 달까? 재밌을 것 같다. 우리의 행복한 모습을 사진에 담기 위해 스냅사진 찍어주는 포토그래퍼도 예약한다.

정 대리는 대기업에서 대리로 일한다.

세후 월급은 350만 원. 대기업 다니는 친구들 사이에서는 많지도 적지도 않은 금액이다. 적당히 일하고 적당히 부장의 비위를 맞추면 회사생활은 그럭저럭 할 만한 편이다.

모은 돈은 별로 없다. 10년 조금 안 된 아반떼 한 대를 갖고 있고, 아직 부모님과 함께 산다.

여자친구는 사준생이다. 사업 준비생. 카페를 차리는 게 목표란다. 카페 개업 준비한다고 일부러 취업을 안 한다고 하는데 정 대리도 자세히는 모른다. 여자친구가 그렇게 말하니 그런가 보다,라고 생각한다.

정 대리와 여자친구의 일상은 이렇다. 일어나자마자 핸드폰을 잡고 인스타그램을 열어 팔로잉하는 사람들이 밤새 올린 사진을 확인한다. 어디에 놀러 갔는지, 무엇을 먹었는지, 어떤 차를 타는지, 들고 있는 가방은 뭔지, 화장품은 뭘 쓰는지 자세히 살핀다. 숨은 단서가 있을까 싶어서 사진을 이리저리 확대해본다. 혹시 조작은 아닌지 눈에 불을 켜고 살핀다.

친구들이 새로운 아이템을 들고 있는 사진이 올라오면 무슨 수를 써서라도 브랜드와 가격을 알아낸다. 정 대리의 반응은 두 가지다. 저가의 브랜드면 '그럼 그렇지'. 고가의 브랜드면 '쟤가 저걸 어떻게?'.

이 커플이 같이 있으면 서로 대화하는 시간보다 각자 핸드폰 보는 시간이 더 길다. 얼굴 보려고 만난 건지 같이 핸드폰 하려고 만난 건지 모르겠지만, 이런 만남이 서로 편하다.

여자친구가 물어본다.

"오빠, 우리 차는 언제 바꿔?"

"지금 알아보고 있어. 아, 그리고 부모님이 결혼 비용으로 1억 보태주신대."

"1억? 그걸로 집 구할 수 있어?"

"차 사고 남은 돈으로 보증금 해야지 뭐. 몰라, 어떻게 되지 않겠어?"

"우리 한강 보이는 아파트 살 수 있어? 버버리맨인가 하는 오빠 친구가 사는 곳 말이야."

"글쎄, 알아보질 않아서…… 제주도 갔다 와서 한 번 보자."

"좋아!"

3

정 대리는 아직 대학생 때 타던 아반떼를 타고 다닌다.

그때는 차종보다는 차를 끌고 다닌다는 것이 더 중요했다. 부모님이 사주신 차라서 할부에 대한 부담도 없었다.

이 흰색 아반떼를 타고 대학 캠퍼스를 활보했다. 여자 후배들을 태우고 다니면 백마 탄 왕자가 된 기분이었다. "오빠, 데려다줘서 고마워요"라는 소리를 듣는 것이 그렇게 좋았다.

나중에 알게 된 사실이지만, 후배들 사이에서는 '택시 기사'라는 별명으로 불렸다고 한다. 지금 생각하면 왜 그랬을까 싶지만 그때는 그냥 그런 게 좋았다. 예전 여자친구들과도 아반떼 한 대로 전국을 휘젓고 다녔었다.

그런데 지금의 여자친구는 이 차를 마음에 들어하지 않는다. 정 대리도 그렇다. 퀴퀴한 카페트 같은 시트에 앉을 때마다 먼지가 폭 하고 올라온다. 가죽 시트에 앉고 싶다. 요즘은 모카색 알칸타라 가죽 시트가 좋아 보인다.

제일 큰 문제는 하차감이다. 소음이나 진동 같은 승차감은 상관없는데 아반떼는 하차감이 정말 별로다. 남들 보기 부끄럽다. 여자친구는 친구들 모임에 갈 때는 멀리서 내려달라고 한다. 차려입은 원피스와 이 차는 전혀 어울리지 않아서 친구들에게 남자친구의 차에 대해 절대 말하지 않는다고 한다. 여자친구와 여자친구 원피스에게 미안하다.

혹시라도 H 로고나 직물 시트가 보일까봐 차 안에서는 셀카를 찍지 않는다. 정 대리의 친구들은 동그라미 네 개 로고나, 삼각별 로고나, 파란색 흰색 피자 로고가 살짝 보이게 찍어서 인스타에 올린다. 정 대리도 하고 싶은데 지금 당장 할 수 없어서 안달이 나 있다.

한때 잘나가던 아반떼가 초라해 보인다.

정 대리는 외제차가 정말 갖고 싶다.

4

회사의 오전 일과가 끝나고 점심시간이다.

팀원들과 정 대리는 12시가 되자마자 일어나는 김 부장을 따라서 쪼르르 사내식당으로 내려간다.

김 부장은 밥과 반찬을 후루룩 마신다. 몇 번 씹지도 않고 넘긴다.

쓰읍 쩝쩝.

팀원들은 아직 반 정도밖에 못 먹었는데, 김 부장은 이미 다먹고 팔짱을 낀 채 주변을 두리번거린다. 반찬 접시들은 가지런히 포개놓았다.

사내식당을 나서자 김 부장은 볼일이 있다며 사무실로 혼자올라간다. 딱히 할 일이 없다는 거 아는데도 매번 저런다. 팀원들과 같이 있으면 본인이 커피를 사야 할 것 같아서 그런 거 같다. 요즘 커피값이 2,000원인 걸 모르시나? 게다가 우리 팀은후식만큼은 각자 계산한다. 그게 서로가 편하다.

정 대리는 송 과장, 권 사원과 함께 근처 커피숍으로 간다.

"송 과장님, 요즘 차에 관심 있으세요?"

"별로…… 예전에는 많았는데 지금은 잘 굴러가기만 하면 되는 거 같아. 왜?"

"제가 지금 3시리즈 보고 있는데요, 저한테 어울리겠습니까?"

"그 독일차? 안 어울릴 게 뭐가 있어. 근데 가격이 좀 비싸지 않아?"

"요새 천만 원 정도 할인해서 국산차랑 차이가 얼마 안 나거든요."

"그렇구나. 난 차는 잘 몰라서……."

"저만 구닥다리 아반떼 타고 다녀요. 제 친구들 차는 다 벤츠, 아우디인데 작살나더라고요. 여자친구도 차 바꾸자고 난리예요. 쪽팔린다고."

"친구들이 잘사나 보네."

"뭐 잘사는 놈들도 있고, 그냥 평범한 놈들도 있고. 할부 36개월이나 48개월 하다가 끝날 때쯤 바꾸는 거죠. 요즘엔 3, 4년에 한 번씩 바꾼다고 하더라고요."

"와, 나는 11년째 타고 있는데…… 매달 고정비가 만만치 않겠네. 대단들 하다."

"한 달에 술 한 번, 커피 몇 잔 안 마시면 되는데요 뭘."

"그게 쉽게 될까. 소비패턴을 완전히 바꿔야 하는 건데."

정 대리는 하루 종일 자동차만 알아본다. 신차도 보고 중고차도 본다. 김 부장이 슬금슬금 걸어오면 재빨리 화면을 바꾼다.

김 부장의 특기는 멀리서 팀원들 뭐 하는지 감시하기다. 소리 소문 없이 조용하게 다가와 뒤에서 모니터를 보고 있던 적이 한두 번이 아니다. 목에 방울을 달아주고 싶다. 그래서 왼손은 늘 'ALT+TAB'을 누를 준비가 되어 있다. 화면 빨리 바꾸기는 정 대리 전문이다.

사고 싶은 차는 정 대리가 생각한 예산보다 조금씩 비싸다. 보다 보니 점점 가격대가 올라간다. 이러다가 롤스로이스까지 갈 기세다.

5

현실 타협이나 할 겸 비트코인을 확인한다.

오우!

천만 원 넣어두었던 것이 지금 1,500만 원이 되었다.

옆 자리 송 과장에게 사내 메신저로 메시지를 보낸다.

'송 과장님 비트코인 보세요. 천만 원 넣었는데 지금 1,500만 원 됐습니다.'

'많이 올랐네. 좋겠다.'

'과장님도 빨리 비트코인 사세요. 지금이 바로 사야 할 때입니다.'

'비트코인도 말이 많던데 안전한지 모르겠어. 몇 년 전에 정 대리도 몇천 잃었다고 하지 않았어?'

'그때는 그때고, 지금은 다르다니까요. 일론 머스크도 인정했잖아요. 과장님도 이제 비트코인의 배에 올라타셔야죠. 여자친구가 차 빨리 바꾸자고 하는데 이참에 확 바꿔버릴까봐요. 같이 돈 벌어서 저랑 같이 차 바꿔요.'

정 대리는 차는 바꾸고 싶은데 누군가와 같이 바꾸고 싶다고 생각한다. 같이 사면 안심이 되기 때문이다. 나만 손해봤다거나 나만 돈 썼다는 느낌이 덜하다. 자신과 같이 돈을 쓴 사람이 있어야 '나만 사는 게 아니라'는 심리적 핑곗거리가 생긴다.

송 과장이 말한다.

'그런데 정 대리 결혼한다며? 신혼집부터 알아봐야 하지 않아? 차는 나중에 바꿔도 되잖아.'

'집이야 그때 가서 알아보면 되죠. 전세 아무 데나 들어가려고요.'

'요즘 전셋값 만만치 않은데 미리 알아봐두는 게 좋을 거야.'

'어떻게 되겠죠. 근데 새 차 살까요, 중고차 살까요?'

'차는 감가가 크니까 중고가 낫지 않을까?'

'그쵸? 저도 중고로 살까 해요. 자전거도 중고로 샀는데 멀쩡하던데요.'

'자전거? 좋은 거 샀어?'

'500만 원짜리 샀어요.'

'500? 중고가? 무슨 자전거가 그렇게 비싸?'

'도그마라고 하는 건데요. 새 거는 천만 원 넘어요. 동호회에서는 이 정도 타야 알아줍니다.'

'와…… 월급보다 세네. 나름 그 안에서 등급이 있나 봐.'

'운동 목적도 있지만, 동호회인들 사이에서 보여지는 것도 중요해요. 이러려고 돈 버는 거죠, 하하.'

정 대리는 회사를 대표하는 욜로족이다. 욜로신이 있다고 퍼뜨리고 다닐 정도의 욜로 광신도다. 여자친구도 둘째가라면 서러운 욜로족이다. 두 사람은 그 부분이 참 잘 맞는다.

최근에 여자친구 생일 선물로 100만 원짜리 목걸이를 선물했고, 여자친구에게 50만 원짜리 지갑과 50만 원짜리 구두를 받았다.

주식? 코인? 남들 하니까 정 대리도 그냥 하긴 한다. 하지만 돈 더 벌려고 아등바등 하면 뭐 하나 싶다. 죽어라 노력해서 한 계단 올라갈 때 옆의 놈은 다이아수저, 금수저 물고 태어나서 이미 머리 꼭대기에 있는데. 열심히 해봤자다. 그냥 지금 즐기며 사는 게 더 낫다고, 정 대리는 생각한다.

요즘 들어 업무시간에 모니터보다는 핸드폰을 보는 시간이 더 많다. 김 부장이 눈치를 주는 것 같지만 정 대리는 별로 신경 쓰지 않는다. 옆의 팀원들도 자기 할 일에만 열중하는 스타일이어서 크게 신경 쓰지 않는다. 동료들은 물질적 고민 없이 현재를 즐기는 듯한 정 대리가 부러울 때도 있다고 했다. 정 대리는 자신이 잘하고 있다고 생각한다.

6

오늘은 팀 회식 날이다.

김 부장이 어디로 가고 싶은지 묻는다. 팀원들에게 정해서 알려달라고 한다. 이런 건 보통 팀 막내가 의견을 취합하는 법. 권 사원이 팀원들에게 의견을 묻는다.

"정 대리님 뭐 드시고 싶으세요?"

"나는…… 태국 음식? 저기 건너편에 생겼는데 술도 파는 것 같던데."

"송 과장님은 뭐 드시고 싶으세요?"

"나도 그 태국 식당 궁금했어. 권 사원은 뭐 먹고 싶어?"

"저도 태국 음식 좋아해요. 옆 팀 동기들이 거기 맛있다고 하더라고요."

권 사원은 바로 김 부장에게 가서 팀원들이 정한 곳을 말한다.

"부장님, 길 건너편에 있는 태국 음식점으로 정했습니다. 괜찮으세요?"

"태국 음식? 회식에? 회식하는데 무슨 동남아 음식이야. 그리고 나 고수 싫어해. 지난번에 갔던 삼겹살 집으로 예약해."

"네…… 부장님."

송 과장은 권 사원을 향해 고개를 끄덕인다. 원래 그런 사람이니 이해해라, 선배가 챙겨주지 못해 미안하다, 무언의 메시지를 보낸다.

어차피 본인이 정할 거면서 왜 물어보는지 알다가도 모르겠다. 권 사원은 고개를 절레절레 흔들며 한숨을 내쉰다.

업무시간이 끝나자마자 김 부장과 팀원들은 회식장소로 향한다. 삼겹살 집이다.

천장에는 연기가 자욱하다. 와이셔츠 입은 사람들이 가득 앉아 있다. 홀을 둘러보니 다른 사업부 사람들도 있다. 제발 합석은 안 했으면 좋겠다. 정 대리는 김 부장과 같은 테이블에 앉는다.

"아줌마! 목살 6인분에 참이슬이랑 카스 두 병씩!"

김 부장의 목소리가 우렁차다.

팀원들은 일사불란하게 테이블을 세팅한다. 한 명은 수저를 놓고, 한 명은 물을 따르고, 한 명은 앞치마를 가져온다.

뜨거운 숯불이 나온다. 철판이 올려진다. 시뻘건 고기와 집게, 휘어진 가위가 나온다. 은박지 안에 옹기종기 담긴 마늘이 나온다.

김 부장은 집게를 집더니 마늘이 담긴 은박지를 철판 한쪽 구석에 올린다. 고기는 두 줄로 정렬하여 올려놓는다. 치이익 소리를 내며 연기가 살살 올라온다.

정 대리는 맥주와 소주 뚜껑을 딴다. 팀원 잔들을 한데 모아 소맥을 만다. 김 부장 잔에는 티 나지 않게 소주를 더 많이 붓는다.

김 부장이 시작한다.

"자자 잔들 들어. 들었어? 우리 부서의 희망찬 미래를 위하여 하면 '위! 하! 여!' 하는 거야. 알았지?"

김 부장이 잔을 들고 숨을 들이쉬더니 우렁차게 외친다.

"우리 부서의 희망찬 미래를 위하여!"

"위! 하! 여!"

팀원들이 작지도 크지도 않게 '위하여'를 따라 외친다.

별로 희망차지도 않다. 별로 위하는 마음도 없다.

김 부장은 팀원들의 술잔을 확인한다.

"권 사원! 첫 잔은 원샷이야! 빨리 마셔! 야! 송 과장! 남기면 어떡해? 다 비워 빨리!"

오늘 회식도 김 부장이 주도하는 대로 흘러간다. 정 대리는 이런 회식이 마음에 들지 않는다. 이러다가 김 부장이 곧 자신이 그동안 회사에서 세운 업적 같은 이상한 소리를 시작할 것 같다. 그런 일장 연설을 듣느니 명품 이야기가 낫겠다고 생각한다.

정 대리는 김 부장이 최근에 가방을 바꾼 게 기억난다. 어울리는지는 잘 모르겠지만 어쨌든 꽤 괜찮은 거다. 전부터 차고 다니는 시계는 별로다. 김 부장한테 어울리지 않는다. 정 대리는 아부인지 저격인지 모를 멘트를 던진다.

"부장님, 부장님 정도면 롤렉스 차셔야 하지 않나요?"

"왜? 내 태그호이어가 어때서?"

"태그호이어는 젊은 사람들이 입문할 때나 하는 거잖아요. 요즘은 롤렉스에 무슨 마리나……? 그거 많이 하던데요."

"시계 살 돈 없어. 얼마 전에 그랜저 풀옵션 뽑았잖아."

"진짜요? 그랜저 실내가 완전 뽀대난다던데, 역시 부장님이십니다."

정 대리는 김 부장이 혹시 시계 얘기에 마음 상했을까봐 살짝 띄워주며 눈치를 본다.

"그치 그치, 실내 죽이지. 정 대리가 역시 보는 눈이 있네. 다음에 성과급 나오면 정 대리가 말한 롤렉스 한 번 알아볼게."

"하하, 제가 잘은 모르지만 차, 시계, 구두, 이런 거 좋아합니다. 부장님 가방도 좋은 거잖아요. 다 알고 있습니다."

"얼마 전에 바꿨어. 역시 정 대리는 알아보네. 모르는 사람들은 모른다니까. 아는 사람만 알아. 하하하. 이 친구 뭘 좀 아네."

새 가방을 칭찬해주니 엄청 좋아한다.

"저도 부장님 가방 같은 거 사고 싶은데 차 사려고 돈 모으고 있습니다. 지금 타는 10년 된 아반떼가 고장은 없는데 친구들이 하도 바꾸라고 해서요. 여자친구도 그러고요."

"그래, 아반떼가 뭐야, 아반떼가. 바꿀 때 됐지. 바꿔 바꿔. 대기업 다니는 사람이 아반떼가 뭐야? 쪽팔리게."

"하하. 네, 한잔드시죠. 부장님."

7

고기가 거의 다 익어간다.

마늘이 너무 익었는지 한쪽이 다 타버렸다. 고깃집의 휘어진 가위는 참 잘 잘린다. 이 가위를 볼 때마다 집에다 하나 사다 놔야지 하는데, 고깃집을 나서는 순간 기억이 안 난다. 정 대리는 휘어진 가위로 고기를 자른다. 김 부장이 먹기 좋아하는 사이즈를 잘 알고 있다.

김 부장이 업무 전화를 받으러 밖으로 나간다. 옆 테이블에서는 송 과장과 권 사원이 조용히 얘기하는 중이다.

"송 과장님, 요즘 출근하기가 너무 힘들어요. 1호선 타고 다니는데 너무 붐벼서 숨 쉬기도 힘들어요. 특히 가산디지털단지…… 으……. 장난 아니에요."

"거기 회사가 많아서 그런가?"

"네. 송 과장님도 지하철 타고 다니세요?"

"어. 나는 일부러 첫차 타고 다녀. 아침시간에는 사람이 거의 없어서 그때 타."

"첫차요? 와아, 몇 시에 일어나세요?"

"네 시 반쯤 일어나."

"헉, 진짜 일찍 일어나시네요. 왜요?"

"지하철에 사람이 많기도 하고…… 아침에 책도 보고, 공부도 하려고."

"아…… 저는 아침에 진짜 못 일어나겠던데."

"나도 처음에는 힘들었는데 익숙해지니까 할 만하더라고. 난 아침에 정신도 맑고 집중도 잘 돼서 좋아."

"그런데 송 과장님, 부동산 투자하신다면서요?"

"투자라기보다는 소소한 재테크 정도. 주식은 전혀 모르고."

"저도 모아둔 돈으로 뭐 하나 사볼까 하는데, 추천해주실 수 있으세요?"

"집 사려고?"

"네. 사실 저도 몇 달 뒤에 결혼하거든요. 근데 남편 될 사람이 이런 데 전혀 관심이 없어요."

"축하해! 우리 팀에 좋은 일이 두 번이나 있네. 정 대리하고 권 사원. 그래서 신혼집 보려고 하는구나?"

"네, 이제 알아봐야 할 것 같아서요."

"그러면 살고 싶은 지역하고 아파트 단지를 세 군데만 정해와 봐. 거기서 봐줄게."

"제가 부동산을 하나도 몰라서요. 뭘 봐야 할지 모르겠어요."

"우리 회사랑 남자친구의 직장 위치를 고려해서 동네부터 골라봐. 그러고 나서 무슨 아파트가 있나 한 번 봐봐. 직접 가봐도 되고 네이버 지도로 찾아봐도 되고. 원래 처음엔 다 어려워."

"네, 한 번 찾아보고 알려드릴게요. 그리고 저 결혼한다는 건 김 부장님께 비밀이에요. 아시면 회식에 남자친구 데리고 와라, 자기한테 허락받아라, 이상한 말씀 하실 거 같아서요."

"알았어. 권 사원이 적절한 때에 말씀드려."

김 부장이 자리로 돌아온다. 상추와 깻잎을 뒤적거리더니 기차 화통을 삶아먹은 것 마냥 크게 소리 친다.

"아줌마! 여기 상추랑 깻잎이 죄다 벌레 파먹은 것들이야! 이런 걸 주면 어떡해? 빨리 깨끗한 걸로 바꿔줘! 쌈장하고 마늘도 꽉 채워서!"

술에 취한 김 부장의 목소리가 가게 전체에 쩌렁쩌렁 울린다. 술이 들어가면 들어갈수록 풍부해지는 발성량이 어마어마하다.

종업원은 낮은 사람, 본인은 높은 사람. 다 같은 사람인데 직업으로 높낮이를 판단하는 듯한 태도가 팀원들은 불편하다.

8

며칠 뒤, 정 대리는 새로 산 외제차를 타고 회사에 출근한다.

중고차 사이트 엔카에서 뒤지고 뒤진 끝에 보험 이력 깨끗하고 연식 대비 킬로 수 적은 차를 하나 업어왔다. 아반떼는 그 딜러에게 넘겼다. 추억이 담긴 차를 떠나 보내자니 잠시나마 가슴이 찡하다. 이 심정은 차를 팔아본 사람만이 안다. 아련한 마음에 사진을 한 장 찍어둔다.

그래도 새 차를 끌고 오니 기분이 좋다. 이따 퇴근하고 여자친구와 북악 스카이웨이로 드라이브 가기로 약속했다.

회사에 외제차 끌고 다니는 대리라니, 정 대리는 성공한 기분이다. 나랑 결혼하는 여자는 땡 잡은 거지, 하고 생각한다.

누가 문콕할까봐 일부러 옆자리가 비어 있는 곳을 찾아 주차한다. 시동을 끄고 머리를 한 번 쓸어 넘긴다. 양치를 했는데 치아 사이에 뭔가 낀 것 같다. 어제 주유하고 받은 영수증 모서리로 이를 쑤신다.

잠시 후 검정색 차가 들어오더니 정 대리의 차 오른쪽 옆에 주차한다. 빈자리가 이렇게 많은데 굳이 옆에다 댄다. 정말 무게 넘이다. 뿔이 난 정 대리는 획 고개를 돌려 옆 차를 본다.

김 부장이다!

김 부장이 주차장 자리 부족하다고 사원, 대리급은 차를 가지고 오지 말라고 했다. 정 대리는 모른 척해야겠다고 생각한다. 다른 방향을 보면서 전화하는 척한다. 김 부장이 빨리 내려서 사라지길 기다린다.

김 부장이 터벅터벅 엘리베이터 쪽으로 걸어간다. 뒷모습인데도 이상하게 기분이 안 좋아 보인다. 어제 사모님과 싸웠나 보다. 아니면 출근길에 새치기한 차랑 욕을 한 바가지씩 주고받았거나.

5분 후에 정 대리도 사무실로 올라간다. 차 키를 책상 위에 올려놓는다. 밋밋하던 책상 위에 동그라미 안을 4등분 한 피자 모양 로고의 차 키가 있으니 느낌이 다르다. 두 조각은 흰색, 두 조각은 파란색. 성공한 대기업 직원 느낌이 난다.

크…… 대기업에서 가장 잘나가는 대리.

예쁜 여자친구와 곧 결혼.

다음 주 금요일 쉬는 날과 월요일 연차 하나 붙여서 3박 4일 제주도 프로포즈 여행.

다녀와서 한 달 뒤 결혼식.

완벽하다.

화려한 날들만 기다리고 있다.

그런데 아까부터 김 부장이 자꾸 정 대리를 쳐다보는 느낌이

든다. 헤어스타일이 궁금한 건가. 예전에 괜찮은 무스를 추천해 달라고 해서 무스 대신에 왁스를 추천해줬다. 왁스를 어떻게 쓰는지 모르겠다며 다시 무스를 쓴다고 한다. 결국 하던 대로 할 거면서 왜 물어보는지.

오늘 향수 좋은 거 뿌렸는데 눈치 챘나 보다. 이번에도 무슨 향수인지 궁금해하는 것 같다. 비싸고 좋은 건 용케도 알아보는 김 부장이다.

정 대리는 모니터와 키보드 사이에 차 키를 두고 사진을 한 컷 찍는다. 모니터가 꺼져 있으니 사진이 별로다. 전원을 켠다. 파워포인트를 띄운다. 열심히 일하고 있는 느낌이 나도록 세팅한다. 다시 찍는다. 인스타에 업로드 한다.

#정대리 #바쁨 #회사원스타그램

9

프로포즈 여행 날이다.

스티커가 덕지덕지 빈틈 없이 붙어 있는 리모와 알루미늄 캐리어를 창고에서 꺼낸다. 여행용으로 가지고 갈 때 이만한 게 없다. 공항에 이 캐리어만 끌고 가도 지나가던 사람들이 한 번씩은 쳐다본다. 옷과 액세서리를 가득 채운다. 3박 4일인데 한 달은 매일 갈아입을 수 있을 정도다.

김포공항에 도착한다. 여자친구와 수속을 마치고 게이트로 간다. 비행기에서 무조건 사진 찍어야 할 장소는 게이트와 비행기를 연결하는 다리통로다. 설렘이 가장 극대화되는 장소다. 꾸민 듯 안 꾸민 듯 차려입은 공항패션까지 사진 한 컷에 반드시 담겨야 한다.

비행기에 탑승한다. 이코노미석을 예약했는데 여자친구가 비즈니스석에 앉는다. 사진만 찍어달라고 한다. 선글라스를 머리 위에 걸치고 잡지를 보는 척한다. 그럴 듯하다. 사진을 수십 장 찍고 본래 자리인 이코노미석으로 간다. 제주도 도착하기 전인데 벌써 100장은 찍었다.

여자친구는 앞머리에 롤을 감는다. 정 대리와 여자친구는 피곤했는지 이륙도 하기 전에 잠이 든다. 정 대리는 고개를 뒤로 젖혀 입을 떡 벌리고 있다. 여자친구는 고개가 한쪽으로 기울어져 복도를 막고 있다.

비행기가 이륙하고 수평으로 날기 시작한 지 얼마 되지 않은 것 같은데 착륙을 준비하라는 방송이 나온다. 제주도까지의 비행은 짧기만 하다.

제주공항에 도착해서 렌터카를 빌려 시동을 건다. 오픈카다. 지붕이 열리는 버튼을 누른다. 천천히 열린다. 정 대리는 이 순간을 만끽한다.

뚜껑이 완전히 열린 모습보다 뚜껑이 열리는 그 순간이 진짜다. 렌터카라도 상관없다. 사진 찍을 때 '허' 번호판만 찍히지 않으면 된다. 그동안 인스타를 보면서 느꼈던 부러움과 질투심을 자신의 팔로워들도 그대로 느끼면 된다. 내비게이션에 호텔 이름을 입력하고 액셀을 밟는다.

공항을 나와 국도로 올라선다. 여자친구가 제주도의 신선한 공기를 마신다며 상체를 세우고 팔을 쫙 뻗는다. 신난다고 소리를 지른다. 속도를 올린다. 바람이 여자친구의 머리카락을 휘날린다.

순간, 날파리들이 그녀의 입속으로 와르르 들어간다.

"퉤퉤, 아 이거 뭐야!"

"왜? 입에 뭐 들어갔나?"

"100마리는 먹은 거 같아. 아, 씨……. 화장실 좀 들렀다 가자. 오빠."

마침 시야에 괜찮은 대형 카페가 보인다.

"화장실 가는 김에 저기 들렀다가 갈까?"

"그래."

"사진도 좀 찍고."

넓은 주차장에 차를 대고 카페로 들어간다. 높은 천장에 여러 개의 팬이 돌고 있다. 커피머신이 원두 가는 소리를 낸다. 직원들은 납작한 모자를 쓰고 있다. 몇몇은 운동화, 몇몇은 크록스를 신고 있다. 다들 일사불란하게 움직인다.

정 대리는 일단 어떤 부류들이 있나 실내를 스캔한다.

우리는 서울에서 온 잘나가는 커플인데.

우리만큼 잘난 커플이 있나.

음…… 없다. 역시…….

정 대리는 괜히 우쭐대며 선글라스를 벗는다.

여자친구는 메뉴에 시그니처라고 표시된 '제주 유기농 화이트초코칩 더블 블렌딩 라떼'를 시킨다. 정 대리는 '제주 오가닉

오렌지 감귤 한라봉 바닐라크림 프라푸치노'를 시킨다.

요즘 카페의 음료 이름은 참 길다. 제주도는 귤 종류의 과일이 유명하니 이런 걸 커피에도 넣나 보다. 신기하다. 메뉴 이름이 제주로 시작하니 제주도에서만 먹을 수 있는 것이 분명하다.

정 대리는 신용카드를 내민다. 카드는 검지와 중지 사이에 끼워 구부렸다가 피면서 종업원에게 내밀어야 한다. 그게 간지다.

종업원이 카드를 받아 포스 기계에 꽂는다.

"손님, 한도 초과라고 뜨는데요?"

"네? 설마요. 다시 한 번 해보세요."

"한도 초과예요."

"아, 그럼 이 카드로 해주세요."

정 대리가 허둥지둥 지갑에서 다른 카드를 뽑아 건넨다.

삐—

"이것도 한도 초과인데요."

"어, 이럴 리가 없는데……."

정 대리는 식은땀이 난다.

카드사에 급히 전화를 건다. 카드사에서는 더 이상 증액을 해줄 수 없다고 한다. 이제 여행 시작인데 큰일이다. 식당이랑 카페, 갈 곳들 다 정해놨는데. 프로포즈 여행에 벌써부터 어두운 그림자가 드리운다.

한도 초과는 한도 초과고, 사진은 사진이다.

찰칵찰칵 찰칵찰칵.

정 대리와 여자친구는 하루에 수백 장, 아니 수천 장의 사진을 찍는다.

준비한 프로포즈도 사진 찍느라 제대로 진행되지 않았다. 로맨틱한 말을 할 만하면 여자친구가 바로 "잠깐 잠깐, 사진 좀 찍고!"라며 분위기를 깬다. 하지만 사진에서는 왕자와 공주의 약혼식 같은 분위기로 나온다.

결혼 약속을 하기 위해 프로포즈를 하는 건지, 사진을 찍기 위해 프로포즈를 하는 건지, 인스타에 올리기 위해 프로포즈를 하는 건지 모르겠다.

그래도 핸드백 받는 순간만큼은 진심으로 웃어줘서 정 대리도 기쁘다. 그렇게 프로포즈 여행이 지나간다.

권 사원은 오늘도 출근

1

화요일 아침이다.

오늘도 김 부장 팀의 아침 풍경은 평화롭다.

김 부장은 후루룩~ 후루룩~ 해장국 마시듯 믹스커피를 들이켠다.

송 과장은 특유의 꼿꼿한 자세로 업무에 몰입 중이다.

정 대리는 여행 후유증으로 축 늘어져 있다.

권 사원은 출근 후유증으로 축 늘어져 있다.

김 부장 팀의 막내 권 사원은 올해 3년차 사원이다. 눈물 나는 취업준비생 시절을 거쳐 대기업 합격 통보를 받았을 때는 세상을 다 얻은 듯 기뻤다. 그런 권 사원이 회사에서 웃음을 잃는데는 3년이 채 걸리지 않았다. 회사생활이 일만 잘한다고 되는게 아니구나, 실감한다. 그리고 일을 잘한다는 게 무엇인지도 이제는 헷갈리고 있다.

그런 권 사원을 오늘 가장 힘들 게 한 건…… 1호선이다.

권 사원은 매일 아침 지하철 1호선 상행선을 타고 남쪽 끝에서부터 국토종주를 하는 탓에 아침부터 다크서클이 내려와 있다. 멀기도 멀지만 1호선이라는 공간이 권 사원을 피곤하게 만든다.

1호선에는 1호선만의 독특한 냄새가 있다. 눅눅하고 꿉꿉하고 퀴퀴한 복합적인 냄새다. 그러나 5분 정도 지나면 냄새에 익숙해져 더 이상 의식하지 못한다. 그렇게 5분이 지나 냄새가 잊혀질 만하면 독특한 사람들이 하나둘 나타난다.

예수 안 믿으면 지옥 간다는 종교인, 혼자서 열변을 토하는 정치인, 침 튀기며 우주의 신비에 대해 강연하는 교수님, 빠른 걸음으로 사람들 어깨를 밀치며 칸을 이동하는 럭비 선수, 손잡이에 매달려 턱걸이 하는 체조 선수, 클럽인 것마냥 이어폰 음악 소리가 주변 사람들에게까지 들리도록 크게 듣는 음악인. 그들 말에 의하면 음악이야말로 국가가 허락해준 유일한 마약이라고 한다.

이들을 잘못 마주치면 출근길이 더 피곤해진다. 다른 칸으로 옮겨도 이들 중 한 명은 꼭 있다. 탈 때는 고난, 내릴 때는 환희의 1호선이다.

송 과장님처럼 새벽에 나올까, 권 사원은 잠시 생각한다.

그런데 아침에 일어나는 게 너무 힘든데.

야행성 인간으로 삼십 년 가까이 살았는데 가능할까.

권 사원은 최근에 회식 끝나고 올라탄 지하철 막차에서 못 볼 꼴을 보고 말았다. 일곱 좌석을 차지하고 누워 자던 아저씨가 갑자기 일어나더니 바지를 내리고 소변을 보는 모습은 가히 트라우마급이었다. 더 충격적인 건 그 소변이 짙은 파란색 직물 시트에 스며들어 전혀 티가 안 난다는 것.

누군가 저기 또 앉을 텐데. 권 사원은 벌떡 일어나고 싶었다. 지금 앉은 자리에서도 어떤 일이 있었는지 알 수 없지 않은가.

아닐 거야, 설마, 아니겠지.

애써 아닐 거라 위안하며 권 사원은 지하철 1호선에 지친 몸을 뭉갰다.

2

권 사원은 어제 남자친구와 신혼집 문제로 팽팽한 대화를 나눴다.

남자친구와 집 문제에 대한 간극이 전혀 좁혀지지 않는다. 권 사원은 자신의 얕은 지식으로는 도저히 남자친구를 설득하기 어렵다고 생각한다. 송 과장에게 메시지를 보낸다.

'송 과장님 잠시 시간 괜찮으세요?'

'이것만 끝내고 휴게실로 갈게.'

권 사원은 먼저 휴게실에 들어가 종이와 펜을 들고 앉는다. 송 과장이 얼마 뒤 들어온다.

"그때 말한 집 때문에?"

"네, 말씀하신 숙제는 하고 있어요."

"하하. 숙제는 무슨."

"남자친구랑 같이 알아보려고 하는데 자꾸 집값이 일본처럼 폭락할 거라고 우기네요. 지금 집값의 반의 반이 될 거라고 겁주는데…… 휴우, 남자친구 설득하는 게 먼저인 것 같아요."

"남자친구도 나름 여기저기 알아본 것 같네."

"네, 제가 결혼 전에 미리 집 사두자고 하니까 자기 딴에는 부동산 유튜브를 열심히 보더라고요. 그런데 집값 반토막 날 거라는 폭락론자들 채널만 보고 있으니 그 말만 믿고 집은 지금 사면 절대 안 된다고 그러네요. 후원 계좌로 돈도 보냈대요. 저랑 만나면 분식만 먹으면서 그런 데는 이상하게 돈도 잘 써요."

"흠…… 그 사람들은 사람들 불안을 자극해서 장사하는 사람들인데……."

송 과장은 잠시 말을 고르는 듯하더니 얘기를 시작한다.

"이건 내가 직접 남자친구한테 설명해주고 싶네. 권 사원이 잘 들어뒀다가 얘기해줘. 간단하게 라면으로 예를 들어볼게. 옛날에는 200원이면 라면을 살 수 있었어. 지금은 800원? 그 정도 하나? 한 묶음에 5,000원 정도 하니까 하나에 1,000원 정도 하겠네. 그럼 거의 다섯 배가 오른 거지. 동시에 인건비, 물류비, 광고비 모든 비용이 다 올랐는데 그게 다시 400원, 300원으로 떨어질 수 있을까? 10년 전만 해도 만 원 가지고 가면 편의점에서 꽤 많이 살 수 있었어. 요즘은 과자 몇 개만 집으면 만 원이야. 집도 다르지 않아. 그런데 집이라는 건 과자나 라면처럼 공장에서 하루에 수만 개씩 찍어내는 게 아니라 수량이 절대적으로 한정되어 있어서 희소성이라는 프리미엄이 붙어. 거기에 교통, 학군, 조망, 각종 인프라 등등 삶을 윤택하게 만드는 프리미엄이 또 붙는 거지."

"아…… 복잡하네요. 송 과장님, 그럼에도 불구하고 폭락이란 게 올 수 있을까요?"

"글쎄, 내 생각에는 상황에 따라 일시적 조정이 올 수는 있겠지만 폭락이 오진 않을 거 같아. 폭락이 오기 어려운 이유는…… 인플레이션, 자산가치, 집이라는 특성…… 좀 복잡한데 너무 방대한 내용이라 다음에 설명해줄게."

권 사원은 궁금한 게 많다.

"그런데 일본은 왜 집값이 폭락한 거예요?"

"일본은 당시에 1억짜리 집을 사면 1억 대출을 해줬어. 5억짜리 집을 사면 6억, 7억까지 대출을 해주는 경우도 있어서 가격 거품이 엄청났지. 근데 우리나라는 기본적으로 주택담보대출 40퍼센트로 제한되어 있잖아. 신용대출도 까다롭게 심사하다 보니까 대출건전성이 상당히 좋은 편이고. 뉴스에서는 대출이 사상 최대라고 나오지? 그걸 보고 겁내는 사람들이 많아. 대출이 너무 많아서 이러다 터지는 거 아니냐고. 그런데 반대로 대출이 줄어들면 그게 더 무서운 일이야. 대출이 줄어든다는 건 시중의 돈을 회수하려고 한다는 뜻이거든. 위기의 신호탄인 거지. 그러니 대출이 늘어나고 있는 걸 막연히 나쁘게만 보지 마. 통화량이 늘고 물가가 오르고 소득이 오르는 만큼 대출이 늘어나는 건 당연한 거야. 물론 너무 급격히 비정상적으로 늘면 문제가 되지만 말이야."

그때 김 부장이 휴게실에 들어온다.

"어이, 거기 둘이 뭐해? 업무시간에 데이트 하는 거야? 시킨 일은 다 했어?"

"네…… 얘기 금방 끝내고 가겠습니다."

송 과장이 대답한다. 김 부장이 나간다.

"아, 진짜 부장님……,"

"신경 쓰지 마. 그냥 할 말이 없으셔서 그래."

"아까 하던 얘기 계속하면요. 일본에 빈집이 많다고 하던데요. 우리나라도 그렇게 될까요?"

"그건 우리나라도 머지 않아 벌어질 일이야. 인구가 줄어들고 제조업이랑 농업 기반이 약해질수록 지방 소도시 인구는 주변 대도시로 흡수되게 돼 있어. 서울, 경기도, 광역시들은 점점 커지고 그 사이에 있는 위성 도시들은 점점 역할이 줄어들 거야. 그런 곳에서는 빈집이 늘어나겠지. 경기도를 앞으로는 큰 서울이라고 봐도 될 거야. 대도시는 확장되고 지방 소도시는 슬럼화 되고……."

권 사원은 열심히 메모한다.

남자친구에게 설명을 해줘야 하는데 경제관념 제로인 남자친구가 과연 이해할까.

폭락론에 심취해 있는 남자친구를 어떻게 구제해야 하나.

"실은 작년에 제가 전세가랑 매매가 차이가 거의 안 나는 아파트를 하나 사두려고 했었는데요. 아버지가 못 사게 말리시더라고요. 어린애가 무슨 벌써 집이냐고. 그러면서 지금 집값이 너무 많이 올라서 꼭지라고 하는 거예요. 그런데 집값이 너무 많이 올랐잖아요. 지금은 갭이 너무 커서 살 엄두도 못 내요."

"음…… 권 사원 아버님은 어디에 사시는지 물어봐도 될까?"

"휴전선 쪽에 오래된 나홀로 아파트에 사세요."

권 사원은 창피하지만 솔직하게 말했다.

"휴전선? 그쪽에 나홀로 아파트면 시세가 오히려 빠졌겠는데?"

"20년 전 가격 그대로라고 하셨어요."

"다른 곳은 다 올랐는데 옛날 가격 그대로면 현금 가치를 봐서라도 손해를 보신 거네. 어르신 세대는 본인들의 좋지 않은 경험을 자녀들이 반복하지 않았으면 해서 진심으로 걱정하시지. 이해해. 그런데 권 사원이 집을 사려면 부모님과 상의하는 것도 좋지만 부동산으로 성공한 사람, 부동산 전문가라고 하는 사람들의 말을 듣는 게 중요해."

"맞아요. 사실 저희 부모님은 부동산에 대해 아무것도 모르세요."

"권 사원이 직접 공부하고 보고 판단하는 게 좋을 거야."

"네, 송 과장님 그때 내주신 숙제는 계속 하고 있어요. 끝나면 알려드릴게요."

"그래."

3

권 사원은 처음으로 프로젝트를 맡게 되어 업무에 열중한다.

원래 사원에게는 프로젝트 보조 역할만 맡기는데, 인력이 부족하다 보니 어쩔 수 없이 권 사원에게 일이 떨어지게 되었다. 회사 제품의 전반적인 시장조사와 그에 대한 전략이다. 팀에서는 이 프로젝트를 꽤 비중 있게 다룰 예정이라고 했다. 김 부장은 송 과장과 협업하되 권 사원이 주도적으로 할 것을 지시했다.

꼬박 3주를 이 프로젝트에 올인했다. 꼼꼼하게 조사하고, 분석하고, 관련자들 인터뷰까지 마친 후 자료를 만들었다. 송 과장과 정 대리도 옆에서 물심양면으로 도우며 수정사항을 체크하고 최종본을 정리해갔다.

완성. 드디어 완성. 권 사원은 떨리는 손으로 보고서 최종본 파일을 첨부해 김 부장 앞으로 이메일을 보낸다.

김 부장 역시 전무님과 상무님 앞에서 발표해야 하는 자료인 만큼 매의 눈으로 살핀다. 양 눈썹이 가까워지며 미간에 주름이 생기도록 열심히 보고 또 본다.

대망의 프로젝트 발표날. 권 사원은 청심환을 먹고 출근했다. 3년 전 회사 면접을 볼 때 이후로 청심환을 먹은 건 처음이다. 수십 번 읽고 검토하고 프레젠테이션 연습을 했다.

"권 사원, 잠깐 나 좀 봐."

김 부장은 아침 일찍 권 사원을 호출한다.

"권 사원, 오늘 발표 내가 할게."

"네? 제가 하기로 한 거 아닌가요?"

"사원한테 이런 중요한 발표를 시키는 것도 좀 그렇고, 내 생각이랑 다른 부분도 있고."

"……"

"왜 대답을 안 해?"

"네…… 부장님."

당황스럽다. 보고서 작성부터 발표까지 전부 내가 다 준비했는데…….

김 부장이 발표를 한다. 쳐다보면 눈이 빠질 것 같이 밝은 레이저 포인터를 사용한다. 장표가 넘어갈수록 권 사원은 당황스럽다. 김 부장의 발표 내용은 자신이 만든 내용과 많이 달랐다. 김 부장은 권 사원에게 한 마디 상의 없이 자료를 팀 실적에 유리한 방향으로 바꾸고 현실과는 동떨어진 이상적인 방향으로 재편집했다. 현실의 어두운 면은 본인 이미지에 타격이 있을까 봐 장밋빛 미래로 편집해버렸다. 그리고 모든 데이터 분석과 현장조사는 본인이 한 것처럼 포장한다.

권 사원과 팀원들은 멍하니 김 부장을 쳐다본다.

발표가 끝나고 송 과장이 정 대리와 권 사원을 데리고 회사 지하 카페로 내려간다.

"괜찮아?"

"말로만 들었지 실제로 겪으니 진짜 멘붕이네요. 저랑 상의도 없이 내용을 수정하시고…… 본인이 다한 것처럼…… 열심히 만든 자료인데…….'

"부장님은 왜 우리랑 대화를 안 하실까? 자기 생각은 좀 다르니 같이 바꿔보자, 이런 얘기만 해도 될 텐데……. 몇 년째 이런 식인지 모르겠네.'

"하아, 진짜 속상하네요."

옆에 있던 정 대리가 투덜거린다.

"저런 사람을 팀장 시키는 회사가 잘못된 건지 그냥 팀장이 이상한 건지, 참 알다가도 모르겠어요. 다른 스트레스는 모르겠는데 회사에서 직원들 성취감이나 보람까지 무너뜨리는 건 진짜 힘 빠지네요. 연봉이나 실적 압박 같은 것보다 이런 게 더 열받아요. 권 사원 열심히 했는데…….

<h2 style="text-align:center">4</h2>

정적이 흐른다.

송 과장이 주제를 돌려본다.

"정 대리는 제주도 잘 갔다 왔어?"

"아…… 카드 한도가 초과해서 여자친구 카드로 다 쓰고 왔거든요. 진짜 쪽팔리더라고요."

"하하, 완전 눈치 보였겠네. 뭘 했기에 한도 초과야?"

"선물로 핸드백 500만 원짜리를 할부로 샀는데 그걸 까먹었더라고요. 또 필라테스 다니고 싶다고 해서 등록해줬는데 그게 1회에 7만 원이거든요. 10회 등록하면 1회 무료로 해준다고 해서 그렇게 했는데…… 그래도 7만 원 벌었습니다."

"결혼 전에 돈 너무 많이 쓰는 거 아니야? 얼마 전에 차도 샀잖아."

"어차피 조금 있으면 월급 또 들어오니까 괜찮아요."

"결혼 얼마 안 남았는데 신혼집은 정했어?"

"아니요. 이제 알아보려고요. 저 한강 보이는 아파트 살고 싶어요."

"한강? 만만치 않을 텐데……. 정 대리랑 권 사원 둘 다 결혼하지? 여유가 있으면 그냥 사서 입주하는 게 제일 좋지만 말이야. 그게 아니면 월세로 사는 것도 생각해봐. 전세금 마련하느라 부모님께 손 벌리거나 은행 대출 받고 이자 내는 것보다 월세 내는 게 나아. 거주 비용과 초기 비용을 최소화해야 어떻게든 돈이 모여."

정 대리가 대답한다.

"월세요? 우리가 고시생도 아니고 월세는 무슨 월셉니까. 다달이 나가는 돈도 아깝고요. 다 없어지는 돈이잖아요."

"아까우니까 월세 싼 데서 살라고. 아직 젊으니까 집이 좀 낡았더라도 고생하면서 버틸 수 있잖아. 대신 전세 보증금 할 돈으로 다른 데 전세 끼고 집 하나 사두는 것도 방법이야. 그러다 돈이 모이면 들어가 살면 되는 거고."

"흠…… 여자친구한테 한 번 물어볼게요. 근데 월세 산다고 하면 친구들이 무시할 거 같은데……."

"그래, 상의해봐. 아이 생기면 어쩔 수 없이 한쪽만 일하는 경우가 생길 수도 있으니까 그 전에 한 채 마련해두는 게 좋아."

5

다음 날 아침, 김 부장은 팀원을 한 명씩 불러 면담을 하기로 한다.
인사고과 시즌이라 고과에 대해 설명하려는 것 같다.

"권 사원."

"네, 부장님."

"미안한데 올해 대리 진급 해인 거 아는데 말야. 박 과장이 진급을 한참 동안 못하고 있잖아. 알지? 그래서 박 과장 고과를 잘 줘야 할 거 같아. 권 사원이 이해 좀 해줘."

"네?"

권 사원은 뭘 이해하라는 건지 어리둥절하다. 자신이 진급하는 것과 박 과장 고과를 잘 주는 게 무슨 상관인지 모르겠다.

박 과장은 김 부장과 최 부장의 동기로 몇 년째 팀 고과를 빨아먹고 있는 블랙홀이다. 과장만 10년 넘게 하고 있다. 김 부장은 박 과장이 불쌍하다며 후배들의 고과를 낮추고 박 과장의 고과를 올려주고 있다. 이 때문에 김 부장 팀의 팀원들은 최소 1년씩 진급 누락을 해왔다.

"어느 해보다 공정하고 정의로운 인사 평가로 직원들의 사기를 진작시키고……."

신년 조회사에서 하신 대표의 말씀은 어디로 갔는가.

직원들은 혹시나 했다. 어쩌면 올해는 다를까, 하고 기대했는지도 모르겠다.

하지만 다르지 않았다. 김 부장 역시 변한 게 없다.

김 부장은 사원, 대리급은 아예 진급을 하지 못할 정도로 최저 고과를 주었다. 그리고 동기인 만년 과장 박 과장에게는 최고 고과를 연속해서 주고 있다.

김 부장은 당연하다는 듯이 말한다.

"권 사원은 아직 젊잖아. 그렇지? 그래, 정 대리 들어오라고 해줘."

권 사원은 실망이 크다. 선배들이 회사에 영혼을 쏟지 말라는 이유가 있었다. 수십 번 탈락의 고배를 마신 끝에 어렵게 취직을 했다. 그것도 남들 부러워하는 대기업. 포부를 갖고 회사에 입사했지만, 막상 업무시간에도 쉬는 시간에도 선배들은 주식, 부동산, 코인 이야기뿐이다. 권 사원은 선배들이 속물이라고 생각했다.

그런데 이제 알겠다. 왜 그러는지를. 일부러 그러려고 그러는 게 아니라 회사라는 환경이, 지금의 조직이 직원들을 그렇게 몰아가고 있는 게 아닐까.

권 사원은 생각한다.

나도 그래야 하나.

회사와 나를 철저히 분리해야 하나.

내가 꿈꾸던 직장생활은 이런 게 아니었는데.

임원까지 승진하겠다, 그런 생각까진 해보지도 않았다.

그저 열심히 일하면서 성과도 내고, 그냥…… 잘해보고 싶었는데.

내가 아무리 열심히 해봤자, 잘하려고 애써봤자 소용이 없다.

나만 상처받고, 그냥 그렇게 끝난다.

6

권 사원은 자리로 돌아간다.

너무 화가 나서 무엇을 어떻게 해야 할지 모르겠다. 누구한테 하소연해야 할지도 모르겠다. 무의식 중에 핸드폰을 켜니 부재중 전화가 와 있다. 남자친구다. 때마침 전화해준 남자친구가 고맙다. 권 사원은 통화 버튼을 누른다.

"오빠, 전화했어?"

"이제 통화 가능?"

"어, 괜찮아."

"집 하나 봐둔 거 있는데 위치가 대박이야. 너네 회사랑 우리 회사 딱 중간이야. 지하철역도 완전 가까워."

"그래? 얼만데?"

"전세 4억."

"4억? 너무 비싸다. 전세가 그렇게 비싸?"

"좀 괜찮은 집들은 다 그래."

"그럼 우리 대출 얼마 받아야 하지?"

"3억 정도?"

"그만큼 대출이 나오나?"

"은행 가서 물어봐야지."

"그런데 전에 말했던 우리 팀 송 과장님하고 얘기해봤는데, 전세는 집주인한테 무이자로 대출해주는 거라고……."

"그 사람 말 듣지 마. 집값 떨어진다고 말했잖아. 조금 있으면 반토막 날 거야. 지금 경제 상황 봐. 자영업자들 폐업하고 난리야, 난리."

"오빠, 내 얘기 들어봐. 처음에는 보증금 작고 월세 싼 곳에서 시작하는 게 어때? 그리고 모아둔 돈에 대출금 합해서 전세 낀 집 하나 사놓는 거야. 그럼 나중에……."

"무슨 소리야. 유튜브에서 교수랑 전문가들이 부동산 폭락한다고 했어. 같이 영상 봤잖아. 그 사람들 말이 더 정확하지. 구독자 수가 몇십만 명인데."

"……아, 만나서 얘기해."

권 사원은 푹 한숨을 내쉬고는 전화를 끊는다.

남자친구가 퇴근하는 시간에 맞춰 회사 앞에서 기다리고 있다. 저기서 순진한 얼굴을 하고 손을 흔들고 있는 남자친구. 착한 건 좋은데 왜 이상한 사람들 말은 철석같이 믿는지. 이상한 종교에 빠지지 않은 게 정말 다행이다. 아닌가? 설마 뒷조사를 해야 하는 건 아니겠지? 권 사원은 고개를 절레절레 흔들며 마음을 다잡는다.

"떡볶이 먹으러 갈까? 현선이네."

"또? 어제도 먹었는데…… 그래, 알았어."

권 사원은 이런 걸로 싫은 소리를 하면 너무 쪼잔한 거 같아서 별말 없이 따라간다.

현선이네에 도착했다. 여기는 즉석 떡볶이보다 일반 떡볶이가 더 맛있다고 한다. 세트에 쿨피스도 포함되어 있다며 세트를 주문한다. 주문을 마치고 진동벨을 받는다.

징징징.

진동벨이 소리를 내며 옆으로 미끄러진다.

아, 요즘 진동벨은 디자인도 참 예쁘네.

권 사원은 문득 진동벨 디자인조차 식당이나 카페의 이미지를 결정하는 데 중요한 역할을 한다는 생각이 든다.

맞아, 사소해 보이는 것이 생각보다 마케팅에 큰 역할을 하는 법이지.

그때 남자친구가 떡볶이, 튀김, 순대, 꼬마김밥 세트를 들고 온다. 만날 때마다 분식집만 가는 남자친구가 얄밉다. 분식집이라고 해서 많이 싼 것도 아니다. 원래 검소한 건지 아끼려고 하는 건지 떡볶이를 정말로 사랑해서인지 모르겠다.

권 사원이 남자친구에게 젓가락을 건네며 말을 꺼낸다.

"우리 팀에 부동산 잘 아는 선배가 있는데……."

"집값 폭락한다고 말했잖아."

남자친구가 퉁명스레 말을 끊는다. 그래도 권 사원은 얘기를 이어간다. 결혼해서 같이 살 집인데 남자친구와 더 얘기를 해보고 싶다.

"일시적으로 하락할 수는 있지만 폭락할 수 없는 이유가 있어. 내가 설명해줄게."

"아니야. 폭락한다고. 내 말 믿어. 유튜브에서 그렇게 강의하고 있어. 볼래?"

대화가 안 통한다. 이러다가 싸울 것 같다. 권 사원은 말없이 순대를 떡볶이 국물에 찍어 먹는다. 어제도 먹었고 지난 주에도 먹어서 물릴 것 같다. 그래도 꾸역꾸역 먹는다. 막상 입에 넣으니 들어간다. 싸워서 기분 상하느니 그냥 먹기나 해야지 싶다.

맵다. 쿨피스를 벌컥벌컥 마신다. 늘 하는 겉도는 대화만 반복하다가 헤어진다.

7

다음 날 아침, 권 사원은 어김없이 출근한다.

엘리베이터 하나가 고장 나서 줄이 길다. 약속이라도 한 듯 다 같이 묵념 자세로 고개를 숙인 채 한 손에 핸드폰을 쥐고 화면을 본다. 다들 엄지손가락으로 화면을 넘긴다. 이러다가 인간의 엄지 손가락 지문이 사라질 것 같다.

권 사원 차례가 되어 엘리베이터에 올라탄다. 사람들이 뒤에서 밀고 들어온다.

삐—

삐 소리에 마지막에 탄 사람이 내린다. 창피한 것 같은데 티는 안 내려고 느긋하게 내린다. 오늘따라 엘리베이터는 지하철보다 밀집도가 더 높다. 바로 앞에 서 있는 아저씨의 셔츠가 땀에 젖어 있다. 땀 냄새가 스멀스멀 콧구멍 속으로 흘러 들어온다. 입으로만 숨을 쉬어본다. 입으로 땀냄새가 들어오는 것 같다. 찝찝한데 피할 길이 없다. 고개를 돌리는 게 현재로서 내가 할 수 있는 최선이다. 다행히 내려야 하는 층이다. 후텁지근하게 달아오른 엘리베이터에서 뛰듯이 내린다.

사무실로 들어서니 송 과장이 신문을 보고 있다.

"안녕하세요."

"좋은 아침!"

"과장님, 아침부터 신세 한탄 좀 해도 될까요?"

"뭔데 그래?"

"남자친구가 집 얘기만 하면 아예 들으려고 하질 않아요."

"왜 그럴까. 다른 대화할 때도 그래?"

"평소에는 안 그런데 집 얘기할 때만 그래요."

"흠…… 혹시 남자가 집을 해가야 한다는 부담을 갖고 있는 건가? 대출받으면 어차피 권 사원이랑 같이 갚아나가야 할 텐데?"

"저도 모르겠어요. 대화 자체를 거부해요. 도대체 무슨 생각을 하는지 모르겠어요."

"그럼 집 말고 돈 얘기는 해봤어?"

"돈 얘기요? 돈에 대해서는 저도 별로 관심 없고 남자친구도 관심이 없는 것 같고……."

"중요한 문제야. 결혼하고 나서 뒤늦게 부딪치면 꽤 심각해질 수 있어. 그러니 결혼 전에 명확하게 짚고 넘어가. 힘들더라도 집요하게 비집고 들어가야 할 거야."

"하아, 그런가요? 그래야겠어요. 실은 싸울까봐 저도 내심 피하고 있었거든요. 다시 한 번 얘기해볼게요."

권 사원은 이번에는 꼭 얘기를 마무리 짓겠다고 다짐한다. 그리고 송 과장한테 의논하길 잘했다고 생각한다. 친구나 또래 친척들 중에서도 결혼은 자신이 처음이라서 물어볼 만한 사람이 없었는데, 송 과장이 의지가 된다. 다행이다.

8

정 대리가 출근한다.

저 멀리서도 LV 챔피언 벨트는 잘 보인다.

"송 과장님! 권 사원! 좋은 아침입니다."

"기분 좋은 일 있어?"

"자고 일어났더니 비트코인이 완전 올랐습니다! 하하하! 제가 집중 근무시간 끝나고 공차 시원하게 쏠게요!"

이 회사는 집중 근무시간이라고 해서 오전 9시부터 11시까지는 최대한 자리 이동을 줄이고 업무에 집중하는 시간으로 정해두었다.

송 과장이 말한다.

"주식처럼 팔고 통장으로 돈이 입금돼야 돈을 번 거지. 잘 알면서."

"올랐으면 번 거나 마찬가지 아닙니까, 하하. 이럴 줄 알았으면 차나 더 좋은 거 살 걸 그랬어요. 아까워라."

집중 근무시간이 끝나고 세 명은 지하의 공차로 내려간다. 김 부장이 칸막이 위로 눈만 보이게끔 빼꼼 고개를 든다. 자기만 두고 가는 게 괘씸하지만 같이 가면 자신이 돈을 내야 하니 다행이라는 표정이다. 개인 카드는 100원도 안 쓰는 게 김 부장의 철칙인 것 같다.

"블랙밀크티 펄 추가에 당도 50퍼센트로 세 잔이요."

정 대리가 신용카드로 결제한다.

"빨대 꽂아드릴까요?"

"네."

송 과장과 권 사원이 바로 대답한다.

정 대리는 굳이 거절한다.

"정 대리님, 이거 빨대 꽂기 쉽지 않아요."

직원이 능숙하게 빨대를 꽂아준 음료를 손에 든 권 사원이 걱정스럽게 말한다.

"이게 뭐가 어렵다고."

정 대리가 빨대를 꽂는다. 비닐 뚜껑이 뚫리지 않는다.

"힘을 주고 한 번에 세게 꽂아야 해요."

힘을 주어 세게 꽂는다. 빨대 끝 모서리가 휘어진다. 비닐 뚜껑은 움푹 들어가기만 할 뿐 구멍이 나지 않는다.

세 번째 온 힘을 다해 꽂는다. 비닐 뚜껑이 좌악 찢어지며 밀크티가 정 대리의 카디건에 튄다.

"으악, 내 카디건! 이거 드라이 하고 처음 입은 건데…… 또 맡겨야겠네."

왼팔에 흰색 선 세 개가 있는 카디건에 튄 밀크티를 휴지로 탁탁 털어낸다. 권 사원은 그런 정 대리를 물끄러미 바라본다. 정 대리를 보면 가끔 김 부장의 향기가 난다고 생각한다.

9

딩동.

권 사원의 핸드폰에 카톡 메시지가 뜬다. 남자친구가 또 이상한 부동산 강의 영상을 보냈다.

"송 과장님, 이거 보세요. 남자친구가 또 이상한 유튜브 강의를 보내줬어요."

"어디 봐. 아…… 남자친구가 이런 거 보는구나."

"정 대리님은 결혼 준비하시면서 별 문제 없으세요?"

"음…… 딱히?"

"저는 송 과장님 말씀대로 전세대출 받아서 이자 내느니 그 돈으로 월세 살고 싶거든요. 나머지 돈으로는 다른 데 투자하고요. 근데 남자친구는 반대해요. 대리님은 여자친구와 그런 얘기 해보셨어요?"

"아니, 아직. 다음 주에 스튜디오 촬영이 있어서 그냥 운동만 열심히 하고 있어. PT 받으면서."

"집 빨리 알아보셔야 할 텐데요. 저 지금 알아보는데 전셋값이 장난 아니에요. 이러다가 엄청 멀리서 출퇴근 할 것 같아요."

"뭐, 길바닥에서 자기야 하겠나. 사진촬영 끝나고 찾아보지 뭐."

문득 권 사원은 김 부장과 했던 인사고과 면담 얘기를 꺼낸다. 다른 사람들은 어땠는지 궁금하다.

"송 과장님 인사고과 면담하셨어요?

"했지. 이번에도…… 내가 미안하네."

"송 과장님이 뭐가 미안해요?"

"박 과장님 때문에 사원 대리급들한테 어떻게든 피해 안 갔으면 했거든. 인사팀장님이랑 김 부장님한테 얘기해봤는데 잘 안 됐어. 인사팀은 팀장한테 권한이 있다고 하고, 김 부장님은 원래 남의 말을 안 들으시니……."

"저는 고과 때문에 월급이 안 오르는 것도 싫지만, 더 싫은 건 제가 한 일에 대해 인정을 못 받는 거예요. 진급이나 연봉, 이런 걸 떠나서 그냥 너무 허탈해요. 내가 왜 이 회사를 다니나,

계속 다니는 게 맞나, 그런 생각이 들어요. 다른 회사에 비해 연봉이라도 높으면 그러려니 하겠는데 그것도 아니잖아요. 이왕 스트레스 받으면서 다닐 거면 차라리 이직해서 돈이라도 더 받을까봐요."

"맞아. 이런 일이 반복되면 그런 생각을 할 수밖에 없어. 그게 현실이지."

정 대리가 말한다.

"뭘 신경 써. 그냥 대충 다녀. 회사 어디 다니든 거기서 거기야. 대충해."

"저는 잘해보고 싶거든요. 보고서 건도 그렇고 인사고과 건도 그렇고. 진짜 힘이 빠지네요."

"김 부장님이 유별나서 그래. 나는 진작 포기했다. 근데 나 사진 좀 찍어줘."

정 대리가 포즈를 취한다. 밀크티를 든 왼쪽 손목에 번쩍이는 시계가 보인다. 권 사원이 픽 웃으며 사진을 찍는다.

#일상 #업무스트레스 #달콤휴식

10

권 사원은 퇴근하고 남자친구를 만난다.

먼저 집 얘기를 꺼낸다. 아까 송 과장의 충고대로 오늘은 물러서지 않겠다고 마음 먹는다. 부딪치더라도 얘기할 건 해야 하는 게 맞다고 생각한다.

"요즘 집값 계속 오르는데 기다렸다가 사지 말고 미리 사두자. 응?"

"몇 번을 말해? 폭락할 거라고. 얼마 안 남았어. 그때 싸게 사면 돼. 싸게 사는 게 진짜 투자 잘하는 거야. 투자 못하는 사람들이 한참 비쌀 때 사는 거라고."

"몇 년째 떨어진다 떨어진다 하는데 계속 오르잖아."

"그게 거품이야. 거품이 커질수록 확 빠져. 주식도 그래. 다 그런 거야."

"하아…… 오빠 부모님은 뭐라고 하셔?"

"부모님은 나 하고 싶은 대로 하라고 하시지."

"우리 회사 내에서 집 있는 사람이랑 없는 사람, 분위기 완전 다른 거 알아?"

"지금 집 있는 사람들 엄청 불안할걸? 집값 빠질까봐?"

"그 반대야. 없는 사람들이 더 불안해하고 있어."

"난 하나도 안 불안한데? 유튜브 전문가들이 통계자료 분석한 거 봐. 너는 잘 모르면서 아는 척 좀 하지 마."

남자친구가 살짝 신경질을 내고 미안했는지 덧붙인다.

"우리 이런 얘기 그만하고 밥이나 먹으러 가자. 김가네."

"또 분식이야?"

"왜, 맛있잖아. 거기 가면 다 있어. 분식, 한식, 양식."

"유튜브에 후원금 낼 돈 있으면 나랑 좀 더 괜찮은 곳으로 가도 되지 않아?"

"그건 내가 공부한 수업료 내는 거고. 이거랑은 다르지."

"내가 무슨 엄청 비싼 데 가자는 것도 아니고……."

"오늘 왜 그래? 회사에서 무슨 일 있었어?"

"일은 무슨 일. 그냥 답답해서 그렇지."

"뭐가 답답한데? 나한테 다 말해. 내가 다 해결해줄게."

권 사원은 뭐라고 대답해야 할지 몰라서 입을 다문다.

암울하다.

결혼이라는 현실적인 문제에 직면하니 연애할 때는 안 보이던 점이 보인다.

상대방의 새로운 점을 알게 되니 혼란스럽다.

그 새로운 점이 좋은 점이 아니라는 게 문제다.

11

바람이 분다.

희망퇴직 바람.

부장들은 초긴장 상태인데 김 부장만 느긋하다. 입사 때부터 승승장구해서 그런지 남일이라고 생각하는 것 같다. 김 부장 연배의 부장들 절반 이상은 이미 정리해고 명단에 올랐다는 소문이 돈다. 회사의 고정비가 올랐고 매출 대비 인력이 많다는 외부 업체의 컨설팅을 받아서 인원 감축에 속도를 내고 있다고 한다.

매년 실적을 보면 이익을 꾸준히 내는데도 불구하고 회사는 항상 위기라고 말한다. 회사 내 어딜 가나 '혁신'이라는 단어가 들어간 문구들이 북한의 선전 포스터마냥 곳곳에 붙어 있다. 직원들에게 혁신적이고 창의적인 아이디어로 시대에 맞춰 변화하라고 강요한다. 하지만 무엇이 혁신이고 무엇이 창의이고 무엇이 변화인지는 아무도 알려주지 않는다.

아무도 모르는 것 같다.

권 사원의 고과는 면담에서 들은 대로 C가 나왔다. 만년 과장인 50대 박 과장 한 명을 위해 연차 낮은 다른 직원들이 몇 년째 희생을 해야 하다니, 생각할수록 기가 막히다.

라식수술로 아직은 건조한 눈에 인공눈물을 넣는다. 직장인들이 쓰는 익명 게시판 앱 블라인드에 들어간다. 이 공간에서는 내가 누구인지 아무도 모른다.

회사 게시판에 들어간다. 이미 인사고과에 대한 불평 글들이 쭉 올라와 있다. 심한 욕설도 있고 평가에 대한 부당함에 항의하는 글도 있다. 댓글들도 유심히 본다.

'홍아 그냥 다녀.'

'홍아 회사는 회사야 재테크나 열심히 해.'

'절이 싫으면 중이 떠나.'

'우리 회사는 안 바뀌어. 나도 기대 안 한 지 오래됐어.'

'빨리 탈출하는 게 승자야.'

여기에서는 서로를 여자건 남자건 홍아(형아)라고 부른다.

이직하고 싶다. 네이버 검색창에 취업준비생 때 들락거리던 잡코리아를 친다. 이제는 신입 공채가 아닌 경력 채용을 훑어본다. 신입보다 경력직이 갈 만한 곳이 더 많다. 신입도 경력이 있어야 어디를 갈 텐데 경력을 어디서 쌓나 궁금하다. 경력 채용을 보니 대부분 5년 이상 업무 경험자를 찾는다. 아직 2년이 부족하다.

이 회사에 뼈를 묻겠다는 다짐을 하고 입사했는데 이렇게 사람이 달라질 수 있나.

원래 회사란 게 이런 건가.

마라톤 같은 회사생활에서 이런 것쯤은 견뎌야 하는 건데 내가 섣불리 감정을 내세우는 건가.

뭐가 맞는 거지?

다른 회사도 이런가?

12

그날 저녁, 권 사원은 남자친구를 만난다.

오늘은 정말 집 문제에 대해서 정확히 짚고 넘어가야겠다. 내가 설득을 하든 설득을 당하든 끝을 볼 작정이다.

남자친구는 해맑디 해맑은 표정으로 내 손을 잡는다.

"밥 먹으러 가자. 먹고 싶은 거 골라봐."

"곱창 먹고 싶어, 소주에."

식당에 도착한다. 간판에 궁서체로 '곱창 대창'이라고 쓰여 있다. 내부는 온통 기름 냄새에 찌들어 있다. 숨만 쉬어도 기름이 콧구멍을 막을 것만 같다. 한쪽 구석에 환기 팬이 있다. 딱 봐도 고장난 지 오래되어 보인다. 천장이 낮아서인지 와글와글 온갖 소음이 머리가 멍해질 정도로 울린다.

권 사원은 소형 드럼통 같은 의자에 앉는다. 다시 일어나 의자 뚜껑을 들어 그 안에 핸드백과 재킷을 넣는다.

곱창은 기름덩어리라 몸에 안 좋다는 말이 있다. 그래도 맛있으니 어쩔 수 없다. 곱창이 철판 위에서 지글지글 끓는다. 권 사원은 기름 냄새를 한껏 들이켜고는 마음을 단단히 다잡으며 말을 꺼낸다.

"우리 신혼집 어떻게 할지 생각해봤어?"

"집? 전세대출 받아서 들어가기로 했잖아."

"내가 한 말은 생각해봤어?"

"월세 살면서 다른 데 투자하자는 거? 그건 아니라고 말했잖아. 야, 곱창 탄다. 빨리빨리 뒤집어."

"……"

상대의 의견은 안중에도 없다는 듯 곱창을 뒤집느라 정신이 없는 남자친구를 보고 있으니 권 사원은 일시에 전투력이 사라지는 것을 느낀다.

"……알았어. 나도…… 전세 사는 쪽으로 생각해볼게."

"그래, 투자는 무슨 투자야. 이 시국에."

권 사원은 지글지글 끓고 있는 곱창을 내려다본다. 더 이상 할 말이 없다.

남자친구는 곱창을 먹다 말고 철판 테이블에 올려놓은 핸드폰을 켠다.

"이거 봐. 나 레벨업 진짜 많이 했어. 역시 게임은 아이템 발이야."

"또 샀어?"

"어. 이게 없으면 다음 레벨로 올라가는 데 너무 오래 걸려."

남자친구는 게임하는 시간이 하루의 절반은 되는 것 같다. 업무 중에도 게임을 틀어놓는다고 한다. 연애만 할 때는 그런 것도 귀여워 보였다. 그런데 이제는 게임에 관심 없는 자신에게 게임 이야기만 하고 게임에다가 돈을 쓰는 남자친구가 불편하다.

"지금까지 게임에 얼마 정도 썼어?"

"한…… 200?"

"뭐라고? 게임에 200만 원이나 썼다고?"

"원래 그 정도 해. 더 비싼 것도 많아. 천만 원 넘게 쓰는 사람들도 많아."

남자친구는 자기가 쓴 돈은 별거 아니라는 듯이 말한다.

"그렇게 돈 쓰고 나면 남는 거 있어? 그냥 궁금해서……."

"이거 다 부모님한테 용돈 받은 걸로 쓰는 거야. 내 월급에서 일부는 그래도 저축해."

"용돈을 받는다고?"

"어. 원래 계속 받았는데?"

"취직해서 돈 벌잖아. 그런데도 용돈을 받아?"

"뭐 어때. 부모님이 주시는 건데. 부모님 돈이 내 돈이지."

허구한 날 폭락 얘기만 하는 유튜브 강사들에게 후원금을 보내고, 게임에 수백만 원 돈을 쓰고, 직장생활하면서 용돈을 받고…… 이 남자의 경제관념은 어떻게 된 것일까.

"결혼하고도 받을 거야?"

"받아서 나쁠 건 없지."

"우리가 학생도 아닌데? 용돈을 드리는 것도 아니고?"

"받으면 좋지. 왜? 받는 거 불편해?"

"그게 아니라……."

지이잉—

남자친구의 핸드폰이 울린다.

"어, 엄마."

"우리 아들 저녁 먹었니?"

"지금 먹고 있어요."

"그래. 잘 챙겨 먹고 다녀."

"네, 엄마. 엄마도 잘 챙겨드세요."

권 사원은 곱창을 한 점 입에 넣는다. 입안에서 곱창이 녹아 내린다. 소주를 들이켠다.

결혼할 이 남자에 대해 점점 의구심이 든다.

앞으로 두 사람이 힘을 합쳐 살림을 같이 꾸려가야 하는데 잘할 수 있을까.

남자친구는 착한 걸까, 철이 없는 걸까.

내가 이상한 건가, 너무 급한 건가.

권 사원은 잘 모르겠다고 생각한다.

"혹시 또 돈 쓰는 거 있어?"

"왜 자꾸 돈 얘기해?"

"나랑 돈 쓰는 게 너무 달라서. 그리고 결혼할 건데 알아야 하잖아."

"레고 사고, 피규어 사고…… 그 정도?"

"레고 뭐 샀는데?"

남자친구 표정이 갑자기 밝아지며 신이 나서 대답한다.

"요즘은 스타워즈 시리즈 만들어. 결혼하면 맨날 같이 만들 수 있겠다. 예전부터 같이 만들고 싶었어."

"레고에는 얼마 정도 썼어?"

"다들 레고를 애들 장난감이라고 하는데 사실은 어른들 장난감이거든. 이번에 산 게 우주왕복선처럼 생긴 건데 150만 원. 부품이 진짜 많아. 다 만들면 전시해두려고. 매장에서 전시된 거 보고 바로 샀잖아. 진짜 멋있어. 엄마도 멋있다고 했어. 다음에는 타지마할 같은 세계의 역사적 건축물 시리즈 사려고 돈 모으고 있어."

"아……."

"며칠 뒤에 플레이스테이션 신모델 나오는데 그것도 사전 예약해놨어."

"게임기? 그건 얼만데?

"이것저것 해서 100만 원. 없어서 못 사는 거야. 예약한 게 기적이야."

입안에서 곱창은 녹고 있지만, 심장은 굳고 있다.

"돈 많네……."

"월급 받으면 내가 뭐 쓸 곳이 있나. 이런 데 쓰려고 버는 거지. 너도 게임 해보라니까. 그래픽이나 스토리 같은 거 보면 진짜 100만 원이 하나도 안 아까워. 우리 엄마도 인정했어."

"결혼 준비하면서 나는 돈 때문에 걱정되는데……."

"부족하면 부모님이 도와주시겠지. 하하."

그래서 분식집만 간 거였나. 게임에 돈 쓰고, 후원금 보내고, 레고 사고. 그러니 돈이 있을 리가 없지. 용돈을 받을 수밖에 없네. 이제 정리가 된다.

정리가 되니 정이 떨어진다.

잠시 싫증난 것일 수도 있다.

근데 어쩌지, 이미 알아버렸는데.

사랑하기도 하고 착하기도 하지만 그것만으로 결혼을 하기에는 머리가 너무 커져버렸다. 이래서 결혼은 아무것도 모를 때 하라는 건가.

곱창 조각들은 어느새 쪼그라들어 뒤틀린 껍질만 남았다. 남자친구는 젓가락으로 한 번에 두 조각을 집어 소금에 찍어 먹는다. 껌을 씹듯 질겅질겅 씹는다. 각진 턱이 더 도드라져 보인다.

권 사원은 계산을 하고 밖으로 나온다. 블라우스에는 기름 냄새가 짙게 뱄다. 남자친구가 데려다준다고 했지만 거절한다.

버스에 올라탄다. 아이유의 '라일락'을 들으며 창 밖을 본다.

결혼 진짜 접을까.

이 정도는 별 게 아닌 건가.

누구에게 물어봐야 하지.

상견례도 했는데.

지금이라도 알아서 다행인 건지.

그냥 하는 게 맞는 건지.

블라우스에 밴 곱창 냄새가 스멀스멀 올라온다. 창문을 연다. 창문을 여니 매캐한 매연 냄새가 코를 찌른다. 매연보다는 곱창 기름 냄새가 낫다. 다시 창문을 닫는다.

곧 죽어도 인서울

1

프로포즈 여행이 끝나고 며칠 후, 정 대리는 여자친구를 만나기로 했다.

은행에 가서 카드 한도를 높였다. 제주도에서의 민망함과 미안함을 만회하는 날이다.

여자친구는 약속 시간보다 20분 늦게 나타난다. 정 대리가 차 안에서 기다리고 있으니 그녀가 차를 발견하고 손을 흔든다.

캣워크를 하며 걸어온다. 긴 머리에 다홍빛 립스틱을 바르고 짧은 치마에 A4용지만 한 클러치를 들고 있다. 차에 탄 여자친구는 향수 냄새가 차 안을 거의 다 채워갈 때쯤 묻는다.

"오빠 카드 한도 풀렸어?

첫 마디가 카드 얘기다. 제주도에서 자기가 다 계산한 게 마음에 쌓였나 보다.

"어, 오늘 풀렸다."

"와! 그럼 맛있는 거 먹으러 가자."

"그래. 우리 예비 신부님 맛있는 거 사줘야지."

미슐랭 원스타 식당에 간다. 이 식당 찾느라 오늘 반나절을 보냈다.

발렛파킹 직원이 내리라고 한다. 티켓을 뜯어준다.

정 대리는 발렛파킹 직원이 혹시나 차를 긁지는 않을까, 혹시나 고급 독일차를 탐내어 멀리 도망가는 건 아닐까 걱정한다. 어디에 주차하는지, 문은 조심히 여는지 보고 싶지만 어쩔 수 없이 여자친구를 따라 식당 안으로 들어간다.

메뉴를 보니 단품은 3만 원, 코스는 7만 원부터 시작이다. 12만 원짜리도 있다. 이런 곳에 오면 코스를 시켜야 한다. 12만 원짜리 메뉴나 7만 원짜리 메뉴나 중간에 나오는 스테이크 빼고 크게 차이가 없다. 정 대리는 가장 저렴한 코스로 시킨다.

테이블 중앙 위로 샹들리에가 반짝인다.

여자친구는 벌써 셀카 30장을 찍고, 그중에 제일 잘 나온 것을 보정하고 있다. 실물도 예쁜데 사진 속에 더 예뻐진 여자친구가 있다. 그런데 옆에 보이는 벽이 휘어 있다.

정 대리는 여자친구가 두 명이다. 인스타 여자친구와 실제 여자친구다. 실제로 바로 앞에서 보는 여자친구도 좋고, 인스타 안의 더 예뻐진 여자친구를 보는 것도 좋다.

코스 요리가 나오기 시작한다. 접시는 진짜 큰데 전부 한 젓가락이다. 정 대리와 여자친구는 손 그림자가 음식에 비치지 않게 여러 각도에서 사진을 찍는다. 음식 사진도 셀카만큼 각도가 중요하다.

마지막 코스 요리가 나오고, 종업원이 "제주도 농장에서 오늘 도착한 녹차 잎으로 만든 녹차입니다"라고 하면서 녹차를 내어 준다.

제주도의 'ㅈ'자도 듣기 싫다. 한도 초과의 악몽이 떠오른다. 다른 음식들 사진은 일곱 장씩 찍었으나 녹차 사진은 안 찍는다.

레스토랑을 나온다. 어둑어둑해졌다. 여자친구를 데려다주 고 집으로 향한다.

오늘 여자친구가 만족해한 거 같다. 그녀가 만족하면 정 대리 도 만족스럽다.

배에서는 꼬르륵 소리가 난다. 소리가 난다기보다 배 속에서 느껴지는 진동이다. 진동 때문인지 더 허기지다. 입은 만족했어 도 배는 만족하지 않았나 보다.

"엄마, 집에 뭐 먹을 거 없나?"

"냉장고 봐봐라."

울산 출신인 정 대리는 가족들과 만나면 자연스럽게 사투리 가 튀어나온다. 자동변환 스위치가 있는 거 같다.

냉장고를 연다. 락앤락에 담긴 밑반찬들이 꽉 차 있다. 더 들 어갈 틈이 없다. 이 녀석들이 범인이다. 자고 있을 때나 텔레비 전 볼 때나 딱딱 소리를 낸다.

냉장고 문을 닫고 주방 선반을 열어본다. 라면이 있다. 라면은 트레이너가 결혼식 전까지 절대 먹지 말라고 했다.

뭐 먹지. 집앞에서 떡볶이나 사 먹을걸.

때마침 트레이너에게서 문자가 온다.

'회원님, 내일 저녁 8시입니다. 내일 뵐게요. 식단 조절 꼭 하

셔야 합니다.'

스튜디오 촬영이 얼마 안 남았으니 참는다. 꼬르륵거리는 배를 움켜쥐고 침대에 눕는다. 오늘 찍은 사진 중 베스트 컷을 골라본다. 레스토랑 직원이 와인 따라주는 모습을 여자친구가 찍어준 사진이다. 발렛파킹을 하느라 차 키를 같이 못 찍은 게 아쉽다. 인스타에 업로드 한다.

#데이트 #미슐랭 #코스요리 #훌륭한한끼

사진을 올리고 나니 허기가 사라진다. 정 대리는 뿌듯한 마음으로 잠을 청한다.

2

다음 날, 여자친구가 회사 근처 카페에서 기다리고 있다고 연락한다.

결혼 준비 때문에 만나는 횟수가 잦아졌다.

어깨에 걸친 트위드 재킷, 허벅지가 시원하게 드러나는 짧은 바지, 얼굴 절반을 가리는 큰 선글라스. 여자친구지만 멋있다. 좀 세 보이긴 하지만, 이렇게 화려하고 멋진 여자친구 옆에 있으면 덩달아 자신도 주목을 받는다. 정 대리는 여자친구 옆에 앉는다.

"왔어, 오빠? 핸드폰으로 가구 보고 있었어. 우리 가구 어디 거 하지?"

여자친구가 살갑게 팔짱을 끼며 묻는다.

"백화점에 예쁜 거 많던데? 그것보다 집부터 알아볼까? 회사 사람들이 자꾸 집부터 보라고 하던데."

"오빠 친구가 사는 거기, 한강 보이는 곳에 살고 싶어."

"한 번 보자. 여기…… 맞나?"

"어. 거기."

네이버 부동산을 확인한 정 대리는 깜짝 놀란다.

"전세 20억…… 20억? 전세가?"

"에이, 장난치지 마. 무슨 전세가 20억이야."

"여기 봐봐. 잠깐만, 그럼 매매가는…… 40억? 헐…….'

"오빠, 지금 우리 얼마 있지?"

"부모님이 1억 주셨는데 거기서 좀 썼지. 식장, 신혼여행, 스드메 이런 거 하면 한…… 6천 남나?"

여자친구는 입술을 삐죽 내밀고, 어이없다는 듯이 말을 돌린다.

"얼마 전에 결혼한 친구집, 거기 전세 한 번 보자."

"아, 거기? 거기는…… 전세 9억인데?"

"9억? 걔가 무슨 돈이 있다고? 남편이 잘 사나? 다른 데 보자. 저 위쪽."

"좀 오래된 주공 아파트…… 여기도 4억이네, 제일 작은 평수가."

"집값 미쳤다…… 어떡해, 오빠?"

"우선 부동산 좀 다녀보자. 허위 매물일 수도 있으니까."

"나도 한 번 알아볼 테니까 오빠도 알아봐."

3

며칠 뒤, 정 대리는 오후 반차를 쓰고 집을 알아보러 간다.

서울 중심부에 거실에서 한강이 보이는 아파트에 살고 싶다. 해가 뜨면 반짝이는 강물을 보며 아침을 맞이하고 싶다. 현실은 1억이 안 되는 예산이다. 찾다 찾다 보니 회사와 점점 멀어진다.

어느새 경기도로 넘어간다. 경기도도 천차만별이다. 전혀 싸지 않다. 회사와 더 멀어진다. 경기도와 강원도 경계에 있는 곳의 부동산중개소를 찾아간다.

"얼마짜리 찾으세요?"

"6천이요."

부동산 사장님이 모니터를 유심히 보더니 말한다.

"저기 옆 블록에 다세대 전세 하나 있네요."

"다세대요? 저는 아파트 찾는데요?"

"아파트 6천짜리 전세가 어딨어요? 대출 포함에서 6천인 거예요?"

"아니요."

"대출 얼마까지 받으실 거예요?"

"생각 안 해봤는데요."

"집 보러 다니시면서…… 대출 계획이 있으셔야죠."

"아 그래요?"

"그 돈이면 대출 좀 보태서 보증금 1억에 월세 50 정도 나오는 게 적당해 보이네요."

"월세는 싫은데요."

"부르기 나름이에요. 반전세, 월세 다 같은 거예요."

"매달 돈 나가는 건 부담스러워서요."

"아, 총각 엄청 까다롭네. 그럼 보증금을 더 많이 내야 돼요. 보통 30만 원에 1억이니까…… 2억 5천은 있어야겠네."

부동산 사장님이 퉁명스레 말한다. 일부러 그러는 것 같지는 않다. 그래도 정 대리는 자신이 무시당하는 것 같아 기분이 나쁘다. 꿀리고 싶지 않다.

"이런 동네가 뭐 그렇게 비싸요?"

"이런 동네라니, 여기 무시하는 거예요?"

"아, 아니 서울이랑 멀잖아요……."

"가까운 곳 가봤어요? 여기보다 훨씬 더 비싸요."

"그렇긴 하죠……."

정 대리는 주춤하고는 다시 공손하게 묻는다.

"전세대출은 얼마나 나오는지……."

"아니, 대출을 나한테 물어보면 어떡해요? 은행 가서 물어봐야지. 그런데 보통 직장 안정적이고 신용불량 같은 거 없으면 대출 잘 나와요."

"그래요? 그럼 집 볼 수 있습니까?"

"잠깐만요. 지금 본다는 사람들이 다른 부동산에도 있다니까 같이 가봐요. 이게 다른 데보다 좀 싸게 나와서 그래요."

"네."

부동산 사장님과 집을 보러 간다. 외관을 보니 엄청 낡지도 않았고, 그럭저럭 살 만한 아파트다. 회사랑 거리가 있는 것 말고는 괜찮다.

엘리베이터를 타려는데 우르르 사람들이 가득하다. 회사에서도 이렇게 많이 안 타지 않나? 세상 사람들이 이 아파트 엘리베이터에 다 모인 것 같다.

모두 같은 층에서 내린다. 같은 집으로 향한다. 이런, 이 많은 사람들이 그 집 하나 보러 온 것이다.

집을 보기 위해 줄을 선다. 원래 집 구하는 게 이런 건가. 정 대리는 이제야 슬슬 걱정이 밀려오기 시작한다.

한 무리가 집을 둘러보고 나온다. 한 아주머니가 외친다.

"제가 할게요!"

옆에 있던 젊은 부부도 지지 않는다.

"저희는 지금 계약금 드릴 수 있어요!"

서로 계약하겠다고 나선다. 아수라장이다. 경매장도 아니고 수산물 직판장도 아니고 전셋집 들어가는데 이렇게 한다고? 뉴스에서 보던 게 실화였다니.

정 대리는 집 안을 제대로 보지도 못하고 부동산 사무실로 돌아간다.

"요즘 분위기가 이래요. 전세도 잘 없고, 조금만 싼 물건 있으면 반나절도 안 돼서 나가요. 집을 보지도 않고 계약하기도 하고요. 여기가 서울에서 멀어도 한 번에 가는 지하철이 있어서 그쪽으로 출퇴근 하는 사람들이 많거든요."

"아, 네…… 나중에라도 괜찮은 집 있으면 연락주세요."

"은행부터 가봐요. 대출부터 알아봐야지."

부동산중개소 문을 열고 나온다. 대출부터 알아보라고? 정 대리는 뭐부터 해야 할지 모르겠다.

여자친구에게 전화한다.

뚜뚜—

전화를 안 받는다.

차에 타서 내비게이션에 집 주소를 찍고 시동을 건다. 강변북로에 서울에서 경기도 쪽으로 가는 차들이 꽉 차 있다. 출근시간에는 경기도에서 서울 가는 도로가 '헬'인데 퇴근시간에는 반대다.

여자친구에게서 전화가 온다.

"어, 왜 전화 안 받았어?"

"뭐 좀 하느라고. 집 알아봤어?"

"봤는데 전세금 대출 받아야 할 것 같아. 아니면 반전세로 가든지."

"반전세는 뭐야? 그냥 대출 받지 뭐. 아파트는 괜찮아?"

"그냥 살 만하네. 회사랑 좀 멀어서 그렇지."

"어딘데?"

"저기 경기도 끝 쪽. 강원도 조금 못 미쳐서."

"뭐? 감자 농사 지으려고?"

이런 반응일 줄 알았다.

"돈에 맞추려니까 거기까지 갔지. 근데 다닐 만하던데. 기차…… 아니 지하철도 있고. 지하로 안 다니니까 전철이라고 해야 하나."

"좀 더 회사랑 가까운 데 없어? 서울에 살아야지, 서울!"

"지금 예산으로는 경기도에서도 변두리 정도야. 대출 더 받으면 회사랑 멀지 않게 다닐 수 있을 거 같기도 하고. 대출 받는 건 생각 안 해봤는데 부동산 사장님이 받으라고 하네."

"그래, 뭐 하러 멀리 살아. 한강에서 조깅도 하고 주변에 예쁜 카페도 많은 곳으로 가자. 이따가 다시 통화해."

"어, 그래."

서울, 서울…… 그놈의 서울…… 회사도 서울에 있고 죄다 서울에 있다.

4

출근한 정 대리가 회사 메일을 여니 전체 메일이 와 있다.

연차휴가 안 쓴 직원들은 올해 안에 모두 쓰라는 공지사항이다. 김 부장이 말한다.

"메일 봤지? 다들 알아서 잘 써. 나도 내일 휴가 쓸 거야."

이상하다. 휴가 쓰는 것을 본 적이 없는 김 부장이 휴가를 쓴단다. 김 부장이 자리에 앉으려다가 다시 일어나더니 정 대리에게 말을 건다.

"정 대리, 요즘 주식 뭐 들고 있어?"

"저는 팔만전자 조금 들고 있습니다."

"뭐? 팔만전자? 그런 것도 있어?"

"하하, 네. 삼성전자 주가가 지금 8만 원이라서 '팔만전자'라고 부릅니다. 조만간 '십만전자' 되지 않겠습니까."

"그래? 십만 원 갈 거 같아? 그럼 나 정 대리만 믿고 산다. 떨어지면 알지?"

"그, 그건⋯⋯."

"맞다. 우리 팀에 종이컵하고 군것질거리 하나도 없더라. 누가 가서 사와."

잘됐다. 머리나 식힐 겸 외출이나 하자.

"권 사원, 나랑 다녀올까?"

"네, 정 대리님."

김 부장이 말한다.

"저기, 정 대리야, 충전기 케이블도 하나 사와. 이거 왜 이렇게 잘 고장나? 이 자식들, 일부러 고장 잘 나게 만드는 거 아니야? 계속 사게 하려고?"

정 대리와 권 사원은 근처 마트에 간다.

"우리도 이제 종이컵 큰 거 쓰자. 작은 거 쓰니까 불편하더라."

"네, 그래요. 그런데 부장님 허락 받아야 하는 거 아니예요?"

"하⋯⋯ 김 부장님은 뭐 하나 바꾸려고 하면 사소한 것까지 태클을 걸어서⋯⋯ 아, 몰라 그냥 사자. 과자는 김 부장님 쿠크 다스 좋아하시니까 두 박스 사고. 권 사원이 좋아하는 것도 골라. 나는 아무거나 상관없으니까."

두 사람은 쇼핑을 끝내고 빵빵한 종이백을 양손에 들고 회사로 돌아간다.

"권 사원, 신혼집 알아보고 있어?"

"알아보려고 하는데 일단 남자친구가 경제관념이 없어서 시작도 못했어요."

"나는 어제 경기도 끝 쪽에 집 보고 왔는데 집은 그럭저럭 괜찮은데 너무 멀더라. 대출 받아서 회사랑 최대한 가까운 곳 알아보려고."

"전세로 가시게요?"

"어, 월세는 좀……. 월세 산다고 하면 쪽팔리잖아. 매달 돈도 나가고."

"저는 송 과장님 말씀대로 저렴한 월셋집에서 몸 테크 좀 하면서…… 돈 모아서 아파트 하나 사고 싶어요. 남자친구가 동의를 안 해서 문제죠."

"나는 직장생활 7년쨴데 통장에 돈이 하나도 없어, 참나. 권 사원은 좀 모았나?"

"네, 저는 딱히 쓸 데가 없어서요. 이제 3년차라 많이 모으지는 못했어요. 결혼하면 더 열심히 모으고 싶은데 남자친구가 게임에 돈 쓰고 레고 모으고……."

"남자들 다 그렇다. 그 정도는 괜찮지. 스트레스 받는데 게임이라도 해야지. 나도 아이템 사는데 500은 쓴 거 같은데."

"500이요?"

"다른 데 안 쓰잖아. 그냥 이해해, 권 사원이."

권 사원의 눈가에 미세한 경련이 일어난다.

"만약에 결혼하고 나서 여자친구가 게임 그만하라고 하면 어떻게 하실 거예요?"

"몰래 할 건데."

"아…… 네……."

정 대리는 여자들이 왜 남자들 게임하는 걸 싫어하는지 이해할 수가 없다. 나쁜 짓 하는 것도 아니고 귀찮게 하는 것도 아닌데 말이다.

장 본 물건들을 캐비닛에 정리한다. 김 부장이 전무실로 가는 게 보인다. 따스한 햇살에 김 부장의 그림자가 길게 뻗어 있다. 발걸음이 가벼워 보인다. 좋은 소식이 있을 것 같은 느낌이다.

5

정 대리는 회사 1층에 있는 은행에 간다.

문 바로 앞에 보안요원이 있다. 옆구리에 차고 있는 권총이 진짜 총인지 유심히 본다. 번호표를 뽑는다.

대출상담 직원 책상 앞에 앉는다.

"대출 좀 받으려고요."

"주택 구매하시나요?"

"전세대출 받으려고 합니다. 얼마까지 나오나요?"

"우선 들어가실 곳을 정하시고요. 재직증명서랑 근로소득 원천징수 영수증이랑…… 여기 적어드린 서류를 주시면 되는데요. 신용카드 만드시고 월급통장 바꾸시면 이자율이 좀 더 내려갑니다."

"네, 알아보고 준비해서 오겠습니다."

정 대리가 일어나기 전에 상담 직원이 재빨리 묻는다.

"가시기 전에 카드 하나 미리 만드시는 게 어떠세요?"

"네?"

"얼마 전에 새로 나온 카드가 있는데 포인트가 진짜 많이 쌓여요. 포인트 적립으로 하셔도 되고 캐시백으로 하셔도 되고요."

"저는 현대 레드카드밖에 안 씁니다."

"그것보다 이게 더 좋아요. 한 번 보세요. 카드가 플라스틱이 아니라 메탈이에요."

뜨악!

진짜가 나타났다. 번쩍번쩍하다.

이걸 내미는 순간, 누구든 박살내버릴 수 있다.

"이거 하나 만들게요."

"네, 여기 체크된 곳 작성하시고요."

직원이 생글생글 웃으며 서류를 내민다.

카드가 메탈…….

메탈이 쇠인가……?

스테인리스……?

알루미늄?

어쨌든 묵직하고 블링블링하다. 고급 그 자체다. 차 키 옆에 있으면 그냥 환상 조합이다.

은행에서 가지고 오라는 서류를 챙기러 다시 사무실로 올라 간다. 전무실에서 김 부장이 고개를 푹 숙이고 나온다. 터덜터덜 걷는 것이 보인다. 매출 구멍 나서 한바탕 깨졌나 보다.

휴가를 쓰겠다던 김 부장이 다음 날에도 자리에 앉아 있다. 예상했다. 휴가 기안을 올리기는 하지만 매번 출근하는 김 부장. 도대체 왜 휴가를 등록하고 출근을 하는 걸까.

회사가 휴양지인가.

회사가 마음의 안식처인가.

그렇게 열심히 출근하면 누가 알아주기라도 하나.

다른 팀장들도 휴가를 잘 안 쓰는 게 문제이긴 하지만 그래도 휴가 기안을 올리면 출근은 안 한다. 그런데 김 부장은 거의 쓰지도 않는 데다가 어쩌다가 신청을 하고서도 출근을 한다. 심지어 건강검진 받은 날 수면 내시경을 받고 눈을 반만 뜬 상태에서 출근을 했다. 입술 근처에 침 자국이 그대로인 상태로.

정 대리는 김 부장 생각에 혼자 설레설레 고개를 젓는다.

본인도 휴가를 쓰기가 부담스럽다. 기안을 올리면 김 부장은 꼭 휴가 사유에 대해 꼬치꼬치 캐묻는다. 대답하기도 싫다.

점심시간, 팀원들과 다같이 사내식당으로 간다.

에스컬레이터를 타고 내려가면 아래 있는 사람들의 머리숱을 확인할 수 있다. 위에서 내려다본 김 부장 정수리가 작년보다 더 비어 보인다. 한 해 한 해 갈수록 정수리에서 자라는 감자 크기가 점점 더 커진다. 스트레스를 많이 받았나. 쉬지 않고 회사에 나오니까 그런 것 같다. 제발 휴가를 쓴다고 했으면 집에 있었으면 좋겠다.

6

정 대리는 퇴근 후 회사에서 멀지 않은 부동산중개소에 들어간다.
사장님이 통화 중이다.

"잠깐만 잠깐만, 손님 오셨다. 어서 오세요. 전세? 매매?"

"전세요."

"몇 평?"

"20평대요."

"잠깐만요. 전세가…… 보자 보자…… 두 개 있는데 고층은 6억, 2층은 5억 5천."

"새 아파트도 아닌데 비싸네요."

"신축은 훨씬 더 비싸지요. 요즘 서울 다 이래요. 그나마 여긴 좀 싼 편이에요."

"조식도 줍니까?"

고등학교 친구 버버리맨이 자기 아파트에서 조식을 준다고 했다. 회사밥보다 훨씬 맛있다고 했다.

"조식? 무슨 아파트에서 조식을 줘요, 호텔도 아니고."

"조식 주는 아파트도 있다는데요."

"그건 완전 비싼 아파트 얘기죠. 평당 1억씩 하는 곳. 그런 곳 찾아요? 여기는 그런 아파트 없어요."

"집 한 번 볼 수 있을까요?"

"집에 누구 있나 한 번 연락해보고요."

부동산 사장님이 전화를 돌린다.

"세입자가 이따 8시 넘어서 집에 온다고 그때 볼 수 있다는데, 괜찮겠어요?"

"네, 기다릴게요."

두 시간 남았다. 정 대리는 천천히 동네를 둘러본다. 한강이 보이지는 않지만 조금만 걸어가면 한강공원으로 갈 수 있다. 아파트가 신축은 아니지만 그래도 여자친구가 좋아할 것 같다. 근처에 먹을 데도 많고 지하철역도 가깝다.

여자친구에게 전화를 건다.

"이따가 8시에 집 보기로 했는데 같이 볼래?"

"아니야, 나 지금 친구들 만났어. 사진만 찍어서 보내줘."

"어, 그래."

배가 고프다. '고독한 미식가'가 된 기분이다. 그 드라마의 주인공 아저씨는 혼자서 진짜 맛있게 먹는다. 아저씨가 먹던 모습을 떠올리니 더 허기지다. 저쪽에 베트남 쌀국수 집이 보인다.

"여기요. 주문할게요."

"네, 뭘로 드릴까요?"

"양지쌀국수 하나 하고요, 파인애플 볶음밥 하나요. 아, 고수 많이 넣어주세요."

정 대리는 메뉴 하나로는 부족하다. 남기더라도 배부르게 먹어야 한다.

주문한 음식이 나온다.

사진을 찍는다.

#먹방 #혼밥 #서울맛집

먹기도 전에 맛집이란다.

쌀국수 한 젓가락 후루룩, 볶음밥 한 숟가락 와르르, 쌀국수 국물 한 입 호로록.

이 깊은 맛은 어디서 나는 것일까. 국물이 고기 우려낸 국물 같기도 하면서 MSG가 잔뜩 들어간 맛이 난다. 뭐 어때. 맛있기만 하면 됐지.

먹으면서 핸드폰을 만지작거린다. 여자친구는 절대 식당에서 혼자 못 먹겠다는데 정 대리는 이해를 못하겠다. 혼자 먹는 게 이렇게 맛있고 편한데 말이야.

다 먹었는데도 한 시간이나 남았다. 쌀국수 국물이 맛있어서 계속 먹는데 식어버렸다.

"여기요, 이거 좀 데펴주세요."

"네?"

"이것 좀 데펴주세요.

"대파요?

"아, 아니요. 뜨겁게 해달라고요."

"아아, 주세요. 데워드릴게요."

순간 튀어나온 사투리에 당황한다. 정 대리는 사회생활 하면서 가급적 서울말을 쓰려고 하지만, 혼자 있거나 가족들과 있을 때면 저도 모르게 사투리가 튀어나온다.

국물이 뜨거워져서 다시 나온다. 숟가락으로 한 스푼씩 떠가며 먹는다. 해장에 딱이다.

8시다. 부동산 사무실로 다시 간다.

엇, 문이 닫혀 있다. 불이 꺼져 있다.

뭐지? 저녁 먹으러 갔나?

부동산 간판에 적힌 전화번호로 전화를 해본다.

"여보세요."

"아까 집 보기로 한 사람인데요. 문이 닫혀 있어서요."

"아, 미안해요. 갑자기 일이 생겨서요. 다음에 미리 연락하고 와요."

"무슨 말씀이세요? 저 두 시간 기다렸어요. 그냥 가시면 어떡해요?"

"아이고, 미안해요. 다음에 오세요. 끊을게요."

허 참, 집 한 번 보기 힘들다. 지난 번에는 서로 계약하겠다고 난리라 집은 보지도 못하고 나왔는데 오늘은 두 시간이나 기다리고 못 봤다. 뭐 대단한 거라고.

정 대리는 차에 탄다. 결혼이라는 거 참 하기 힘들다. 집 구하는 게 힘든 건지 결혼이 힘든 건지 모르겠다. 정 대리는 애마 비엠떱 시동을 걸고 급가속과 급정거를 하며 집으로 간다.

7

최 부장이 자리로 돌아가는 송 과장을 부른다.

"송 과장!"

"네, 최 부장님."

"지금 시간 돼? 괜찮으면 나랑 지하 좀 가자. 공차."

"네, 알겠습니다."

엘리베이터 안에 적막이 흐른다. 최 부장 얼굴이 미세하게 굳어 있다.

"이걸로 결제하고, 내 건 밀크티 단 걸로 좀 시켜줘."

"웬일이세요?"

"그럴 일이 좀 있어."

주문을 마치고 테이블에 앉자마자 묻는다.

"부장님 무슨 일 있으세요?"

"송 과장, 아는지 모르겠는데…… 김 부장 공장으로 발령받은 거 들었어?"

"네에? 아니요. 지금 처음 듣습니다."

"상무님이 우리 팀이랑 김 부장 팀, 각 팀의 팀장을 바꿔서 운영해보고 싶어하셔. 그런데 김 부장이 현장 공장 경험이 없다고 6개월만 보내신다 하더라고."

"네…… 그럼 김 부장님 자리에는 누가 오시는 건가요?"

"당분간 내가 맡게 됐어."

"최 부장님이요?

"어. 지금 맡은 팀하고 김 부장 팀까지 겸임으로 맡게 됐어."

"그럼 김 부장님 공장 갔다가 다시 올라오시면 지금 최 부장님 팀의 팀장으로 가시는 건가요?"

"맞아."

"적당한 때에 내가 팀원들한테 얘기할 건데 말야. 그래도 시간 날 때 송 과장이 팀원들한테 살짝 말 좀 해줘. 갑자기 내가 가면 당황스러울 수 있으니까. 부탁 좀 할게."

"네, 알겠습니다."

회사 분위기가 이상하다. 김 부장이 박스에 물건을 넣고 있다. 지방 공장으로 발령이 났다고 한다.

송 과장이 정 대리와 권 사원에게 메시지를 보낸다.

'6개월 정도 후에 다시 올라오신다고 하니까 완전히 이별하는 뉘앙스는 보이지 말아줘. 부탁해.'

그런데 그런 뉘앙스를 보일 새도 없다.

김 부장은 등을 돌린 채 한 마디도 하지 않는다. 팀원들에게 무슨 말이라도 할 줄 알았는데, 상자에 물건을 담자마자 아무 말 없이 사무실을 빠져나간다. 아무에게도 인사하지 않는다.

사람들이 김 부장에 대해 수근거린다.

"진짜 가신 거예요?"

"저렇게 힘없는 뒷모습을 보니 짠하네."

"자업자득 아니겠어?"

"다시 올라온다잖아."

"그걸 누가 알아?"

"공장이 잘 어울리는 것 같기도 해."

"그래도 상무 라인 아니었나? 갑자기 왜 내려가지?"

8

최 부장이 두 팀의 팀원들을 모두 대회의실에 불러 모은다.

회의실에 모인 직원들을 한 명 한 명 눈을 맞추며 말을 시작한다.

"김 부장이 공장에 중요한 업무가 있어 당분간 제가 두 팀의 팀장을 맡게 됐습니다. 김 부장이 그동안 너무 잘해주셨죠. 저도 최소한 그만큼 하려면 여러분의 도움이 필요합니다. 그래서 팀 운영 방식에 대해 미리 당부드릴 것이 있습니다."

최 부장은 화이트보드에 '두려움'과 '실패' 두 단어를 쓴다.

"이 둘 중에 하나를 골라야 한다면, 저는 실패를 고르겠습니다. 여러분이 업무를 할 때 '이걸 해도 될까?', '실패하면 어떡하지?' 하는 의문은 어쩌면 두려움일지 모릅니다. 두려움은 아직 일어나지 않은 일입니다. 아직 일어나지도 않은 일에 대해 걱정 하면서 에너지를 낭비하지 않았으면 합니다. 하고 싶은 일이 있 으면 하세요. 맞다고 판단한다면 밀어붙이시고요. 실패할까 두 려워서 주저앉지 말고 진취적으로 해보라는 얘깁니다. 이것이 우리 팀의 기본 마인드입니다."

"그리고 저에게 설명할 게 있으면 구두로 하세요. 보고용 장 표 없이 말로 해도 충분합니다. 제가 제일 싫어하는 것 중 하나 가 과하게 포장한 보고서입니다. 작년, 재작년 보고서에서 복 사하고 붙여넣기 하는 것도 하지 마시고요. 필요 없습니다. 최 소한 팀 내부 업무에서는 형식적인 것에 매이지 마세요. 핵심만 짚고 넘어가면 됩니다."

"당분간이지만 조직 변동이 생겼으니 회식을 할 텐데요. 점심 회식입니다. 저녁은 집에 가서 가족, 친구들과 드세요. 저녁에 1차, 2차, 3차까지 술 먹고 뻗는 회식 기대했으면 포기하세요. 제가 팀을 운영하는 동안에는 저녁 회식 없습니다. 점심에 술 없이도 충분히 할 수 있습니다. 이 정도면 무슨 말인지 잘 이해했으리 라 생각합니다.

저에게 팀 운영에 대해 건의하거나 상의하고 싶은 게 있으면 따로 말씀을 주세요. 언제든 환영합니다. 이상입니다."

최 부장팀의 팀원들은 우르르 일어나 최 부장을 따라 회의실 을 나선다.

김 부장 팀의 팀원들만 바로 일어서지 못하고 머뭇머뭇 시간 을 끌고 있다.

권 사원, 송 과장, 정 대리는 눈빛으로 대화를 주고받는다.

'최 부장님 대단하지 않아요?'

'그러게. 좋은 분인 줄은 알았지만.'

'이렇게 달라도 되는 거예요?'

최 부장이 좋은 팀장으로 소문 난 건 알았지만 이 정도일 줄은 몰랐다. 김 부장과 완전 다른 스타일이다. 이제까지 보고장표와 발표자료에 업무시간 대부분을 소모했는데, 이게 없으면 무슨 일을 해야 할지 일감을 찾아야 할 정도다.

최 부장은 권 사원을 따로 부른다.

"지난 번에 발표한 프로젝트 있지. 권 사원이 만든 보고서 원안, 나한테도 보내주겠어?"

"네? 보고서 원안을요? 아, 알겠습니다."

"김 부장이 내용 수정한 거 알고 있어. 위에다 다시 보고하려고. 먼저 내가 검토하고 알려줄게."

"네, 부장님. 바로 보내드릴게요."

30분 뒤 권 사원에게 이메일 한 통이 도착한다. 최 부장의 메일이다.

권 사원,

자료 잘 봤습니다.

다음 주 수요일에 전무님께 다시 발표하기로 했으니 준비해주세요.

부담 갖지 말고 권 사원이 쓴 내용 그대로 진행하면 됩니다.

궁금한 거 있으면 언제든지 물어보시고요.

자세한 일정은 다음 주에 전달하겠습니다.

최 부장 드림

감사합니다!

최 부장님 감사합니다!

권 사원은 마음속으로 외친다. 그동안 회사에 대한 원망이 한 순간에 녹아내린다.

부먹, 찍먹보다 중요한 게 있지

1

권 사원은 저녁에 남자친구를 만나기로 했다.

오늘은 집 얘기 말고 회사 얘기나 좀 해야겠다. 그리고 맛있는 걸 사줘야겠다고 생각한다.

남자친구 회사 앞으로 가서 기다린다. 6시 30분이 되자 사람들이 우루루 쏟아져 나온다. 오늘 출근길에 지하철에서 백팩을 매고 있던 남자와 부딪혀서 어깨가 아팠는데, 남자친구가 비슷한 모양의 단단한 검정색 백팩을 매고 나온다. 저렇게 큰 가방 안에 무엇을 넣고 다니는 걸까.

권 사원은 다가온 남자친구에게 반가운 표정을 지으며 말한다.

"힘들었지? 고생했어. 밥 먹으러 가자."

"그래."

두 사람은 오랜만에 중식당으로 향한다. 꽤 이름 있는 곳으로 가격대도 어느 정도 있는 집이다. 평소에는 잘 오지 않지만 오늘은 권 사원이 저녁을 사고 싶어서 먼저 가자고 한다.

"여기요 주문할게요. 탕수육 작은 거 하나, 게살볶음밥이랑 짬뽕 하나씩이요."

권 사원이 오늘 회사에서 있었던 일을 꺼낸다.

"오늘 우리 팀장님이 바뀌었는데 진짜 좋으신 분 같아. 내가 얼마 전에 만든 프로젝트 자료를 김 부장님이 본인 마음대로 바꿔서 발표한 적이 있거든. 근데 새로 오신 최 부장님이 원래 내가 만든 자료로 다시 진행해보래. 기분 진짜 좋아."

"좋겠다. 회사 열심히 다니네. 그럼 원래 계시던 팀장님은?"

"공장으로 발령 나셨어."

"잘린 거네."

"잘 모르겠어. 몇 개월 뒤에 올라오신다고는 하던데."

"회사 그냥 대충 다녀. 열심히 다녀서 뭐해."

"이왕 다니는 거 제대로 해야지. 난 일하는 것만 따지면 재밌어."

"나는 회사에서 하루 종일 게임한다. 흐흐. 시간 금방 가."

남자친구는 핸드폰을 테이블 위에 올려놓는다. 나와 핸드폰을 한 번씩 번갈아 보면서 이야기한다. 손가락은 핸드폰에 가 있다.

"혹시 지금 게임하는 거야?"

권 사원은 잔소리하는 뉘앙스로 들릴까봐 조심스럽게 물어본다.

"어. 아이템 오늘 산 건데 제대로 효과 보고 있어. 얼마 안 해.

20만 원짜리야."

20만 원…….

회사에서도 하루 종일 했다는 사람이 여자친구를 만나는 지금도 한다.

"게임이 그렇게 재밌어?"

"재밌지. 어? 배터리 거의 다 됐네."

남자친구는 백팩에서 벽돌만 한 보조배터리를 급히 꺼내 연결한다. 긴급 수혈, 응급 심폐소생술 수준이다. 백팩의 미스터리가 풀린 것 같다. 저 백팩 안에는 보조배터리로 꽉 차 있는 게 분명하다.

"그냥 궁금해서 물어보는 건데…… 게임을 그렇게 종일 하는 이유가 뭐야?"

"재밌어서. 너도 해봐."

"어떤 부분이 재밌어?"

"일단 해봐. 해보면 알아."

게임 못하게 하는 나쁜 여자친구가 된 기분이다. 회사에서 일 안 하고 게임만 했다는 사람이 데이트할 때도 게임을 한다. 권 사원은 아무리 생각해도 자신이 잘못 생각하고 있는 건 아닌 것 같다.

"우리 조금 있으면 결혼하잖아. 사실 조금 걱정돼."

"뭐가?"

"결혼하고 나서도 오빠가 계속 게임만 하고 대화도 없이 살까 봐. 우리 연애 초반에는 게임에 이렇게까지 안 매달렸잖아. 그런데 지금은 게임 없으면 어떻게 살 수 있으려나, 그런 생각 들어."

"에이, 게임은 게임이지. 그런 걸로 걱정을 하고 그래."

"진심이야. 걱정돼."

남자친구는 유리컵에 물을 붓는다. 물통의 각도가 높아 보인다. 컵으로 쏟아지는 물줄기 아래로 물이 튄다. 주변이 엉망이 된다. 그래도 남자친구는 아랑곳하지 않고 따른다.

2

탕수육이 나온다.

권 사원은 표정 없이 탕수육 조각 하나를 집는다. 새콤달콤하고 끈적한 소스를 살짝 묻혀 오물오물 먹는다.

"탕수육은 부먹이지!"

남자친구가 왼손에는 핸드폰을 잡고 오른손에는 소스 그릇을 들더니 탕수육 위로 소스를 들이붓는다.

"아, 제발……!"

"탕수육은 원래 부먹이야. 고기랑 쌈장도 아니고, 왜 찍어 먹어?"

"나 찍어 먹는 거 몰라? 소스 부으면 눅눅해지잖아."

"그게 탕수육이지. 소스에 흠뻑 적셔 먹는 게 진짜 탕수육이야."

"내가 전에도 부어 먹는 거 싫다고 했잖아."

"그랬어? 기억이 안 나네."

생각해보니 기억을 할 수 없을 것 같다. 첫번째 이유는 권 사원이 대부분 조용히 넘어갔기 때문이고, 두번째 이유는 남자친구가 게임하는 데 정신이 팔려 권 사원이 한 말이 제대로 입력이 안 되었을 것이다. 아마도 내일 탕수육을 먹어도 또 소스를 부을 것 같다. 이 사람에 대한 확신이 더 어두워지고 있다. 이런 상황에서 집 얘기까지 하면 완전 엉망이 되겠지.

짬뽕이 나온다. 홍합이 가득하다. 권 사원과 남자친구는 말없이 짬뽕을 나눠 먹는다. 뒤이어 게살볶음밥이 나온다. 이것도 말없이 나눠 먹는다. 짬뽕 면과 탕수육을 거의 다 먹었다.

남자친구가 갑자기 남은 게살볶음밥을 짬뽕에 집어넣는다.

"뭐하는 거야!"

"짬뽕밥."

"볶음밥은 따로 먹어야지."

"짬뽕 국물하고 같이 먹으면 맛있잖아."

"짬뽕밥이 먹고 싶으면 따로 밥을 시키면 되지, 왜 그래? 나도 짬뽕 먹고 있잖아. 매너 없이 이게 뭐야."

"밥 있는데 뭐하러 더 시켜, 돈 아깝게. 니가 천천히 먹기에 별로 먹고 싶은 마음이 없는 줄 알았지."

남자친구는 뭐 이런 게 문제냐는 얼굴로 볶음밥으로 만든 짬뽕밥을 우걱우걱 먹기 시작한다.

하아, 이런 사소한 걸로 부딪쳐야 하나.

권 사원은 쪼잔해지는 자신이 더 싫다. 더 중요한 문제들이 있는데 이런 걸로 싸우기가 싫다.

그래 내가 양보하자. 내가 잘못했다.

이런 권 사원의 마음을 아는지 모르는지 남자친구는 국물까지 싹싹 먹는다.

"아, 완뽕했다. 배부르다…… 아…… 내 배……."

남자친구는 허리를 뒤로 제치고 배를 어루만진다.

"끄억."

전에는 저 모습도 소탈하다고 생각했는데 지금은 아니다.

자신이 변한 건지, 사랑이 변한 건지, 권 사원은 잘 모르겠다.

권 사원은 계산대에서 카드를 내민다.

"내가 계산할게."

"그래. 지난 번에는 내가 했으니까."

"간다. 연락할게."

"차 한잔하고 가지?"

"아니야. 집에 가서 게임해. 나도 집에 가서 좀 쉴래."

"그래? 알았어. 카톡해."

남자친구는 주머니에서 핸드폰을 꺼내더니 바로 전화를 건다.

"엄마, 이제 집에 가요."

권 사원은 통화를 하며 집으로 향하는 남자친구의 뒷모습을 바라본다.

게임하는 게 잘못은 아니다. 남자친구가 잘못한 것은 없다. 그냥 권 사원의 마음에 안 드는 것뿐이다.

이 결혼, 하는 게 맞는 걸까?

그동안 꾹꾹 눌러놓았던 마음의 속삭임이 조금씩 터져 나온다.

결혼이 다가와서 생기는 불안감이 아니라, 같이 살면 서로 상처만 받을 것 같은 불길한 예감 때문인 것 같다.

답답한 마음에 엄마에게 전화를 한다.

"엄마, 나 이 결혼 꼭 해야 할까?"

"왜 갑자기?"

"남자친구가 돈 개념이 너무 없어. 게임만 하고……."

"왜, 어떤데? 도박했어?"

"아니. 그건 아니고, 게임에 돈 쓰고 장난감 사고…… 아직도 집에서 용돈 받아 쓴다는데, 모아둔 돈은 거의 없고."

"도박만 안 하면 됐지. 사람 착하잖아. 요즘 그렇게 착한 사람이 어딨어?"

"그렇긴 한데…… 나는 둘이서 월급 모아가며 알뜰하게 살고 싶은데, 남자친구는 전혀 그럴 생각이 없어."

"둘이 알콩달콩 잘 사는 게 중요하지. 술 안 먹고 담배 안 피우고 도박 안 하는 게 어디야. 다들 그러고 살아. 엄마도 그랬어."

엄마는 늘 이런 식이다. 내 편이 아니라 남자친구 편인 것 같다.

"휴우, 몰라. 그건 그렇고 지금 휴전선 근처 사는 거 괜찮아? 원래 일산 살다가 파주로 가고, 파주도 비싸서 거기까지 간 거잖아."

"여기도 살 만해. 공기 좋고 가끔 멧돼지도…… 그건 좀 무섭다. 아무튼 잘 생각해. 지금 와서 엉뚱한 생각하지 말고. 상견례도 다했는데 이제 와서 뭘 어떡하려고 그래. 원래 결혼 전에는 별의별 생각 다 드는 거야."

"알았어……."

3

권 사원이 발표를 하는 날이다.

권 사원은 면접 때나 입던 정장을 찾는다. 높은 곳에 걸어놔서 발끝을 살짝 들고서야 겨우 꺼낸다.

세탁소에서 드라이클리닝 하고 비닐 씌워놓은 상태 그대로다.

비닐을 주욱 뜯는다. 손으로 구겨 휴지통에 던진다. 날아가면서 살짝 풀어진다. 공기 저항에 휴지통까지 도달하지 못하고 떨어진다.

안에 받쳐 입을 블라우스를 찾는다. 지난번 곱창 먹을 때 입었던 블라우스를 꺼낸다. 냄새를 맡아본다. 빨았는데도 왠지 아직도 냄새가 나는 느낌이다. 고민하던 권 사원은 한동안 안 입던 셔츠를 꺼낸다. 살이 좀 쪘는데 안 맞으면 어떡하지. 다행히 단추가 잠기기는 한다.

권 사원은 출근해서 몇 가지 일을 처리한 후, 대회의실로 향한다.

프로젝터 전원을 켠 후 노트북과 연결한다. 누가 만졌는지 초점이 잘 안 맞는다. 렌즈를 조금씩 돌려 초점을 맞춘다.

한 사람씩 들어오기 시작한다. 최 부장이 다가오더니 권 사원을 안심시킨다.

"권 사원. 떨지 마. 별거 아니야. 밖에서는 그냥 다 아저씨들이야. 하던 대로 해."

앞 사람들 발표가 끝나고 드디어 권 사원의 차례다. 모두가 자신을 보고 있으니 눈을 어디에 둬야 할지 모르겠다. 누구와 눈을 마주쳐야 할지 모르겠다. 권 사원은 크게 심호흡을 한 후 준비한 내용을 차근차근 발표하기 시작한다.

일단 시작을 하고 나니 오히려 차분해진다. 사람들의 반응을 살필 여유도 생긴다. 상무가 이해했다는 의미로 고개를 끄덕이는 게 보인다. 최 부장도 잔잔한 미소를 띠며 고개를 끄덕인다. 상사들의 반응을 보니 스스로 잘하고 있다는 생각이 든다. 말을 할수록 용기가 생긴다.

4

발표는 끝났다.

면접 때보다 더 긴장한 것 같다. 마이크 손잡이에 땀이 묻어 있다. 손이 축축하다. 권 사원은 재킷에 땀을 닦아낸다.

"지난번 발표 내용과 왜 이렇게 다른가요?"

상무가 묻는다.

권 사원은 뭐라고 해야 할지 몰라 멈칫한다. 김 부장이 마음대로 바꿨다고 차마 대답할 수가 없다.

"하하, 대답 안 해도 됩니다. 그냥 물어본 거예요. 저도 회사생활 30년 넘게 하면서 직감이라는 게 있어요. 안 그래도 이 프로젝트 다시 한 번 검토해보고 싶었는데 마침 최 부장이 먼저 말해줘서 이런 자리 마련한 거예요. 권 사원이 준비하느라 고생이 많았습니다. 특히 자료를 왜곡하지 않고 그대로 전달한 것이 좋았습니다. 수고했어요."

"감사합니다."

"권 사원, 막내라고 해서 못하는 말 많은 거 압니다. 그게 다 회사 내 위계질서 때문이라고 생각합니다."

상무는 참석한 사람들을 한 명씩 둘러보며 이야기한다.

"아시겠지만 부장, 차장, 과장 이런 직급이 없어지는 추세입니다. 우리 회사도 직급을 없애고 하나로 합칠 예정입니다. 자세한 운영방식에 대해서는 차후에 논의를 거쳐서 정할 예정입니다. 최 부장은 어떻게 생각해요?"

"부장, 과장 같은 직급은 계급이 아니라고 생각합니다. 단순히 몇 년 근무했다, 이 정도만 알려줄 뿐 그 이상도 이하도 아니라고 봅니다."

"저도 동의합니다. 이번 권 사원의 솔직하고 깔끔한 자료가 좋은 출발 신호라고 생각합니다. 오늘은 여기까지 하겠습니다. 다들 고생하셨습니다."

5

상무의 얘기가 끝나자 다들 우르르 일어나 썰물처럼 빠져나간다.

정 대리는 송 과장과 권 사원에게 지하 카페로 가자는 신호를 보낸다.

카페는 방금 오픈을 했는지 밖에 있어야 할 배너가 안에 있다. 직원은 배너를 밖으로 옮겨놓는다. 닫혀 있던 폴딩도어를 드르륵 열어젖힌다.

송 과장이 말한다.

"오늘은 아메리카노 말고 라떼 마시자. 내가 쏠게. 권 사원, 발표 진짜 잘했어. 다른 사람들 발표할 때는 졸렸는데 권 사원 발표 때는 집중이 잘되더라고."

"하하, 감사합니다."

"최 부장님 진짜 좋다. 이런 팀장은 처음이야."

"네, 맞아요. 그리고 상무님이랑 최 부장님이랑 비슷하신 것 같아요."

"듣고 보니 그러네. 비슷하다, 두 분이. 오늘 고생했어, 권 사원."

"아니에요. 송 과장님하고 정 대리님이 같이 봐주신 덕분이에요."

"라떼 세 잔 나왔습니다!"

정 대리는 아이스라떼를 빨대로 쭉 들이켠다. 시원하다. 밑에 깔려 있는 우유를 먼저 마신다. 그 다음 위에 있는 커피 부분을 마신다. 우유와 커피가 너무 섞여버리면 약간 밍밍하다.

빨대로 커피를 쪽쪽 빨던 정 대리는 송 과장에게 집 문제 얘기를 꺼낸다.

"송 과장님, 저 신혼집 알아보러 부동산 몇 번 갔었는데 집 보기 진짜 어렵던데요. 시간도 맞춰야 하고, 또 보여주기 싫어하는 사람들도 있고. 요즘엔 집 안 보고 계약하는 사람도 있다고 하더라고요."

"맞아, 생각보다 집 구하는 게 어려워. 그래서 미리미리 알아보라고 한 거야."

"봐둔 데가 있는데 아무래도 거기 들어갈 것 같습니다. 전세

6억인데 부모님이 보태주신 거랑 대출 끌어다가 맞춰보려고요."

"6억? 비싸긴 하네. 다시 한 번 말하지만, 대출 이자 내느니 나 같으면 불편하더라도 보증금이랑 월세 적은 곳에서 살겠어."

"아, 송 과장님 왜 그러세요. 대기업 직원이 무슨 월셉니까. 전세금은 또 나중에 돌려받잖아요. 완전 공짜 아닙니까."

정 대리는 송 과장이 전부터 계속 월세로 살라고 하는 게 이상하다. 전세는 다시 보증금을 돌려받는 최고의 시스템인데, 왜 싫어하는지 모르겠다. 생각이 다른 건 어쩔 수 없다.

송 과장이 라떼를 한 모금 마시더니 말한다.

"그나저나 김 부장님은 잘 지내실까? 공장에서 말이야."

"저 이번 주에 공장 갈 일 있는데 한 번 인사 드리고 올까요?"

"그래, 정 대리가 인사 드리고 와. 궁금하네."

정 대리는 귀찮긴 하지만, 그 김 부장이 어떻게 지내는지 궁금하기도 하고 인사하는 게 도리인 것 같아서 고개를 끄덕인다.

6

예정되어 있던 정 대리의 출장 날이다.

공장에 차를 타고 갈까 기차를 타고 갈까 고민한다. 기차 타고 내려서 택시로 갈아 타는 게 귀찮다. 그냥 차를 끌고 공장에 가기로 한다.

고속도로에 차가 많다. 가다 서다를 반복한다. 이놈의 경부고속도로는 한남IC부터 양재IC 구간이 언제나 양쪽 방향 다 밀려 있다. 외곽순환도로 중동IC와 양대 산맥이다. 이 두 곳은 진짜 무슨 조치가 있어야 한다. 정 대리는 한숨을 쉬며 운전대를 다시 꽉 잡는다.

정 대리는 자신이 서 있는 차선이 제일 느린 것 같아서 옆 차선으로 바꾸려고 한다. 깜빡이를 켜니 뒷 차가 더 빨리 달려와서 못 끼어들게 들이민다.

"나쁜 새끼, 양보 좀 해주지."

혼자서 운전하면 평소에 안 하던 욕이 저절로 튀어나온다. 차라리 깜빡이를 안 켜고 갑자기 끼어드는 게 쉽겠다. 차선을 겨우 바꿨더니 원래 있던 차선이 뚫린다. 왜 내가 가는 차선만 못 가는 걸까. 정 대리는 지지리 운도 없다고 생각한다.

양재IC를 지나니 차들이 슬슬 속도를 낸다. 판교를 지나간다. 번쩍번쩍 화려한 건물들이 많다. 판교에 회사들이 많이 생겼다고 하더니 직접 보기는 처음이다. 언뜻 보기에 서울에 있는 대기업보다 역동적이고 젊은 회사라는 느낌이 든다. 근처 게임 회사에 다니는 친구한테 연락이나 해볼까 싶지만, 그냥 공장으로 직행하기로 한다.

1차선으로 쭉 달리는데 앞에 천천히 가는 차가 있다. 1차선은 추월 차선인데 왜 천천히 가는지 이해가 안 간다. 2차선으로 가서 1차선에 있는 차주 얼굴을 쓱 본다. 두 손으로 핸들을 꼭 잡고 정면만 주시하며 아주 정직하게 운전하시는 김 여사일 줄 알았는데, 아니다. 운전자는 죄가 없다. 그저 복장 터지게 천천히 움직이는 차가 미울 뿐이다. 추월해서 다시 1차선으로 간다.

햇빛이 너무 강한 거 같아 햇빛가리개를 내린다. 여전히 눈이 부시다. 앞차 유리에 반사된 빛은 어떻게 막을 방법이 없다. 졸음이 슬슬 밀려와 천안 휴게소에서 잠깐 쉬기로 한다.

천안 하면 호두과자다. 어렸을 때는 호도과자인 줄 알았다. 호도과자가 더 친근하다. 그래도 호두 모양이니 호두과자라고 해야 한다.

호두과자 매장 앞이다. 기계들이 분업 체계를 잘 이뤄 열심히 만들어내고 있다. 산업혁명을 이룬 대량생산 체제의 표본이다. 호두과자 기계는 봐도 봐도 신기하다.

하나는 반죽을 짜내기만 하고, 하나는 팥을 짜내기만 하고, 하나는 뒤집기만 하고, 하나는 굽기만 하고, 하나는 운반하기만 한다.

멍하니 보고 있으니 어째 매일 똑같은 일만 하는 회사에서의 내 모습 같단 생각이 든다.

메뉴판을 본다.

8개 2,000원, 12개 3,000원, 20개 5,000원, 선물용 10,000원.

8개, 12개…… 1,000원 차이인데, 고민이다. 아직 한참 가야 하니까 20개? 8개짜리 두 봉지 사면 16개에 4,000원인데……. 뭐가 싼 거지? 8개는 좀 적을 것 같고, 20개는 좀 많을 것 같고.

"12개짜리 한 봉지 주세요."

아주머니가 이미 봉투에 담아놓은 것을 집으려는 순간, 정대리는 빠르게 만류한다.

"아니요. 그거 말고 방금 만든 걸로 주세요."

아주머니가 살짝 인상을 쓰며 새 봉투에 12개를 털어넣는다. 미리 담아둔 거는 사기 싫다. 바로 나온 새것을 먹고 싶다.

호두과자를 한 입 베어 문다.

"앗! 뜨거!"

겉에 빵 부분은 괜찮은데 안에 들어 있는 팥이 진짜 뜨겁다. 그냥 아주머니가 주는 걸로 받을 걸 그랬나. 차에 앉아 나머지 한 입을 베어 물고 다시 공장으로 향한다.

7

아침 일찍 출발했는데 도착하니 거의 점심시간이다.

정 대리는 주차를 하고 공장 사무실 쪽으로 간다. 때마침 점심 시간을 알리는 벨이 울린다.

우르르 사람들이 사내식당으로 뛰어간다. 다들 배가 많이 고픈가 보다.

엇, 저기 익숙한 사람이 1등으로 뛰어간다.

김 부장이다.

근엄하기만 하던 김 부장이 저렇게 뛴다고? 밥 일찍 먹으려고 저렇게 달리기를 하다니.

정 대리는 잘못 봤나 싶어 눈을 비빈다.

정 대리는 출장 업무를 끝내고 김 부장 자리를 물어 물어 찾아간다. 그래도 직속 팀장이었는데 인사는 드리고 가야지 싶다.

자리가 비어 있다. 옆자리 팀원에게 물으니 어디 갔는지 아무도 모른다고 한다.

어떡하지. 전화를 드려야 하나.

고민하며 두리번거리는데 저쪽 휴게실 유리창 너머 누군가의 실루엣이 보인다. 탁자에 다리를 올리고 목은 뒤로 젖히고 낮잠을 자고 있다. 김 부장이다. 본사에서는 팀원들이 딴짓을 하는지 안 하는지 부엉이처럼 감시하던 사람이 업무시간에 낮잠이라니. 사람이 어떻게 이렇게 변할 수가 있지?

깨워서 인사라도 할까, 말까.

아냐. 자는데 뭐하러 깨워. 깨워서 할 말도 없고.

정 대리는 바로 마음을 굳힌다.

굳이 이야기를 나누지 않아도 짐작이 간다. 김 부장이 불쌍해 보이기도 하지만, 씁쓸하기도 하다. 내 미래가 저러면 어떡하지. 순간 스치는 생각에 마음이 불안해진다.

아니야. 나는 아직 대리잖아. 가장 짱짱한 직급, 대리. 부장 직급을 달려면 최소 15년은 회사에 다녀야 한다. 아직 한참 남았다.

걱정하지 말자. 내 스탠스를 유지하자.

인생은 한 번뿐, 신나게 사는 거다.

차에 시동을 걸고 공장을 빠져나온다. 아까 남은 호두과자를 한입에 넣는다. 식어서인지 수분이 날아가서인지 퍽퍽하다. 차 안에서 며칠 굴러다니던 물을 마신다. 미지근하다.

국도를 빠져나와 고속도로에 올라선다. 음악을 크게 튼다. 액셀을 꽉 밟으면서 외친다.

"가자! 달리자! 나의 비! 엠! 떱!"

8

정 대리는 며칠 뒤, 24평 아파트를 전세로 계약한다.

신혼집이다. 대출을 최대 한도로 받았다. 남들 다 받는 대출, 정 대리도 처음으로 받아봤다.

계약을 끝내고 부동산중개소를 나온다. 후련하다. 전세계약인데도 신경 쓸 게 많다. 집주인이 전세금 들고 도망가지나 않았으면 좋겠다.

옆에 있던 여자친구가 말한다.

"뭐가 이렇게 복잡해?"

"그러게."

"오빠, 나 오늘 피부 어때? 광나지?"

"어. 반짝반짝하는데?"

"피부과 가서 관리 좀 받았어. 하하."

"잘했다."

"오빠, 얘 좀 봐봐. 이게 3개월 전 사진이고 이게 지금 사진인데, 어때?"

"뭐…… 비슷한데?"

"뭐가 비슷해? 코 살짝 높아진 것 같지 않아? 원래는 이렇게 입체적이지 않았는데 눈이랑 코랑 좀 달라졌어. 눈도 또렷해졌고. 얘 뭐한 거 같지?"

"그런 것 같기도 하고."

"그나저나 우리 오빠는…… 어디 보자. 눈썹 문신 할래?"

"이거 한 건데."

"한 거야? 너무 갈매기 같다. 내가 잘하는 데 알아. 주말에 예약해놓을게. 가서 해."

"갈매기? 이게 얼마짜린데……"

"그런데 오빠, 나 계약한 집 너무 마음에 들어. 우리 가전제품이랑 가구 예쁜 거 하자. 요즘 그 비스포크? 그거 진짜 이쁘더라. 나 핑크로 하고 싶어. 그리고 공기청정기랑 에어컨도."

"스타일러 알지? 옷 걸어두면 항균에 냄새 빼주는 거. 그거 좋다고 하던데."

"맞아 맞아. 그것도 좋대. 아, 그리고 세탁기랑 건조기 일체형으로 나온 거. 완전 이뻐."

"나도 백화점에서 봤는데. 말 나온 김에 한 번 가볼까?"

"역시 우리 오빠야."

9

정 대리와 여자친구는 백화점으로 향한다.

고등학교 친구 버버리맨 말로는 백화점에서도 발렛파킹을 해준다고 한다. 발렛파킹은 차댈 곳 없는 좁은 골목 같은 데서나 해주는 줄 알았는데 꼭 그런 건 아니었다. 백화점에서 1년에 수억 원을 쓰는 VIP 고객에게는 발렛파킹이 된다는 사실을 최근에야 알았다.

정 대리는 지하로 내려간다. 한참을 돌고 돌고 돌아 내려가서 지하 5층에 주차를 한다.

"가전 층이 8층이네. 엘리베이터 탈까?"

"오빠, 백화점은 에스컬레이터지. 층마다 분위기가 다르잖아. 올라가면서 보고 싶은 매장 있으면 바로 들를 수도 있고. 그리고 백화점 엘리베이터는 너무 오래 기다려. 올라가면서도 층마다 다 서잖아."

에스컬레이터를 타고 올라간다. 앞에 있는 사람들, 맞은편에서 내려오는 사람들을 쭉 스캔한다. 우리 커플보다 옷을 잘 입은 사람들은 없다.

가전 매장 앞에 도착한다. '신혼부부 혼수 패키지 특별할인'이라고 쓰여 있다. 우릴 위해 준비한 것 같다.

매장을 한 번 둘러본다. 사야 할 것들을 체크한다. 텔레비전, 에어컨, 공기청정기, 스타일러, 냉장고, 세탁기, 건조기만 생각했는데 막상 보니 무선청소기, 제습기, 인덕션, 식기세척기도 필요해 보인다.

상담 직원과 마주 앉는다.

"신랑 신부 고객님, 전부 다 해서 2천 500만 원입니다."

"네? 뭐가 그렇게 비싸요?"

"저희 매장에서 판매하는 모든 제품을 고르셨습니다. 그런데 여기에서 상품권 할인, 캐시백 할인, 백화점 포인트 할인, 신용카드 할인, 저희 본사에서 진행하는 할인까지 들어가서…… 잠시만요."

상담 직원은 계산기를 열심히 두드린다.

"300만 원 빼드리면 2천 200만 원에 가능합니다."

"300만 원 할인이요? 할부도 되나요?"

"네, 원하시는 만큼 할부 가능합니다."

"그럼 12개월 할부로 해주세요."

"여기 배송지랑 연락처 적어주시고요. 배송 원하시는 날짜도 적어주세요."

정 대리는 주위를 의식하며 얼마 전 새로 만든 번쩍이는 메탈 카드를 직원에게 건넨다.

"여기요."

"고객님, 좋은 카드 쓰시네요."

역시 백화점 직원은 다르다. 부자를 많이 상대해서 그런지 바로 알아본다. 그동안 식당, 카페 종업원들이 눈빛으로만 알아줬지 말로는 아무도 표현하지 않아서 적잖이 마음 상해 있었다. 여자친구 앞에서 오랜만에 체면이 서는 것 같다. 제주도에서 겪은 카드 한도 초과의 수모를 이제야 씻는 느낌이다.

2천 200만 원 12개월 할부면 한 달에 200만 원이 좀 안 되는 금액이다. 이 정도는…… 괜찮겠지.

"다른 문의사항 있으시면 언제든지 연락주시고요."

상담 직원이 명함을 준다.

"네, 안녕히 계세요."

"와, 오빠 오빠, 우리 300만 원 벌었어. 가전제품도 완전 신상으로 쫙! 어? 저기 커피머신 있다! 보러 가자!"

"그래 그래. 커피머신은 무조건 있어야지."

"어디 보자…… 캡슐보다는 원두를 직접 갈아먹는 게 제대로 된 커피 아니겠어?"

"그래, 자기 좋은 거 사라."

독일에서 왔다는 커피머신을 구매한다.

"오빠, 소파도 한 번 보고 가자."

빨갛고 이국적으로 생긴 소파가 눈에 들어온다. 가격표를 슬그머니 본다. 900만 원이다.

헉! 소파가 900만 원?

먼저 상담받고 있는 부부가 있다. 머리부터 발끝까지 명품으로 휘감았다. 레벨이 다른 부부다.

사소한 액세서리까지 전부 명품이다.

뭐하는 사람들이지?

졸부? 로또?

노력해서 성공한 사람이라고 생각하기는 싫다.

여자친구가 근사해 보이는 소파에 앉는다.

"오빠, 이거 어때?

"예쁘네. 집에 놓으면 딱이겠다."

직원이 다가와 말을 건다.

"신혼부부세요? 아내 되시는 분이 너무 예쁘세요. 이 소파 아무한테나 어울리지 않는데, 너무 잘 어울리세요."

"그렇죠? 워낙 얼굴에서부터 부티가 나서. 하하."

"자기야, 이거 살까?"

"얼만데?"

여자친구가 다가와서 조용히 속삭인다.

"근데 이거 900만 원이야."

옆에 있던 직원이 은근히 부추긴다.

"이거 얼마전 드라마에 나왔던 거예요. 그리고 이번 주까지만 할인이에요. 다음 주부터는 정가에 사셔야 해요. 본사에서 그렇게 지침이 내려왔어요."

여자친구가 갑자기 마음이 급한지 빠르게 말한다.

"자기야, 이번 주까지래. 얼마까지 할인되나요?"

"이번 주까지만 20퍼센트 할인하고 있어요. 20퍼센트 할인하면 720만 원인데 제가 특별히 700만 원에 맞춰드릴게요."

200만 원 할인이라니. 이쪽은 몇백 할인은 기본인가 보다. 괜찮은 것 같다. 정 대리가 납득하는 표정을 지으니 여자친구가 재빨리 말한다.

"자기야, 할인해서 700이래. 저거 있으면 집 분위기 확 살 거 같지 않아?"

"어. 자기가 앉아 있으니까 완전 청담동 며느리 같던데. 우리 가전제품도 300이나 할인받았는데 사지 뭐. 할부되죠?"

"그럼요. 고객님 몇 개월로 해드릴까요?"

여자친구가 카드를 내밀며 답한다.

"12개월로 해주세요."

"네, 이거 작성해주시고요. 포인트 적립도 해드릴게요."

순식간에 거의 3천만 원을 쓰고 나온다.

"우리 300만 원 할인받고 200 할인받았으니까 500만 원 번 거네."

"와, 신나 신나. 진짜 알뜰하게 잘 샀다. 그치?"

한 달 뒤, 정 대리는 결혼식을 올렸고 전셋집에 입주를 했다.

그래서 오늘은 축제

1

권 사원은 남자친구와 뜨뜻미지근하다.

결혼을 앞둔 커플 같지 않게 바쁘지도, 설레지도 않고 어영부영 시간만 흐른다. 정 대리가 결혼식을 치르는 동안 권 사원은 결혼에 관해 결정한 것이 하나도 없다. 남자친구가 나서서 하는 것도 없다.

점심시간에 아메리카노 2,000원짜리 카페로 간다. 송 과장과 정 대리의 결혼생활이 궁금하다. 그들이 잘 살고 있는지가 궁금하다기보다 '결혼생활'이라는 자체가 어떤 것인지 궁금하다.

"정 대리님, 결혼하시니까 어때요?

"뭐 좋지. 좋은가? 아직은 모르겠는데 지금까지는 좋아. 나도 한 지 얼마 안 돼서."

"송 과장님은 좋으세요?"

"어떤 의미지?"

"결혼을 하는 게 좋은지 안 하는 게 좋은지 궁금해서요."

"음…… 결혼…… 결혼은 해도 합법이고 안 해도 합법이야. 해도 그만 안 해도 그만."

"네?"

"하하, 농담이고. 나 같은 경우는 같이 먹고 마시고 놀러가고, 모든 걸 같이 할 수 있어서 좋아. 연애 때나 신혼 때 찍었던 사진들 보면 재미있고…… 같이 추억을 간직할 수 있는 게 좋더라고. 아이가 태어나면 너무 예쁘고 보고만 있어도 배부르고. 우리 부모님이 좋아하시는 모습을 보니 효도하는 것 같고…… 뭐, 좋은 점이야 많지."

"안 좋은 점도 있나요?"

"왜 없겠어. 회사일 끝나고 눈치 보고 집에 들어가야 하고, 뭐 하나 하려면 허락받아야 하고, 양가 부모님 같이 챙겨야 하고. 서로 맞춰 사는 데서 생기는 스트레스도 있지."

"네…… 그럴 것 같아요."

"결혼하면 행복감도 커지는 만큼 받는 스트레스도 커지는 것 같은데, 정 대리는 어때?"

"저희는 서로 거의 터치 안 해요."

"아직 애가 없어서 그럴 거야. 나도 신혼 때는 그랬어. 아이는 너무 예쁜데 그만큼 힘들어. 그리고 애 키우는 데도 진짜 사소한 것에서부터 아내랑 생각이 달라. 예를 들면, 날이 따뜻한데 아내는 혹시 모르니 따뜻하게 입히자고 하고, 나는 땀이 나는데 왜 이렇게 두껍게 입히냐고 하고. 아이 용품이나 책도 중고로 살까 새것으로 살까, 이런 걸로도 부딪쳐. 그런 자잘한 것들에서 잘 맞춰가느냐, 아니면 서로 싸우느냐 그 차이지."

"아…… 과장님 말 들으니까 결혼하면 안 될 것 같아요."

"하하. 너무 어렵게 생각하지 마. 평생 다른 환경에서 살아온 남녀가 만났으니 서로 다른 게 당연해. 문제는 자신만 옳다고 생각할 때야. 불행의 시작이지. 나도 상대방도 어느 정도 이기적이라는 걸 인정하고, 서로 맞춰가는 게 중요한 거 같아."

"어렵네요."

"생활 습관이나 집안일 하는 방식이나 같이 살기 시작하면 어느 정도는 바꿔야 하는데, 상대방이 알아서 해주겠지, 바뀌겠지, 이렇게 생각하면 실망도 큰 것 같아. 나도 처음에 그랬거든. 어쩌면 상대방에게 큰 기대를 안 하는 게 오히려 더 결혼생활이 도움이 되는 것 같아. 어, 근데 어쩌다가 이런 말까지 나왔지? 미안 미안."

"아니에요. 계속 말씀해주세요. 저 이제 곧 결혼해야 하는데 좀 혼란스러워서 그래요."

"흠, 내가 권 사원의 상황을 잘 알지는 못하지만 말이야. 한 가지는 확실히 말해줄 수 있어. 결혼을 하기 위해서 연애를 하는 게 아니라, 연애를 하다가 이 사람이다 싶으면 결혼을 하는 거야. 절대 결혼을 전제로 사람을 만나지는 마. 결혼은 안 해도 그만이야."

"네…… 그런데 결혼 날짜가 점점 다가오니 걱정이 많아요."

"남자친구랑 그때 그 문제?"

"네, 자꾸 돈 얘기하면 제가 속물인 거 같아서 어디 가서 말도 못하겠어요."

"아니야. 돈 이란게 정말 중요해. 주변에 보면 다 돈 때문에 서로 물고 뜯고 해. 돈 문제는 투명하게 하는 게 좋아. 대부분의 이혼 사유도 사실 성격 차이가 아니라 돈 문제일걸."

권 사원은 답답한 마음에 속앓이하던 문제를 꺼낸다.

"남자친구가 월급 받으면 게임에, 장난감에…… 이상한 데다가 다 쓰는 거 같아요. 그러면서 집에서 용돈까지 받아 쓰고 있더라고요."

"그때 그 문제가 아직 해결이 안 됐구나. 남자친구가 게임 좋아한다고 했지?"

"네. 제가 보기엔 중독이에요. 회사에서도 그렇고 저 만날 때도 계속 게임만 해요."

"남자친구가 게임에 의존하고 부모님과 분리도 아직 못하고 있고, 그런 거지? 소비 습관도 이해를 못하겠고."

"네. 그러다 보니까 그냥 이유 없이 미워 보여요. 제가 이상한 건가요?"

"그럴 수 있지. 그래서 결혼을 해야 할지 말아야 할지 고민인 거구나. 어머님은 뭐라고 하셔?"

"엄마는 그냥 하라고 하시는데……."

"내가 나서서 얘기하긴 그렇긴 한데 권 사원, 자신의 인생은 자신이 정하는 거야. 절대 다른 사람이 대신 살아주지 않아. 부모님도, 남편도, 자식도, 친구도 전부 각자의 인생이 있어. 세상에서 가장 중요한 사람은 자기 자신이야. 혹시 권 사원이 가장 편하다고 생각하는 사람 있어?"

권 사원은 곰곰이 생각한다.

"음…… 저는 할머니가 가장 편해요. 어릴 때부터 항상 제 편이셨어요."

"그럼 할머니께 한 번 여쭤봐. 솔직하게 고민을 말씀드려."

"네, 송 과장님. 고맙습니다."

얘기하다 보니 어느새 점심시간이 끝난다. 권 사원과 정 대리, 송 과장은 사무실로 돌아간다.

2

주말이다.

권 사원은 할머니를 만나러 가기로 한다. 할머니는 엄마보다 더 자신을 이해하고 사랑해주는 분이다. 고민거리가 있을 때마다 늘 좋은 말씀을 해주신다.

마트에 들러 이것저것 할머니가 필요하실 만한 것들을 산다. 할머니가 좋아하시는 마이구미가 보여 몇 봉지 같이 챙긴다.

덜커덩덜커덩.

할머니가 계신 요양원으로 향하는 시외버스는 비포장도로를 열심히 내달린다. 권 사원은 콘크리트에 깔릴 것 같은 도시에서 벗어나 창밖으로 흘러가는 산과 들을 보기만 해도 숨통이 트이는 것 같다.

"감사합니다!"

버스에서 내리니 향긋한 흙냄새가 코를 찌른다.

축축한 흙을 밟으며, 새소리를 들으며, 신선한 공기를 들이마시며 요양원으로 향하는 길.

권 사원은 만나기도 전에 이미 할머니를 만나러 오길 잘했다고 생각한다.

"안녕하세요."

"안녕하세요. 오랜만에 오셨네요. 할머니 면회 오셨죠? 거동이 좀 불편하시긴 한데 그래도 요즘 많이 좋아지신 편이에요."

"다행이에요. 감사합니다!"

멀리 할머니가 보인다. 웃으며 권 사원을 보고 있다.

"할머니! 저 왔어요."

"우리 애기 왔어?"

"내가 무슨 아직도 애기야. 나 이제 서른이에요, 할머니."

"서른이면 애기지 뭐. 결혼한다면서? 이 할미가 몸이 불편해서 갈 수 있으려나 모르겠다. 우리 애기 식 올리는 모습 봐야 하는데."

할머니는 아직까지 권 사원을 애기라고 부른다. 권 사원은 싫지 않다.

"어떻게 지내셨어요? 몸은 괜찮으세요?"

"나야 괜찮지. 뭘 걱정해. 먹여줘, 재워줘, 아프면 돌봐줘. 근데 우리 애기 얼굴이 안 괜찮은데? 이 할미한테 말해봐. 왜 그래? 무슨 일인데."

"할머니……."

"그래. 말해봐."

"사실…… 고민이 있는데…… 결혼하기로 한 사람이랑 결혼을 해야 할지 모르겠어요. 결혼해서 잘 살 수 있을지……."

"내가 살면서 제일 후회하는 게 뭔 줄 알아? 나를 위해 못 산 거야. 니 할애비 챙기고 자식들 챙기다 보니까 금방 노인네가 되어버렸어. 지금 건강하기만 하다면 내가 좋아하는 거, 하고 싶은 거만 하며 살란다. 여기 있는 노인네들 이 세상 떠날 사람들이잖아. 얘기해보면 다 똑같은 말만 해. 자기 인생 제대로 즐기지 못하고 산 게 너무 억울하다고."

할머니도 얼마 후면 세상을 떠날 사람이라고 생각하시는 게 너무 가슴 아프다.

권 사원은 할머니 손을 꼭 잡는다.

"뭘 그리 걱정해? 결혼해서 행복하지 않을 것 같으면 안 하면 되지. 누가 뭐라고 할 거야. 인생 대신 살아줄 거야?"

"맞아요…… 고마워요, 할머니."

권 사원은 울컥하는 마음을 추스르고, 얼른 가방에서 사 온 것들을 꺼낸다. 그리고 마이구미 봉지를 뜯어 할머니에게 내민다.

"할머니, 여기 우리 할머니가 좋아하는 마이구미 포도맛."

"아이고, 이 할미가 좋아하는 거 다 기억하고 있네. 나는 우리 애기랑 이거 나눠먹을 때가 제일 행복하더라."

각자 한 봉지씩 후딱 해치우던 때가 있었다. 이제 치아가 약해지신 할머니는 녹여 드신다. 권 사원도 같이 녹여 먹는다. 우리 할머니, 뱃살도 있고 볼살도 있으셨는데 어느새 뼈만 앙상하게 남았다.

"할머니, 건강하셔야 해요."

권 사원은 할머니 손을 꼭 잡고 속삭인다.

할머니와 아쉬운 인사를 하고 요양병원 밖으로 나온다. 할머

　　　　　　　　　　　　　2부 정 대리 · 권 사원 편

니를 두고 나오는 마음이 무겁다.

　요양병원, 요양원…….

　여기는 어떤 곳일까.

　나이 들면 누구나 거쳐야 하는 종착지일까.

　그냥 살던 집에서 살다가 눈 감을 수는 없는 걸까.

　누군가 돌봐줘야 하는데 이 바쁜 세상에서 누가 누구를 돌봐
줄 수 있을까.

　권 사원은 할머니를 방문한 본래의 목적은 잊고 여러 가지 생
각이 많아진다.

　여기 있는 사람들은 그동안의 삶에 만족할까, 아니면 후회할까.

　후회한다면 무엇에 대해 가장 후회를 할까.

　다시 그때로 돌아가길 원할까, 아니면 미련 없이 세상을 떠나
길 원할까.

　집에 도착한 권 사원은 일찍 잠이 든다.

　꿈도 꾸지 않고 깊이 잠든다.

3

알람소리가 울린다.

　알람소리만큼은 꿈이라고 믿고 싶다.

　겨우 알람을 끈다. 더 잘까, 지금 일어날까. 머릿속에 갈등의
소용돌이가 휘몰아친다. 권 사원은 일어나기를 택한다.

　평소보다 일찍 준비하고 집을 나선다. 플랫폼에서 지하철을

기다린다. 멀리서 쌍라이트를 켠 지하철이 다가온다. 지하철이 서서히 멈춰선다. 문 열리는 곳보다 반걸음 더 가서 멈춘다. 살짝 뒤로 후진하더니 위치를 딱 맞춘다.

지하철을 탄다. 사람들이 별로 없다. 빈 자리도 꽤 있다. 이상한 사람들도 안 보인다. 쾌적하다. 송 과장이 일찍 지하철을 타는 이유가 있다.

사무실에 들어서니 역시나 송 과장이 자리에 앉아 있다.

"송 과장님, 주말 잘 보내셨어요? 저 할머니 뵙고 왔어요."

"그래? 잘했네. 뭐라셔?"

"송 과장님과 비슷한 말씀을 해주셨어요. 제 인생 제가 결정해서 살라고요."

"그래, 권 사원도 잘 생각해봐. 남자친구랑 이야기도 해보고. 권 사원 마음 가는 대로 하는 게 제일 좋은 결정일 거야. 힘내."

4

권 사원은 남자친구와 속초로 여행을 간다.

이번 여행에서 남자친구와 결혼에 대해, 미래에 대해, 그리고 각자 스스로에 대해 진지한 이야기를 하고 싶다.

남자친구가 남자친구 부모님께 전화를 한다. 속초 다녀온다고, 너무 걱정하지 말라고, 운전 조심히 하겠다고, 맛있는 거 많이 먹고 오겠다고 한다. 늘 어디 갈 때면 부모님께 보고를 한다.

처음 가보는 서울양양 고속도로다. 오랜만에 서울을 벗어나니 가슴이 탁 트인다. 터널이 많다.

터널이 많은 것은 산도 많다는 뜻이겠지. 터널 이름이 기린1터널, 기린2터널, 기린3터널…… 계속 나온다. 길어서 기린이라고 지었나.

터널 안에 화려한 조명이 있다.

호루라기 소리도 난다.

권 사원은 여행을 간다기보다 인생에 있어 중대한 전투를 앞둔 기분이다.

아니지, 싸우러 가는 게 아니지.

티비 토론을 앞둔 대선 후보, 범인의 자백을 받아내는 형사가 된 심정이다.

남자친구를 헐뜯거나 취조하거나 몰아붙이려는 게 아니다. 사랑하는 사람, 사랑했던 사람의 진심을 알고 싶은 여자친구이자 예비 신부 자격으로 미래의 배우자에 대해 제대로 알고 싶은 것뿐이다.

서울에서 속초까지는 생각보다 가깝다. 밀리지만 않으면 2시간이면 도착한다는데 오늘은 좀 밀린다.

"네가 늦게 나와서 차 밀리잖아."

남자친구가 말꼬리를 길게 늘이면서 짜증이 섞인 말투로 말한다.

"미안해."

"네가 제 시간에만 나왔어도 벌써 도착했겠다."

권 사원은 남자친구랑 먹을 과자를 챙기느라 약속시간보다 10분 늦었다. 뭐라 대꾸할 말도 없어서 더 이상 대답하지 않는다.

에어컨 바람이 차다. 춥다. 더위를 많이 타는 남자친구에게 미안하지만.

"추운데…… 에어컨 좀 줄일까?"

"이거보다 한 단 낮추면 더워져."

권 사원은 자신 쪽의 에어컨 구멍을 막는다. 창문을 살짝 연다. 따뜻한 바람이 들어온다. 저 멀리 터널이 보인다. 터널이 가까워지자 창문을 닫는다. 팔짱을 끼고 몸을 움츠린다.

남자친구는 덥고, 자신은 춥다. 덥고도 냉랭하다.

둘 다 아무 말이 없다. 침묵을 채워주는 것은 라디오 소리뿐이다. '붐붐파워'에서 웃짜와 레츠고 광고타임 슈우우웅을 몇 번 듣다 보니 속초에 도착한다.

5

숙소에 짐을 풀고 나니 남자친구가 바닷가로 가자고 한다.

바다의 색깔은 하나인 것 같지만 햇살이 쨍할 때의 색깔과 흐린 날의 색깔은 완전 다르다. 쨍한 날은 하늘색과 짙은 파란색의 중간을 띄지만 흐린 날은 어두운 파란색과 회색을 섞어놓은 듯한 탁한 색이다. 오늘은 구름 한 점 없는 맑은 날이다.

내 머리도 마음도 하늘처럼 맑았으면 좋겠다.

남자친구의 머리와 마음 속을 투명하게 볼 수 있었으면 좋겠다.

바닷가로 간다. 권 사원은 신발과 양말을 벗고 부드러운 모래의 촉감을 느끼며 걷고 싶다. 남자친구는 신발에 모래가 들어가는 것을 싫어한다. 모래를 밟는 느낌도 싫어한다. 신발에 모래가 들어갈까봐 뒤꿈치부터 조심스레 살금살금 걷는다. 남자친구의 신발에 모래가 안 들어갔으면 좋겠다. 들어가면 그의 기분에 짜증이 더해질지 모른다. 괜히 온 것 같다.

남자친구 핸드폰에서는 계속 진동이 울린다. 게임 알람이다. 예전 같으면 바로 바로 확인할 텐데 오늘은 확인하지 않는다.

게임에 목매는 모습을 보여주기 싫은 걸까?

좀 변한 건가? 기대해봐도 되나?

약간의 희망이 생긴다.

별말이 없다. 보통 권 사원이 먼저 말을 시작하는데 권 사원이 말을 안 하니 남자친구도 말을 안 한다. 냉랭하지도 포근하지도 않은 분위기다.

그때 남자친구가 한 마디 한다.

"닭강정 사러 갈까?"

아까부터 하고 싶었던 말인 것 같다. 권 사원과 남자친구는 속초시장으로 간다. 유명하다는 닭강정 가게를 찾아 들어간다. 위생 문제로 뉴스 기사가 난 이후로 주방을 완전히 바꿨다고 한다. 권 사원네 회사 공장의 클린룸 수준과 맞먹는다. 마치 반도체 회사를 연상시킨다. 반도체 엔지니어들이 닭강정을 튀기는 것 같다.

속초라서 가격이 쌀 줄 알았는데, 서울보다 비싸면 비쌌지 싸지 않다.

1만 7천 원, 1만 8천 원…….

요즘 마트에 가면 1만 원 초반대에 치킨 한마리 살 수 있는데……. 어쩐지 아깝다는 생각이 든다.

닭강정 보통맛을 포장해서 숙소로 간다. 가는 길에 맥주를 산다. 자신이 좋아하는 오감자와 남자친구가 좋아하는 썬칩도 산다.

숙소로 들어가 남자친구가 손을 닦는 동안 권 사원은 닭강정 박스를 열고 상을 차린다. 뒤이어 권 사원이 손을 닦는 동안 남자친구는 과자 봉지를 뜯는다. 세면대 위에 있는 비누가 포장 그대로 있다. 남자친구는 비누칠 안 하고 물칠만 했다. 권 사원은 비누칠을 꼭 해야 손을 닦은 것 같다.

사소한 것부터 차이가 난다. 사소하니까 차이가 나는 것일 수도 있다.

맥주 캔을 딴다.

치익.

가스 빠져나가는 소리가 짧고 간결하다.

가볍게 건배를 한다. 무표정도 아니고 미소 짓는 표정도 아니다. 어정쩡한 표정이다.

그 유명하다는 속초 닭강정을 드디어 먹는다. 아, 그런데 기대가 너무 높았나. 서울에서 먹던 그냥 평범한 맛이다.

남자친구가 그동안 들여다보지 않은 핸드폰을 본다. 손가락이 바쁘게 움직인다. 왼손에는 닭강정, 오른손에는 핸드폰.

남자친구에게는 핸드폰 1위, 닭강정 2위, 가끔 나 3위.

권 사원이 먼저 말을 꺼낸다.

"닭강정 맛이 괜찮긴 한데 너무 기대가 컸나봐."

남자친구는 핸드폰에서 눈을 떼지 않고 대답한다.

"어, 나도 그래."

"뜨거우면 더 맛있을 것 같은데."

"어."

6

권 사원과 남자친구 사이에 다시 침묵이 이어진다.

권 사원은 다시 먼저 말을 붙이기 싫다. 그래도 여행 기분도
내야 하고 진지한 이야기도 해봐야 하는데, 계속되는 침묵이 불
편하다.

"게임 재밌어?

"아까 운전하느라 못해서…… 이거 조금만 할게."

"……그래."

남자친구가 게임에 정신이 팔려 있는 중에 핸드폰으로 전화
가 온다. 남자친구의 어머니이다.

"아, 씨! 아이템 못 먹었잖아! 아오! 여보세요?"

"잘 도착했어? 궁금해서 전화했어."

"어, 잘 도착했지. 왜?"

"그냥 궁금해서 한 거야, 잘 도착했는지."

"어, 끊어."

남자친구는 통화종료 버튼을 급하게 여러 번 누른다.

"아, 씨…… 큰일 날 뻔했네."

다시 폰을 가로로 두고 게임 화면을 띄운다.

어머니가 전화를 했는데 저렇게…….

권 사원은 생각한다. 남자친구가 게임하는 중에 자신이 전화를 했어도 저랬을 수 있겠구나. 아니다. 쭉 그래왔을 것이다. 전화를 받고 억지로 통화를 이어가다가 빨리 끊기만을 기다렸겠지.

권 사원은 오감자를 하나 집어 먹는다. 바사삭 씹다가 과자가 목으로 거의 넘어갈 때쯤 맥주를 한 모금 마시면서 과자와 같이 넘긴다. 그러면서 남자친구의 게임하는 모습을 지켜본다. 썬칩을 하나 집어 먹는다. 천천히 씹는다.

남자친구는 권 사원의 시선을 의식했는지 힐끔 쳐다본다.

"다했다, 다했어."

"응…… 짠."

"짠."

맥주 캔끼리 부딪치고 또 한 모금 마신다. 이게 미래의 모습이다. 한 명은 게임하고, 한 명은 얼굴 보고 이야기하자고 기다리는 모습. 멍하니 기다리고 앉은 자신의 모습이 한심하다. 무슨 애정결핍도 아니고 뭐하는 건지 모르겠다.

권 사원은 일그러진 미소를 입가에 담고 말한다.

"우리 결혼하면…… 게임하는 시간 정해놓고 할까?"

"뭐야, 니가 엄마야? 우리 엄마도 그런 소리 안 해."

"어…… 알았어. 미안."

"그리고 내가 게임하는 거 취미잖아. 나 술도 안 마시고 담배도 안 피고 친구들도 안 만나고 그냥 이게 취미야. 네가 이해해 줘. 내가 게임하는 동안 너는 너 취미생활 해. 나 쳐다보고 있지 말고."

남자친구는 도무지 이해할 수 없다는 표정이다.

"나도 그 게임 해보려고 몇 번 시도해봤는데 재미 없어서 그냥 지웠어."

"이게 처음에는 그래. 계속 하다보면 재밌어. 내가 가르쳐줄게. 같이 하면 더 재밌어."

"아니야, 괜찮아."

"여자들은 왜 남자들 게임하는 걸 싫어할까? 도대체 이해를 못하겠네."

남자친구는 고개를 절래절래 흔든다.

7

남자친구와 권 사원은 한동안 말이 없다.

게임도 같이 해보려고 노력했는데…… 답답하고 한편으로는 억울하기도 하다. 침묵이 다시 이어진다. 결국 권 사원이 먼저 침묵을 깬다.

"우리 결혼 다시 생각해볼까?"

권 사원은 자신도 모르게 속마음이 튀어나온다. 말해놓고 나니 자신도 당황스럽다.

"어? 무슨 소리야?"

남자친구가 당황한 목소리로 대답한다. 권 사원은 이왕 꺼낸 말이니 계속 이어간다.

"우리 결혼…… 잘 모르겠어."

"왜, 이제 와서?"

"나에 대해 자신이 없어……."

"원래 그래. 결혼 전에는 다들 그런 생각이 든대. 너무 심각하게 생각하지 마. 뭐가 걱정이야?

"결혼하면 내가 잔소리를 엄청 할 것 같다는 생각이 들어. 서로한테 스트레스 주고, 그러다가 싸우고……."

"왜 그런 걱정을 해? 나한테 잔소리할 게 뭐가 있어. 그냥 다 맞춰가며 사는 거야."

권 사원은 맥주를 한 모금 마시고 본론을 말한다.

"나랑 다른 점이 너무 많은 거 같아."

"어떤 거?"

한두 개가 아니다. 일일이 나열하기도 어렵다. 말로 설명하기가 어렵다.

"부모님과의 관계라든지, 경제적인 부분이라든지. 이해 안 가는 부분이 많아."

"용돈 받는 거랑 게임에 돈 쓰는 거? 그게 이해가 안 가? 맥주 사 먹는 거는 이해 가고? 그리고 용돈 받으면 좋은 거지. 넌 지금 복에 겨운 거야. 나중에 결혼하고 나서 우리 부모님이 용돈 안 주면 오히려 섭섭할걸?"

"나는 용돈 안 받아도 돼. 다른 사람한테 손 벌리는 거 싫어. 우리끼리 돈 열심히 모으면서 재테크도 하고 같이 여행도 다니고, 그렇게 살고 싶어."

"재테크는 하고 싶다면서 용돈은 받기 싫다고? 그게 말이 돼? 그리고 이제까지 재테크 같은 데 관심도 없었으면서 결혼한다니까 갑자기 왜 이러는데?"

"이것 봐. 우리는 너무 경제관념이 너무 다르잖아. 이것 때문에 결혼하고 나서도 분명 부딪칠 거야."

"경제관념? 네 경제관념이 뭔데? 월세 살면서 재테크 하는 거? 그렇게 하면 경제관념 있는 짓이야? 그냥 멍청한 짓이지. 너 같은 팔랑귀들이 이상한 데 투자해서 말아먹는 거야."

권 사원은 말문이 막힌다. 이 대화를 계속 끌고 가야 할지 모르겠다. 아예 자신의 말은 들으려고 하지 않는다.

남자친구가 권 사원을 노려보고 있다. 권 사원도 지지 않고 남자친구를 쏘아본다. 적어도 대화를 하면 뭔가 해결책이 나올 수 있으리라 생각했는데, 이건 마치 벽이랑 대화하는 것 같다.

"오빠는 그냥 현실을 도피하려는 것처럼 보여."

"내가? 완전 어이없다. 너 그냥 결혼하기 싫으니까 이상한 핑계 갖다 붙이는 거지?"

"아니야. 집 문제도 그렇고 용돈도 그렇고 현실 도피 맞아. 게임도 취미가 아니라 중독처럼 하고 있어. 그냥 현실 도피하려고!"

"내가 무슨 중독이야!"

지이이잉.

핸드폰에서 게임 알람이 울린다. 남자친구는 고민한다. 이 상황에서 버튼을 누를지 대화를 이어갈지. 권 사원도 궁금하다.

남자친구는 몇 초간 고민하더니 재빠르게 버튼을 누르고 대화를 이어간다.

"게임 좀 하는 거 갖고 중독자 취급하고 그래! 네가 이상한 거 아니야? 요즘 집 얘기하면서 돈돈 거리고, 내가 레고 샀다고 이상하게 쳐다보고. 그게 뭐가 잘못한 거야? 내가 무슨 죄졌어? 내가 말했잖아, 술 담배 안 하는 대신 취미로 하는 거라고."

"나도 술 담배 안 해. 술 담배 안 하는 걸 대단한 것처럼 말하지 마."

"다른 남자들 다하잖아. 그리고 여자가 술 담배 안 하는 건 당연한 거지. 우리 엄마가 술 담배 하는 여자 절대 만나지 말라고 그랬어."

확실해졌다. 이 남자는 진짜 아니다. 툭하면 엄마가 그랬어, 엄마가 그러는데, 엄마가 그랬는데.

내가 그동안 미쳤나 보다.

아직 엄마 품에서 벗어나지 못한 이런 사람을 좋아했다니.

평생 엄마 둥지에서 못 벗어날 사람이다.

"그래, 내가 이상한 거야. 그런 걸 이해 못하고, 앞으로도 못할 것 같은 내가 이상한 거야. 됐지? 나 갈게."

"어딜 가, 지금?"

"알아서 갈 테니 신경 쓰지 마. 이제 우리 서로 보는 일 없었으면 좋겠어."

"아, 씨! 나랑 장난해?"

저놈의 얼굴에 맥주를 확 뿌려버리고 싶다.

권 사원은 바로 짐을 싼다. 이 사람 얼굴은 더 이상 보고 싶지 않다. 볼 이유도 없다. 택시를 부른다.

싸우려고 한 게 아닌데 싸움이 되어버렸다. 진지한 대화를 원했는데……

남자친구는 예전부터 그랬다. 중요한 문제나 속마음을 이야기하려고 하면 다른 주제로 돌리거나, 웃어 넘기거나, 화를 냈다. 왜 피하는 걸까. 무엇이 두려운 걸까.

권 사원은 택시를 탄다. 속초고속버스터미널로 가달라고 말하고는 뒷좌석에 몸을 깊이 묻는다.

3년 넘게 나는 이 남자를 왜 좋아했을까. 무엇 때문에 결혼까지 생각했을까.

그냥 결혼할 나이가 돼서? 그 정도 사귀었으니 당연히 결혼을 해야 한다는 생각 때문에? 이 남자가 아니면 다른 사람을 못 만날 것 같은 불안감?

내가 상대를 미친 듯이 사랑했다면 모든 것을 다 이해했을까. 나도 모르게 그 사람이 완벽한 사람이기를 기대한 걸까. 내가 바뀌어야 했나. 내가 나를 바꾸기도 힘든데 남이 바뀌기를 기대하는 것은 욕심인가.

너무 많은 생각이 휘몰아친다.

뭐가 잘못된 거지. 누가 잘못한 거지.

자꾸 곱씹는다. 결론 없는 질문들만 맴돈다.

이제야 조금 알겠다. 연애를 할 때는 사랑의 결실이 결혼인 것 같지만, 실제로 그 결혼은 사랑에 현실이 더해진 시작점이다. 마치 취업준비생들한테는 취업이 모든 게 끝인 것 같지만, 혹독하면서 허무한 현실이 기다리고 있는 것처럼.

우리끼리 우스갯소리처럼 하던 얘기가 있다. 인생에서 마음대로 안 되는 게 세 가지가 있는데 첫 번째는 사랑, 두 번째는 결혼, 세 번째는 USB 한 번에 꽂기.

완전 틀린 소리는 아닌 거 같다.

권 사원은 버스터미널에 도착한다. 오늘 출발하는 버스는 모두 떠나고 없다. 모텔에서 자야 한다. 그 자식이랑 있느니 혼자 있는 게 낫다.

모텔에 짐을 놓고 근처 바닷가로 간다. 가족들과 연인들이 폭죽놀이에 한창이다. 낮은 하늘에 연기가 폴폴 떠간다.

이 밤에 혼자서 바닷가를 걷는 사람은 자신뿐이다. 다들 누군가와 같이 있다.

그런데 외롭지 않다. 발목에 채워져 있던 족쇄를 끊어낸 기분이다.

드라마에서 여주인공이 맨발로 바닷가를 걷는 게 멋있어 보였다. 권 사원은 신발을 벗고 양말을 벗는다. 이제 거리낄 게 없다.

앗, 그런데 여기저기 소주병이 널부러져 있다. 깨진 병도 보인다. 잘못하다가 유리 조각이라도 밟으면 피를 볼 것 같다. 안 되겠다. 권 사원은 주섬주섬 다시 양말을 신고 신발을 신는다.

어둑어둑한 해변가를 걷다가 모래성을 만든다. 파도에 무너지지 않게 수로도 판다. 파도가 몇 번 왔다 갔다 하니 금세 없어진다.

아무도 내가 여기에 모래성을 만든지 모른다. 나만 안다. 잠시 시간이 지나면 나조차도 어디에 모래성을 만들었는지 모른다. 뭐든지 쌓는 것은 오래 걸리지만 무너뜨리는 것은 쉽다. 마음의 성도 비슷하다.

가게에서 폭죽을 판다. 15발짜리 폭죽을 하나 산다. 폭죽에 불을 붙이려는데 라이터가 없다.

저쪽에서 아빠, 엄마, 딸, 아들 네 식구가 소리를 지르며 폭죽을 터뜨리고 있다. 5만 원어치는 산 것 같다. 행복해 보인다. 저런 가정을 꾸리는 게 인생의 정답일까.

"저기요, 죄송한데 라이터 빌려주실 수 있으세요?"

"아 네, 여기요."

"감사합니다."

권 사원은 불을 붙이고 팔을 쭉 뻗는다.

슉! 파박파파팍!

손에서 한 발씩 나갈 때마다 전해지는 미세한 충격이 좋다. 이 폭죽들과 함께 그 자식에 대한 기억을 모두 날려버리고 싶다.

폭죽은 축제 때 터뜨린다. 혼자 바닷가에서 폭죽을 터뜨린 오늘 밤은 잊히지 않을 것 같다.

달까지 달려가도 닿을 수 없다

1

정 대리의 신혼집에 주문한 가전과 가구가 모두 들어왔다.

집은 20년 정도 되었지만 최신식 가전제품이 인테리어 역할을 한다. 집 연식에 비해 가전제품이 너무 새것이다 보니 어딘가 어울리지 않는다. 다 깨진 손톱에 매니큐어를 바른 것 같다.

다용도실에서는 세탁기와 일체형으로 나온 건조기가 낮은 소음을 내며 돌아가고 있다. 방에서는 스타일러가 옷을 흔들고 있다. 거실에서는 무풍 에어컨이 은은한 바람을 내뿜는다. 360도 공기청정기가 미세먼지를 빨아들이고 있다. 초고화질 텔레비전이 드라마를 보여주고 있다. 무선 청소기는 구석에서 묵묵히 충전 중이다. 주방에서는 연핑크색 냉장고가 음식을 신선하게 보관하고 있다. 커피머신은 커피를 내리고 있다. 식기세척기가 설거지를 하고 있다. 음이온 바람으로 머리칼이 상하지 않게 말려준다는 다이슨 드라이어가 화장대에 놓여 있다.

이 모든 것을 월 200만 원에 누릴 수 있다. 1년만 내면 된다. 그 후에는 완전히 자신의 소유다. 진정한 풀소유. 정 대리는 너무나 만족스럽다.

이 순간을 사진으로 찍어서 올리고 싶은데 거실 바닥 색깔이 마음에 들지 않는다. 벽지에는 기하학적 무늬들이 박혀 있다. 도배를 화이트로 새로 할 걸 그랬다. 체리색 문틀도 마음에 들지 않는다. 집 주인이 아니니 마음대로 바꾸지도 못한다. 집 사진을 찍을 수가 없다.

화이트톤의 미니멀 인테리어로 꾸며 살고 있는 친구 집을 떠올리니 더욱 비교가 된다. 가전으로는 커버할 수 없는 게 있다. 그래도 이 최신상 가전제품들을 쓰고 있는 모습을 공유해야 한다. 모두가 부러워해야 한다.

커피머신만 클로즈업해서 찍어 업로드 한다.

#홈카페 #아메리카노 #커피한잔의여유

2

정 대리 부부는 저녁 산책을 하러 한강공원으로 나간다.

한강에 매일 나올 것처럼 이야기했지만 정작 몇 번 나온 적은 없다. 사람들이 많다. 돗자리 깔고 옹기종기 앉아 먹고 마시고 있다.

자전거 도로에서는 자전거들이 쌩 소리를 내며 지나간다. 킥보드도 많이 보인다.

"오빠, 나 사진 좀 찍어줘."

정 대리는 무릎을 꿇고 허리를 구부려 사진을 찍는다. 이렇게 사진 찍는 사람들 참 못났다고 생각했는데, 이제는 자신이 이러고 있다.

"아니, 폰 거꾸로 돌려서. 카메라가 아래로 가게. 계속 눌러. 하나만 건지면 돼."

그녀가 명령한다.

찰칵 찰칵 찰칵.

활짝 웃으며 만세를 한다. 김연아처럼 한 바퀴 돌기도 한다. 전지현처럼 머리카락도 튕긴다. 저 멀리 바라보기도 한다. 놀란 척 부끄러운 척 귀여운 척도 한다.

찰칵 찰칵 찰칵.

짧은 순간에 사진 30여 장을 찍었다.

맥주를 사러 편의점에 간다. 편의점 근처는 라면 냄새로 가득하다. 이 밤에 편의점은 라면 먹는 사람들로 득실거린다. 신기하게 은박 그릇에다 봉지라면을 끓여 먹는다. 저게 컵라면보다 맛있나? 집에서 먹는 것보다 아무래도 밖에서 먹는 게 더 맛있을 것 같긴 하다.

둘은 맥주를 마시며 계속 걷는다. 사람 구경이 재미있다. 다리 위로 지나가는 지하철을 보는 것도 낭만적이다. 걷다보니 집에서 꽤 멀리까지 왔다.

"오빠, 나 힘들어. 다리 아파."

센스 있는 남자라면 이런 상황에서 대안을 생각하기 마련이다. 저기 킥보드 여러 대가 서 있다.

"그럼 우리 저기 있는 킥보드 타볼까?"

"와, 좋아. 저거 타보고 싶었어."

정 대리는 자신의 동물적 센스에 스스로 감탄한다. 앱을 깔고 신용카드를 등록하니 바로 탈 수 있다.

두 사람은 킥보드에 함께 올라타서 중심을 잡는다. 앞에는 와이프가 타고, 뒤에 정 대리가 탄다. 가끔 이렇게 타는 커플들을 보고 그냥 각자 타지 뭐 하러 같이 타나 했는데 막상 자신이 그렇게 타니 흐뭇하다. 결혼하고 식었던 연애 감정이 다시 생기는 것 같다.

속도가 꽤 빠르다. 웬만한 자전거는 그냥 추월한다.

"그냥 이거 타고 집 앞까지 가자!"

"좋아!"

한강공원을 벗어나 집 쪽으로 향한다.

"이거 진짜 편하네. 왜 진작 안 타고 다녔지? 차가 필요없겠……."

퍽!

으악!

정 대리는 길거리에 넘어져 있던 킥보드에 걸려 넘어졌다. 넘어지면서 앞에 있던 와이프는 소화전에 머리를 부딪치고 내동댕이쳐졌다. 정 대리는 보도블럭을 굴렀다.

"자기야, 자기야. ……자기야!"

답이 없다. 움직이지 않는다.

"119, 119! 여기요! 빨리요, 빨리. 빨리 와주세요!"

구급차가 도착해 응급실로 실려간다. 구급차에 올라타고부터 기억이 나지 않는다. 눈앞에서 불빛이 왔다 갔다 한 기억만 있다.

3

정 대리가 깨어난다.

조금씩 정신이 돌아오면서 몸을 일으키려는데 일어나기가 힘들다. 조심스럽게 팔다리를 움직여본다. 다리가 잘 움직이지 않는다. 고개를 빼고 살펴보니 다리에 깁스를 대고 있다.

여기가 어디지?

내가 지금 여기에서 뭐 하고 있는 거야?

아, 킥보드 타다가 넘어졌지.

어디를 얼마나 다친 거야?

와이프는?

텔레비전 소리가 들린다. 커튼으로 가려져 있어 누가 있는지 보이지 않는다. 커튼을 연다. 맞은편에서 간호사가 다른 환자를 체크하고 있다.

"저기요. 제 와이프는 어디 있어요?"

"중환자실에 있습니다."

"주, 죽었어요?"

"아니요. 그런데 아직 의식이 없으세요."

"네에?"

"일단 환자분도 안정이 필요해요. 아내분 보호자가 와 있으니 너무 걱정하지 마시고 움직이지 말고 계세요."

머리가 깨질 것 같다. 다리는 감각이 없다.

킥보드가 그렇게 빨랐나.

옆 침대에 정 대리와 비슷한 나이 또래의 남자가 있다. 먼저 말을 걸어온다.

"혹시 킥보드 타다가 그랬어요?"

"네……."

"저는 오토바이 타다가 사고가 났어요."

"네……."

"저보다 훨씬 많이 다치셨네요."

"네……."

"다시는 안 타려고요. 차에 박는 순간 이렇게 죽는구나 했어요."

"네에……. 저도 넘어지고 나서 기억이 없어요. 와이프랑 같이 탔는데……."

"하나에 두 명이 타신 거구나. 진짜 큰일 날 뻔했네요."

"와이프 보러 가야 하는데…… 움직이지도 못하고……."

정 대리는 여전히 정신이 없다.

얼마 후, 다른 간호사가 들어온다.

"환자분, 괜찮으세요?"

"아, 네. 아까는 감각이 없었는데 지금은 욱신거려요."

"회복 중이라 당분간은 그러실 거예요. 수술은 잘 끝났습니다."

"제 와이프는요?"

"아내분은 중환자실에 있습니다. 뇌 수술을 하셨어요."

"네? 뇌 수술이라고요?"

"네, 정말 큰일 날 뻔했어요. 119에 빨리 신고하신 덕에 그래도……."

"상태가 많이 안 좋습니까?"

"머리 쪽이라 회복하는 데 시간이 꽤 걸릴 것 같아요. 수술을 한 번 더 해야 할 수도 있고요."

"보러 갈 수 있나요?"

"아내분은 주무시고 계세요. 환자분도 움직이기 어려우실 거예요. 수술 끝난 지 얼마 안 됐으니 당분간 이대로 계셔야 해요."

"네……."

간호사가 몇 가지를 확인하고 나간다. 옆에 있던 남자가 다시 말을 건다.

"혹시 보험 따로 들어놓은 거 있으세요?"

"아니요."

"제가 알기로 뇌 수술이면 병원비가 꽤 나올 텐데요."

"아……."

"입원비, 수술비 다 미리 계산해두셔야 해요. 만만치 않게 나와요."

"네…… 감사합니다. 알아볼게요."

며칠 뒤, 정 대리는 목발을 짚고 움직일 수 있게 되었다.

화장실에 간다. 거울을 보니 끔찍한 몰골의 사내가 있다.

병원비가 궁금하다. 원무과로 가서 병원비가 얼마인지 물어본다.

"저 병원비 알고 싶어서 왔는데요. 제 와이프 거랑 같이요."

"네, 잠시만요. 입원비, 수술비 다 해서 현재까지 3천만 원입니다."

"네? 3천만 원이요? 뭐 잘못된 거 아닙니까?"

"환자분 수술한 거 하고, 아내분 머리 수술 두 번 하시고, 입원비까지 다 해서입니다."

"말도 안 돼. 의료보험이 안 됩니까?"

"의료보험 적용해서 내실 금액만 3천만 원입니다."

정 대리는 깜짝 놀란다.

3천만 원? 말도 안 돼.

무슨 병원비가 3천만 원이나 돼?

나에겐 3천만 원이 없다.

화가 난다.

뭐 어쩌라는 거야.

좀 따져야겠다.

"근데요. 이 수술 누가 해달라고 했습니까?"

"네?"

"나는 수술해달라고 한 적이 없는데요?"

"무슨 말씀이신지……."

"내가 나랑 와이프 수술해달라고 한 적이 없는데 왜 마음대로 수술해놓고 돈 내놓으라고 하냐고요!"

"수술 안 하셨으면 죽었을 수도 있어요."

"수술 안 하면 죽을지 살지 그쪽이 어떻게 알아요!"

원무과 직원은 대답을 하지 않는다. 이성을 상실한 사람과는 대화할 가치가 없다는 표정이다. 고성이 오가자 원무과 과장이 나온다.

"무슨 일이십니까?"

"나는 수술해달라고 한 적이 없는데 댁들 마음대로 수술해놓고 3천만 원 내놓으라는 게 말이 되냐고요!"

"환자분, 진정하시고요."

"뭘 진정해요! 나는 돈 절대로 못 준다고!"

자신도 모르게 소리를 질러버렸다. 정 대리는 절뚝거리며 목발을 짚고 입원실로 돌아간다. 침대에 누우니 3천만 원이라는 단어가 눈앞에 둥둥 떠다닌다.

월급 받으면 바로 다시 0원인데 3천만 원을 어디서 마련할지 걱정이다.

부모님께 도와달라고 할까. 결혼 자금으로 1억이나 주셨는데. 미쳐버릴 것 같다. 와이프는 돈이 없겠지. 자신만큼 쇼핑을 좋아하는데 그만한 돈이 있을 리가 없다.

돈이나 좀 모아둘걸. 후회된다. 대기업에 8년 가까이 다녔는데 통장에 3천만 원이 없다니. 그동안 뭐했나. 자괴감이 든다.

정 대리는 머릿속이 복잡하다. 돈을 어디에서 융통해야 할지 고민이다.

비트코인을 팔아야 하나. 그건 절대 안 되지. 인생을 한 번에 바꿀 마지막 사다리인데 그건 남겨둬야지.

전세금 빼고 이사 가야 하나? 와이프가 노발대발할 텐데.

차를 팔아야 하나? 팔면 딱 3천 정도 나올 거 같긴 한데. 아…… 말도 안 돼. 어떻게 차를 팔아.

"얼마 나왔대요?"

옆 침대의 남자가 묻는다.

"3천이요……."

"많이 나왔네요. 저는 500 정도 나왔는데 돈이 부족해서 다른 오토바이 팔았어요. 어차피 트라우마 때문에 오토바이도 못 탈 것 같고 그래서요."

"네…… 저도 걱정이네요."

"진짜 고민되시겠네요. 3천이면…… 어우……."

저 남자도 오토바이를 팔았구나. 나도 차를 팔까. 그거 아니면 돈 나올 곳이 없는데.

비트코인이냐, 자동차냐.

어차피 다리 아파서 운전도 당분간 못하겠지. 그럼 차를 팔아야겠다.

이럴 줄 알았으면 그냥 아반떼 계속 탈걸. 또 한 번 후회가 밀려온다.

5

차를 대신 팔아줄 사람을 찾는다.

그래도 믿을 사람은 가족뿐이다. 여동생에게 전화를 한다. 정 대리는 여동생을 정짱이라 부른다. 스스로 자기가 울산 '얼짱'이 라고 하고 다녀서 생긴 별명이다.

"뭐꼬?"

"어이, 정짱. '뭐꼬'라니. 전화 받자마자. '여보세요'라는 말 모 르나?"

"왜 전화했는데?"

"나 차 좀 팔아도."

"차? 니 차? 그 비엠따블유?"

"어."

"왜?"

"엄마한테 말하지 마라. 나 수술비 없어서 차 팔아야 한다."

여동생이 잠시 침묵하더니 한숨을 쉬며 묻는다.

"모아둔 돈 없나?"

"없다. 이것저것 사고, 결혼하면서 돈 다 썼지."

"언니는 없나?"

"없지, 당연히."

"내가 옛날부터 돈 좀 아껴쓰라 했나, 안 했나?"

"아 됐고. 집 비밀번호 알려줄 테니까 차 키 갖고 가서 좀 팔 아도. 딜러 연락처 줄 테니까."

"알았다."

"내 통장번호 보내주게. 그리고 딜러가 깎을라 카면 절대 안 된다 해라. 니 그런 거 잘하제. 막 우기는 거."

"머라카노. 나처럼 수줍음 많은 여자한테."

"파하하하하. 나 농담할 기분 아이다, 지금."

"근데 왜 웃는데? 니가 그동안 만난 여자들이나 드셌지. 난 아이다."

"꺼지라. 그 얘기가 왜 나오는데, 유부남한테. 그리고 내 여자 친구들이 니보다는 백 배는 낫다."

"자꾸 헛소리하면 니가 군대서 먹던 건빵, 주둥이에 오백 개 확 밀어넣어뿐다. 부탁하는 주제에 말이 많노. 고맙다 캐라."

"팔고나 그런 소리해라."

"팔면 나 좀 떼주는 거가?"

"나 지금 병원비 없어서 차 파는데 그게 할 소리가? 지금 무슨 상황인지 이해가 안 되나?"

"알따 알따. 나 지금 나가야 한다. 집 비밀번호나 보내라."

"알았다. 끊는다. 엄마한테는 차 파는 얘기 절대 하지 말고."

6

송 과장이 병문안을 온다고 한다.

화장실에서 거울을 본다. 처참했던 몰골에도 살이 살짝 올라 있다. 예전 모습은 아니지만 그래도 봐줄 만하다. 눈곱도 떼고 면도도 한다.

송 과장이 문을 열고 들어온다. 오랜만에 보니 반갑다. 누워 있다가 팔로 몸을 받쳐 일으켜 세운다. 팔에 힘이 예전만큼 들어가지 않는다.

"정 대리!"

"송 과장님!"

"이게 무슨 일이야. 큰일 날 뻔했네."

"네…… 그래도 저는 이 정도라 괜찮습니다. 와이프는 아직 중환자실에 있어요."

"아직도? 심각했구나……."

"네, 와이프는 뇌 수술만 두 번 했어요."

"하아…… 괜찮아진 거야?"

"네, 이제는 사람 대충 알아봐요. 회복 중이라고 하니 다행인데…… 의사 선생님이 죽지 않은 게 다행이래요."

"킥보드가 참 위험하네."

"속도가 빠른 것 같긴 했는데 그 정도일 줄은 몰랐어요. 천천히 갈 걸 그랬어요."

"그렇구나……. 참, 여기 정 대리가 좋아하는 자동차 잡지야. 심심할 때 보라고."

"감사합니다. 잘 볼게요."

송 과장은 병실을 둘러보며 묻는다.

"식사는 먹을 만해?"

"사내식당이랑 메뉴는 비슷해요. 근데 간이 약해서 맛이 좀 심심하네요."

"여기서 지내는 건 어때?"

"답답하긴 한데요. 하아, 진짜 답답한 건 수술비예요. 너무 많이 나왔어요. 보험으로 되는 것도 있는데 안 되는 것도 있더라고요."

"얼마 나왔는데?"

"지금까지 3천만 원이라네요."

"3천?"

"네……."

"병원비 부족하면 어떻게 할 거야?"

"차 팔려고요. 제 분신 같은 차를 내놨어요, 이미."

"속상하겠다……."

"차를 팔아도 얼마나 받을 수 있을지는 정확히 모르겠어요. 좀 타던 거라……."

"그럼 퇴원하면 이사를 해. 더 싼 곳으로. 이자가 그렇게 많이 나오는데 어떻게 살아?"

"힘들게 구한 집이고 와이프가 너무 좋아해서……."

"병원비도 없다면서? 퇴원하고도 치료받으려면 병원비가 계속 들 텐데 어떻게 감당하려고?"

"그러네요. 생각해봐야겠네요. 아, 주스 좀 드실래요? 오렌지, 망고, 사과 주스 있어요."

"오렌지."

정 대리는 뚜껑에 붙은 비닐을 손톱으로 깐다. 비닐에 절취선이 없었으면 도저히 못 열었을 것 같다. 뻥 소리가 나면서 열린다.

"정 대리, 출근을 못하면 병가를 내야 할 텐데 그럼 월급이

100퍼센트 다 안 들어올 거야."

"뭐, 어떻게든 되겠죠. 돈이 부족하면 그때 가서 방법이 생기지 않겠습니까?"

"내가 정말 걱정이 되어 그러는데 정 대리가 좋은 차 타고 쇼핑하고 그런 게 잘못됐다는 게 아니라…… 음……."

"욜로처럼 사는 거요?"

"어, 욜로…… 나도 욜로 라이프를 좋아하지만 욜로가 반드시 돈을 많이 써야 욜로인지는 모르겠어. 한 번 생각해봐."

"돈을 써야 욜로 라이프를 살 수 있지 않겠습니까?"

"본인 통장을 다 털어가면서 쓰는 게 과연 욜로일까……?"

"제 친구들도 다 이 정도 쓰는데 저만 안 그럴 수는 없잖습니까? 사실…… 욜로 때문에 돈을 쓰는 것도 있긴 한데…… 저는 그냥 남들한테 꿀리기 싫거든요. 어릴 때부터 그런 게 싫었어요. 다른 사람 부러워하는 것도 싫고."

"무슨 얘기야?"

7

정 대리는 울산에서 중학교 때까지 살았다.

아버지가 서울로 발령이 나자 온 가족이 서울로 이사를 왔고, 정 대리는 의도치 않게 강남 8학군에 배정이 되었다. 전국에서 평균소득 수준이 꽤 높다는 울산에서 나름 중산층으로 살았다. 그런데 이사를 오고 나서 적지 않은 문화적 충격을 느졌다. 당시 티비에서도 보기 힘들던, 바닥에 납작하게 붙어가는 슈퍼카가 동네를 흔하게 돌아다녔다.

나중에 알게 된 사실이지만 반 친구들은 정치인, 외교관, 변호사, 의사, 기업가 자녀들이 절반 이상이었고, 나머지는 고위공무원, 대기업, 고소득 자영업자들의 자녀들이었다.

울산에서는 공부 잘하는 아이가 반을 리드하고, 반장을 하고, 교우관계의 중심에 있었지만 여기서는 아니었다. 8학군임에도 불구하고 공부에 관심 없는 아이들이 의외로 많았다.

고1 입학식 때 보니 대부분 노스페이스를 입고 있었다. 나도 노스페이스를 입고 싶었지만 금세 날이 따뜻해져 무난히 지나갔다.

반에서 유일하게 타지에서 왔고 사투리를 썼지만, 무시하거나 텃세를 부리는 친구들은 없었다.

학교에 적응을 하고 친한 친구들도 생겼다. 처음에는 친구들의 부모님이 무슨 일을 하는지 몰랐다. 대충 부잣집인 것은 알고 있었지만 누구도 딱히 티를 내거나 하지는 않았다.

다시 겨울이 다가오자 나는 엄마에게 노스페이스를 사달라고 졸랐다. 친구들에게 패딩 때문에 무시당하기 싫었다. 무시하는 사람은 없었지만 열등감이 생겼다.

"엄마, 나도 노스페이스."

"뭐? 그게 뭔데."

"노스페이스 잠바."

"니 잠바 몇 개 있잖아."

"여기 애들은 겨울에 다 그거 입는다."

"그냥 아무거나 입어라."

"그거 안 입으면 친구들이 안 껴준다. 진짜다."

"어디서 파는 건데?"

"백화점."

"백화점? 비싼 기가?"

"나야 모르지. 한 번 가봐야지."

어머니는 한숨을 쉰다.

"그래…… 함 가보자."

"엄마, 여기서 백화점 갈 때는 좀 차려 입어야 하는 거 알제?"

"와? 누가 볼까 그러나."

"아니, 백화점은 좀 그렇다 아이가."

그렇게 어머니와 백화점을 갔다. 노스페이스 매장에 도착했다.

"엄마, 이거."

"그냥 까만색이네. 이게 뭐 이쁘다고."

"이 로고가 중요하다."

"다 로고값이네, 이거."

직원이 다가와서 친절하게 권유했다.

"한 번 입어보시겠어요?"

패딩을 입고 거울 앞에 섰다. 가볍고 따뜻했다. 처음 옷을 입었을 때 그 따스함이 아직도 기억난다. 흰색 로고가 눈에 딱 들어왔다.

"어떻노, 엄마?"

"머 잠바가 그기서 그기지."

"억수로 따시다, 엄마. 와 쥑이네."

"얼만데?"

종업원이 말했다.

"50만 원입니다."

"예에? 50만 원이요?"

"네."

"와, 비싸네예."

"엄마, 다 이 정도 한다. 요즘은 브랜드 없는 것도 20~30만 원은 한다."

"니가 50만 원 벌어봐라. 50만 원이 작은 돈인 줄 아나?"

"엄마가 이거 사주면 나 이번 겨울엔 이것만 입을 끼다."

"알았다. 공부나 열심히 해라."

"사랑합니더, 엄마."

"치아라, 징그럽다."

8

본격적으로 겨울이 오고 기온은 영하로 내려갔다.

반 친구들이 한두 명씩 패딩을 교복 위에 걸치고 오기 시작했다. 드디어 필살기 노스페이스 패딩을 꺼내 입을 순간이 왔다. 입고 북극에 가도 될 만큼 따뜻한 노스페이스. 무려 50만 원짜리. 가방을 매다가 혹시 잘못 걸려서 실밥이 터질까 조심스럽게 가방을 맸다.

등교길에 가장 친한 친구가 앞에 가는 것이 보였다. 체크무늬 패딩을 입고 있었다. 처음 보는 패딩이었다.

"오늘 춥제. 어? 이거 처음 보는 패딩인데. 새로 샀나?"

"이거? 엄마가 사왔어."

"뭔데?"

"버버리."

"버버리? 버버리에서도 패딩이 나오나?"

"어. 근데 난 별로. 엄마가 좋아해서 사온 거야."

"그, 그래? 얼만데?"

"글쎄, 한 200만 원 정도 할걸?"

"…… 억수로 좋아 보이네. 체크무늬도 막 있고."

그 겨울, 그 친구는 버버리를 자주 입고 다녔다. 그래서 우리는 그를 '버버리맨'이라고 불렀다. 버버리 특유의 체크무늬가 너무나 멋있어 보였다. 버버리라는 것을 알기 전에는 그냥 촌스러운 체크 패딩으로 보였는데. 이젠 아무 무늬 없는 검정 노스페이스 패딩이 초라해 보였다. 겨울교복 필살기로 준비한 노스페이스가 싫어졌다.

교문에 도착하니 때마침 검은색 대형 세단이 미끄러지듯 멈춰 섰다. 운전석에서 정장을 입고 흰색 장갑을 낀 아저씨가 내리더니 뒷좌석 문을 열었다. 친한 친구 중 한 명이 내린다.

"어? 점마 뭐꼬. 지가 문 못 여나."

"기사 아저씨겠지 뭐."

"기사?"

"우리 아빠도 기사 아저씨가 운전해줘."

버버리맨이 아무렇지 않은 듯 나긋나긋하게 설명했다. 말문이 막혔다.

교실에 들어서니 친구들 무리가 모인다. 입학식 때만 해도 대부분 노스페이스를 입고 있었는데…… 이젠 노스페이스 입는 애들 수가 확 줄었다. 1년 사이에 노스페이스는 평균도 아닌, 평균 이하 포지션으로 내려갔다.

수업이 끝나고 집으로 돌아왔다.

"엄마 이거 환불하고 버버리 사줘"라고는 차마 말 못하겠다.

집에 있던 중학생 여동생이 방에 들어와서 말한다.

"이거 노스페이스 아이가?"

"맞다."

"뭔데, 왜 니만 이런 거 사는데?"

"니도 사달라 캐라. 왜 나한테 그라노?"

"난 이딴 거 필요읍따. 왜 비싼 거 사달라 카노. 엄마, 아빠 힘들게 일하는데."

"내 맘이다. 신경 쓰지 마라."

"생각 좀 하면서 살아라. 으이그."

"나가라, 쫌."

"근데 왜 바닥에 내팽겨치노. 이 비싼 거를."

"친구들은 버버리…… 아 됐다. 신경 끄라."

"안 입을 거면 나 주든가."

"알따, 알따. 알았으니까 나가 빨리."

"좀 씻으라. 방에서 홀애비 냄새 난다. 히히히."

"꺼지라!"

문을 잠그고 침대에 누웠다.

200만 원 짜리 패딩…… 고급 대형 세단…… 운전기사…….

달랐다. 같은 공간에서 수업을 듣고, 같이 점심을 먹고, 같은 운동장에서 뛰어놀았지만 친구들은 다른 세상의 사람들이었다.

부유한 집에서 태어나 부유한 친구들과 어울리며 부유한 환경에서 자라온 그들.

나는 뭐지? 친구인가? 같이 어울리고 있는 게 맞나?

그들은 나와 다른, 더 높은 세상에 있었다. 닿을 수 없었다. 달을 잡으러 아무리 달려가도 좁혀지지 않는 그런 거리 같은 것이 존재했다.

9

인서울 대학에 진학했다.

저 높은 세상에 있는 친구들에게 지지 않기 위해서라도 꼭 인서울을 해야 했다. 대학을 가니 고등학교 때는 느끼지 못한 계급 차이를 더욱 실감했다. 1학년 끝내고 유학을 가는 친구, 어학연수를 가는 친구, 휴학을 하고 해외여행을 다니는 친구, 대학 다니면서 아버지 회사에서 일을 배우는 친구. 대학 가서도 자주 만나자고 했던 친구들은 모두 각자의 세계로 뿔뿔이 흩어졌다.

그렇게 몇 년이 흐르고 군대를 제대하고 취업할 때 즈음, 인스타와 페이스북을 하기 시작하면서 친구들의 근황을 알게 됐다. 온라인에서의 격차는 현실에서의 격차보다 훨씬 더 벌어져 있었다.

자동차 잡지에서나 보던 고급 스포츠카가 친구들의 인스타에 올려져 있었다. 그냥 산책하는 사진인데도 배경이 달랐다. 고등학교 시절 가장 절친이던 버버리맨은 최근에 어마어마한 규모의 자산을 증여받았다는 소식이 들렸다. 왠지 모를 자격지심에 나도 잘 살고 있다는 걸 보여주고 싶었다.

친구들끼리 가끔 모이는 날에는 머리끝부터 발끝까지 최선을 다해 덧바르고 나갔다. 친구들은 대충 걸친 것 같았지만 모두 명품이었다. 나 역시 가장 좋은 것을 걸치고 가서 그런지 별반 차이는 없어 보이지만 사실 큰 차이가 있었다. 태생적부터 부유했던 친구들에게는 자연스러움이란 것이 있었다.

나에게는 그 자연스러움이 없다. 나는 부자연스러움을 없애고 싶었지만 아무리 애를 써도 없어지지 않는다. 여전히 늘 뭔가 어색하다.

친구들이 해준 소개팅에서 만난 여자들 역시 다들 대단한 집의 자녀들이었다. 수준을 맞춰야겠단 생각에 카드를 거침없이 긁었다. 더 좋은 곳, 더 비싼 곳을 찾아다녔다. 하지만 결과는 매번 좋지 않았다. 그렇게 투자하고 노력했지만 제대로 연애까지 이어진 상대는 없었고, 결국 결혼은 평범한 집안의 여자와 했다.

10

병실에 어머니와 동생이 문을 열고 들어온다.

"엄마 왔나. 여기는 같은 부서의 송 과장님. 여기는 제 어머니랑 동생입니다."

사투리와 서울말을 같이 쓰려니 어색하다.

"안녕하세요, 어머님. 정 대리와 같은 팀에서 일하는 송 과장입니다."

"아이고, 송 과장님. 말씀 많이 들었습니다. 제가 좀 일찍 왔나 보네요. 말씀 더 나누다 가세요."

어머니가 다시 나가려고 하자 송 과장이 바로 일어나서 말한다.

"아닙니다. 얘기 많이 했습니다. 이제 가보려고요. 갈게. 정 대리. 완쾌하고 회사에서 보자."

"네. 송 과장님. 와주셔서 감사해요. 조심히 가세요."

여동생이 말한다.

"누구고?"

"같은 팀, 송 과장님."

"꽤 안네. 소개시켜도."

"참, 니는 이게 문제다. 머 쫌만 괜찮으면 소개시켜달라 카고. 유부남이다, 유부남."

"아, 요새 쫌 괜찮다 싶은 남자들은 죄다 유부남이고."

"괜찮으니까 빨리 결혼했겠지. 니 거울을 봐라. 누가 데꼬가겠나?"

"확 한 대 쥐어박을라. 니 꼬라지나 챙기라. 이상한 거 타다

자빠져뿌고, 빙신같이."

"병문안 와서 그게 할 소리가."

"혹시나 해서 하는 말인데 니 결혼했다는 거 잊지 마라. 괜히 간호사들한테 추근대믄 내가 확 뿌러뜨리뿐다."

"이상한 소리하지 마라. 뭘 뿌러뜨려?"

"니 그거. 쪼매난 거."

"이게 도랐나. 니 내랑 낙동강 함 갈래. 확 밀어뿔라."

"프하하하, 갑자기 낙동강 타령이고. 패안은 남자 소개시켜줄 거 아니믄 주둥이 닥치라."

정짱이 핑크색의 잇몸을 드러내며 방정맞게 웃는다.

어머니가 말한다.

"그만들 해라. 니들은 만나기만 하믄 그라노."

"저 가시나 구구단 못 외워서 질질 짤 때 콧물 닦아줬는데, 마이 큿다."

정짱이 말한다.

"니 그거 아나? 내 친구 중에 쫌 산다고 얼마 전에 영국서 대학 졸업하고 왔다는 아."

"알지."

"가가 니랑 소개팅한 여자들 중 한 명이었던 거 니 알고 있었나?"

"뭐라고? 말이 되나 그게?"

"나도 첨엔 안 믿었다. 가가 소개팅했던 남자 얘기 하는데 쫌 이상해서 계속 물어봤다 아이가. 니랑 같은 점이 너무 많아서 차도 그렇고 회사도 그렇고 사는 곳도 나이도 같고. 근데 그게 니드라. 세상 좁제? 파하하하하."

늘 느끼는 거지만 정짱은 참 품위 없이 웃는다.

"진짜가? 와…… 무섭네. 우째 니 친구랑……. 그래서 뭐라 하대?"

"허세 쩐다던대."

"뭐?"

"완전 허세 부리고 돈지랄하고 그랬다매?"

"소개팅 하는데 그 정도는 쓰는 거 아이가."

"소개팅 하고 몇 번 만나면서도 계속 그랬다매. 돈으로 처바르고."

"뭘 돈으로 처발러. 그냥 가 수준에 맞는 곳 데리고 간 거지."

"자기는 그렇게 돈 막 쓰고 그러는 사람 싫타더라."

"참나 도도한 척, 있는 척은 다 하드만. 맛있다고 다 먹어놓고 돈 쓰는 게 뭐라꼬? 어이가 없네."

"맛있으니까 맛있게 먹지, 그럼 안 묵나? 내 말은 그게 아니고 니 돈 쓰는 버릇 좀 고치라. 누가 니 인스타 보면 재벌인 줄 알겠드라."

"그래 보이나? 그럼 됐다."

정 대리는 좋아서 웃음을 터뜨릴 뻔한다. 재벌처럼 보인다니 성공이다.

"정신 좀 차리라. 니 언제 정신 차릴래?"

"나는 내가 알아서 하니까 걱정 마라."

"니 그러다가 진짜 후회할 끼다. 근데 언니는 카페 차린다는 거 우예 돼가노?"

"저래 누워 있는데 뭐 하긋나?"

"그동안 뭐 한 거 웂나?"

"딱히 없는 거 같다."

"언니나 니나 씀씀이 좀 조절해라. 진심 걱정돼서 하는 말이다."

"됐다."

정 대리는 정짱이 자신을 공격하는 건지 생각해주는 건지 모르겠다. 어릴 때부터 자신이 무슨 잘못만 하면 엄마한테 일렀다. 화가 나서 되받아치려고 할 때쯤이면 당근을 하나 내밀었다. 밀고 당기기의 고수다.

얘랑 결혼하는 남자는 평생 고생할 것이다. 그런데 동생이 남자친구를 만난다고 생각하면 괜히 열 받는다. 무슨 감정인지 모르겠다.

카드 정지는 처음이라

1

정 대리의 다리는 거의 다 나았다.

지긋지긋한 병원에서 퇴원한다. 오랜만에 출근한다. 정 대리
는 LV 로고가 큼직하게 박힌 벨트를 찬다.

"안녕하십니까! 정 대리입니다. 하하하."

"오! 정 대리! 다 나은 거야?"

"거의 다 나았습니다."

"다행이에요."

"권 사원, 결혼식 못 가서 미안해."

"아…… 저 결혼 안 했어요."

"어?"

"나중에 말씀드릴게요."

"그, 그래."

결혼한 줄 알았던 권 사원은 안 했다고 한다. 무슨 일이 있었

나 보다. 괜히 물어봤다고 후회한다.

어딘가 변해 있을 줄 알았던 회사는 똑같다. 혹시 없어진 건 아닌가 했던 정 대리 자리도 그대로 있다. 먼지만 뽀얗게 쌓였을 뿐.

정 대리는 물티슈로 책상 먼지를 닦아내고 의자에 앉는다.

낯설 줄 알았는데 낯설지 않다. 다들 그대로다.

"정 대리, 권 사원, 차 한잔하자."

송 과장이 제안한다. 셋은 지하에 있는 공차에 간다.

아르바이트생이 말한다.

"빨대 꽂아드릴까요?"

"네!"

정 대리가 고개를 끄덕이며 단호하게 대답한다.

"정 대리가 없어서 심심했어."

"하하. 역시 제가 없으니까 그렇죠? 회사는 뭐 똑같습니까?"

"똑같아. 아, 김 부장님은 퇴직하셨어."

"공장에서 바로 나가신 겁니까?"

"어. 인사도 못드렸네."

"그러게요. 그런데 권 사원은 무슨 일 있었어?"

"네…… 결혼 한 달 앞두고 깼어요."

"헛…… 그랬구나."

"저는 연애하다가 저절로 결혼하는 줄 알았는데 그게 아니더라고요. 그 사람이랑 평생 산다고 생각하니까 도저히 안 되겠더라고요."

"그렇지. 연애랑은 다르지……."

"그런데 정 대리, 차 팔았다면서 뭐 타고 다녀?"

"지하철요. 회사는 예전에도 지하철 타고 다녀서 괜찮은데 주말에 어디 갈 때는 좀 불편하네요. 신혼부부가 차가 없다는 게……."

"이사는 생각해봤어?"

"지금 집 위치도 너무 좋고 가전제품이랑 가구도 다 세팅했고 이사하기도 귀찮고요."

"음…… 그래. 본인이 그렇다면 뭐."

"하하. 너무 걱정 마세요. 어떻게든 되겠죠."

권 사원이 뭔가 생각이 난 듯 말을 꺼낸다

"송 과장님, 지난번에 숙제 내주신 거 있잖아요. 집 어디 살지 정하는 거요."

"아, 그거 기억하고 있었네."

"다시 해보려고요. 그때 세 군데 정해보라고 하셨죠?"

"살고 싶은 지역 세 곳을 정한 후에 직접 가봐. 그러면 가장 마음에 드는 곳이 있을 거야. 그리고 그 동네를 돌아다니면서 아파트들도 보고."

"네, 해볼게요. 이제 누구 신경 안 써도 돼서 너무 편해요."

"그래, 도와줄게. 이런, 시간이 벌써 이렇게 됐네. 사무실 올라가보자."

2

정 대리의 퇴근길이다.

가전제품 할부금과 대출 이자는 계속 나가고 있다. 병원비 정산도 아직 끝나지 않았다. 월급은 통장에 인증샷만 찍고 사라진다.

병원에 있는 동안 쇼핑을 제대로 못했다. 근질근질하다. 그래서인지 요즘 마음에 드는 솔리드옴프 코트가 자꾸 눈에 들어온다. 자기 전에도 눈앞에 아른거린다. 어느 패션계 유명인사가 올린 인터넷 후기를 보니 완전 멋지다. 어느 바지나 신발에도 잘 어울린다.

드레스룸에 무슨 코트가 있는지 떠올려본다. 코트가 꽤 많기는 하다. 하지만 이 코트와 비슷한 느낌의 코트는 없다. 옆 트임이 특이하고 길이감이 기존의 코트보다는 약간 더 길다. 이번 시즌이 지나면 영원히 놓치게 된다.

와이프는 입원해 있고, 집에 가봤자 아무도 없다. 심심하다. 코트도 볼 겸 백화점에 들렀다 가기로 한다. 백화점은 언제나 기분을 좋게 해주는 묘미가 있다. 스스로가 고급스러운 사람이라는 느낌이 든다.

정문을 통과해 에스컬레이터를 타고 올라간다. 목적지에 바로 가면 재미가 없다. 다른 매장들을 훑어본다. 요즘은 디자인이 상향평준화 되어서 그런지 비슷비슷하다. 정장코너의 직원들이 "보고 가세요", "세일 중입니다"라고 나지막하게 말한다.

매장들을 쭉 둘러보며 목적지인 솔리드옴프에 도착한다. 쯤

해둔 코트가 마네킹에 걸려 있다. 역시 자신의 안목은 의심할 여지가 없다. 마네킹에 걸려 있다는 것은 직원들도 인정한다는 뜻이다.

"저거 입어볼게요."

직원이 사이즈에 맞추어 코트를 꺼낸다. 드디어 입어본다.

보는 것과 입는 것은 완전히 다르다. 직원이 코트를 펼쳐들고 정 대리 뒤에 선다. 팔을 한 쪽씩 집어 넣는다. 코트가 몸을 타고 흘러내리는 것 같다. 단추를 채우니 타이트하지도 헐렁하지도 않게 몸을 감싼다.

아, 이건 나를 위해 만들어진 코트다.

가격표를 본다. 120만 원이다. 차를 팔았으니 보험값도 안 나가고, 기름값도 안 나간다. 와이프도 병원에서 세 끼를 다 먹고 있다. 가전제품 할부도 끝나간다. 차도 못 타고 다니는데 옷이라도 좋은 거 입어야 하지 않나? 대기업 직원이 이런 거 하나 못 사 입는 건 말이 안 된다. 정 대리는 결심한다. 인생 한 번 살지 두 번 사는 거 아니다.

직원이 말한다.

"아주 딱 맞네요. 이 코트 보기에는 얇지만 패딩보다 따뜻합니다. 안감이 누빔으로 되어 있어요."

"그래요? 세일합니까?"

안 하는 줄 알고 있지만 혹시나 해서 물어본다.

"저희는 노세일 브랜드입니다."

"계산해주세요. 할부는 12개월이요."

"네, 고객님."

"이거 입고 갈게요. 입고 온 건 쇼핑백에 넣어주세요."

구매한 옷을 바로 입고 나온다. 날개를 단 기분이다. 옷이 날개라는 말을 이럴 때 쓰는 건가 싶다.

정 대리는 에스컬레이터를 타고 내려가다가 구두가 진열된 층에 들른다. 사려고 온 게 아니다. 그냥 보러 온 거다. 더 정확하게 말하면 요즘 트렌드와 유행을 보러 온 거다.

쭉 둘러보다 보니 구두도 아닌 것이 운동화도 아닌 것이 눈에 띈다. 출근할 때 신어도 되고, 주말에 야외 갈 때 신어도 좋을 거 같은 오묘하게 생긴 녀석이다. 편해 보인다. 갑자기 지금 신고 있는 구두가 불편하게 느껴진다.

직원이 다가온다. 설득당하지 않을 자신이 있다. 그냥 보러만 왔기 때문이다.

"고객님, 이번에 새로 나온 신제품입니다. 회사 다니시는 분들이 많이 찾는 모델이에요."

회사원인 걸 어떻게 알았지? 정 대리는 속으로 놀란다.

"이태리 밀라노에서 만들어진 제품인데 운동화보다 더 편합니다. 안감까지 전부 가죽이고요. 외피는 파티나 공법으로 염색해서 아주 고급스럽습니다. 한 번 신어보시겠어요? 사이즈가 어떻게 되세요?"

"270이요."

"네, 잠시만요."

자신도 모르게 사이즈를 말해버린다. 신어보기만 하는 거다. 그냥 보러만 왔기 때문이다.

종업원이 구두 박스를 들고 뛰어온다.

"여기 앉으시겠어요?"

종업원은 한쪽 무릎을 땅에 대고 앉아 구두를 신겨준다. 자세가 됐다.

"어떠세요 고객님? 한 번 걸어보시겠어요?"

"왼쪽도 신어볼게요."

왼발, 오른발 양쪽 다 신고 걸어본다. 이태리에서 장인들이 한 땀 한 땀 만든 구두라는데 지금 신은 구두와 착용감은 딱히 다르지 않은 거 같다. 그런데 디자인이 마음에 든다. 출근할 때도 신고, 주말에도 신을 수 있는 디자인이다. 무엇보다 직원의 자세가 아주 마음에 든다. 안 사면 미안할 것 같다.

"어떠세요, 고객님?

직원이 초롱초롱한 눈빛으로 쳐다보며 묻는다.

"네, 이걸로 할게요."

"네, 고객님. 35만 원에서 20퍼센트 세일해서 28만 원입니다. 신고 가시겠어요?"

"네, 신고 갈게요."

"너무 잘 어울리십니다. 코트도 너무 멋있으세요."

역시 패션업에 종사하는 사람들은 보는 눈이 다르다. 그렇게 구두까지 사 신는다.

에스컬레이터가 미끄러지듯 내려간다.

3

지하 식품관에 들른다.

세 개에 만 원, 다섯 개에 만 원 하는 마감 세일을 하고 있다. 요즘 집에 혼자 있다 보니 먹는 것이 부실하다. 유부초밥세트와 빵 2만 원어치를 산다.

백화점 밖으로 나간다. 차가운 바람이 코트 밑으로 들어와 배까지 스며든다.

춥다. 따뜻하다고 믿고 싶다.

어둑어둑한 집에 불을 켠다. 신발을 벗는다. 쇼핑백을 내려놓는다. 티비를 켠다. 소파 앞에 앉는다. 테이블 위에 사온 음식들을 늘어놓는다. 유부초밥과 빵을 먹는다. 꾸역꾸역 입안에 꽉 차도록 밀어 넣는다. 플라스틱 용기를 쓰레기통에 버린다. 귀찮은 설거지를 하지 않아도 되니 편하다.

배경음악처럼 텔레비전 소리가 흘러나온다. 그래도 집 안이 너무 조용하게 느껴진다. 현관에 있는 새 신발과 소파 위에 있는 새 코트를 본다. 분명히 한 시간 전에 샀는데 오래전부터 있던 것 같다. 전에는 쇼핑을 하면 여운이 며칠은 갔었는데 요즘은 몇 시간도 안 간다. 그래도 쇼핑할 때만큼은 행복했다.

뉴스가 나온다. 아나운서가 또박또박 말한다.

"요즘 중국인들이 이탈리아에 공장을 차리고 이탈리아산으로 둔갑시켜 가방, 옷, 신발 등 고가의 제품을 판매하는 경우가 늘어나고 있습니다. 밀라노에만 500여 개가 넘는 중국인 공장이 있고, 해당 업종 종사 중국인만 3만 명이 됩니다. 이탈리아

정부 측에서는……."

채널을 돌린다.

4

정 대리는 며칠 뒤 우편함을 확인한다.

은행에서 온 편지다. 혹시 VIP 고객으로 업그레이드해주는 건가. 드디어 일반 창구가 아닌 우수 고객 창구에서 대접받아보는 건가. 설레는 마음으로 봉투를 뜯는다.

이게 뭐야.

신용카드 연체에 대한 경고장이다. 5일 뒤에 모든 신용카드가 정지된다고 한다.

헉!

비싼 연회비 내면서 메탈 카드도 만들었고, 월급통장으로도 쓰고 있고, 대출 이자도 잘 내고 있는데 이게 무슨 소리지? 잘못 보냈나?

다시 한 번 집주소와 이름을 확인한다. 모든 게 정확하게 일치한다.

숨이 가빠진다. 네이버에 신한은행을 검색하고 통화버튼을 누른다. 고객센터로 연결된다. 음악이 나온다. 상담사도 누군가의 가족이니 언어폭력은 하지 말아달라고 한다. 상담 품질을 위해 녹음된다고 한다. 정 대리는 당연하다고 생각한다. 자신처럼 젠틀하고 매너 있는 사람은 욕설 따위는 하지 않는다.

"안녕하십니까, 고객님. 상담사입니다."

"네, 제가 신용카드 연체 우편을 받았는데요. 뭐가 잘못된 거 같아서요."

"네, 고객님, 본인 확인을 위해 몇 가지 질문드리겠습니다."

정 대리는 개인정보 질문에 답을 한다.

"네, 확인되셨습니다. 고객님 신용카드 사용액이 통장 잔액을 넘어서 현재 마이너스 상태입니다."

"마이너스라고요? 제 월급이 350만 원인데 그걸 넘었다는 말입니까?"

"네. 대출 이자와 할부금액 합치면 350만 원이 넘습니다. 자세한 사용 내역은 신한은행 어플리케이션을 통해서 확인하시면 됩니다."

"입금 안 되면 5일 뒤에 신용카드 정지 되는 거 맞습니까?"

"네, 맞습니다. 고객님."

"그걸 이제 알려주면 어떡해요! 그리고 왜 5일 뒤입니까? 너무 기간이 짧은 거 아니에요? 저는 뭐 먹고 삽니까?"

"자세한 내용은 카드 약관에 설명되어 있습니다."

"야! 그 많은 걸 언제 다 읽냐고! 카드 끊기만 해봐! 가만 안 둔다!"

정 대리는 전화를 끊는다. 가슴이 들썩거리도록 빠르게 숨을 쉰다.

젠틀하고 매너 있는 내가 이번에도 소리를 질렀다.

내가 얼마나 썼다고 통장에 돈이 없다는 거지?

대출 이자 100만 원, 가전 할부금 200만 원. 핸드폰 통신비

10만 원, 아파트 관리비 20만 원, 교통비 10만 원, 코트값 할부 10만 원 하면 50만 원. 이렇게만 해도 350만 원이네.

여기에 식비, 병원비까지 계산하면…… 400이 훌쩍 넘는다.

아…… 미쳐버리겠다.

딩동.

누군가 벨을 누른다. 문 앞에 택배 박스가 하나 놓여 있다. 벨 소리 듣자마자 문을 열었는데 택배 기사는 보이지 않는다. 벌써 엘리베이터는 내려갔다.

뭔가 싶어 박스를 열려는 참에 병원에 있는 와이프에게서 카톡이 온다.

'오빠, 내가 주문한 거 있는데 병원 올 때 가지고 와줘.'

궁금하다. 박스를 열어본다. 비닐 안에 곱게 포장되어 있는 것은 패딩이다. 왼쪽 팔에 흰색 로고가 붙어 있는 몽클레어다. 이 거 최소 200은 할 텐데.

와이프는 일도 안하면서 돈이 어디서 나는지 모르겠다.

병원에 갇혀 있다 보면 근질근질하겠지.

아, 나 5일 뒤면 카드 정지…… 어떻게 하지?

와이프 카드 써야 하나.

저 코트 환불할까.

아니지. 저 은은한 색감에 내 가슴과 허리를 완벽하게 감싸는 코트는 처음인데 환불할 수는 없다.

이걸 와이프한테 말을 해야 하나 말아야 하나.

5

병원에 도착했다.

와이프 옆에 장모님이 있다. 정 대리는 장모님에게 인사를 한다.

"안녕하세요, 장모님."

"정 서방, 와서 앉아."

"오빠, 코트 예쁘네? 샀어?"

"어, 어제. 괜찮지?"

"예뻐. 내 택배 가지고 왔지?"

"가지고 왔지."

"이거 정말 사고 싶은 거였어. 엄마, 고마워. 이거 너무 예쁘지? 빨리 퇴원해서 입고 다니고 싶다."

퇴원 기념으로 장모님이 사주신 모양이다. 그건 그렇고, 하아…… 카드 끊긴다는 것을 말해야 하는데 장모님이 옆에 계신다. 장모님이 자신을 얼마나 한심하게 생각하실까.

장모님 가시면 말해야겠다.

"정 서방, 저녁 먹었어?"

"네, 먹었습니다."

"그럼 밑에서 뭐 좀 먹고 올 테니 여기 좀 있게."

"네, 장모님."

장모님이 나가셨다. 지금이다. 지금 말해야 한다.

"자기야, 나 카드 5일 뒤에 정지다."

"뭐?"

"신용카드 연체라는데."

"왜?"

"통장에 잔고가 없대. 완전 어이없지."

"어떡해, 그럼?"

"뭐 대출을 더 받든지…… 몰라, 무슨 방법이 있겠지."

와이프는 고개를 끄덕인다. 정말로 나에게 무슨 수가 있을 거라고 믿는 눈치다.

"근데 언제 퇴원인데?"

"다음 주면 나갈 거 같은데?"

"그래, 퇴원하면 맛있는 거 많이 먹으러 다니자."

"카드 연체라면서? 나도 돈 없는데. 나 요즘 엄마 없으면 쇼핑도 못해."

"그렇지……."

"우리 어떡해?"

"차도 팔았고…… 뭐 더 팔 게 있나?"

"마이너스 통장 같은 거 만들면 안 돼?"

"그래, 나도 그 생각이다. 장모님께는 비밀로 해줘."

"그럼 당연하지. 내 패딩 다시 가지고 가. 그냥 보고 싶어서 갖고 오라고 한 거야."

"어, 갈게."

가슴이 답답하다.

차가 있을 때는 노래 크게 틀고 속도를 내면서 달리면 스트레스가 풀렸다. 지금은 지하철을 타고 간다.

그립다. 나의 비엠떱.

파국

1

오늘은 팀 회의가 있는 날이다.

최 부장이 말한다.

"다들 아시겠지만 중요한 프로젝트가 하나 생겼습니다. 입찰 건인데 서류 준비할 것도 많고, 연락할 관련자도 많고, 인증도 미리 받아야 합니다. 상당히 까다로운 일입니다. 이번 건은 성공하면 올해 농사 다 지은 거라고 보셔도 됩니다."

최 부장과 동기인 만년 과장 박 과장이 하품을 한다. 최 부장은 신경 쓰지 않는다.

"이번 프로젝트는 권 사원이 진행해주세요."

"네? 제가요?"

"네. 권 사원이 잘해낼 거라 생각해서 그렇게 결정했습니다. 이 프로젝트 하는 동안은 기존 업무는 팀원들에게 분산시킬 예정입니다. 그 부분은 걱정하지 마시고요."

"네, 부장님."

"권 사원이 필요한 자료 요청하면 송 과장하고 정 대리가 적극적으로 도와주세요."

"네, 알겠습니다."

"네."

권 사원은 중요한 업무를 맡게 되어 기쁘다. 부담스럽기도 하지만 기쁜 마음이 더 크다. 그동안 결혼 문제로 다소 소홀했던 회사 일에 집중하고 싶다. 게임중독자, 마마보이, 현실도피자에게 썼던 에너지를 온전히 일에 쏟을 것이다.

요즘 출근길마다 곤욕이다. 지하철에서 내리면 빵 냄새가 역사 내에 가득하다. 지하철 역에 있던 빵가게 주인이 바뀌었다. 메뉴도 요즘 유행하는 빵인 데다 가격도 파격적으로 싸다. 일부러 출근시간에 빵을 구워서 역 내에 빵 냄새를 퍼뜨리는 것 같다.

빵을 먹으면 살이 찌는 것을 알지만 냄새에 자연스럽게 끌려간다. 아예 쳐다보지를 말아야지 생각하면서도 어느새 발걸음은 빵 가게로 향하고 있다.

오늘도 본능에 충실하다. 비싼 앙버터가 여기에서는 2,500원이다. 거의 절반 가격이다. 아저씨가 치즈볼이 새로 나왔다고 한다. 시식용 가위로 조금 잘라주더니 먹어보라 한다. 못 이기는 척 먹어본다. 치즈와 버터 향이 혀에서 시작해서 코, 대뇌, 소뇌, 중추신경, 말초신경까지 좌악 퍼진다. 치즈와 버터의 조합은 사기다. 맛이 없을 수가 없다. 그래도 살찔 수 있으니 하나만 사야 한다.

고민하다가 원래 사려고 했던 앙버터만 산다. 다 먹고 살자고 하는 것이다. 회사 커피머신에서 갓 뽑은 커피와 먹으면 아침식사로 딱이다. 이때가 온갖 고민거리를 잊을 수 있는 유일한 시간이다.

권 사원은 커피와 빵을 책상 위에 올려둔다. 컴퓨터 전원 버튼을 누른다. 컴퓨터에 불이 들어오는 순간 두뇌의 전원도 같이 켜지는 느낌이다.

새로 시작한 프로젝트를 준비하느라 하루 종일 정신이 없다. 업무시간 중간중간에 공차도 마시러 가고 수다도 떨고 했는데, 지금은 한눈팔 새가 없다. 정말 열심히 하고 있다.

시간이 금방 간다. 시간이 금방 간다는 것은 오랫동안 집중했다는 것을 의미한다. 신입 때 가지고 있던 불타는 열정이 다시 샘솟는다. 이것저것 할 일이 많다보니 뒤죽박죽 얽힌다. 서류야 경쟁사들도 다 준비할 것이고, 최종적으로 나와야 할 전략이 가장 중요한데 쉽사리 떠오르지 않는다.

빵집도 빵 냄새를 퍼뜨리는 확고한 영업전략이 있다. 대기업에는 왜 이런 영업전략이 없을까. 빵을 물끄러미 바라보다가 한입 먹는다. 역시나 먹어본 그 맛이다. 냄새는 나의 오감을 자극했지만 막상 먹으면 알던 그 맛이다.

마케팅이나 영업도 마찬가지다. 우선 시선을 끌고 주목을 받아야 한다. 고객들이 쳐다보지도 않는다면 그걸로 끝이다. 속이 부실하더라도 일단은 고객을 끌고 와야 한다. 그렇다고 속을 부실하게 할 내가 아니다.

생각을 많이 했더니 배가 고프다. 우선 빵부터 먹고 시작하자. 이 빵을 먹으면서 디테일한 전략을 생각해보자.

빵을 먹다 보니 송 과장의 숙제가 생각이 난다. 업무 시작하기 전에 물어봐야겠다.

2

맞은편 송 과장에게 말을 건다.

"송 과장님, 내주신 아파트 숙제 다했어요."

"하하하. 그래, 한 번 보여줘."

"말씀하신 대로 처음에 세 개 지역으로 좁혔고요. 그리고 고민하다가 한 개 지역을 정했어요."

"그곳으로 정한 기준은 뭐야?"

"지금 회사와 멀지 않고, 언덕이 별로 없었어요. 다른 곳은 직접 가보니까 오르막이 꽤 있더라고요. 네이버 지도에서 본 거리뷰랑 실제가 너무 다르더라고요."

"맞아. 그래서 부동산 좀 한다는 사람들이 임장, 임장 하는 거야. 그쪽 부동산중개소는 들어가봤어?"

"네. 몇 군데 가봤는데 전부 말이 달랐어요. 시세도 조금씩 다르고요. 어디는 매물이 있다고 하고, 어디는 없다고 하고. 어떤 곳은 제가 뭘 물어보면 듣는 둥 마는 둥 하고, 어떤 곳은 굉장히 친절하고 상세하게 알려주고. 어떤 곳은 아파트뿐만 아니라 주변 동네와 어떻게 연결되는지 전체적으로 알려주는 분도 계셨어요."

권 사원은 며칠 전에 부동산 공인중개소 몇 군데를 찾아가봤다. 문을 열기가 무서웠지만, 일단 열지 않으면 아무것도 안 된다는 생각에 용기를 냈다.

첫 번째 부동산 문을 열었다. 누군가 상담을 받고 있다. 벽에는 큰 동네 지도가 붙어 있다. 손님이 와도 신경도 안 쓴다. 권사원은 바로 나가서 옆 부동산으로 간다.

두 번째 부동산이다. 아저씨가 신문을 보고 있다.

"안녕하세요. 집 좀 보러 왔는데요."

"커피 한 잔 드릴까요?"

"네."

믹스커피를 종이컵에 붓고 정수기에서 뜨거운 물을 부어준다.

그런데 이상하다. 아파트에 대해 이것저것 물어보는데, 제대로 대답은 하지 않고 자꾸 엉뚱한 말만 한다. 갑자기 정치 얘기를 한다. 나라가 어쩌고 저쩌고, 세상이 어쩌고 저쩌고. 이 나라의 미래는 없고, 젊은 사람들이 불쌍하다고 열변을 토한다.

졸지에 나는 불쌍한 사람이 됐다.

주제가 바뀌어 인생사가 시작된다. 자기가 예전에는 기업에서 잘나갔다고 한다. 갑자기 IMF가 와서 잘렸다고 한다. 부동산도 할 일이 없어서 하는 거지 돈이 없어서 하는 건 아니라고 한다. 일 안해도 충분히 먹고 살 수 있다고 한다. 믹스커피만 세 잔을 마셨다.

그렇게 여러 중개소를 돌아다녀보니 처음보다는 덜 두려워졌다. 그리고 자신이 원하는 내용을 설명해주는 공인중개사도 찾을 수 있었다.

"하하. 진짜 많이 둘러봤나 보네. 그중에 제일 마음에 드는 곳

찜해놨어? 부동산도 사람과 사람이 거래하는 거라서 결국 사람이 가장 중요해."

"네, 마음에 드는 곳이 있었어요."

"그랬구나. 그래서 봐둔 아파트가 어디야?"

"지도 보시면…… 여기요."

네이버 지도를 검지와 중지로 확대해서 보여준다.

"하하하. 와, 진짜 신기해! 여기 김 부장님 아파트잖아."

"네에?"

"세상 좁다. 하필 고른 아파트가 김 부장님 댁이라니, 하하."

"몰랐어요."

"그건 그렇고. 왜 이 아파트인지 설명해줄래?"

"일단 회사랑 가깝고요. 주변에 새로 지은 아파트들이 많은데 거기를 봤더니 진짜 비싼 거예요. 분양가 대비 거의 2배는 오른 것 같더라고요. 근데 이 아파트는 연식이 있기는 하지만 위치는 비슷하고 그래서 상대적으로 저렴하게 느껴졌어요."

"거기는 재건축 아니고 리모델링으로 가는 건 알고 있어?"

"부동산 사장님이 리모델링 뭐라고 하시긴 했어요. 근데 무슨 말인지 잘 몰라서……."

"잠깐만, 이참에 김 부장님하고 통화나 한 번 해보자."

"여보세요?"

"안녕하세요, 김 부장님. 오랜만에 연락드립니다."

"어, 송 과장. 어쩐 일이야, 잘 지냈어?"

"네, 어떻게 지내세요?"

"어, 뭐 그냥 잘 살고 있지."

"궁금한 게 있어서 연락드렸는데요. 부장님 아직 그 아파트 살고 계시죠?"

"어, 아직 살지."

"혹시 리모델링 사업 조합 결성되었나요?"

"아내 말로는 조만간 할 것 같다고 하던데……."

"네, 알겠습니다. 조합이 언제 설립되나 궁금해서요. 부장 님 혹시 회사 소식 궁금하시면 언제든지 연락 주세요."

"어, 그래. 송 과장도 잘 지내고."

"네, 부장님. 감사합니다."

전화를 끊는다.

"오랜만에 김 부장님 목소리 들으니 좋다. 그 아파트 조합 설립 앞두고 있다고 하시네."

"그게 좋은 거예요?"

"주민들이 움직인다는 뜻이거든. 재건축이나 리모델링이나 한 사람이 아무리 열심히 추진해도 다른 세대주들이 관심 없으면 진행이 안 돼. 아마 주변에 새 아파트들 들어선 거 보면 하고 싶은 마음이 들 거야."

"네, 부동산에서 말한 게 그 내용이었네요."

"매물은 있대?"

"네, 많지는 않은데 있긴 있대요."

"그래, 최근 실거래도 확인해보고. 남향이냐 동향이냐, 판상형이냐 타워형이냐 이런 거에도 차이가 있으니까 단지 내에서도 잘 비교해봐."

"그럼 이 아파트 잘 고른 거예요?"

"괜찮다고 보는데? 조합설립 통과되면 한 단계 점프할걸?"

"가격이요?"

"응. 매수한 다음에 동의서 날아오면 무조건 동의한다고 해. 조합장이 똑똑한 사람이면 좋겠다. 설마 김 부장님이 조합장 하시는 건 아니겠지?"

"그러게요. 우선 사야겠네요."

"팔려는 사람들이 매물 내놓고 안 파는 경우도 많으니까 바로 확인해봐."

"네, 오늘 퇴근하고 부동산 바로 가보려고요. 송 과장님이 괜찮다고 하시니 뿌듯하네요. 하하."

"그래, 좋은 결과 있기를 바랄게. 인생에서 가장 큰돈 쓰는 거니까 떨릴 거야. 서류 잘 확인하고. 그냥 지른다고 생각해. 첫 계약은 다 그래."

"네, 송 과장님. 감사합니다!"

3

권 사원은 칼퇴를 한다.

찍어둔 아파트에 간다. 김 부장님이 사는 아파트라니…… 마주치지나 않았으면 좋겠다. 간판이 멀끔한 부동산에 들어간다. 여자 사장님이 상냥하게 마주한다. 인상이 좋다. 느낌이 좋다.

"여기 아파트 보러 왔는데요."

"네, 어서 오세요. 앉으세요."

"요즘 분위기는 어떤가요?"

"매물이 많이 없어요."

"네……"

"몇 평 찾으세요?"

"20평대요. 아, 제가 당장 들어가 살 건 아니고요."

"전세 끼고 사두시게요?"

"네."

"그럼, 전세금 좀 높게 잡힌 곳으로 찾아봐드릴게요. 몇 년 전만 해도 매물이 많았는데 요즘은 싹 들어갔어요. 이거 두 개 있네요."

"로얄동인가요?

"하나는 고층인데 제일 구석에 있고요. 하나는 저층인데 지하철역이랑 가까워요. 전세가나 매매가는 같고요."

권 사원은 잘 모르겠다. 솔직하게 물어보기로 한다.

"사장님이 사신다면 어떤 걸 사시겠어요?"

"음…… 저는 지하철역이랑 가까운 곳을 사겠어요."

"네…… 아, 그 전에 여기 리모델링 한다고 들었는데, 미래 가치는 어떻게 보세요?"

"주변이 전부 개발되고 남은 데가 여기뿐이거든요. 미래가치야 충분히 있죠. 저도 여기 살아요."

"아 네……"

"집 한 번 보시겠어요?"

"네."

4

사장님과 집을 보러 간다.

"살다 보면 저층이 더 편해요. 고층이야 전망이 좋아서 사람들이 선호한다고 하지만 어차피 아파트 뷰는 다 비슷비슷해요."

23평짜리 집이다. 방 두 개에 부엌과 거실, 화장실 한 개, 베란다가 있다. 나중에 혼자 살아도, 혹은 결혼해서 살아도 좋은 크기다. 부동산 사장님이 여러 가지 설명을 해준다.

난장판인 집을 헤치고 이리저리 둘러본다. 장난감들이 흩어져 있고, 찢어진 책들이 나뒹군다. 거실에는 매트가 깔려 있고 한쪽 구석에는 미끄럼틀도 있다. 벽은 색연필로 그은 듯한 낙서 투성이다. 싱크대에는 그릇들이 수북히 쌓여 있다. 식탁 위에는 아이들이 먹다 남긴 음식과 숟가락이 널부러져 있다.

쩍, 발에 무언가 밟힌다. 아이들이 흘린 과자 조각이다.

전쟁터가 따로 없다. 아이들 어머니는 집 정리를 못해서 죄송하다고 한다. 사는 모습 그대로 보여주는데 죄송할 필요는 없다.

집 안의 모든 것들이 아이들 중심으로 갖춰져 있구나. 언젠가 자신도 이렇게 살아야 한다고 생각하니 잠시 아득해진다. 할 수 있을까? 해야만 할까?

"집 잘 봤습니다."

다시 부동산 사무실로 향한다. 결정을 해야 할 차례다. 엄마한테 전화하면 분명히 하지 말라고 하겠지. 이렇게 큰돈을 쓰는데 혼자 결정을 해야 한다. 압박감이 크게 다가온다.

잠시 고민하다가 송 과장에게 전화를 한다.

"과장님, 통화 괜찮으세요? 지금 부동산에 왔는데 뭐 좀 여쭤보고 싶어서요."

"그래, 물어봐."

"마침 20평대 전세 낀 집이 있어서 보고 왔는데, 진짜 해도 괜찮을까 싶어서요."

"집은 괜찮았어?"

"네, 계약금 걸까 말까 고민 중이에요."

"바로 계약하는 게 좋겠네."

"정말 해도 될까요?"

"응, 괜찮을 테니까 계약해."

"네, 알겠습니다. 감사합니다!"

그렇게 부동산 첫 계약을 한다. 대출을 이용한 계약. 29살, 서른이 되기 전 울타리 밖의 첫 업적을 치른다.

오를 수도 있고 떨어질 수도 있다. 확률은 반반이다. 무조건 오른다는 믿음도 없다. 무조건 떨어진다는 걱정도 없다. 언젠가 들어가서 산다는 목적이 있다. 떨어지는 화폐가치를 방어한다는 목적도 있다. 이 두 가지 이유만으로도 충분하다.

권 사원은 다짐한다. 나는 부모님처럼 밀리고 밀려 삐라가 집 앞에 떨어져 있고, 대남방송이 들리고, 멧돼지가 출몰하는 곳에서는 살지 않을 것이다.

5

오늘은 대전 출장이 있는 날이다.

권 사원은 송 과장, 정 대리와 같이 KTX를 예약한다. 특실이 만실이다. 출장 가는 사람들이 많다는 뜻이다. 다들 법인 카드로 결제한다.

KTX에 탄다. 한동안 SRT만 타다가 KTX를 타니 약간 구식 같은 느낌이 있다. 새것이 좋긴 좋다. 송 과장과 정 대리가 나란히 앉고 권 사원은 한 칸 건너 옆 자리에 앉는다.

출장 가는 사람들로 꽉 찬다. 다들 어디로 가는 걸까. 다들 어느 회사에 다니는 사람들일까. KTX는 출장 가는 회사원 매출이 대부분일 것이다. 별거 아니지만 이런 것도 회사 다니면서 알게 된 사실이다. 아니, 추측이다.

정 대리와 송 과장이 대화를 나눈다.

"송 과장님, 저 팔로워 보세요."

정 대리는 또 인스타 자랑을 한다.

"이거 정 대리야?"

"네, 저예요."

"오…… 누가 보면 연예인인 줄 알겠는데. 이거 다 정 대리 거야?"

"제가 산 것도 있고 친구 것도 있고요. 근데 저는 아무것도 아닙니다. 이 사람 보세요. 장난 아니죠? 사진이 전부 호텔에, 슈퍼카에, 명품 옷에 너무 부러워요."

"이게 부러워? 내가 보기에는 정 대리나 이 사람이나 비슷해

보이는데?"

"아니에요. 이 사람 사진 잘 보시면 집도 엄청 좋아요. 나도 이런 집 살아야 하는데······. 이 사람은 다른 사람인데요. 몸도 좋고 스타일도 진짜 좋아요. 여자친구도 예쁘고요. 보세요."

"정 대리 와이프도 예쁘잖아."

"제 와이프 예쁜 거 아시네요. 하하, 감사합니다. 이 사람도 한 번 보세요. 대박이지요. 와······."

"정 대리가 아는 사람이야?"

"네, 제 고등학교 친구요. 별명이 버버리맨이에요. 고등학생 때 버버리를 많이 입었거든요."

"정 대리하고 비슷하네, 뭘."

"아니에요. 이 친구하고 저하고는 비교가 안 돼요."

"정 대리, 어릴 때 부모님이 남들하고 비교하면 어땠어?"

"진짜 싫었죠. 그건 왜요?"

"남들과 비교당하는거 싫어했으면서 왜 지금은 본인을 다른 사람과 비교해?"

"그건······."

"내가 보기엔 정 대리가 부족한 게 하나도 없어."

정 대리와 송 과장의 대화를 들으며 권 사원은 생각한다.

권 사원도 한때는 인스타와 페이스북을 열심히 했다.

다른 사람의 SNS를 보면 부럽다. 대리만족을 하기도 한다. 계속 보다 보면 어느덧 아는 사람이 된다. 나만 아는 사람.

그들은 나를 모른다. 현실에서 본 적 없는 이런 사람이 실제로 존재하는지 의문이 들 때도 있다. 태어날 때부터 잘난 사람들이니 나보다 잘나가도 아무런 감정이 없다.

그런데 전부터 알던 친구들이 잘나가는 모습을 보면 가끔 자괴감이 든다.

나는 그대로인데 친구들은 앞서가는 듯 보이니 나는 상대적으로 불행해 보인다.

그들의 행복은 곧 나의 불행이다.

그들은 저렇게 행복해 보이는데 나는 왜 행복하지 않을까.

그들은 저렇게 친구들이 많은데 나는 왜 친구가 없을까.

그들은 저렇게 몸매가 좋은데 나는 왜 축 처진 살들뿐일까.

그들은 저렇게 다 성공했는데 나는 왜 그저 뚜벅이 회사원일까.

그저 상대적일 뿐인데 기분이 좋지 않다.

이런 감정이 어느 때부터인가 힘들어져 권 사원은 SNS 보는 것을 접었다.

드르렁 퓨우우우우우.

저 앞에서 누군가 코를 곤다. 송 과장은 코 고는 아저씨를 손가락으로 톡톡 깨운다. 코 골던 아저씨가 흠칫 놀라더니 다시 잠든다.

6

송 과장과 정 대리의 대화는 계속된다.

"현재를 즐기는 걸 부정하는 게 아니야. 나도 즐기면서 사는데 뭐. 소득에 맞는 소비를 하면서 사느냐가 중요하지."

"가전제품 할부 끝나면 괜찮아질 거예요."

"할부 끝나고 나서 뭐 살 건 아니지?"

"음…… 저축? 아니면, 뭐 할까요?"

"내가 봤을 때 정 대리는 차 살 것 같아."

"헉! 도사네요. 안 그래도 요즘 차 보고 있어요."

"정 대리, 신용불량자 신세 벗어난 지 얼마나 됐다고 그래. 물론 정 대리가 알아서 잘하겠지만 진짜 걱정이다."

기차가 터널을 지난다. 귀가 먹먹해진다.

정 대리는 여전히 인스타를 보고 있다.

"이것 좀 보세요. 이 집 진짜 좋아 보이죠? 한강뷰가 대박이에요."

"여기, 트리마제 아니야?"

"제 목표예요. 트리마제 살면서 페라리 타는 거요."

"그럼 여기를 어떻게 살지 계획은 세워봤어?"

"아니요. 그냥…… 부러워만 하고 있는 거죠."

"부러운 거야, 괴로운 거야?"

"너무 부럽다 보니, 제가 못난이 같아요."

"그래서 못난이 같아서 못난이처럼 안 보이려고 하는 거고."

"네에……."

"그런 괴로운 마음 때문에 조금이라도 남에게 과시하면서 덜 괴로우려고 소비하는 거고."

"네……."

"그러다 보니 돈은 못 모으고, 트리마제는 멀어져만 가고?"

"네. 그래도 비트코인에 희망을 걸고 있어요."

"정 대리는 페라리 타면 행복할 거 같아?"

"네, 엄청 행복할 거 같아요."

"그게 과연 행복일까 쾌락일까."

"……."

"인스타에 멋진 사진 올리고 나면 행복해?"

"행복은 잘 모르겠고, 기분이 좋아요."

"그게 쾌락이야."

"음, 그런가요?"

"쾌락이 나쁘다는 게 아니라 현재의 쾌락 때문에 정 대리의 목표인 트리마제와 페라리 콤보세트가 멀어지고 있다는 걸 말해주고 싶어서. 나 같으면 어떻게 돈 벌어서 그 환상적인 콤보세트를 사 먹을지 고민하겠어."

"아…… 네……."

"요즘에 카푸어니 욜로니 하면서 돈 막 쓰고 자랑하는 사람들 보면 마치 궁지에 몰린 생쥐가 허우적거리는 것 같아."

정 대리가 당황한 표정을 짓는다.

"그래도 인생은 한 번뿐이잖아요. 화끈하게 살아야죠."

"인생은 한 번뿐이라고? 잘 들어, 정 대리. 죽는 순간이 단 한 번뿐이지 우리 인생은 매일매일이야."

송 과장이 말을 이어간다.

"가장 예쁜 인테리어가 뭔 줄 알아?"

"우드 앤 화이트? 아니면 대리석 아닙니까?"

"아니, 아무것도 없는 거야. 인테리어 업체가 올린 사진들 보면 다 예뻐 보이지. 물론 디자인을 잘 한 것도 있겠지만 아무것도 없기 때문에 그런 거야. 아무리 고급 자재로 인테리어 해봤자 물건들이 가득 들어 있으면 그 인테리어가 보일까? 가려서 아무것도 안 보이지."

"그렇죠."

"내 말은, 행복을 물건이나 물질적인 것으로 채우는 데에서 찾지 말라는 거야. 그런 건 아무리 채워봐야 계속 부족해."

두 사람의 대화를 듣던 권 사원은 생각한다.

어른스러운 송 과장을 닮고 싶다. 나는 아직도 모르는 게 많은데.

헤어진 그 자식과 너무 비교가 된다.

이런 사람이랑 같이 사는 사람은 행복하려나?

행복하겠지.

아! 내가 무슨 생각을 하는 거지?

"이따가 오는 길에 성심당 빵 하나씩 사와야지. 정 대리, 권 사원, 빵 좋아해?"

"네, 좋아하죠."

"여기 기차역에 성심당이라는 빵집이 있는데 맛있어. 집에다가 쟁여놓고 먹으려고. 아내도 빵순이거든. 본점은 역에서 좀 걸어가면 있는데 시간 되면 거기로 가자."

7

출장이 끝나고 기차에서 내린다.

정 대리는 송 과장, 권 사원과 서울역에서 헤어진다. 한 손에 성심당 빵 봉지를 들고 집으로 간다. 현관 앞에 택배 박스들이 있다. 많이도 샀다. 입원해 있는 와이프가 주문한 물건들이다. 오늘은 와이프가 퇴원하는 날이다. 본인 퇴원 선물인 것 같다.

옷을 벗고 스타일러에 넣는다. 샤워를 하고 다이슨 드라이어로 머리를 말린 후 밀린 설거지를 한다.

달그락달그락.

식기세척기가 있다는 것을 깜빡했다. 설거지를 중단하고 식기세척기로 그릇을 옮긴다. 편하다.

딩동.

벨이 울린다. 와이프가 왔나 보다. 출장이라 못 데리러 간다고 했는데 약간 삐져 있을 것 같다.

"오빠, 나야. 문 좀 열어줘. 짐이 많아서 문을 못 열겠어."

"어, 나간다."

"집 진짜 오랜만이다. 역시 집이 최고네."

"어? 장모님 오셨어요?"

"어, 정 서방."

장모님 표정이 좋지 않다.

와이프는 화장실로 들어간다. 장모님이 소파에 앉는다.

"장모님, 뭐 좀 드시겠어요?"

"아니, 괜찮아. 정 서방. 잠깐 얘기 좀 할까?"

"네."

"정 서방, 신용불량자 됐다며?"

"네?"

"카드 정지되고 그랬다며?"

"아, 네…… 그런데 지금은 풀렸습니다."

"아니, 얼마나 돈을 쓰기에 그런 거야?"

"아, 그게…… 집 들어올 때 쓴 돈인데요."

"우리 딸, 대기업 다니는 남자한테 시집 보냈더니 이게 뭐야? 혹시 대기업 다니는 거 거짓말 아니야?"

"네?"

"대기업이면 최소 1억은 받아올 거 아니야. 1억이면 한 달에 천만 원인데 그런데 돈이 부족하다는 게 말이 돼? 어디에다 돈을 쓰는 거야? 엉뚱한 데다 쓰고 있는 거 아니야?"

차까지 팔았는데…… 정 대리는 억울하다.

"1억 안 됩니다. 장모님……."

"아무튼 돈 관리 잘해. 정 서방이 돈 관리 못하겠으면 우리 딸한테 맡겨. 우리 애가 그런 거는 잘하니까."

"네……."

"엄마 간다. 네 남편 잘 챙겨."

장모님이 신발을 신고 나간다.

이 어이없는 상황은 뭐지. 정 대리는 화가 난다.

"아이, 엄마는 참……."

"이게 무슨 경우야? 내가 전세금하고 가전까지 다 했어. 그것 때문에 신용불량자가 된 건데 어떻게 저렇게 말씀하실 수가 있어?"

"미안해. 엄마가 오버했어."

"내가 카드 정지된 거 말하지 말라고 했잖아."

"가족인데 뭐 어때. 오빠가 이해 좀 해."

"하아, 진짜……."

"그리고 오빠. 나 카페 시작할 거야. 이미 다 알아봤어."

"카페? 무슨 카페? 돈이 어디서 났는데?"

"대출 받으려고. 엄마 돈 좀 빌리고. 인테리어랑 커피머신이랑 이것저것 견적 받아보니까 생각보다 얼마 안 하더라고. 병원에 있으면서 다 조사했어. 완전 재밌겠지? 나도 이제 카페 사장이 야!"

"어디서 할 건데?"

"오빠 회사랑 멀지 않은 곳인데 마라탕 집이 망해서 거기서 하는 거야. 위치 좋아."

나보다 더 대책 없는 사람이 바로 옆에 있다는 것을 이제야 알았다. 남편과 상의도 없이 카페 오픈이라니.

8

인테리어가 끝나고 카페를 오픈한다.

회사 끝나고 가보니 의외로 사람들이 많다. 아무것도 못할 줄 알았는데 뚝딱뚝딱 잘하고 있다. 학교 다닐 때 커피숍 알바를 했다고 들었다. 그게 도움이 되긴 되나 보다.

두 달이 지났다. 카페는 여전히 잘된다. 망할 줄 알았던 카페가 예상과 달리 성업 중이다. 인스타에서도 꽤 많이 보인다. 나름 동네에서 인정받은 카페다. 평일은 동네 아주머니들이 애들 유치원이나 학교 보내고 모이는 아지트다. 주말에는 젊은 연인들이 온다.

회사 그만두고 셔터맨을 할지 고민한다.

남자들의 꿈인 셔터맨. 어쩌면 나도 할 수 있을 것 같다.

와이프는 카페 홍보를 직접 한다. 조각케이크와 마카롱은 외부 업체에서 사온다. 하지만 직접 만든 것처럼 착각하게끔 사진을 올린다. 직접 만들었다고 하지는 않았으니 사기는 아니다.

명품백을 들고 명품 액세서리를 걸치고 커피를 마시는 사진을 올린다. 이 카페는 고급스러운 곳이라는 메시지를 전달하기 위해서이다.

와이프는 카페 매출을 알려주지 않는다. 나도 장모님 사건 이후로 와이프에게 공개하기가 싫어졌다.

9

가전제품 할부가 끝났다.

정 대리는 200만 원의 여유가 생긴다. 이제 숨통이 좀 트인다. 이제 본격적으로 자동차를 알아볼 시간이다.

"우리 비엠떱 5시리즈 어때? 지난 번 3시리즈는 좀 작았지?"

"아니, 그건 오빠가 타. 나는 내 차 따로 살 거야."

"차 두 대 사자고?"

"뭐, 어때. 각자 차 한 대씩 타는 거지. 나도 출퇴근할 때 써야 하고. 오빠도 가끔 차 쓰잖아."

도대체 얼마를 벌기에 차를 산다는 거지?

궁금해진다.

"카페 매출이 얼마나 되기에 차를 사?"

"왜? 나는 오빠 연봉 얼만지 안 물어보는데?"

"부부 사이에 그런 거 물어볼 수도 있지 않나? 자기가 장모님 용돈도 드리는 것 같던데."

"내가 우리 부모님 용돈 드리는 게 그게 왜 궁금해? 난 오빠 얼마 버는지 하나도 안 궁금해. 오빠도 궁금해하지 마."

왜인지 모르게 신경이 날카로워 보인다. 마치 기다렸다는 듯한 말투다. 정 대리는 와이프의 립스틱이 더 진해 보인다고 생각한다.

"무슨 말을 그따위로 하는데?"

"그따위? 각자 돈 버는데 그게 뭐! 같이 관리해서 서로 용돈 받아가면서 살게? 난 그렇게는 못해."

"누가 그렇게 살자고 했나? 그냥 얼마 버는지 궁금하다고."

"나는 안 궁금하니까 물어보지 마. 그만해."

와이프의 얇고 길다란 눈썹이 꿈틀거리는 게 거슬린다. 눈, 코, 입 하나하나가 자세히 보인다.

우리는 부부인 건가, 그저 같이 사는 룸메이트인 건가.

"우리 부부 맞아? 너 지금 내가 돈 적게 번다고 그러는 거야?"

"내가 카페 여는 데 뭐 보태준 거 있어? 보태준 것도 없으면서 난리야!"

"이 집이랑 여기 있는 거 내가 다 한 거야!"

와이프의 표정이 일그러졌다. 막말을 퍼붓는 저 빨간 입술이 거슬린다. 정 대리는 무슨 말을 해야 할지 판단력을 점점 상실해간다.

"그깟 전세금 가지고 진짜 생색낸다. 더럽다, 더러워."

"니 돈 좀 벌더니 미쳤나?"

"그래, 나 미쳤다. 나는 너처럼 대기업 다닌답시고 허세 부리고 속은 텅 비어 있지는 않아."

"야! 허세는 니가 더 부리지 내가 부리나?"

"나는 내가 버는 만큼 쓰는데, 왜? 월급 꼴랑 얼마 받지도 않는 사람이 외제차는 무슨…… 참나."

이 정도에서 멈춰야 할 것 같다. 해서는 안 될 마지막 말들이 나올 것만 같다.

그런데 이 말싸움에서 지기 싫다. 브레이크가 걸리지 않는다. 자존심이 있다.

"니 머리 다치더니 어떻게 됐나?"

"나 정상인데?"

"나보다 더 돈독 올라 있고 과시욕 쩌는 너를 몰라본 내 잘못이지."

"너야말로 허세 가득하면서 남 말 하지 마. 진짜 짜증나, 이 쇼핑 괴물아!"

"쇼핑 괴물? 어이가 없네. 이때까지 나 같은 괴물하고 어떻게 살았는데? 여기서 그만둘까?"

"뭐? 그만둬? 너 혹시 나 몰래 만나는 여자 있니?"

"여자? 진짜 어이가 없어서……."

"똑바로 말해. 갑자기 돈 가지고 왜 이러는지. 똑바로 말해!"

"야, 꼴도 보기 싫다. 니 생각하고 싶은 대로 해라."

"꼴도 보기 싫어? 그래, 알았어. 네가 원하는 대로 해줄게. 앞으로 나한테 연락할 생각도 하지 마."

갑자기 큰 싸움이 되어버렸다.

와이프는 캐리어에 짐을 대충 쑤셔넣고 있다.

애초에 사랑이라는 게 있었을까. 그저 먹고 마시고 돈 쓰는 이런 점이 닮아서 천생연분이라고 착각한 걸까. 내가 사랑이라고 생각한 건 뭐지.

쾅.

거칠게 현관문이 닫힌다.

진짜 나가버렸다.

쫓아가서 잡아야 하나.

끝인가? 설마 내가 이혼을……? 이혼이 이렇게 쉬운 건가?

여기서 더 싸우면 이혼할 수도 있겠는데?

흥분 상태에서 판단을 하려니 아무것도 결정할 수 없다. 그냥 닫힌 문만 멍하니 보고 있다.

10

정 대리는 맥이 빠져 힘없이 소파에 눕는다.

시선을 천장에 고정한다. 살짝 열어둔 창문으로 바람이 불어

2부 정 대리 · 권 사원 편

온다. 블라인드가 움직이며 탁탁 소리를 낸다.

뭐가 어디에서부터 잘못된 거지.

돈 문제인가. 성격 문제인가.

내 잘못인가. 내가 잘못한 게 뭐지.

시작점은 돈이다.

나보다 잘 버는 와이프에게 자격지심이 생겼나.

얼마 버는지 물어보지만 않았어도……

돈, 돈…… 그놈의 돈.

정 대리는 비트코인 앱을 연다. 꽤 오른 비트코인을 다 팔고 다른 코인으로 갈아탔는데 반토막이 나 있다. 말 그대로 물렸다. 마지막 대박, 인생을 한 번에 뒤집을 꿈이 사라졌다. 어차피 없어도 그만인 돈이라고 억지로 자기 위로를 한다.

바닥에 앉아 소파에 등을 기댄다. 소파에 앉는 것보다 이 자세가 더 편하다.

와이프가 저 정도는 아니었다. 내 카드가 연체되고부터인지, 카페를 시작하고부터인지, 카페가 잘되고부터인지 잘 모르겠다. 카페 열 때 내가 한 푼도 안 보태줘서 그런 건지, 그것도 잘 모르겠다.

머리가 아프다.

차라리 아무 생각도 안 하는 게 낫다.

살다 보면 울고 싶을 때도 있지

1

권 사원은 프로젝트 준비가 끝났다.

서류는 모두 제출했다. 발표만 남았다. 세 개 업체가 최종 고객사 발표장에 모였다.

서류는 어차피 비슷비슷하다. 어떤 전략으로 고객사 담당자들의 마음을 훔칠지가 관건이다. 비슷한 전략이라도 발표자의 제스처, 목소리톤, 자신감에 의해 좌우된다.

차례가 다가오자 더 떨린다. 강력한 카리스마를 장착하고 발표하는 사람, 외국에서 살다 왔는지 유창한 영어를 섞어가며 발표하는 사람 등 하나같이 유능해 보이는 사람들을 이겨낼 수 있을지 권 사원은 중압감이 든다.

최 부장이 속삭인다.

"권 사원, 저 사람들 신경 쓰지 마. 본인에게만 집중해."

무슨 말이지?

저들과 경쟁하는데 저들을 신경 쓰지 말라니…….

권 사원의 발표가 시작된다. 임원들 앞에서 발표할 때와 다른 느낌이다. 회사 사람들은 아군이지만, 나머지 사람들은 적군처럼 느껴진다. 입안이 바싹 마르고 목소리는 떨린다.

고객사 중 가장 높은 사람과 눈이 마주쳤다. 시선을 재빨리 다른 곳으로 돌린다. 어쩌다 눈이 마주친 전무님도 권 사원을 보고 있다.

권 사원은 발표에 집중해야 하는데, 자꾸 자신이 느끼는 이 무거운 감정에 집중하고 있다.

내가 지금 여기서 무엇을 하고 있는 거지?

말을 하고 있기는 한데 정신은 다른 곳에 가 있다.

마치…… 공부를 하긴 하는데 딴생각을 하면서 공부하는 느낌?

노래를 부르기는 하는데 딴생각을 하면서 부르는 느낌?

권 사원 스스로 행동과 생각이 완전히 분리되었다고 느낄 때쯤 발표는 끝이 났다.

급하게 인사를 하고 노트북을 접고 내려온다. 무슨 말을 했는지 기억이 안 난다. 준비한 대로 한 것 같긴 한데 모르겠다. 결과는 다음 주에 나온다.

"권 사원, 수고했어."

"권 사원, 고생했어."

"권 사원, 잘했어."

다들 위로인지 칭찬인지 한마디씩 해준다.

송 과장이 권 사원에게 다가온다.

"권 사원, 오늘 정 대리랑 저녁 먹을 건데, 같이 갈래?"

"네, 좋아요."

"내가 살게. 권 사원 발표 끝난 기념, 정 대리 신용불량자 탈출 기념."

2

권 사원, 정 대리, 송 과장은 퇴근 후에 햄버거 가게로 간다.

송 과장은 더블패티버거, 권 사원은 베이컨치즈버거, 정 대리는 아보카도버거를 고른다. 저녁을 사기로 한 송 과장이 주문을 한다.

"더블패티버거, 베이컨치즈버거, 아보카도버거 세트 하나씩요. 프라이는 치즈프라이 하나, 고구마프라이 하나, 트러플프라이 하나 주세요."

"네, 전부 5만 8천 원입니다."

롯데리아에서 세트가 3,500원 하던 시절이 있었다. 그 시절을 기억하면 안 된다.

송 과장이 권 사원에게 물티슈를 건네며 말한다.

"권 사원, 오늘 잘했어. 잘될 거야."

"모르겠어요, 과장님. 사실 제가 무슨 말을 했는지도 기억이 안 나요."

"발표가 다 그렇지 뭐. 다른 회사들은 차장 부장급들이 하던데 우리만 사원이 했잖아. 그것부터가 신선하다고 생각해."

"네…… 잘돼야 할 텐데요. 안 되면 정말 회사에 민폐 아닌가요?"

"무슨 소리야? 되든 안 되든 크게 신경 쓰지 마. 나왔다, 먹자."

정 대리는 배가 고팠는지 햄버거부터 덥썩 집어들고 포장을 벗긴다.

"버거는 역시 손으로 잡고 먹는 게 진리지. 소스가 질질 흘러도. 흐흐흐."

"프라이는 일부러 세 개 다 다른 걸로 시켰으니까 나눠 먹자."

권 사원은 송 과장의 말에 "잘 먹을게요"라고 대답하며 고구마프라이를 하나 먹는다.

세 사람은 버거를 먹으며 오늘 있었던 뉴스, 회사 가십 등 여러 가지 얘기를 나눈다. 사이다, 콜라를 마시고 프라이도 이것저것 먹는다.

버거를 절반쯤 먹었을 때 정 대리의 핸드폰이 울린다.

손에 묻은 소스를 닦은 정 대리가 핸드폰 화면을 본다. 정짱이다.

"왜?"

"니 이번 명절 때 선물 뭐 할끼고?"

"부모님 선물?"

"어."

"스팸?"

"미쳤나? 부모님 명절 선물로 스팸이 말이 되나?"

"그럼 니는 뭐 생각하는데?"

"나는 과일 세트나 상품권 같은 거 드릴라 카는데."

"그래 니는 그거 드리라. 나는 내가 준비하께."

"돈 합쳐서 좋은 거 해드려도 되지 않나?"

"머 해드리고 싶은데? 빨리 말해라. 버거 식는다."

"두 분 어디 여행이나 보내드리자. 아니면 같이 가든가. 언니랑도 결혼하고 제대로 놀러간 적 없다 아이가."

정 대리는 권 사원과 송 과장을 힐끔 쳐다보더니 일어나서 화장실 쪽으로 향한다.

"같이는 못 간다."

"왜?"

"사실…… 엄마한테 말하지 마라. 따로 살고 있다."

"뭐라고? 왜?"

"뭐, 잘 안 맞는 것 같기도 하고…… 영 아이드라. 살아보니 겁나 이기적이고 계산적이고."

"거봐. 내가 보자마자 별로라 했다 아이가. 니는 내 말 안 듣더니…… 으이그."

"야, 너는 언제까지 니니 할래? 오빠라고 좀 해라."

"오빠? 오글거리는 거 아나. 빨리 갈라서든지 아니면 미안하다고 하든지 해라. 별거가 뭐꼬? 이혼이면 이혼이고 같이 살면 같이 사는 거지."

"알았다. 내가 알아서 한다."

"그럼 부모님 여행 보내드리는 걸로 한다. 니도 함 골라봐라, 어디가 좋은지. 그리고 반찬 필요하면 말해라. 내가 좀 갖다주께. 혼자 있다고 맨날 라면만 끓여 먹지 말고."

"알따. 끊는다."

권 사원은 전화를 받으러 자리를 뜨는 정 대리를 바라본다.

정 대리가 동생하고 통화할 때는 경상도 사투리가 더욱 강해진다. 일상적인 대화인지 싸우는 건지 구분이 어렵다.

감자튀김 찍어 먹을 케첩이 바닥을 보인다. 카운터로 가서 케첩과 머스터드를 받아온다.

권 사원은 감자튀김을 케첩과 머스터드를 한 번씩 번갈아 가면서 찍어 먹는다. 버거에 소스가 많은 경우는 아무것도 안 찍어 먹는다. 여러 가지 맛이 입에서 뒤섞이는 게 별로다.

생각해보니 이 버거집은 전 남자친구와 왔던 곳이다.

갑자기 그놈 생각이 난다. 잘 살고 있을까. 여전히 게임이나 하고 있겠지.

문득 물어보고 싶다.

"어차피 헤어졌지만 그래도 궁금한 게 있는데요. 제 경우도 그랬고, 제 친구 경우도 그렇고요. 결혼할 사람이 중요한 문제를 스스로 결정을 못하더라고요. 나이 서른을 넘어서도 부모님에게 계속 의지를 하고요. 왜 그런 걸까요? 이러면 결혼을 해도 문제 있는 거 아닌가요?"

"음, 진정한 의미에서 독립을 못한 거겠지. 나이만 성인일 뿐 정신적으로든 경제적으로든 부모님에게 여전히 매인 상태 아닐까. 아직도 일부 한국 부모님들은 자신이 희생하는 게 자식에 대한 사랑을 다 하는 거라고 생각하는 것 같아. 그렇게 자식을 키우면서 자녀를 인격체로 존중하기보다 소유한다고 생각하기도 하고. 독립을 못 시키는 거지. 물론 그렇지 않은 분들도 있지만."

"네……."

"그때 남자친구가 유튜브 부동산 폭락론자들한테 후원금을 보냈다고 했지?"

"네, 그것도 진짜 이해할 수가 없었어요. 학원에 매달 수강료 내듯이 냈대요."

"사실 폭락론을 믿고 싶어하는 사람들은 대부분 현실을 도피해서 그런 데서 위안을 받으려고 하는 거거든."

"네에……."

"남자친구가 집값이 떨어지면 산다고 했다면서? 집값이 떨어지는 건 자신이 어떻게 할 수 없는 부분이야. 그건 자신의 의지와 상관없이 그저 바라는 거잖아. 의지가 있는 사람이라면 '내가 돈을 벌어서 사겠다'라고 하겠지. 권 사원의 남자친구가 집값이 떨어지면 산다는 말은 그저 현실을 부정하고 피하는 거나 다름없는 것처럼 들렸어. 왜냐하면 자신의 노력으로 떨어뜨릴 수는 없는 거거든. 물론 정말로 신중하게 때를 기다리는 사람들도 있겠지만 말이야."

"아……."

"변동성이 큰 주식이랑 다르게 거래비용이 많이 들고, 오르락내리락 하는 사이클이 긴 부동산은 싸다고 바로 사는 게 거의 불가능해. 떨어지면 산다는 말은 그냥 지금 당장 생각하지 않겠다는 말이나 다를 바 없어. 어떤 면에서는 게임을 하는 것도 현실도피야. 힘들 때 잠깐 잊으려고 술 마시는 사람들 있잖아. 레고도 만드는 동안에는 거기에만 집중할 수 있으니 좋지. 내가 보기에는 전 남자친구가 뭔가 불안하거나 피하고 싶은 욕구가 강했던 거 같아. 권 사원 말만 들으면 그래."

"맞아요. 약간의 갈등이나 마찰, 이런 걸 못 견뎌했어요. 그냥 무조건 피하자는 주의예요. 사소한 고민거리도 부모님과 상의하고요."

"그랬구나……."

분위기가 가라앉자 송 과장이 웃으면서 분위기를 바꾼다.

"음, 버거집에서 이런 얘기하는 사람은 우리밖에 없어. 맥주나 시킬까?"

전화를 받고 들어온 정 대리도 웃으면서 말을 얹는다.

"저도 오랜만에 마시고 싶어요! 다리도 이제 거의 다 나았는데, 괜찮을 거예요."

"그래, 그래. 여기 하이네켄 세 잔이요."

"선결제입니다."

"네, 여기요."

송 과장은 아르바이트생에게 카드를 내민다.

심각한 얘기 없이 기분 좋게 맥주를 마시며 떠든다. 어느새 발표 때 긴장감이 완전히 사라지는 느낌이다.

권 사원은 얼굴이 발갛다. 소주 여러 병에도 끄떡 없던 권 사원이 맥주 두 병에 취한다.

전 남자친구에 대한 몇 가지 의문이 해소되니 뭔가 개운하다.

권 사원은 처음으로 궁금해진다.

송 과장님은 나이 차이도 크게 안 나는데 뭔가 다르다. 생각도 많고, 부동산에 대해 아는 것도 많다. 투자도 일찍 시작한 것 같다. 어떻게 살아오신 거지? 뭔가 스토리가 있으신 거 같은데.

물음표가 머릿속에 떴다가 사라진다.

휘적휘적. 권 사원은 취기가 오른 상태로 지하철을 탄다. 이 시간대에 지하철을 타니 얼굴이 벌건 사람들이 많이 보인다.

4

며칠 뒤, 전무실 비서가 최 부장과 권 사원을 부른다.

"전무님 방으로 오라고 하십니다."

"네, 알겠습니다. 가자, 권 사원."

"네."

최 부장님과 나란히 전무실로 간다. 문을 연다. 전무님과 상무님이 얘기를 하고 있다.

"안녕하십니까."

"여기 앉아, 최 부장. 권 사원은 여기 앉고. 바로 말할게."

"네, 전무님."

"두 가지 전할 말이 있어. 첫 번째는 우리 프로젝트 떨어졌어. 점수를 보니까 2등이더라고. 그래도 2등이 어디야. 권 사원 수고했어. 두 번째는 최 부장 축하해. 이번에 이사 승진이야. 이게 축하해야 할 일인지는 모르겠는데 어쨌든 임원이 된 거니 축하해."

"감사합니다."

"다음 주쯤에 인사팀에서 공지 띄울 거야. 너무 놀라지 말라고 미리 말해두는 거야. 잘해보자고, 최 부장."

"네, 전무님."

"그리고 권 사원은 너무 속상해하지 마. 준비 열심히 한 거 알고 있어. 최 부장한테 충분히 설명 들었어."

"네, 전무님. 감사합니다."

"그래. 그만들 가봐."

"네."

전무님 방을 나온다.

"축하드려요, 부장님."

"고마워. 그것보다도 우리 프로젝트…… 권 사원이 진짜 열심히 한 건데. 내가 아쉽네."

"아니에요."

권 사원은 책상에 앉아 멍하니 모니터를 바라본다. 일이 손에 잡히지 않는다.

최선을 다했는데…… 진짜 잘해보고 싶었는데…… 실망시켜드리고 싶지 않았는데…….

울컥 눈물이 난다.

왜 눈물이 나지? 최선을 다했으면 된 건데, 왜?

열심히 했는데 잘 안 돼서?

모르겠다.

그냥 뜻대로 되는 게 하나도 없어 속상하다.

결혼도 제대로 안 되고, 회사 일도 제대로 못하고. 도대체 내가 잘하는 게 뭐지?

내가 뭘 잘못한 거지? 내가 뭐가 부족한 거지?

아, 맞다. 나는 늘 그래왔지.

남들 다 잘될 때 나만 안 됐지. 남들 다 할 줄 아는데 나만 못했지. 남들 다 행복할 때 나만 불행했지. 남들 기쁠 때 나만 슬펐지.

그래 잠깐 잊고 있었어. 나는 원래 이런 사람이었어.

눈물이 눈앞에 맺힌다. 눈앞의 키보드, 모니터, 마우스가 팔레트 위에 짜놓은 물감을 한 데 섞은 것 마냥 마구 엉켜 뿌옇게 보인다.

참자, 참자.

회사에서 울기는 싫다. 꼭 나의 억울함과 그동안의 노력을 알아달라는 것만 같아서 싫다. 울음을 참으려니 숨쉬기가 불편하다. 집에서 울 것이다. 남에게 내가 우는 모습을 보여주고 싶지 않다.

5

권 사원은 오늘도 지하철에 몸을 맡긴다.

지하철이 덜컹하면 사람들이 덜컹한다. 사람들이 덜컹하면 권 사원도 덜컹한다.

핸드폰만 보다가 오늘은 창밖을 본다. 지하철의 속도가 생각보다 빠르다. 풍경들이 기다려주지 않고 지나쳐간다. 저 멀리 보이는 나무가 지나가면 다른 나무가 다가온다.

지하철이 정차하고 문이 열린다. 권 사원이 내릴 역이 아니다. 매일 지나는 역들은 각자의 분위기가 있다. 어느 역이라고 굳이 확인하지 않아도 여기가 무슨 역인지 짐작할 수 있다.

어느 순간 내 인생도 지하철 노선처럼 정해진 길로 가는 게 아닌가 하는 생각이 든다. 정해진 역에서 정차하고, 정해진 종점에서 운행을 중지한다.

저쪽에서 예수님 믿지 않으면 지옥 간다는 할아버지가 다가온다. 이제는 별로 이상하게 보이지도 않는다. 저 할아버지가 어느 날부터 안 보이면 걱정이 될 것 같다. 저 할아버지도 나름의 사정이 있을 것이다.

회사에 도착한다. 사원증을 찍자 게이트가 열린다. 취업 준비 중인 친구들은 목에 걸고 다니는 이 하얀 플라스틱 사원증을 부러워한다.

권 사원도 한때는 부러워했었다.

나는 어디 소속이요, 나는 백수가 아니라는 인증표이기도 하니까.

요즘은 목에 걸린 사원증이 목줄처럼 느껴질 때가 있다. 스스로가 회사에서 돈을 받는 대신 청춘을 바치는 노예처럼 생각될 때도 있다. 그래서 가끔은 숨이 막힌다.

권 사원은 사무실에 들어선다. 평소보다 분위기가 들떠 있다. 진급자 발표가 났다고 한다. 매년 12월 말이면 진급자 공지가 뜬다. 노트북 전원을 누른다. 다행히 업데이트는 없다. 바로 윈도우 창이 뜬다. 고양이 바탕화면이 보인다. 고양이는 강아지보다 귀여운 맛은 부족하지만 혼자서도 잘 살 것 같은 눈빛이 있다.

인사과에서 올린 진급자 명단을 클릭한다. 역시나 권 사원의 이름은 진급자 명단에 없다. 다시 한 번 처음부터 보기 위해 마우스 스크롤을 올린다. 스크롤을 빨리 내리느라 이름을 못 봤기를 희망한다. 다시 봐도 없다. 최 부장이 최고 고과인 S를 주었으나 김 부장에게 3년 연속 받았던 C가 발목을 잡는다.

옆 팀의 동기들은 모두 대리다. 다른 사업부와 공장에 있는 동기들도 마찬가지다.

누군가로부터 위로도 동정도 받기 싫다. 슬픈 표정, 실망한 표정도 짓기 싫다. 늘어진 어깨를 보이기도 싫다. 아무 일 없었다는 듯이 그렇게 지나치고 싶다.

갑자기 재수했던 친구들이 생각난다. 내가 원하는 대학에 붙었을 때 친구들은 재수를 했다. 그 기분을 이해하지 못했다. 대학의 낭만에 취해 있었다. 선배들이 주는 술에 취해 있었다.

오늘의 감정을 슬프거나 괴롭거나 아프다고 하기는 싫다. 최근에 읽은 자기계발서들이 실패를 실패로 받아들이지 말고 좋은 경험으로 삼으라고, 하도 강요해서 그런 것 같다.

그런데 어떡하지? 나는 억울한데. 정말 억울한데.

내가 일을 못해서 진급하지 못한 거라면 납득을 하겠다. 하지만 만년 과장의 진급을 도와주기 위해 내가 희생된 것은 합리적이지도 논리적이지도 않다.

내가 회사에 바라는 것은 뭘까.

대단한 게 아니다. 나를 뛰어난 사람으로 봐주기를 바라는 것도 아니다.

지극히 상식적인 절차와 공정한 평가를 바랄 뿐이다.

내가 회사나 다른 누군가에게 피해를 줬다면 그에 합당한 대가를 치르면 된다. 반대로 내가 남에게 피해를 주지 않았다면 나도 피해를 받고 싶지 않다.

이게 잘못된 생각인가. 내가 이기적인 건가. 회사생활을 모르는 건가.

사람이 하는 일이라 이럴 수도 저럴 수도 있다고 하지만, 꼭 그걸 누군가를 짓밟거나 불이익을 주면서 해야 하는 건가.

승진에 목숨 거냐고 말할지도 모른다.

다른 사람들은 다 참는데 왜 너는 못 참느냐고 말할지도 모른다.

다른 사원들은 아직도 복사하고 커피 타는데 너는 중요 업무라도 맡으니 배부른 소리하는 거 아니냐고 말할지 모른다.

모르겠다. 머릿속이 복잡하다. 내가 이까짓 진급 누락을 가지고 크게 생각하는 것 같기도 하다.

이미 결정되어 뒤엎을 수도 없는 일에, 별로 뒤엎을 가치도 없는 일에 이토록 감정을 소모하고 있는 내 자신이 더 안타깝다.

6

권 사원은 퇴근 후 집에 도착해서 핸드백을 한쪽에 던진다.

겉옷을 대충 벗어놓고 머리를 질끈 묶고 책상 앞에 앉는다. 한동안 손도 대지 않았던 컴퓨터 전원을 켠다. 사진이 들어 있는 폴더를 클릭한다. 결혼할 뻔했던 그 자식 사진이 보인다. 전부 휴지통으로 옮긴다.

회사 입사할 때 찍은 증명사진도 있다. 불과 몇 년 전인데 풋풋하다. 별로 변한 게 없는 것 같은데 사진 속의 나는 한참 어려 보인다.

그저 앞만 보고 전력질주 하던 그때. 초등학교 6년, 중학교 3년, 고등학교 3년, 대학교 4년, 총 16년 동안 만든 결실이 취업이라는 열매로 맺어지는 시기였다.

직장인이 되기 위해 수많은 중간고사, 기말고사, 실기평가, 수행평가, 방학숙제, 모의고사, 수능을 보고 학원을 다니고 과외를 했다. 갑자기 회의감이 든다.

솔직히 지금 내가 회사에서 하는 일은 고등학교만 졸업해도 충분히 할 수 있는 일이다. 회사일이라는 게 특정 연구개발직 말고는 일반적으로 약간의 센스와 눈치, 부지런함만 있으면 누구나 할 수 있다. 언제든지 다른 사람과 대체될 수 있다는 뜻이다. 교체될 수 있는 부속품이다.

그토록 원하던 직장인이라는 게 이런 것이었나.

방향보다 속도가 중요했던 나는 내가 어떤 삶을 살아왔는지, 내가 어떤 삶을 살고 싶은지 고민할 시간도 없이 살아왔다. 지하철 창밖으로 스쳐가는 풍경처럼 지나왔다.

옆 폴더를 클릭한다. 취업 준비할 때 썼던 자기소개서들이 있다. 회사 이름만 바꿔서 마구 뿌려댔었는데.

다시 옆 폴더를 클릭한다. 워드파일이 하나 있다. 파일 이름이 '대학원'이다.

아, 내가 대학원 준비를 한 적이 있었지.

혹시나 취업을 못할 것에 대비해 대학원도 알아봤었다.

당시에 쓰다 만 자기소개서를 열어본다.

"한국에서 만든 제품은 실용적이지만 예쁘지 않습니다. 저는 가전제품이 더 이상 기능에만 충실해선 안 된다고 생각합니다. 애플이 세계적인 기업이 된 것에는 제품의 디자인이……."

지금 보니 오글거린다. 하지만 맞는 말이다.

권 사원은 미술 전공은 아니지만 일상의 제품들을 디자인하고 싶었다. 좀 더 생각해보니 디자인을 하고 싶다기보다는 디자인이 반드시 필요하다고 느꼈던 것 같다. 재밌을 것 같았다.

그 당시만 해도 아이폰은 영혼이라고는 찾아볼 수 없는 갤럭시를 디자인적으로 완전히 압도했다. 우연히 본 뱅앤올룹슨의 스피커는 아름다운 인테리어 작품처럼 느껴질 정도로 멋졌다. 그래서 만일 대학원을 간다면 산업디자인과를 가려고 계획만 세우던 와중에 운 좋게 취직이 된 것이다.

지금 다니는 회사의 제품도 디자인에 있어서 아쉬움이 크다. 유럽이나 일본 브랜드를 보면 성능은 좀 떨어져도 구매욕을 자극하는 디자인이다. 그런데 왜 한국 제품은 예쁘지가 않을까. 눈에 보이지도 않는 미묘한 성능 향상을 고집할 시간에 차라리 쓰고 보는 사람이 기분 좋도록 예쁘게 만드는 게 더 효율적이지 않을까.

권 사원의 손은 이미 산업디자인 대학원 홈페이지를 뒤적거리고 있다. 미대생들만 가는 건 아닌지 검색해본다. 포트폴리오 같은 거창한 입학 절차가 있는지 살펴본다.

눈에 몇 가지 문구가 들어온다.

미대 아닌 타 학과 지원 가능.

포트폴리오 필요 없음.

머리가 빠르게 돌아간다. 키보드에 올린 손가락 움직임이 빨라진다. 예전에 쓰던 자기소개서에 글을 덧붙여 이어간다. 회사 경험이 있을 때와 없을 때 쓰는 자기소개서는 다르다.

무미건조하고 딱딱한 이메일만 써 버릇해서 글에 감정과 진심을 담아내기가 어렵다. 손이 좀 풀리고 나니 대학원에 진학해야만 하는 이유와 절실한 감정을 담을 수 있다.

권 사원은 무언가에 홀린 것마냥 써내려간다. 글을 마무리 짓고 잘못된 곳은 없는지 살펴본 후 주저 없이 지원서를 첨부한다. 제출. 클릭.

너무 급하게 하는 건가. 아니다. 기회는 언제 또 찾아올지 모른다.

이 다음은 합격하고 나서 생각하자.

7

두 달 뒤, 권 사원은 대학원 서류에 합격했고 면접까지 통과했다.

신기하게도 온갖 정성과 노력을 퍼부으면 결과가 별로다. 기대 없이 하면 결과가 좋다. 대학원에서도 대학교를 막 졸업한 사람보다 회사에서 경력을 쌓은 사람을 원하는 것 같은 눈치였다.

이제 결정의 시간만 남았다.

남을 것이냐, 나갈 것이냐.

'우리 회사를 위하여, 우리 사업부를 위하여, 우리 팀을 위하여' 회식 때마다 외친 '위하여'만 수백 번이다. 그렇게 회사를 위한다고 외치던 그때는 진심이었던가.

김 부장이 아직까지 팀장으로 있었다면 아무 고민 없이 바로 때려치웠을 것이다.

나의 노력과 성과를 인정해주고 모두에게 합리적인 최 이사님, 친동생처럼 챙겨준 송 과장님, 이 두 분에게 가장 죄송하다.

복지와 연봉과 약간의 명예까지 주는, 남들이 못 들어가서 안달인 이 대기업을 포기하고 새로운 길을 찾아갈 것인가.

대학원 졸업해봤자 어차피 또 직장에 취직해야 할 것이고, 그러면 지금과 같은 생활의 반복일 수도 있다. 하지만 지금처럼 남이 시켜서 하는 일을 나이 오십, 육십이 될 때까지 하기는 싫다. 언제든지 갈아치워질 수 있는 부품으로 살기는 싫다.

대학원 졸업 후를 상상해보면 재취업 시장이 눈앞에 그려진다. 또 다시 부품이 된다 할지라도 원하는 것을 해보는 것과 안 해보는 것에는 차이가 있다. 인생의 가치관이자 신념, 그리고 자기 만족에 관한 것이다.

8

권 사원은 이사가 된 최 부장을 찾아간다.

이사실로 가는 길에 머릿속이 복잡하다.

지금이라도 뒤돌아서 자리로 돌아갈까.

계속 이사님 방으로 갈까.

공장 발령을 받았던 김 부장의 뒷모습이 떠오른다. 그날 날씨가 참 좋았다. 오늘도 기온은 낮지만 햇살은 따뜻하다. 그때도 김 부장의 그림자는 쭉 뻗어 있었다. 밖에서 들이치는 햇볕에 나의 그림자 역시 사무실 저 멀리까지 뻗어 있다.

방 앞에 도착했다. 사무실 저편 자신의 자리를 돌아본다. 숨을 한 번 크게 들이쉬었다가 내뱉는다. 여기까지 왔다는 건 이미 결정을 내렸다는 것을 의미한다.

팔을 들어 올린다. 손가락을 구부린다. 잠시 멈춘다. 팔을 내린다. 고개를 숙이고 눈을 지긋이 감았다가 뜬다. 다시 팔을 들어 올린다. 검지와 중지를 구부려 문을 두드린다.

똑똑.

세상을 향해 하는 노크다.

"안녕하세요, 최 부장님. 아, 이사님. 잠시 시간 좀 내주실 수 있을까요?"

"그래, 와서 앉아."

"감사합니다. 면담 좀…… 드렸으면 해서요."

"무슨 일인데?"

"저…… 퇴사하려고 합니다."

몇 초간 침묵이 이어진다.

"아…… 그래……. 갑작스러워서 잠시 당황했네. 무슨 일이야? 혹시 이번 진급 문제가 퇴사에 영향을 끼쳤을까? 퇴사 이유 묻고 싶지 않았는데……."

"아니요. 괜찮습니다. 이사님께는 제가 직접 말씀드리고 싶었어요. 저 대학원에 가려고요."

"대학원? 그렇군……. 권 사원 성격에 여기까지 왔다는 건 정말 신중하게 결정했다는 뜻일 테고. 이미 고심해서 결정한 일을 내가 이래라저래라 할 수는 없지."

"네…… 사원인 저한테까지 좋은 말씀 많이 해주시고 믿어주셔서 감사했어요.

"그건 권 사원이 잘했으니까 그런 거지. 개인적으로는 권 사원 같은 팀원과 더 일해보고 싶었는데 아쉽네."

"감사합니다. 저 그런데 이사님, 궁금한 게 있는데요. 너무 무례하다고 생각하지 마시고 들어주세요."

"그래, 물어봐."

권 사원은 마지막이다 생각하고 조심스러운 얘기를 꺼낸다.

"어떻게…… 임원이 되신 거예요?"

"음? 허허 글쎄. 나도 잘 모르겠는데. 내가 어떻게 임원이 된 걸까. 믿을지 모르지만 나는 임원 될 생각이 별로 없었어. 내가 그렇게 조직생활을 잘하는 사람도 아니고. 그냥…… 하던 대로 묵묵히 한 것밖에 없는데 이렇게 됐네. 사실 김 부장이 퇴사할 땐 나도 좀 힘들었어. 김 부장처럼 애사심 강하고 회사일 열심히 하는 사람을 본 적이 없거든. 그런 사람이 하루아침에 공장 발령 나서 나가는 거 보니까 허탈하기도 하고, 회사에 대한 회의감도 들고. 그런데 뭐 별수가 있나. 수십 년 하던 일을 놓을 순 없더라고. 다행히 팀원들이 잘 따라주고, 전무님 상무님도 믿어주시고, 그러니 나도 못하는 부분은 못한다고 인정하면서 여기까지 온 거지."

권 사원은 고개를 끄덕인다.

"지금 임원이 되시니까 어떠세요?"

"임원이 계약직인 건 알지?"

"네, 1년마다 계약한다고 들었어요."

"부장 직급으로 가늘고 길게 가는 게 나을 수도 있고, 임원한 번 해보고 짧게 끝내는 것도 괜찮은 것 같고. 아직은 잘 모르겠어. 매년 10월 즈음 되면 재계약 시즌인데 그때가 되면 불안하겠지. 아니, 사실은 벌써 불안해. 임원은 그야말로 모든 책임을 안고 가거든. 해당 사업부에서 뭐 하나만 잘못돼도 바로 회사를 떠나야 하는 게 현실이지. 매년 성과를 내야 하고 매년 자신의 존재를 알려야 하고. 지금 상무님이 나 신입사원 때 대리였던 거 알아?"

"아 그래요?"

"세월 진짜 빠르지. 상무님은 그때나 지금이나 변함이 없으셔. 직급이 올라가도 늘 한결같으신 분이야. 오랫동안 그 모습을 옆에서 보고 배운 것 같아. 줄 서는 데 목을 매는 사람들은 결국 중도 하차하게 돼 있어. 그리고 임원이 대단히 특출한 사람들이 되는 건 아닌 거 같아. 꾸준히 자기 업무 열심히 하면서 본보기가 되고 동료, 선후배들과 그때그때 과제들을 잘 풀어가는 사람이 결국 되는 게 아닐까 싶네. 다른 회사는 정치 잘하는 사람들이 임원이 되는 경우가 대부분인데 우리 회사는 지금의 상무님이 그걸 좀 바꿔놓으신 것 같아."

"상무님 대단하시네요. 제가 퇴사를 결정하긴 했지만 그래도 회사원들의 꿈이라는 임원이 어떤 건지 궁금해서 여쭤봤어요."

"하하. 임원이 뭐 별거 있나. 밖에 나가면 그냥 동네 아저씨야."

권 사원은 정중히 인사를 하고 방을 나온다.

올 때와 같은 복도를 걷는다.

같은 길을 걷는데 발걸음은 다르다.

자리로 돌아가는 걸음의 무게가 몹시도 가볍다.

9

퇴근길이다.

권 사원은 성큼성큼 빠른 걸음으로 가는 송 과장을 뛰어서 따라간다.

"송 과장님!"

"어, 권 사원."

"아파트 리모델링 조합이 설립 인가가 났대요. 그래서인지 시세가 좀 올랐어요."

"잘됐다. 잘될 거야."

"송 과장님 덕분에 잘 샀어요. 감사해요."

"혹시 김 부장님이 조합장은 아니지?"

"하하. 그건 아닌 거 같아요."

권 사원은 멈칫하더니 빠르게 용건을 내뱉는다.

"저 그리고…… 퇴사하기로 했어요."

"뭐? 진짜? 갑자기?"

"네, 그렇게 됐어요."

"에헤이…… 이거 아쉽네. 회사가 유능한 인재를 놓쳤어."

"송 과장님이 회사 일도 그렇고 다른 것들도 많이 챙겨주셨는데 죄송해요."

"뭐가 죄송해. 각자 갈 길 가는 거지. 미안한 감정 절대 가지지 마. 어디 갈 데는 정했고?"

"아, 이직하는 건 아니고요. 대학원 가려고요. 입학하기 전에 한 달 정도 여행하면서 좀 쉬고요."

"그래. 그동안 일도 많았는데 쉬는 것도 필요하지. 근데 아쉽네. 권 사원은 뭐든 잘할 거야. 자주 연락하자고."

"송 과장님, 저…… 악수 한 번 해도 될까요?"

"어? 어, 그래."

권 사원은 송 과장의 손을 꼭 쥔다. 따뜻하다.

"그동안 감사했습니다."

10

정 대리는 인스타를 뒤적인다.

고등학교 친구 버버리맨은 오늘도 자동차 사진과 호텔에서 밥 먹은 사진을 올렸다. 가끔 대리석으로 뒤덮인 집 사진도 올라온다. 가장 최근에 올린 집 사진은 거실 테이블 위에 올려진 보드카 사진이다. 사진 밑에는 '더 이상 재밌는 게 없다'라고 쓰여 있다.

허세 부리기는.

호텔에서 먹은 코스 요리 사진에는 '좋아요'가 수천 개 달려 있다. 사진 밑에는 '더 이상 먹고 싶은 게 없다'라고 쓰여 있다.

잘난 척하기는.

지 돈 많다고 자랑하는 거야?

남들 못 가지고 못 먹어서 안달인데.

잠시 후 고등학교 단체 카톡방에 메시지 하나가 뜬다.

> 삼가 고인의 명복을 빕니다.
> 빈소 : ○○○○○○
> 별세일 : ○○○○.○○.○○
> 발인일 : ○○○○.○○.○○

이게 뭐지?

이름을 보니 버버리맨이다.

버버리맨?

내가 지금 보고 있는 사진 속의 버버리맨? 버버리맨이 죽었다고?

말도 안 돼.

말도 안 돼.

검은색 정장에 넥타이를 매고 장례식장으로 간다.

장례식장 로비 중앙에 있는 모니터에서 버버리맨의 이름을 찾는다. 진짜 그의 이름이 있다.

성큼성큼 빈소 쪽으로 간다. 그가 활짝 웃고 있는 사진이 보인다. 평상시에 잘 웃지 않던 그가 사진 속에서만큼은 웃고 있다.

절을 두 번 한다. 사진 속 그의 눈을 잠시 쳐다본다. 자기는 버버리 패딩이 별로라고 말하던 무덤덤한 말투가 생각난다. 당황스러워서 눈물이 나지도 않는다. 가족들에게 인사를 한다.

식사하는 쪽으로 가니 친구들 몇 명이 앉아 있다. 나는 친구들에게 안부를 묻지도 않는다.

"어떻게 된 건데?"

버버리맨과 자주 만나던 친구가 대답한다.

"하…… 자살이래……."

"뭐? 왜?"

"전부터 우울하다고 한동안 약을 먹었는데 얼마 전부터는 안먹는다고 그랬었거든. 그 뒤로 만난 적이 없어."

"무슨 다른 문제 있었던 건 아니고?"

"걔가 무슨 문제가 있겠냐……. 다 가진 애가."

"근데 왜 그랬지……."

"왜 사는지 모르겠다, 재미없다고 자주 그랬어. 맨날 최고로 좋은 데 가서 먹고, 최고로 좋은 집 살고, 최고로 좋은 차 타고. 더 이상 올라갈 데가 없는데 매일 그러면 재미가 있겠냐……."

"아니 그래도 그렇지…… 하아……."

"목표도 없고 삶의 의미도 모르겠고…… 뭐 그랬나 봐. 나도 잘…… 모르겠어."

친구는 소주를 한 번에 입에 털어넣는다.

정 대리도 연거푸 소주를 들이켠다.

집에 돌아와서도 정 대리는 머리가 하얗다.

도대체 어떻게 된 영문인지 잘 모르겠다.

정 대리는 이해하기가 어렵다.

다 가진 놈이었는데…… 마냥 행복한 줄 알았는데…….

부러웠다. 질투했다. 고등학교 때 제일 친한 놈이라서, 제일 가까웠던 놈이라서 더 그랬다.

그래서 내가 그놈의 인스타를…… 그렇게 열심히 보고……또 보고……. 그랬는데…….

내가 그놈을 ……제대로 알긴 알았던 걸까.

다 가지면 행복할 줄 알았는데.

나처럼 부족한 놈이나 힘든 줄 알았는데.

그건 또 아닌가.

하아, 잘 모르겠다.

송 과장이 기차에서 한 말이 생각난다. 행복을 물질적인 것에서 찾지 말라고.

도덕 교과서 같은 소리하고 있네, 내심 그렇게 비웃었다.

왜! 물질적인 것을 추구하는 게 어때서.

옆의 놈이랑 비교되는 게 얼마나 힘든데. 괴로운데.

여러 가지 생각들이 순서 없이 튀어 오른다.

정 대리는 한동안 충격에서 벗어나지 못했다.

집 나간 와이프. 자살한 친구.

정 대리는 최 이사에게 사정을 설명했다. 며칠 휴가를 쓰겠다고 했다. 흔쾌히 허락을 받았다.

정 대리는 먹고 자고 먹고 자고를 반복했다. 밖에 나가지도 않았다. 딱히 고뇌에 빠지거나, 고민을 하거나, 걱정을 한 건 아니다. 그냥 가만히 집에서 그렇게 하루하루를 지냈다. 얼룩투성이인 머릿속을 조용히 청소기로 돌리는 것 같다.

3분카레를 전자레인지에 돌린다. 찬밥 위에 붓는다. 숟가락을 밥에 찌른다. 푹푹 위아래로 찔러가며 섞는다. 밥이 딱딱해서 잘 섞이지 않는다.

버버리맨이 떠오른다. 담담하고 차분한 표정. 색채 없는 말투. 눈두덩에 머물러 있던 눈물이 이제야 흘러나온다.

처음으로 사는 게 무엇인지 생각해본다. 그렇다고 거창하게 인생철학 같은 것을 생각하는 것은 아니다. 어떤 진리를 깨달은 것도 아니다. 엄청난 잘못을 뉘우친 것도 아니다.

뭘 살까. 뭘 먹을까. 어딜 갈까. 무얼 자랑할까. 이런 게 생각의 전부였는데, 왜 사는지 이런 생각을 하는 스스로가 낯설다.

문득 아파트 앞 횡단보도를 건널 때 누가 나를 치고 지나갔으면 좋겠다는 생각이 머리를 스친다.

변하는 것과 변하지 않는 것

1

정 대리의 전세 만기일이 다가온다.

집주인이 자기가 들어와서 살 거라고 집을 비워달라고 한다. 같은 단지의 전세 시세를 알아보니 그 사이 1억이 올랐다. 더 이상 대출은 불가능하다. 별수가 없다. 이제는 월세로 가야 한다. 차라리 잘됐다. 매달 대출 이자 내는 것도 지겹다.

옮길 집을 알아봐야 한다. 네이버 지도로 서울을 뒤적거린다. 예전에 권 사원이 샀다는 집을 본다. 전세, 반전세, 월세 다 있다. 연식이 있어서 그런지 월세 시세가 낮은 편이다.

부동산중개소에 가본다. 친절한 사장님이 매물을 설명해주신다. 집주인이 보증금과 월세를 올리지 않아서 제일 저렴한 매물이라고 한다. 정 대리는 바로 계약금을 건다.

일주일 뒤, 다시 부동산에 간다. 문을 열고 들어간다.

"어서 오세요."

사장님이 반갑게 맞이한다.

"안녕하세요. 오늘 월세 계약하기로 한 사람인데요."

정 대리가 사무실을 휘휘 둘러보니 어딘가 익숙한 옆모습의 아저씨가 소파에 앉아 있다.

김 부장이다.

고개를 돌려 모른 척하고 싶지만 이미 같은 공간에 있다.

"어! 자네가…… 여기 어쩐 일이야?"

"김 부장님!"

"와, 여기서 만나네."

김 부장이 손을 내민다. 김 부장 손을 잡는다. 거칠다. 굳은살이 느껴진다. 자세히 보니 얼굴도 많이 그을었다. 회사에서 보던 멀끔하고 광나던 김 부장이 아니다.

"정 대리 잘 살고 있어?

"네, 네…… 뭐 그저 그렇습니다. 부장님은 잘 지내셨습니까?"

"요즘 나 사업해. 최 부장하고 상무 그 자식들은 잘 사나?"

무슨 사업을 하는지 궁금하다. 그렇다고 물어볼 정도까지는 아니다. 부동산 사장님의 표정이 안 좋아진다. 팔꿈치를 책상에 대고 고개를 숙여 이마를 손에 갖다 댄다.

"네, 잘 지내고 있습니다. 최 부장님은 이사로 승진하셨어요."

"뭐? 그 자식이? 이야, 최 부장이 이사라니. 허허. 그때 그거 알아? 그 자식들이 나 잘될까봐…… 아오……."

"네?"

"아니야, 아니야. 회사 사람들이 나 뭐하는지 안 궁금해해?"

"네…… 아무도 안 물어보던데요."

"내가 밖에서 더 잘나갈까봐 그런 거겠지 뭐. 엄청 잘 살고 있다고 전해줘. 와하하하하."

부동산 사장님이 나지막하면서도 단호하게 말한다.

"여보, 그만해."

다행이다. 김 부장은 그대로다. 별로 재밌지도 않은데 혼자 말하고 혼자 웃는 모습. 회사에서 잘리고 충격받아서 잘못됐으면 어떡하나 했는데 그건 아니다. 역시 사람은 변하지 않는 법이다.

변하지 않아서 문제도 있다. 결혼했는데 왜 18평으로 가냐고 꼬치꼬치 묻는다. 남의 사생활 캐는 집요함과 열정도 그대로다.

최소 24평에서는 살아야 하지 않냐고 했다. 그놈의 오지랖. 별거 중이라고 말할까 하다가 주말부부라고 얼버무렸다.

2

정 대리는 24평 전세에서 18평 월세로 이사한다.

방은 세 개에서 두 개로 줄어든다. 거실도 작아진다. 드레스룸도 없어진다.

살던 집을 둘러본다. 붙박이장과 신발장은 가득 차 있다. 제일 작은 방은 창고처럼 쓰고 있다. 거기도 가득 차 있다. 언제, 왜 이런 것들을 사다 날랐는지 기억이 안 난다. 이참에 버리고 비우지 않으면 옷과 짐꾸러미 속에 파묻혀 살 것 같다.

옷방에서 안 입는 옷들을 꺼내본다.

와, 이건 언제 산 거지.

이 스웨터, 사고 나서 한 번도 안 입은 거 같은데.

땡땡이 티셔츠, 꽃무늬 남방, 이런 걸 왜 샀지?

뭘 이렇게 많이 샀는지 끝이 없다.

안 입는 옷을 전부 꺼내니 거실에 수북하게 산이 쌓인다.

'쇼핑 괴물아!'라고 소리치던 와이프의 모습이 떠오른다.

틀린 말이 아니었다.

하나씩 펼쳐서 사진을 찍는다.

얼마에 샀는지 기억도 안 난다.

대충 가격을 정한다.

당근마켓에 올린다.

상태 좋음. 한 번 입음. 직거래 선호. 사이즈 100.

냉장고 정리도 한다. 언제 넣어놨는지도 모르는 반찬들이 가득하다. 다 버린다.

분리수거도 한다. 아무렇게나 엉켜 있던 플라스틱, 박스, 종이, 병들을 분류해서 정리한다.

비우자, 이제.

딩동.

"누구세요?"

"나다."

"어. 왔나."

동생 정짱이 왔다. 반찬을 가져다준다고 했다.

"이야…… 집 좋네."

"니 첨이가?"

"그럼 첨이지. 니가 초대나 한 번 했나?"

"미안타."

"얼래? 니가 미안하다는 말도 다하고 낮술 먹었나?"

"술은 무슨 술. 집 정리 중이었다. 나도 좀 제대로 살아볼라고. 내가 그동안 좀 미쳤었는 갑다."

"정신 차렸나. 갑자기 왜?"

"와이프도 도망가고, 차도 없고, 대출은 잔뜩 있고, 통장은 맨날 간당간당 하고. 회사 9년째 다니고 있는데 이게 말이 되나 싶네."

"좀 도와주까?"

"됐다. 니가 뭘 도울 낀데?"

"당장 적금 들어라. 니 월급 절반 무조건 넣고. 자동이체로."

"월급의 반? 적금하고 이자 나가고 하면 얼마 안 남는데 그럼 난 뭐 먹고 살라고?"

"뭐 먹고 살긴 아껴 먹어야지. 김밥천국가서 1,500원짜리 야채김밥 먹고 물 세 잔 마시면 배부르다 아이가. 그런 거 작은 거부터 아껴야 된다."

"사람답게는 살아야 할 거 아이가."

"사람답게 사는 게 뭔데? 꼭 밥은 만 원짜리 먹어야 되나. 대출 잔뜩이라면서? 이자도 매달 나갈 거 아이가. 니 통신비는 얼마 나오는데?"

"10만 원."

"10만 원? 그것부터 줄이라. 니 무제한 쓰제?"

"어."

"바꿔라 당장. 절반짜리로."

"데이터 다 쓸까봐 불안한 거 싫다."

"아직 정신 못 채렸네. 와이파이 골라잡아 쓰라. 나도 그리 한다."

"참, 니도 피곤하게 산다."

"니 통장에 얼마 있는데? 나 5천만 원 있다. 니보다 많제? 이래도 내가 피곤해 보이나. 나 억수로 여유롭다."

"언제 그리 모았노?"

"니처럼 쇼핑 안 하고 비싼 거 안 처묵고 쪼매만 아껴 살면 된다."

정짱은 거실에 쌓여 있는 옷들을 한심한 듯이 내려다본다.

"저거 다 버릴라꼬?"

"팔라고. 좀 가져갈래?"

"옷은 됐고, 모자나 함 써보자."

정짱이 모자를 쓴다.

"와 억수로 크네. 니 옛날에 친구들이 머리 크다고 울산바위라고 놀렸었제? 맞네. 울산바위. 푸하하하."

"니 울산바위가 어딨는지 알기나 하나?"

"울산바위가 울산에 있지 어딨는데?"

"그거 설악산에 있다. 강원도 설악산. 이 무식한 놈아."

"아는 척 좀 하지 마라."

"네이버 찾아봐라, 지금."

"됐고. 저기 있는 신발들도 다 팔아 치워뿌라."

"내가 알아서 한다."

"언니는? 연락 없나?"

"없다."

"그럼 니가 먼저 해봐라. 딸기 케이크 하나 사 들고 가서 얘기 좀 하자 해라."

"자존심이 있지 내가 왜 먼저 연락할 건데. 그냥 인스타로 몰래 몰래 보고 있다."

동생은 한숨을 푹 쉰다.

"니 알아서 해라. 나는 모르겠다. 밥이나 잘 챙겨 묵고, 돈 아껴 쓰고. 알긋나?"

"엄마처럼 말하지 마라."

"입술은 다 터져가꼬, 그게 뭐꼬? 나 간다."

"어. 반찬 고맙다."

동생 정짱은 구시렁거리며 나간다. 말투가 어머니랑 점점 비슷해져간다.

저 철없는 게 언제 5천만 원을 모았지. 회사 다닌 지 3년 됐나. 세상물정 모르는 응석받이가 달라 보인다.

3

일주일 뒤, 당근마켓에 올려놓은 옷과 신발들을 거의 다 팔았다.

꽤 짭짤하다. 어렵게 추첨 받아서 산 신발들 중에는 웃돈을 주고 판 것도 있다. 왠지 모르게 사업하는 기분이 든다.

옷 좋아하는 내가 옷 장사하면 기가 막히게 잘할 텐데.

와이프와는 별거 상태다. 연락을 안 한 지도 1년이 넘었다.

와이프의 SNS를 몰래 보며 안부를 확인해왔는데 요즘에는 올라오는 사진이 없다.

곧 이사를 해야 하는데 집에는 와이프의 짐들이 잔뜩 쌓여 있다.

이대로 들고 가야 하나. 어떻게 할까. 어떡하지.

전화를 걸기로 결심한다.

절대 지고 들어가는 게 아니다. 이사하는 것 때문에 어쩔 수 없이 연락하는 거다.

단축번호 1번.

이사도 해야 하고 궁금해서 전화를 걸어본다.

아, 없는 번호다.

카페로 직접 찾아간다. 그 자리에 카페는 없고 텐동집이 있다. 텐동집에 들어간다.

곱창집 못지않게 기름 냄새가 진득하게 묻어 있다. 모두들 바에 앉아 먹고 있다.

"스페셜텐동 하나요. 그런데 여기 있던 카페는 어디 갔어요?"

"장사 잘 안 돼서 문 닫은 것 같던데요. 옆에 큰 카페가 생겨서 그런 것 같아요."

다 먹고 밖으로 나간다. 옆 건물에 8층 건물 전체를 쓰는 프랜차이즈 사옥 겸 대형카페가 보인다. 츄리닝에 쓰레빠를 신은 중년의 아저씨가 1,500원짜리 커피를 들고 건물로 들어간다. 건물 이름이 NP빌딩이다.

통쾌하면서도 씁쓸하다. 그래도 내 와이프인데 불쌍하다. 장모님 집에 있을 것 같다. 선물이라도 사 들고 가서 화해할까.

귀걸이…… 목걸이…… 패딩…….

백화점으로 간다. 여성 의류 매장층으로 가는 길에 남성 의류 매장부터 둘러보기로 한다. 남자가 남자 매장 먼저 가는 것은 당연하다.

예전에 산 옷들이 가장 멋있고 세련된 옷인 줄 알았는데, 더 멋있고 더 세련된 옷들이 가득 걸려 있다. 다 사고 싶다. 이미 정리해서 잔뜩 팔았는데 그래도 사고 싶다. 사면 살수록 더 사고 싶다.

매장들을 하나씩 둘러본다. 좌르르 흘러내리는 코트를 입은 마네킹이 여기로 와보라고 손짓한다. 여기 네 옷이 있다고, 이게 바로 네 옷이라고, 너에게 보여주기 위해 내가 미리 입고 있다고.

그 코트를 다른 남자가 입어보고 있다. 정 대리보다 키도 작고 배도 불룩한 남자다. 이제는 정 대리가 입어볼 차례다. 저 남자보다 훨씬 잘 어울린다.

무슨 옷이든 다 소화해내는 나를 따라올 자가 있으랴.

사야겠다.

이 코트는 나와 맺어질 운명이다.

이 코트를 입음으로써 남과 구분되는 나만의 희소가치.

아…….

그런데 송 과장님이 뭐라고 했더라.

그저 원하는 것인지, 꼭 필요한 것인지 생각해보라고 했던가. 원하기도 하고, 필요하기도 하다. 이건 집에 있는 코트와는 다르다.

나의 쇼핑에는 철학이 있다. 나만의 기준이 있다. 아무거나 막 사는 게 아니다. 절대 충동구매가 아니다.

나는 이것을 사면 아주 잘 입을 것이고 아주 행복할 것이다.

"얼마예요?"

"109만 원입니다."

결정의 순간이다. 이 결정에 따라 통장의 숫자는 그대로 유지되느냐, 아니면 내려가느냐가 결정된다.

그런데…… 내가 백화점에 왜 왔지?

뭘 사러 왔지?

정 대리는 갑자기 아득해진다.

카드를 주고 물건을 받는 강렬한 이 자극이 없으면 나는 살 수가 없는 사람인가?

사회적으로 성공한 것도 아니다. 매달 수천 만원을 버는 것도 아니다. SNS에는 나보다 화려하고 나보다 부자인 사람이 너무 많다. 나는 애매하고 어중간하다.

이런 것들을 만회하기 위해 나는 카드를 쓰고 있었던가? 명품들을 사고 있었던가?

남들보다 행복하지 못해 행복하지 않다.

나의 행복을 보여주지 못해 행복하지 않다.

나의 행복을 아무도 알아주지 못해 행복하지 않다.

행복이 뭐지? 행복은 어디에 있는 거지?

모르겠다. 정말 모르겠다.

"죄송합니다. 안 살게요."

정 대리는 코트를 벗는다. 그리고 두 손을 바지 양쪽 주머니에

푹 찔러 넣는다. 에스컬레이터 쪽으로 가려고 하다가 방향을 바꾼다. 엘리베이터를 타고 지하 1층으로 내려간다.

딸기 케이크를 하나 산다. 백화점 밖으로 나간다.

4

정 대리는 지하철을 탄다.

제일 좋아하는 좌석 끝 자리에 앉는다. 딸기 케이크를 조심스레 허벅지 위에 올려놓는다. 눈을 감는다. 덜컹덜컹 소리가 들린다. 아무 생각없이 몇 정거장을 간다. 지루해서 핸드폰을 본다.

버버리맨의 죽음 이후 한동안 안 들어갔던 친구들 인스타에 들어가본다. 친구들은 오늘도 맛있는 걸 먹고, 좋은 데를 가고, 좋은 차를 타고, 활짝 웃고 있다. 그들을 살펴보는 내 표정은 무표정이다. 내 엄지손가락도 무덤덤하게 움직인다.

나도 한때는 잘나갔는데…….

아닌가? 잘나가는 것처럼 보이려고 했었나?

핸드폰을 만지작거리다가 주식 앱을 켠다. 팔만전자가 십만전자가 되어 있기를 기대를 한다.

제길. 아직도 팔만 원이다.

비트코인 앱을 켠다.

마이너스 60퍼센트다.

꺼버린다.

누구에게나 올라갈 수 있는 사다리가 있다는데 내 사다리는 어디에 있는지 보이지가 않는다.

올라가는 중이어서 안 보이는 건가?

설마…… 내려가는 중이어서 안 보이는 건가?

안 돼. 전세를 뒤엎을 한 방이 필요해.

띠링. 그때 문자가 하나 온다.

초역세권 신축 반값 아파트

지주택 조합원 선착순 모집

전매가능 시세차익

반값? 50퍼센트? 아파트도 세일을 하나?

옷도 30퍼센트밖에 할인을 안 하는데.

미분양인가?

정 대리는 그동안 힘들게 전셋집, 월셋집을 구하러 다니던 일이 생각이 난다. 인스타에서 보던 대리석 번쩍이는 신축 아파트도 떠오른다.

통화버튼을 누른다.

3부

송 과장 편

평범하지만 치열하게

1

알람이 울린다.

4시 30분. 아직 껌껌하다. 핸드폰 화면을 밀어 알람을 끈다.

안경을 더듬어 찾는다. 손에 잡히지 않는다.

분명히 여기에 올려놨는데……. 침대 옆에 있나…….

그렇게 생각하는 사이 손가락에 안경알 걸리는 느낌이 난다.

아내와 아들은 자고 있다. 최대한 소리를 내지 않고 걷는다. 주방 불을 켠다. 조용하게 그릇과 수저를 꺼낸다.

와장창.

과일 담는 접시가 어설프게 걸쳐져 있었나 보다. 다행히 아무것도 깨지지 않았다. 잠깐 멈춰 서서 귀를 기울인다. 방에서는 기척이 없다. 안도의 한숨을 내쉰다.

주방 선반 위에 놓여 있는 두 가지 종류의 시리얼을 바라본다. 아들이 먹는 달콤한 것. 아내가 먹는 현미인지 그래놀라인지 하는 덜 단 것.

요즘 옆구리에 살이 찌는 것 같아 덜 단 것을 집는다. 그릇에 시리얼을 담고 우유를 콸콸 붓는다. 높이 조절을 잘못해서 우유가 그릇 밖으로 사방팔방 튄다.

시리얼을 한 스푼 떠서 입에 넣는다. 와삭 바삭 소리가 머리 전체에 울려 퍼진다. 아직까지 자고 있는 건지 깨어 있는 건지 구분이 가지 않는다.

핸드폰으로 뉴스부터 확인한다. 밤새 세상은 변하지 않았다. 날씨를 확인한다. 비 소식은 다행히 없다.

시리얼을 다 먹었다. 남은 우유를 후루룩 들이켠다.

2

화장실에 들어간다.

소리가 새어 나갈까봐 문을 꼭 닫는다. 결혼하고 나서는 앉아서 일을 본다. 가족에 대한 예의라고 생각한다.

양치를 하고 거울을 본다. 머리가 덥수룩하다. 욕조에 머리를 숙이고 따뜻한 물을 틀어 머리를 감는다. 수건으로 물기를 닦고 드라이어로 말린다. 눌린 머리를 살짝 띄운다.

옷을 입으러 가는데 시리얼을 먹었던 그릇이 보인다. 싱크대 안에 넣고, 물로 대충 헹구니 깨끗해진다. 식탁에 튄 우유도 물티슈로 깨끗이 닦는다.

셔츠를 입는다. 아까부터 눈앞에 뭔가 아른거린다. 안경에 묻은 지문 자국이다. 아까 안경을 집을 때 묻었나 보다.

부드러운 안경닦이로 문지른 후 다시 쓴다. 환하게 보인다. 세상을 밝고 또렷하게 보는 방법 중 가장 저렴하고 간단한 방법이다. 안경 쓴 사람만이 누릴 수 있는 호사다.

깔끔한 남색 정장을 입고 무선 이어폰을 주머니에 넣는다. 읽던 책을 집어 들어 가방에 넣는다.

구두를 신는다. 매일 같은 구두다. 이제 길이 잘 들어서 딱딱했던 가죽이 지금은 헝겊처럼 몰랑몰랑하다.

문밖에서 무슨 소리가 난다.

도둑인가.

문을 열어보니 택배 박스가 있다. 마켓컬리다.

밤중에 아내가 핸드폰으로 초집중하고 있던 게 이거였나 보다. 박스를 현관 안으로 옮겨놓는다.

3

지하철역까지는 걸어서 10분 정도 걸린다.

환경미화원 아저씨들이 새벽부터 거리를 쓸고 있다.

아저씨라……. 예전에는 성인 남자는 모두 아저씨였지만 이젠 아니다. 곧 마흔을 앞둔 나보다 어릴 수도, 또래일 수도 있다.

지하철역에 도착한다. 새벽에 일찍 타면 지하철 요금이 할인된다. 할인액은 몇백 원이지만 절약했다는 생각에 그 이상으로 기분이 좋다.

첫차임에도 불구하고 사람들이 꽤 보인다. 같은 시간, 같은 차를 타면 늘 보이는 얼굴들이 있다.

오늘은 안 보이던 얼굴이 보인다. 힐끔 보니 술이 덜 깬 상태다. 이 동네에서 밤새 술을 마셨거나 지하철 안에서 잠들어서 여기까지 온 것이다.

한심해 보이지 않는다. 술에 완전히 취했지만 택시를 타지 않고 지하철을 택한 사람이다. 절약 정신이 나름 투철하다. 나와 비슷한 부류다.

저 사람이 집에 잘 들어갔으면 하는 마음이다.

첫차라서 양 끝 자리에만 사람들이 앉아 있다. 늘 앉던 자리에 앉는다. 가방에서 책을 꺼내어 어제 읽던 부분을 펼친다.

4

새벽 6시, 회사에 도착한다.

정확히 한 시간의 여정을 마친다. 사원증을 찍으니 자동문이 열린다. 신입 때만큼은 아니지만 사원증을 찍고 드르륵 문이 열릴 때 느껴지는 희열은 11년이 지난 지금도 여전하다.

나보다 빨리 출근하는 사람은 두 명뿐이다. 청소하는 아주머니 두 분. 두 분은 항상 대화를 하고 있다. 인기척을 느끼면 대화를 멈추고 청소를 시작한다. 그래서 나는 방해하지 않기 위해 소리를 죽이고 들어가려고 노력한다.

집에서도 조용히, 회사에서도 조용히, 늘 조용히 한다.

나는 남에게 피해주는 것을 싫어한다.

자리에 앉아 일기장을 편다. 일기를 쓴다. 일기는 보통 그날 저녁에 쓰지만 나는 아침에 쓴다. 어제 무얼 하고 무얼 느꼈는지, 오늘은 무얼 할 것인지, 작은 노트에 적는다. 적게는 세 줄 정도, 느낌이 올 때는 열 줄 정도 쓴다.

가끔 앞에 무엇을 썼는지 들춰보면 재미있다. 사진과는 다른 기억을 준다. 손글이 주는 매력이다.

내 사무실 책상은 지저분하다. 어느 책에서 지저분한 상태가 창의적 사고에 좋다고 해서 일부러 지저분하게 하고 다닌다. 집에서 일부러 어질러 놓았다가는 내 등짝이 남아나지 않을 것이다.

책상 위에는 온갖 주제의 책들이 놓여 있다. 경제, 육아, 자기계발, 소설……. 한동안 자기계발 책만 읽다 보니 내용이 비슷비슷한 것 같아 다른 분야의 책들도 챙겨 읽는 중이다. 모든 책에는 작가의 경험과 인생관이 담겨 있다.

5

출근 시간이 가까워오자 직원들이 한두 명씩 들어온다.

오자마자 커피를 내려 마시거나 믹스커피를 타 마신다. 후루룩 커피 마시는 소리가 멀리서도 들린다.

어떤 사람은 중국어 공부를 하고, 어떤 사람은 회사 업무를 하는지 키보드를 두드린다.

책을 읽다 보니 잠이 몰려온다. 해외 출장 때 비행기에서 받은 안대를 쓴다. 의자를 뒤로 젖힌다. 이어폰을 귀에 꽂고 유튜브를 켠다. 명상 음악을 튼다. 금세 잠이 든다.

업무 시작 시간은 아침 8시 30분이다. 8시 20분에 알람이 울리도록 해둔다.

잠깐 잠이 들었나 보다. 누군가 내 어깨를 꾹꾹 주무른다. 시원하다. 잠에서 깬다. 김 부장님이다. 동시에 알람도 울린다.

김 부장님은 오늘도 깔끔한 모습이다. 나도 부장님처럼 깔끔하게 하고 다니고 싶다. 입사하고 2년째까지는 나름 신경을 썼다. 가끔 정장도 사고, 셔츠도 칼같이 각 잡아 입고 다녔다. 결혼하고 나서 풀어지더니 아이가 태어나고부터는 아예 내려놨다. 누가 나를 보든지 말든지 신경 쓰지 않는다.

옆자리 정 대리도 출근해서 의자를 뒤로 젖힌 채 핸드폰을 보고 있다.

8시 25분에 다같이 일어나서 하는 체조는 올해부터 없어졌다. 나는 은근히 그 체조가 좋았다. 하고 나면 몸도 풀어지고 어딘가 개운하기도 했다. 없어진 걸 보니 다른 사람들은 싫었던 모양이다.

업무 시작 시간이다. 아웃룩을 켠다. 확인하지 않은 이메일이 쌓여 있다.

스무 개. 그 중 열 개는 광고다. 차단하고 차단해도 뚫고 들어오는 스팸메일을 모조리 지운다. 스팸메일함과 휴지통을 깨끗하게 비운다. 비우지 않으면 찜찜하다.

일을 시작한다.

점심시간이다.

아무도 먼저 가자고 말하지 않는다. 항상 내가 먼저 말을 꺼 낸다.

"식사하러 가시죠."

그러면 김 부장님이 고개를 슬며시 들며 "가지"라고 말을 보 탠다.

팀원들이 모두 일어난다. 사내식당으로 향한다.

각자 식판을 들고 와서 한 테이블에 자리를 잡는다. 권 사원 은 천천히 먹는다. 정 대리는 약간 빨리 먹는다. 김 부장님은 그 냥 마시는 것 같다.

나는 아주 빨리 먹을 수도 있고, 약간 빨리 먹을 수도 있고, 천천히 먹을 수도 있다. 대한민국의 과장이라면 그 정도는 할 수 있다. 나까지 빨리 먹으면 천천히 먹는 사람이 부담스러워진 다. 나는 권 사원의 속도에 맞춰 먹는다.

절반쯤 먹었을까. 김 부장님은 벌써 다 먹고 수저를 내려놓았 다. 씹지도 않고 넘긴 모양이다. 정 대리도 거의 다 먹어가는 것 이 보인다.

나는 권 사원의 속도에 맞춰 먹고 있는데 갑자기 권 사원이 배가 부르다며 그만 먹겠단다.

앗, 배가 아직 안 찼는데.

나는 먹는 속도를 김 부장님의 속도로 바꾼다. 숟가락과 입의 움직임이 빨라진다. 입에 마구 밀어 넣는다. 정 대리가 다 먹고 식판 정리를 시작할 때쯤 나도 수저를 놓는다. 앞으로 권 사원 속도보다는 약간 빠르게 먹어야겠다고 생각한다.

7

밥을 다 먹고 팀원들과 커피숍으로 간다.

부장님은 어느새 도망가고 없다. 이해할 수 있다. 팀원들과 커피숍을 가면 상급자가 내야 한다는 부담감이 있다. 기특하게도 정 대리와 권 사원은 더치페이를 하자고 한다. 아주 가끔은 내가 사지만 매일 산다면 부담이긴 하다.

우리는 시시콜콜한 잡담을 한다. 나만 결혼을 하고 아이가 있는 상태라 관심사가 맞지 않는다. 그래서 더 좋다. 다른 세대들이 무엇을 생각하는지 공유할 수 있고, 무엇이 유행인지도 알 수 있다.

요즘 젊은 직장인들의 공통 관심사는 투자다.

정 대리는 한방주의고, 권 사원은 한걸음주의다.

정 대리는 한방에 대박을 터뜨려 부자가 되고 싶어한다. 권 사원은 한 걸음씩 걸어가면서 배우고자 한다.

이들의 또 다른 공통 관심사는 연애와 결혼이다. 내가 그 나이에 가졌던 관심사와 같다. 지금의 아내와 결혼에 골인하기 위해 가끔 선배들의 조언을 구하기도 했다.

결혼생활은 말로 아무리 해봐야 모른다. 첫 키스의 느낌을 말로 설명하기 어렵듯이. 뭐든 직접 경험해봐야 안다.

퇴근길이다.

지하철에 사람이 많다. 출근길에 보던 책을 펼친다. 퇴근길에
는 서서 책을 본다. 서서 보는 게 더 집중이 더 잘된다. 그래도
앉고 싶긴 하다. 자리가 있다면 앉을 것이다.

집에 도착해 저녁을 먹는다. 저녁은 방울토마토와 삶은 고구마
다. 10년째 다이어트를 한 덕인지 비슷한 체중을 유지하고 있다.

아내가 청소기를 돌린다. 아들은 숙제를 하고 있다.

아내와 나는 아들을 씻기고 재운다.

아들이 잠든 것을 확인하면, 우리는 냉장고에서 맥주를 한
캔씩 꺼낸다.

이제야 쉬는 시간이다. 아내와 식탁에 마주 앉아 오늘 있었던
일들을 이야기한다.

오늘 일과 중 가장 행복한 순간이다. 이 시간을 위해서 하루
를 바쁘고 치열하게 보낸 것 같다.

> ## "너는 제대로 할 줄 아는 게 뭐냐?"

1

오늘은 정 대리의 결혼식이다.

밝은색 넥타이에 검은색 정장을 입고 예식장에 도착한다. 정 대리와 그의 부모님에게 인사하고 덕담을 건넨다.

축의금을 내고 신랑 측 하객석에 가서 앉는다. 내 왼쪽에는 김 부장님, 오른쪽에는 권 사원이 앉아 있다.

정 대리가 신부와 행진한다. 멋있다. 잘생겼다.

드디어 동지가 생겼다! 유부남이 얼마나 고독한 자리인지 곧 알게 될 것이다. 웰컴이다.

결혼식이 끝나고 우리 셋은 한 층 내려가 뷔페로 간다. 테이블을 잡아놓고 부장님과 권 사원이 음식을 가져오기를 기다린다. 누군가는 짐을 지켜줘야 한다.

돌아온 부장님의 쟁반 위에는 탕수육과 육회, 두 가지 메뉴만 수북하다.

"송 과장, 이게 여기서 제일 비싼 거야. 딴 거 먹지 말고 이거 먹어."

김 부장님은 회사 바깥에서도 여전하다. 챙겨주는 모습도 참 김 부장님답다고 생각하며 나는 얼른 일어나 적당히 접시를 채우고 자리에 앉는다.

나와 권 사원이 절반쯤 먹었을 때 부장님은 벌써 한 접시를 다 비우고 다음 접시를 채우러 간다.

2

권 사원의 표정이 그다지 좋지 않다.

"송 과장님, 저 진짜 모르겠어요."

"뭐가?"

"요즘 뭔가 다 꼬인 듯한 느낌이에요. 결혼이랑 직장생활이요. 친척들이나 주변 사람들한테 결혼한다고 다 말했는데요. 다음 주에 속초로 남자친구와 여행을 가는데, 그때 직진하든지 아니면 다 뒤집어버리든지 하려고요. 어떻게 생각하세요?"

수능시험과 취업을 합친 것보다 훨씬 더 중요한 문제인 '결혼'을 고민하는 후배에게 내가 조언을 해줄 자격이 있는지 모르겠다.

11년째 다니는 이 직장을 아직도 왜 다니는지, 무엇을 위해 다니는지 모르는 내가 말이다.

"음, 글쎄."

"제 질문이 좀 그랬나요? 송 과장님은 뭐든 처음부터 다 알고 계신 거 같아서요. 헤헤."

"내가? 아니야. 나도 모르는 거 많아. 그리고 얼마나 시행착오를 많이 겪었는데."

"네? 송 과장님이요? 전혀 그렇게 안 보이는데요?"

마흔을 코앞에 둔 나는 아직도 모르는 게 많고, 여전히 실수투성이이다. 이제까지 궁금한 것은 대부분 책에서 답을 찾았다. 책에서 못 찾은 답은 내 기억 깊숙이 새겨진 과거의 경험들에서 찾았다.

머릿속에 가장 움푹 패인 기억 중 하나는 대학교를 졸업하고 취업 준비를 하던 때이다. 자존감이 바닥을 치고, 나 자신에 대해 가장 의심을 품던 그때. 잠깐 그 기억을 되짚어볼까 한다.

3

몇 달 전 대학교를 졸업했다.

한창 취업 준비중이다. 나는 중학교 때까지 성적이 최상위권이었다. 공부머리는 있었는지 시험은 곧잘 보곤 했다.

그런데 고등학교 들어가서 성적이 조금씩 내려가기 시작했다. 그러다 성적이 바닥을 향하기 시작했다. 공부머리가 있는 것이 아니었다.

공부 방법인지, 이해력인지, 기억력인지, 집중력인지, 습득력인지 아무튼 공부를 잘하기 위해 필요한 능력이 부족해서 생각만큼 성적이 잘 나오지 않았다.

대부분 아는 문제를 틀렸다. 문제를 잘못 읽거나, 보기를 잘못 읽었다. 아는 내용인데도 문제를 맞히지 못했다. 사소한 실수가 반복되었다.

틀린 문제를 다시 풀었다. 알고 있는 것을 틀렸으니 대수롭지 않게 넘겼다. 그런데 이런 실수는 반복되었고 결국 수능 성적에까지 영향을 미쳤다.

대신 지문이 많지 않은 내신 성적은 좋았다. 그래도 엉덩이는 무거웠기 때문이다.

결국 내신 성적으로 대학을 갔다. 서울 소재 대학교에 진학했고, 학교를 다니며 수능을 한 번 더 봤다. 다시 본 수능 결과는 처음보다 더 엉망이었다. 원래 다니던 대학을 계속 다니게 되었다.

공부를 하려고 해도 자꾸 다른 것에 신경이 쓰인다. 긴 글을 읽는 것이 곤욕이다.

침대에 던져놓은 핸드폰을 바라본다. 혹시 누가 카톡을 보냈을 수도 있다. 침대에 누워 핸드폰을 확인하지만, 아무도 연락하지 않았다.

다시 의자로 가야 하는데 멀게만 느껴진다. 팔을 뻗어 참고서를 침대로 가지고 온다. 누워서 보다가 팔이 아파서 엎드려서 본다.

얼마나 시간이 지났을까. 텔레비전 소리에 잠에서 깬다. 그 사이에 잠이 들었다.

공부를 많이 해서 피곤했나.

얼마나 했는지 살펴보니 정확히 1쪽을 읽었다.

이게 나의 요즘 패턴이다.

4

외할머니 기일이다.

따로 제사는 지내지 않고, 어머니 쪽 남매들끼리 모여서 저녁 식사를 했다. 이번에는 외삼촌네 집에서 식사를 한다고 했다.

어머니가 대기업 인사팀에서 근무하는 외삼촌에게 어떻게 해야 취직할 수 있는지 물어보라고 한다.

외삼촌 집에 도착해 인사를 한다. 외삼촌은 자리에 앉자마자 묻는다.

"취업 준비하고 있다면서? 이력서는 넣고 있어?"

"네, 학교가 그래서 그런지 서류 합격한 곳이 한 군데도 없어요."

"음…… 솔직히 말하면 학교가 중요하긴 하지만, 그게 전부는 아니야."

"아…… 소문이 진짜였네요. 학교 말고 또 뭘 봐요?"

"그 많은 자기소개서 다 읽어볼 시간이 없어. 빠르게 훑어보기는 하는데 눈에 띄는 거 있으면 그냥 뽑아."

"자격증이나 영어 점수 같은 건 보긴 하나요?"

"다들 스펙이 빵빵해서 그런 걸로 분간하기도 어려워. 요즘 애들은 어떻게 그런 걸 다 준비했나 몰라. 내가 만약에 지금 취업한다면 절대 못할걸."

"저는 자격증도 없고 토익 점수도 진짜 낮아요."

"영어 점수는 토익이나 토플이나 뭐라도 하나는 있어야지. 혹시 너 대기업에만 이력서 넣고 있어?"

"네."

"요즘 대학생들 그게 문제야. 전부 대기업에만 가려고 해. 나도 대기업에 다니지만 처음에야 멋있어 보이고 좋지. 그런데 대기업에서는 능력이 뛰어나도 인정 못 받는 경우도 많아. 잘난 애들이 워낙 많으니. 경쟁도 좀 심해? 내 친구 중에 중견기업 들어간 애 있는데 지금은 회사 주식도 받고 월급도 나보다 더 많더라. 그 회사 처음 들어갈 때만 해도 친구들이 왜 들어가냐고, 미쳤냐고 그랬어."

외삼촌의 말이 길어진다.

"네가 아는 회사나 남들이 아는 회사에만 입사원서 넣지 말고, 공고 뜨는 거 잘 찾아봐. 뭐 하는 회사인지, 직원은 몇 명인지, 매출은 얼마인지, 업계 평가는 어떤지 네가 스스로 조사해봐. 찾아보면 괜찮은 회사들 많아."

외삼촌이 말하는 중에 나는 피아노 앞으로 간다.

"내 말 듣고 있니?"

"회사요? 네네. 그런데 삼촌, 저 피아노 쳐봐도 돼요?"

"뭐야, 취업 얘기하다가 갑자기 무슨 피아노야? 너무 크게 치지는 말고."

도. 레. 미.

내가 어린 시절 처음이자 마지막으로 다닌 학원이 피아노 학원이었다. 남들은 속셈 학원, 미술 학원, 태권도 학원까지 몇 개의 학원을 다녔지만 나에겐 피아노 학원이 전부였다. 초등학교 시절 집안 사정을 생각하면 사실 학원 하나 보내기도 쉽지 않았지만, 너무 배우고 싶다고 조르고 조른 덕에 그나마 가능한 일이었다.

다행히 결과가 나쁘지 않았다. 내가 정말 원해서 시작한 일이라 그런지, 아니면 정말 재능이 있었던 것인지는 모르겠지만, 지금은 이름도 기억나지 않는 소규모 콩쿨대회에 나가 수상이란 것도 몇 번 해봤다. 6학년 때 이사를 가는 바람에 그마저도 그만두게 되었지만.

새로 이사 간 동네는 외진 곳으로 학원이 근처에 아예 없었고 중학교, 고등학교 때는 야간자습을 하느라 피아노를 만져볼 기회조차 없었다. 그렇게 피아노는 내 인생에서 완전히 떠난 줄 알았는데……

돌이켜보니 내가 그나마 잘한다는 소리를 한 번이라도 들은 건 피아노가 유일했던 것 같다.

도. 미. 솔.

"외삼촌, 소리가 너무 좋아요."

"그래? 그 피아노 안 친 지 오래돼서 음이 좀 안 맞을 텐데."

식사가 끝나고 친척들과 정치 얘기만 하시던 부모님이 일어나더니 이제 집에 가자고 하신다. 피아노 뚜껑을 닫고 주섬주섬 옷을 챙겨 입고 부모님을 따라 나선다.

집으로 돌아가는 길에도 아까 친 피아노가 생각난다. 흰 건반이 살포시 눌리면서 나는 맑은 소리와, 검은 건반이 지그시 눌리면서 나는 한 음 꺾인 소리가 귓속을 맴돈다.

5

책상 의자에 앉는다.

어제 펼쳐놓은 토익 문제집이 그대로 있다. 아직도 첫 페이지다. 잡코리아와 사람인 사이트를 열어본다.

나는 안다. 내 스펙과 실력으로 대기업 입사는 불가능하다는 것을.

매번 부모님께 용돈을 타 쓰는 게 눈치 보인다. 친구들은 이미 취업에 성공해서 부모님께 용돈을 드린다고 한다. 부모님께는 취업 공부한다고 하고 알바라도 해야겠다.

카페, 술집, 편의점…….

그래도 편의점이 제일 편하겠지.

면접을 보러 간다. 사장님 인상이 험악하다. 사장님이 자기가 운영하는 편의점만 다섯 개라면서 한참 동안 자랑을 늘어놓는다. 실컷 자랑을 들어주고 나니 내일부터 나오라고 한다.

난생 처음 들어보는 취업 합격 소식이다.

아르바이트를 시작한 나는 실수를 연달아 한다. 기본적인 것조차 기억하지 못한다. 결국 이틀 만에 사장님이 그만 나오라고 한다. 알바 중에서도 가장 쉬운 편에 속한다는 편의점에서 나는 잘리고 말았다.

편의점 알바조차 제대로 못하다니…….

나는 잘하는 게 있기는 한 걸까.

숨 쉬기? 밥 먹고 자고 먹고…….

돼지네.

돼지는 죽어서 돼지고기라도 남기지…….

창밖을 바라본다. 창문은 내가 상상할 수 있는 모든 것을 그려볼 수 있다.

수능 전날에는 우주에서 날아온 소행성이 지구에 충돌해서 모든 것이 파괴되는 상상을 했다. 군대 가기 전날에는 러시아와 미국이 핵전쟁을 해서 세계가 박살 나는 상상을 했다.

지금은 피아노 치는 상상을 한다.

재즈바에서 나는 피아노를 연주한다. 밴드의 다른 멤버들이 뒤에서 드럼과 베이스를 연주한다.

손님들은 와인을 마시며 우리의 연주를 감상한다. 살짝 빠른 느낌의 드럼 비트 위에 통통 튀는 피아노가 얹히고, 묵직하게 깔아주는 저음의 베이스기타가 깔린다.

세 개의 악기 소리가 과하지도 부족하지도 않게 재즈바를 채운다.

이제 드럼과 베이스 멤버는 쉬고 나의 독주 무대다.

저쪽에서 원피스를 입은 여자친구가 들어온다. 눈인사를 하고 미소를 주고받으며 연주를 이어간다.

모두가 나를 바라보고 있다. 모두가 내 연주를 듣고 있다.

손가락이 멈추지 않고 피아노 건반 위를 돌아다닌다. 악보는 머릿속에 있다.

피아노 왼쪽 끝에서 오른쪽 끝까지 손가락이 닿지 않는 곳이 없다.

클라이맥스에 다다른다. 영혼이 이탈할 것만 같은 순간 연주가 끝난다.

일어나서 인사를 한다. 손님들은 박수를 친다.

여자친구가 나를 향해 걸어온다.

아름답다.

여자친구가 활짝 웃으며 말한다.

"신발 정리해라."

"뭐라고?"

"안 신는 신발 다 넣으라고!"

그녀의 입에서 아버지 목소리가 나온다.

"아…… 네, 아빠."

"현관에 신발이 몇 개야, 도대체. 안 신는 것들은 바로바로 넣어. 지저분하잖아."

"네……."

"그리고 넌 요새 뭐 하고 다니냐?"

"취, 취업 준비요."

"친구 자식 놈들은 다 취업했다던데……."

뒷말을 흐리며 방으로 들어가는 아버지 뒷모습이 쓸쓸하고 초라해 보인다.

죄송하다. 나 같은 놈을 먹여 살리고 학비 대시느라 본인 인생도 제대로 못 사셨는데 아직까지 자식 놈은 손을 벌리고 있다니…….

신발을 정리하고 다시 방으로 들어간다.

이메일을 확인한다. 며칠 전 이력서를 넣은 중소기업에서 연락이 왔다.

함께하지 못해 아쉽습니다.
다음에 좋은 인연으로 만나기를 희망합니다.

면접 볼 기회도 없이 '불합격'이라는 통보뿐이다. 아무도 만나기 싫다. 혼자서 고립되어 있는 시간이 많아진다. 오히려 그 편이 더 편하다.

6

고등학교 담임선생님이 말했다.
"너는 제대로 할 줄 아는 게 뭐냐?"
대학교 선배가 말했다.
"야, 너 때문에 동아리 발표 다 망쳤잖아. 꺼져."
첫 사회생활이었던 편의점 사장이 말했다.
"너 같은 인간은 처음 본다. 이렇게 쉬운 것도 못하냐?"
화장실에서 거울을 들여다본다.
멍청해 보이는 남자가 서 있다. 덜떨어진 남자가 서 있다.
잠옷이라고 입고 있는 티셔츠의 목은 축 늘어져 있다. 이틀 동안 감지 않은 머리에는 기름이 잔뜩 껴 있다. 그 아래 머릿속에는 쓰레기 같은 잡념들이 뒤죽박죽 뒤엉켜 있다.

나는 지저분하고 게으르고 아무것도 안 하는 사람이다. 더럽고 무식하고 무능한 사람이다. 집 근처 편의점에 갈 때는 모든 사람들이 나를 불쾌한 눈으로 쳐다보는 것 같다.

계절의 변화도, 날짜의 변화도, 날씨의 변화도 모르는 채 시간이 지나간다.

나 같은 인간은 쓰레기처럼 버려져야 한다. 아니, 쓰레기 처리 비용도 아깝다. 내가 아무 데도 취직 못한 이유가 있다. 다들 내가 쓰레기인 것을 알기 때문이다

그냥 나 같은 놈은 없어지는 게 모두를 위한 길이다.

볼펜과 종이를 꺼내 편지를 쓴다.

엄마, 아빠.

못난 아들 키워주셔서 감사했어요.

죄송합니다.

저 먼저 하늘에 가서 기다리고 있을게요.

사랑해요.

마지막 말을 종이에 쓰고 서랍 안에 넣어둔다.

내가 죽으면 언제고 이 서랍을 열어보시겠지.

칼날을 살짝 손목에 대본다.

날카롭다. 무섭다.

확 그어야 하는데 그을 자신이 없다.

이 방법은 아닌 것 같다.

다른 방법을 찾아야겠다 .

한강에서 점프?

약 먹기?

차 타고 가다가 전봇대를 들이받을까?

영화처럼 낭떠러지로 차를 날려버릴까?

칼이나 한강 다이빙보다는 액션영화 배우처럼 멋지게 가는 게 나아 보인다.

식탁 위에 놓여 있던 차 키를 집어 든다.

7

현관문을 조용히 열고 조용히 닫는다.

아빠 엄마에게 정식으로 인사라도 하고 나올걸 그랬다.

아니다. 편지 썼으니 괜찮겠지.

죄송합니다. 제가 없는 게 차라리 속이 시원하실 거예요.

이 세상도 저 같은 놈은 필요로 하지 않아요.

엄마, 아빠, 안녕히 계세요.

지하주차장으로 간다. 발소리가 지하주차장에 울린다. 이 어두컴컴한 지하주차장도 이제 마지막이다. 그렇게 생각하니 사소하게 지나쳤던 것들이 눈에 들어온다. '출구'라고 쓰인 글자가 유난히 또렷이 보인다.

소나타의 시동을 건다. 뉴스에서 에어백이 잘 안 터진다는 기사를 본 기억이 난다.

속도가 나야 충격이 있을 테니 자유로 쪽으로 가볼까.

내비게이션에 임진각을 입력한다. 자유로를 달린다. 차도 없고 사람도 없어서 운전하기 너무 좋다. 딱히 어디를 박거나 떨어지거나 할 만한 곳이 없다.

속도를 올린다. 시속 110, 120, 130, 140, 150, 160.

차가 부들부들 떨린다. 바퀴들이 다 빠질 것 같다. 엔진이 터질 것만 같다. 160까지 속도를 올리니 시야가 좁아지면서 처음 느껴보는 속도의 쾌감이 느껴진다.

이제 여기서 뭘 박지? 그냥 눈을 감아야겠다.

나는 눈을 감고 핸들에서 손을 뗀다. 영화 비트에서 정우성이 눈 감고 두 손 놓고 오토바이 타는 장면이 떠오른다. 내 인생의 마지막 순간이 다가온다. 이 지긋지긋한 세상과 안녕이다.

그때 내비게이션이 "과속 단속 구간입니다"라고 말을 한다.

가는 마당에 아버지께 과속 딱지를 드리고 싶지는 않다. 속도를 줄인다.

어, 생각해보니 속도를 줄인 상태에서 박으면 안 죽을 것 같은데.

쾅!

굉음이 어둠 속 공기를 흔든다.

곧바로 언제 무슨 일이 있었냐는 듯 고요하다.

드디어 끝난 건가.

눈을 뜬다. 온 세상이 하얗다.

눈앞에 구름이 있다. 손으로 만져본다. 푹신하다.

푹신? 구름이 만져져?

고개를 드니 나의 손은 에어백 위에 있다.

나 아직 살아 있나?

아닐 거야.

이러고 있으면 천사나 저승사자들이 와서 내 팔짱을 끼고 길을 안내하겠지.

이렇게 세게 박았는데 살아 있을 리가 없어.

목과 허리가 욱신거린다.

아오! 에어백 안 터진다며!

그래, 나는 살아 있다.

살았다.

아니, 반반이다. 살아 있지만 죽어 있다.

그렇게 나는 그대로 정신을 잃었다.

도, 레, 미

1

며칠 뒤, 아버지에게 낯선 번호로 전화가 온다.

"여보세요."

"안녕하세요. 여기 경기 고양경찰서입니다."

"네? 무슨 일이시죠?"

"아드님이 사고 낸 차량의 블랙박스 영상을 보험회사에서 분석 요청을 해서 조사해봤는데요. 이상한 점이 있어서요. 아드님과 한 번 와주셨으면 합니다."

"네? 아직 병원에 있습니다. 그런데 뭐가 이상하다는 거죠?"

"분명히 아드님께서 졸음운전으로 사고가 났다고 하셨는데요. 졸음운전이 아닌 것 같습니다."

"졸음운전이 아니면…… 뭐죠?"

"네, 설명해드리자면요. 차가 출발한 지 10분 후에 사고가 났어요. 그런데 졸음운전은 보통 10분 안에 나지 않거든요. 최소

20~30분이 지나야 잠에 빠져서 사고가 납니다. 그리고 속도가 너무 빨랐어요. 보통 아드님이 이렇게 과속을 하나요?"

"우리 애가 과속을 할 성격은 아닌데요. 쯧쯧……."

"거의 시속 150킬로미터 가까이 달리는 것도 이상하고, 사고 직전에 브레이크를 밟았어요. 보통 졸음운전은 브레이크를 밟지 않습니다. 추정되는 것은 음주운전이나…… 자살 시도입니다."

"자, 자살 시도요? 설마요. 술은 안 먹은 게 확실합니다. 왜냐하면 차 가지고 나가기 몇 분 전까지 같이 있었거든요."

"그럼 자살 시도를 했을 수도 있습니다. 믿기지 않으시겠지만요."

"말도 안 됩니다. 우리 애가 그랬을 리가 없어요."

"아드님 방에 들어가셔서 책상이나 서랍, 침대, 쓰레기통 한번 봐주세요. 그리고 한 번 오셔서 아드님 이야기를 들어야 사고 처리가 원활하게 이뤄질 것 같습니다. 보험금도 어떻게 처리될지 결정될 것 같고요."

"네…… 알겠습니다."

아버지는 방으로 들어간다. 정리가 안 된 지저분한 방이다. 이불은 자고 일어난 모양 그대로 뭉쳐 있다. 이불을 풀어서 털어본다. 허연 먼지만 날릴 뿐 아무것도 없다.

책상 위에는 토익 책과 펜들이 흩어져 있다. 서랍을 열어본다. 편지가 있다.

아버지는 멍하니 편지를 읽는다. 손이 부들부들 떨린다. 아들이 정말로 자살 시도를 하려고 했다.

왜 도대체 왜……. 왜 모르고 있었지…….

뭐가 힘들었던 거지…….

아버지는 편지를 제자리에 둔다.

경찰서로 다시 전화를 건다.

"방금 통화드렸던 애 아버지입니다."

"네, 뭐 발견하셨나요?"

"자살 시도…… 맞습니다."

"요즘 이삼십 대 친구들 사이에서 자살 시도가 정말 빈번합니다. 충격받으셨겠지만, 마음 잘 추스르시고 아드님 데리고 정신과 한 번 가보시기를 권합니다."

"네…… 알겠습니다."

"저희가 보험회사에 전달할 테니 사고 처리는 너무 걱정 마시고요."

"네…… 감사합니다."

아버지는 나에게 경찰서에서 정신과를 반드시 가야 한다고 했다고 말씀하신다. 나는 별 거부감 없이 고개를 끄덕인다.

나는 내가 제정신이 아니라는 것을 잘 안다.

2

아버지와 함께 정신과에 간다.

자동문이 열리고 접수대가 보인다.

"접수하시고요. 이거 작성해주시고요. 다 쓰셨으면 저한테 주세요."

나는 설문지를 작성하고 간호사에게 내민다.

몇 분 뒤, 간호사가 내 이름을 부르며 말한다.

"원장실로 들어가세요."

갑자기 아버지가 끼어들어 말한다.

"잠깐 저 먼저 들어가서 선생님하고 얘기하고, 다음에 아들이 들어가도 될까요?"

"네, 알겠습니다. 원장님께 먼저 말씀드릴게요."

아버지 혼자 원장실에 들어간다.

"안녕하세요."

"안녕하세요, 원장님."

"아드님이 어디가 불편해서 오셨나요?"

"밖에 있는 제 아들이 자살 시도를 하다가 차 사고를 냈어요. 아들은 제가 모르는 줄 알아요."

"자살 시도한 건 어떻게 아셨어요?"

"유서를 자기 책상 서랍에 두고 갔는데 제가 읽고 못 본 척했습니다."

"네, 잘 알겠습니다."

"감사합니다."

아버지가 원장실에서 나오고 내가 들어간다.

"안녕하세요."

"안녕하세요."

"어디가 불편해서 오셨어요?"

"경찰서에서 가라고 해서 왔어요."

"무슨 일이 있으셨나요?"

"얼마 전에 교통사고가 있었어요."

"자세히 설명해주실 수 있으세요?"

"음…… 운전하다가 갓길에 주차되어 있던 차를 박았어요."

"서 있는 차를 못 보신 건가요?"

"네……."

"이유가 있었나요?"

"눈을 감고 있었어요."

"운전하는데 눈을 감고 있었다고요?"

"네……."

"왜요?"

"피곤해서요."

나는 고개를 숙인다.

솔직히 말을 할까 말까.

"정말 피곤하셨던 거 맞나요?"

"아…… 그게……."

나는 혹시 아버지가 뒤에 있는지 무의식적으로 돌아본다.

"괜찮아요. 진료실 안에서의 얘기는 다른 누구에게도 이야기
하지 않아요. 저만 알고 있을 거예요."

"네……."

정적이 흐른다.

고개를 숙인다. 의사와 눈을 마주치는 게 어렵다.

나는 고개를 푹 숙인 채 앞뒤 없는 말을 꺼낸다.

"저는…… 쓰레기예요."

"왜 그렇게 생각하시죠?"

"남들이 저 보고 할 줄 아는 게 뭐가 있냐고…… 욕만 먹고…… 제가 무슨 일을 하면 저 때문에 다른 사람들이 다 피해를 봐요……."

"최근에 그런 경험이 있으셨나요?"

"취업 자리 구하다가 안 돼서 편의점 알바를 했는데…… 계속 실수하고 시킨 일을 기억도 못해서 욕만 실컷 먹고 이틀 만에 잘렸어요."

"그러셨군요. 많이 속상하셨겠어요."

"네…… 알바할 때뿐만 아니라 학교 다닐 때도 제대로 하는 게 없어서 동아리에서도 욕만 먹고 쫓겨났어요."

"혹시 기억나는 장면들이 있나요?"

"시간 왜 안 지키냐고 하고, 청소 똑바로 못하냐고 하고, 그러다가 왜 사냐, 할 줄 아는 게 뭐냐, 너 때문에 망했다, 그런 말 많이 들었어요. 저도 제가 왜 맨날 실수만 하고 피해만 주는지 모르겠어요. 그러고 싶어서 그러는 게 아닌데요."

"음…… 그럴 의도가 아니었는데 그런 말들을 듣게 되어서 상처를 많이 받으셨겠어요. 그런 좌절이 반복되면서 오랫동안 우울하게 지냈을 가능성이 있겠군요. 내가 살아서 뭐 하나 이런 생각도 해보셨나요?"

"네…… 요즘 그런 생각 많이 들어요."

"구체적인 자살 방법을 생각하거나 시도해봤다거나 하신 적도 있나요?"

"네, 살 이유가 없더라고요."

"혹시 그래서 차 사고를 내신 건가요?"

"네…… 네? 아, 아무한테도 말하지 말아주세요."

"그럼요. 안정이 필요한 상태예요. 지금 아르바이트는 안 하시는 거죠?"

"네, 잘렸어요. 취업을 준비하고 있긴 한데…… 가망이 없어요. 저를 써줄 리가 없어요."

"현재 상태에서 스트레스를 받으면 우울감이 심해질 수 있고 그걸 감당하기가 힘들어질 거예요. 일단은 안정이 필요할 것 같네요. 기분을 더 나은 상태로 만들 수 있는 취미 같은 게 있으세요? 재미있다고 느껴지는 거요."

"피아노 연주 보고 듣는 게 좋아요. 유튜브로 보는데…… 그게 유일한 낙이에요."

"댁에 피아노 있으세요?"

"아니요. 집에는 없어요. 외삼촌네에서 오랜만에 건반을 눌러봤는데 좋더라고요. 그런데 그래 봤자 제가 뭘 하겠어요."

"사람들이 나에게 상처를 주듯이 스스로에게 상처를 주고 있는 것 같아요. 오늘은 여기까지 할게요. 나가서 검사지 작성하고 가세요. 그리고 아버님 들어오시라고 해주세요."

"네, 감사합니다."

아버지가 들어오자 의사가 의자를 권하며 얘기를 시작한다.

"아드님이 많이 우울한 것 같습니다."

"네……."

"아르바이트를 하면서 계속되는 실수로 많이 위축돼 있어요. 예전부터 사소한 실수를 반복하면서 자존감도 낮았던 것 같고요."

"아르바이트요?"

"네, 편의점 아르바이트를 했다고 하던데요."

"전혀 몰랐어요. 취업 준비한다고 나가기는 했는데…… 신경 안 썼거든요."

"지금 작성하고 있는 설문지를 보면 더 자세히 알 수 있겠지만, 아드님은 ADHD일 가능성이 매우 높습니다."

"AD…… 그게 뭐죠?"

"주의력결핍 과잉행동장애라고 해서 흔히 있는 질환 중 하나입니다. 혹시 주변 정리를 못한다거나 줄 서기를 힘들어한다거나 시간 약속을 잘 못 지킨다거나 그런 모습을 보인 적이 있나요?"

"네, 항상 그랬어요. 어릴 때 놀이동산을 가면 줄이 조금만 길어도 못 기다리겠다고 하고, 방 정리는…… 진짜 돼지우리예요. 정리를 시켜도 본인은 했다고 하는데 제가 봤을 때는 아니거든요."

"네, ADHD는 어릴 때 시작되어서 성인까지 연결되는 경우가 많아요. 지금은 우울 증상 때문에 자살 시도까지 했다는 게 중요하니 우선 이 부분부터 치료를 시작하고 ADHD는 차차 치료하는 걸로 할게요."

"네……."

"약 처방해드렸으니 꼭 먹도록 해주시고요."

"네, 선생님. 감사합니다."

"아, 아드님이 피아노 치는 것을 좋아하던데 기분 전환을 위해 피아노나 키보드를 집에서 연주하게 해도 좋을 것 같아요."

"아 네……."

아버지는 원장실에서 나와 로비로 간다. 카운터에서 계산을 하고 병원을 나온다. 주차장으로 가는 길에 아버지가 말한다.

"너 피아노 치고 싶니?"

"어떻게 아셨어요?"

"그때 너 외삼촌 집에 갔을 때 피아노 만지작거렸잖아."

"아아…… 그냥 옛날 생각이 나서요."

"옛날 생각?"

"예전에 저 초등학교 때 피아노 학원 다니다가 이사 가는 바람에 중간에 그만뒀잖아요. 계속할 수 없어서 아쉬웠거든요."

"그랬구나……."

4

다음 날, 아저씨 두 명이 피아노를 들고 집으로 들어온다.

"엄마, 이거 뭐예요?"

"외삼촌한테 피아노 쓰냐고 물어봤더니 안 쓴다고 하더라. 가져가래."

"아……."

"네 아빠가 새 거 사자고 했는데 그냥 이거 얻었어. 이것도 비싼 거야. 사람 불러서 조율만 좀 하면 돼."

"네……."

피아노 의자까지 왔다. 피아노 의자는 일반 의자와 다르다. 상단이 열렸던 것이 기억이 난다. 뚜껑을 들어보니 《체르니》, 《소나티네》 등등 피아노 악보가 여러 권 들어 있다.

아, 얼마 만의 체르니인가.

마지막으로 배웠던 곡이 아직도 기억이 난다.

어머니는 걸레를 가지고 와서 먼지를 싹 닦아주신다. 얼마나 피아노를 안 썼는지 걸레에 회색 먼지가 가득 묻어난다.

어머니께서 말씀하신다.

"너 이사 가면서 피아노 학원 못 다닌다고 울었던 거 기억나?"

"네."

"피아노 하나 사고 싶었는데 우리 집이 좀 가난했니. 지금이야 먹고살만 하지만, 그때는 하루 벌어 하루 먹고 살았을 때라…… 미안하다."

"아니에요."

나는 예전에 배웠던 《체르니》를 펴고 하나하나 기억을 더듬어간다. 샵, 플랫, 낮은음자리표…… 기억이 잘 안 난다.

피아노 학원을 다녀야 하나.

학원 선생님이 못한다고 혼내면 어떡하지.

나는 유튜브 영상을 열어 피아노 강의를 검색한다. 엄청나게 많다. 몇 개를 보다가 가장 친절하고 간략하게 설명하는 영상을 본다. 악보 앞에 핸드폰을 올려놓고 영상에서 하라는 대로 따라해본다.

재미있다.

친구들에게 카톡이 오는데도 확인하지 않는다.

그렇게 며칠을 종일 피아노 연습만 한다. 먹고 자고 피아노만 친다. 옛날에 치던 《체르니》는 금방 따라할 수 있게 되었다.

나는 당이 떨어져 월드콘을 사러 가기 위해 엘리베이터를 탄다. 엘리베이터 문이 열린다.

엘리베이터 거울에 A4 종이 한 장이 붙어 있다.

피아노 연주 자제 요청.

아파트는 많은 주민이 생활하는 공동 주거 공간이오니

늦은 시간 이웃에게 피해를 주는 소음은 삼가해주시기 바랍니다.

흠…… 이거 나보고 하는 말인가?

내가 뭐…… 세게 치는 것도 아닌데…….

5

이튿날, 아버지가 들어오신다.

큰 박스를 현관 앞에 내려놓는다.

"아빠 왔다."

"오셨어요?"

"엘리베이터에 쓰여 있는 거 봤니?"

"네."

"그거 우리 집 얘기 같은데. 그래서 이거 가지고 왔다."

아버지가 정체불명의 박스를 연다. 달걀판이다.

"다 뭐예요?"

"방음에는 달걀판이 최고야."

"어디서 가지고 오셨어요?"

"저기 뷔페 식당 가서 남는 거 전부 달라고 했지. 바닥, 천장, 벽에 다 붙이자."

"이걸요?"

"네가 마음 편히 피아노 치려면 붙여야 해."

"네……."

아버지와 나는 달걀판을 딱딱 맞게 붙인다. 바닥에는 다닐 수 있는 길만 남겨놓고 다 붙인다.

아버지와 나는 땀이 흐른다. 아버지와 무슨 일을 같이 하기는 처음인 것 같다. 매일 봐서 몰랐는데, 자세히 보니 예전보다 많이 늙으셨다.

검게 그을린 두툼한 손, 얼굴의 검버섯들, 검은색 머리카락보다 많은 은색 머리카락, 이마 위의 깊은 주름, 축 처진 눈꼬리…….

아버지의 땀이 달걀판 위에 떨어진다.

아버지께서 말씀하신다.

"만약에 엘리베이터에 메모가 또 붙으면 달걀판을 이중으로 붙이자. 식당에 보니까 달걀판이 잔뜩 있더라."

"네……."

"방문에도 붙여야 해. 나도 잠 좀 자자 이제. 내가 밖에 붙일 테니까 네가 안에다 붙여."

아버지는 방문 바깥쪽에 달걀판을 붙이고, 나는 방문 안쪽에 달걀판을 붙인다. 문 너머를 통해 아버지의 손 움직임이 느껴진다.

아버지는 남은 달걀판을 베란다에 옮겨두신다.

"문 닫고 피아노 쳐봐. 들리나 보게."

나는 건반을 누른다.

떵.

"한 번 더 쳐봐."

떵.

아버지의 땀이 한 방울 떨어진다.

또르르.

건반을 하나씩 눌러본다.

떵.

아버지의 땀이 한 방울 떨어진다.

또르르.

건반을 누를 때마다 해머가 현에 닿고, 아버지의 마음이 내 마음에 닿는다.

나는 아버지가 만들어준 방에서 혼자 유튜브를 보며 피아노를 쳤다. 되면 되는 대로 안 되면 안 되는 대로, 그렇게 피아노를 혼자 배웠다.

6

요즘은 혼자 피아노 치는 시간이 제일 행복하다.

시간이 좀 걸리긴 했지만, 초등학교 때 상을 받던 실력이 어느 정도 돌아오는 느낌이다. 악보 뒷부분에 있는 어려운 교향곡들도 열심히 연습하고 또 연습하니 제법 제대로 칠 수 있게 되었다. 내 멋에 취해 내가 하는 것이니 그저 재미나긴 하는데 문득 궁금하다.

내 실력은 어느 정도일까.

아버지 말로는 교회 피아노 반주자보다 내 실력이 낫다고 한다. 자식이니까 하는 소리겠지 싶다 가도, 그래도 궁금하다.

나는 핸드폰을 집어 든다. 알바천국 사이트에 접속해서 피아노 강사 자리를 찾아본다.

예일 음악학원…… 바흐 음악학원……. 재즈바?

재즈바를 클릭한다.

시간: 오후 7시~새벽 1시.

시급: 15,000원(협의 가능).

조건: 재즈밴드와 협주 및 독주 가능자.

필수곡 및 자유곡 가능합니다.

피아노를 사랑하고 밴드와 잘 어우러져 아름다운 음악을 만들어낼 수 있는 분을 찾습니다.

음악학원 두 군데와 재즈바에 전화해서 면접 시간을 잡는다.

며칠 후, 단정하게 차려 입고 음악학원으로 간다.

"어떻게 오셨어요?"

"강사 면접 보러 왔습니다."

"아, 30분 늦으시기에 안 오시는 줄 알았어요. 전화로 약속만 잡고 안 오는 사람들이 꽤 있거든요. 이쪽으로 오세요."

안내받은 작은 방으로 들어가 피아노 몇 곡을 짧게 친다. 그러고는 사무실로 들어간다. 수강하는 아이들이 왔다 갔다 한다.

"앉으세요."

"네."

"수강생은 아이들이 가장 많고요. 성인들도 있어요. 비율이 7 대 3 정도?"

"네."

"학교는 어디 나오셨어요?"

"저…… 서울 어디……."

"피아노는 전공하셨고요?"

"아니요, 수학이랑 경제학……."

"솔직히 말씀드리면 기본이 너무 없어요. 가르치려면 이론도 중요하고 기본적인 손가락 움직임 같은 기초가 굉장히 중요하거든요. 그런데 치시는 걸 보니 너무 변칙적이고…… 학생들을 가르치기는 어려워 보입니다. 피아노는 어디서 배우셨나요?"

"어릴 때는 대회에 나가서 상도 받고 그랬는데 지금은 집에서 독학으로……."

나는 고개를 숙인다.

"아, 그러셨구나……. 죄송합니다. 잘 치시기는 하는데 저희는 피아노를 전공하신 분이 필요해서요."

"네, 알겠습니다."

나는 자리에서 일어나 학원 밖으로 나간다.

이럴 줄 알았지.

편의점 알바도 제대로 못하는 내가 무슨 선생님이야. 말도 안 되지.

피아노 전공자도 아니고 독학인데 써줄 리가.

나는 마음의 상처를 하나 얹고 다음 음악학원의 위치를 확인한다.

가지 말까.

어차피 안 받아줄 텐데.

몇 시지. 시간도 늦었네. 에이 그냥 가지 말자.

재즈바도 피아노 전공자를 찾으려나…….

거기 일은 누구 가르치는 것도 아닌데…….

그 순간 학원에서 들었던 마지막 말이 떠오른다.

"잘 치시기는 하는데……."

나는 재즈바로 향한다.

7

오픈 전인지 불이 꺼져 있고 손님도 없다.

의자는 테이블 위에 올라가 있고 내 또래처럼 보이는 사람이 대걸레질을 하고 있다.

"안녕하세요. 면접 보러 왔는데요."

"사장님 화장실 가셨어요. 여기서 잠깐 기다리세요."

나는 주위를 쓱 둘러본다. 앞쪽에는 드럼과 키보드가 있고 벽에는 기타가 세워져 있다.

여기서 뽑히면 나도 저기서 연주를……?

영화 〈라라랜드〉에서 보던 무대와 얼추 비슷하다. 꿈꾸던 무대가 바로 앞에 있다니 믿기지 않는다.

"일찍 오셨네요. 면접 보러 오신 거 맞죠?"

사장님이다.

"안녕하세요."

"여기 앉으세요."

"나이가 어떻게 되세요?"

"스물 여덟입니다."

"젊으시네요. 우리 드럼 치는 친구가…… 스물 아홉인가? 비슷해요. 베이스 하시는 분이 삼십 대 후반이고요."

"네……."

"재즈밴드 경험 있으세요?"

"아니요."

"재즈밴드가 각자 대충 치는 것처럼 보여도 다른 밴드처럼 서로 어우러지는 게 중요하거든요. 음…… 한 번 저기서 쳐보시겠어요? 아무거나요."

사장님이 키보드 전원을 켜고 의자를 빼준다.

나는 가장 자신 있는 곡을 칠 준비를 한다. 숨을 크게 들이마시고 연주를 시작한다.

사장님과 청소하던 직원, 관객은 두 명이다.

부모님 다음으로 두 번째 관객이다.

관객이 있다는 것은 혼자서 칠 때와는 다른 긴장감이 있다.

연주가 시작된 후 피아노와 타건감이 달라서 조금 당황한다. 다행히 손가락의 힘을 조절해 무사히 연주을 끝마친다.

초반에나 관객이 신경 쓰였지 치다 보니 어느새 연주에만 몰입한다.

연주가 끝난다.

짝짝짝짝.

"와, 잘 치시네요 재즈곡 아무거나 쳐보시겠어요?"

"아…… 실은 재즈는 안 쳐봤어요."

"알겠습니다. 생각해보고 연락드릴게요."

"네."

나는 대충 인사를 하고 급히 재즈바를 빠져나온다.

면접 보기 전까지는 면접에 대한 압박감이 있었는데 끝내고 나니 후련하다. 재즈곡도 안 쳐봤고 합주도 안 해봤으니 날 뽑지는 않을 것 같다.

긴장을 계속했더니 배가 고프다. 집에 가는 길에 편의점에 들러 삼각김밥과 바나나우유를 산다. 편의점 앞 의자에 앉아서 포장을 뜯는다. 음악학원에서 거절당하고 재즈바에서 죽 쑨 면접에 지쳐 있던 나는 달콤한 바나나우유를 마시고 기분이 조금 나아진다.

8

집에 도착한다.

아무도 없다. 적막하다. 멍하게 소파에 앉아 있는다.

잠시 뒤, 아버지가 들어오신다.

"면접 봤어?"

"네……."

"왜? 잘 안 됐어?"

"네, 피아노 학원에서는 피아노 전공자만 뽑는대요."

"그래? 그럴 수 있지……."

"재즈바에서는…… 밴드 경험 있는지 물어보고, 재즈곡을 쳐 본 적 있는지 물어보더라고요. 안 될 것 같아요."

"그래, 너무 실망하지 마라. 실력만 보고 뽑아주는 곳이 있을 거야."

"네……."

방에 들어가 유튜브로 재즈 연주곡을 찾아본다. 일반 클래식 연주와는 다르다. 드러머, 베이시스트와 눈빛으로 호흡을 맞추는 게 굉장히 인상적이다. 오늘 재즈바에서 연주를 하던 때가 떠오른다. 한순간이었지만, 제대로 해보지도 못했지만, 그래도 짜릿했는데. 하아, 뭔가 아쉽다.

그때 전화가 온다.

"안녕하세요. 재즈바입니다."

"아, 네네. 안녕하세요."

"다음 주부터 나올 수 있으세요?"

"네? 제, 제가요?"

"네. 악보 몇 개 링크 걸어드릴 테니까 그거 연습해서 오시면 됩니다."

"네! 알겠습니다! 감사합니다!"

으하하하하하.

내가 합격했다!

내 실력으로 합격했어!

"아빠, 아빠, 저 재즈바에 합격했어요!"

"뭐? 축하해! 거봐. 널 알아봐주는 사람이 있을 거라니까."

"고마워요, 아빠. 지금부터 재즈곡 연습하려고요."

"그래. 잘해봐. 장하다, 아들."

아버지와 병원에 가는 날이다.

"안녕하세요, 선생님."

"안녕하세요. 요즘 어떻게 지내세요?"

"선생님, 저 재즈바에서 피아노 치게 됐어요."

"축하드려요. 언제부터 해요?"

"다음 주부터요. 그래서 재즈곡 연습하고 있어요."

"저도 한 번 갈게요. 너무 멋질 것 같아요."

"하하, 고맙습니다."

"요즘은 기분이 어때요?"

"사실 피아노 학원 강사 자리 알아보는데 거절당해서 속상했어요. 그런데 재즈바에서 일하게 돼서 기분이 나아졌어요."

"학원보다 재즈바가 더 잘 어울리는데요?"

"그렇죠? 하하."

"아버님도 많이 응원해주시던가요?"

"네, 아빠가 많이 도와주셨어요. 같이 좋아해주시고요."

"그러셨군요. 그때 기분이 어땠어요?"

"사실 아빠랑 그동안 거의 말을 하지 않고 지냈는데 지금이라도 이렇게 얘기하는 게 좀 신기하긴 해요. 낯설기도 하지만……솔직히 좋아요."

"아버지도 같이 얘기하는 게 좋으실 거예요. 앞으로 사소한 일이라도 그냥 말해봐요. 부모님들은 그런 소소한 대화 나누는 것을 좋아하세요."

"이 정도 나이 먹었으면 저 혼자 다 해야 한다고 생각했는데 몰랐어요. 애 취급받을까봐……."

"아무리 나이가 많이 들어도 부모님에게는 아직 어린아이예요."

"네, 선생님."

"약은 잘 먹고 있나요?"

"네, 먹고 있어요."

"그래요. 오늘은 여기까지 할게요."

"네, 감사합니다."

목표는 60억 보상받기

1

정신과를 다니면서 알게 되었다.

나는 우울증과 주의력결핍 과잉행동장애가 있는 사람이다. TV에서만 보던 정신병이 나에게 있다니……. 조금도 가만히 있지 못하고, 긴 글도 읽지 못하는 이유가 바로 이것 때문이었다.

나는 '정신병자'다. 정신병자는 좀 어감이 세니까 '정신질환자'라고 해야겠다. 의사 선생님을 믿고 조금이라도 나아지기 위해 상담도 계속 받고 약도 열심히 먹는다.

2주째 약을 먹으면서, 조금씩 아주 조금씩 안절부절못하는 증상이 나아지는 것 같다. 뉴스 기사도 예전보다 더 집중해서 읽을 수 있다. 평소 다리를 떠는 습관, 손톱을 뜯는 버릇, 시간약속을 못 지키는 일도 조금씩 좋아지고 있다.

좋은 일은 또 있다. 재즈곡 연습하는 일이 즐겁다. 재즈바 사장님이 보내준 링크로 악보를 다운받아 집에서 매일 연습을 한다. 재즈바 분위기를 내기 위해 방의 불을 끄고 책상 위의 스탠드만 켠다.

분명히 재즈바는 어두운 분위기일 텐데 악보를 가지고 가서 보는 게 쉽지 않겠지. 다 외워가야 한다, 무조건.

2

드디어 재즈바에 처음 출근하는 날이다.

정장을 갖춰 입고 머리에 힘주고 출력해둔 악보를 챙긴 다음, 거울을 본다.

그럴싸하다. 나에게도 이런 모습이 있다니.

턱을 들고 이리저리 살펴본다. 이상 무.

재즈바로 간다.

또 늦었다. 뛰어간다. 이놈의 시간 개념. 좀 나아졌나 싶더니만.

밴드 멤버들은 인사도 없이 바로 연주를 시작한다.

멤버 중 가장 나이 많은 베이시스트가 말한다.

"1번 곡부터 시작할게요."

두근두근.

첫 합주다. 드럼이 가장 먼저 시작한다.

역시나 어두운 조명 아래에서 촘촘한 악보가 잘 보이지 않는다.

외워올걸 그랬다. 곡이 많다 보니 다 외우지 못했다.

휴, 좀 틀렸지만 그럭저럭 친 것 같다.

베이시스트가 말한다.

"키보드, 많이 틀린 거 알죠?"

"네. 어? 사…… 사장님?"

"뭐야, 네가 여기 웬일이야! 나 원 참…… 나중에 얘기해. 일단 시간 없으니까 다음 곡 간다."

내가 일했던 편의점 사장이 왜 여기에!

베이시스트이자 편의점 사장님이 가방에서 맥주를 한 캔 꺼내 벌컥벌컥 마신다. 나는 그 모습을 멍하니 지켜본다.

"뭘 쳐다봐? 나는 좀 알딸딸해야 손가락이 잘 움직여. 느낌도 살고. 너도 마시고 싶으면 마셔. 사장님한테 달라고 해."

"아, 아닙니다……."

재즈바 사장님이 말한다.

"하하, 베이스 형님은 취기가 좀 있어야 실력이 나와요. 이제 손님들 올 때 됐으니 저는 주방에 가 있을게요. 좀 쉬다가 시작하시죠. 그런데 전에 베이스 형님 가게에서 일했었어요?"

"네……."

"아, 저 새끼 이틀인가 삼일 일하고 나오지 말라고 했어. 사고만 쳐서."

"죄, 죄송합니다."

"뭐가 죄송해, 다 끝난 일인데. 키보드나 잘 쳐. 여기서는 그것만 잘하면 돼."

"네……."

첫 손님 두 명이 들어온다. 이 재즈바는 첫 손님이 입장하면 연주를 시작한다.

베이시스트가 말한다.

"가자."

나를 구박하던 편의점 사장과 같이 무대에 오르니 기분이 이상하다. 그래도 한 팀이다. 무대 위에서의 첫 공연. 드러머가 드럼 스틱으로 신호를 준다. 시작이다.

중간중간 쉬는 시간까지 포함해서 몇 시간이 지났는지 모르겠다. 그렇게 첫날 공연이 끝났다. 길었다면 길었고, 짧았다면 짧았다. 중요한 것은 너무 재미있었다는 점이다.

사장님이 집에 가려는 나에게 다가온다.

"첫날인데 오늘 잘하셨어요. 그런데 재즈곡은 최대한 외워서 익히는 게 좋아요. 악보를 보고 따라 치는 것과 곡을 충분히 소화하고 치는 건 차원이 다르거든요. 클래식 연주처럼요. 그럼 잘 가요."

"네, 안녕히 계세요."

3

집으로 돌아간다.

진이 다 빠졌다.

곡을 소화한다, 곡을 소화한다…… 무슨 뜻이지?

그냥 악보를 보고 치는 것과 외우고 치는 것, 뭐가 다른 거지?

집에 도착하니 꽤나 늦은 시간이다. 아버지가 주무시지 않고 기다리고 있다.

"어땠어?"

"아직 안 주무셨네요? 초반에 좀 틀렸는데 그 뒤로는 괜찮았어요."

"그랬구나. 내가 다 긴장되더라. 잘했어."

"하하. 뭘요. 좀 씻을게요."

나는 샤워기를 튼다. 평상시 같으면 차갑다고 느꼈을 온도인데 차갑지 않게 느껴진다. 물이 온몸을 감싸며 흐른다.

기분이 낯설다. 이제껏 무언가를 열심히 하고 지친 상태에서 샤워를 한 적이 있던가. 뭐든지 대충하고 어설프게 마무리하던 과거의 내가 아니다.

샤워를 끝내고 약을 먹는다. 방에 들어가 엄지발가락으로 컴퓨터 전원 버튼을 누른다. 컴퓨터가 켜지는 동안 핸드폰을 본다.

컴퓨터가 다 켜졌다. 이메일을 확인한다. 그동안 마구 뿌렸던 입사지원서에 대한 답장들이 와 있다.

불합격
불합격
불합격
불합격
불합격

⋮

합격
불합격

어? 합격? 정말?

외국계 회사에 합격했다. 그것도 엄청 크고 유명한 회사다.

면접을 보러 오라고 한다.

와우, 말도 안 돼.

이거 상상 속의 나는 아니겠지?

도대체 내가 어떻게 합격을? 물론 서류 합격이지만 그래
도······.

어떻게 된 거지?

외삼촌의 팁이 그대로 적중한 건가?

"아빠! 저 외국계 회사에 서류 붙었어요!"

아버지는 믿지 못하겠다는 듯이 입이 살짝 벌어져 있다. 나만
큼이나 아버지도 놀란 것 같다. 대답을 듣기 전에 나는 얼른 방
으로 돌아와 메일을 자세히 읽어본다.

며칠 뒤 면접을 보러 오라고 한다.

설마 면접자들이 편의점 사장처럼 싸가지 없으랴.

설마 면접자들이 재즈바 관객보다 많으랴.

누구 앞에 서는 게 예전만큼 무섭지 않다.

책상에서 굴러다니는 면접 예상문제집을 편다.

거울을 보고 표정 연습도 해본다.

면접일이다. 같이 면접을 보는 능력자들이 검은 정장을 입고
앉아 있다.

나보다 훨씬 똑똑해 보인다. 다들 영어도 잘할 것 같고, 학점
도 좋을 것 같다. 나처럼 정신질환도 없어 보인다.

드디어 내 차례다. 책에 있던 예상 질문이 그대로 나왔다. 무

난하게 대답했다.

결과를 기다리는 사이 나는 또 여기저기 입사지원서를 뿌린다. 회사 이름은 제대로 바꿔서 냈는지 모르겠다. 재즈바에서 연주할 피아노 연습도 한다. 병원도 빠지지 않고 나간다. 약도 거르지 않고 먹는다.

4

하루는 피아노 연습을 하다가 손목이 아파서 쉬고 있었다.

아버지와 어머니의 대화를 들었다. 아버지 친구가 경기도 쪽에 땅을 제법 가지고 있었는데 그 일대가 개발되면서 보상을 받았다고 한다.

그 금액이 무려 60억 원.

아버지는 허탈해하는 말투였다.

나는 아버지의 허탈을 이해한다. 우리 집의 가난은 너무나 참혹한 수준이어서 누군가를 질투할 수준도 되지 못했다. 그저 허탈해하는 게 할 수 있는 전부였다.

비 올 것에 대비해 집안 군데군데 놓여 있던 플라스틱 양동이가 생각난다. 주방과 거실은 구분이 없었고, 집 안 한가운데에는 '브루스타'가 있었다. 한쪽에는 LPG가스통이 쌓여 있었다. 화장실은 집 밖에 있었다. 그런 비슷한 구조의 집을 초등학교 2학년, 아홉 살 때까지 9번을 이사를 다녔다.

동네에 익숙해질 때쯤이면 이사를 가야 했고, 어쩔 수 없이 전학을 가야 했다. 집주인에게 쫓겨난 것인지, 오른 월세 금액 때문에 밀려난 것인지 모르지만 이사를 다닐 수밖에 없었다.

무슨 이유였든 돈 때문이었을 것이다. 아버지나 어머니 직장 때문이라면 동네를 옮겼을 텐데, 같은 동네 안에서 이사를 다닌 것을 보면 분명히 돈 때문이다. 나는 어려서 뭐가 뭔지도 모르고 따라다녔지만 부모님은 얼마나 힘이 드셨을지 지금 생각해도 참 가슴이 아프다.

초등학교 1학년 때 반에는 부잣집 아이가 한 명 있었다. 아버지가 변호사라고 했다. 그 아이의 아버지는 각그랜저를, 어머니는 세이블이라는 외제차를 타고 다녔다. 학교 운동장에 차가 들어오면 모두가 눈을 떼지 못했다.

그 아이는 반 친구들에게 심부름을 시키곤 했다. 심부름 값으로 100원을 떼어주고 문방구점에 가서 쥐포, 빵, 색종이 같은 것들을 사오게 했다. 그래도 심부름값을 제대로 줬으니 지금 생각해보면 아르바이트다. 나는 매번 내가 하겠다고 나섰다. 그런 일이 몇 번 반복되자 그 친구는 나에게만 일을 시켰다. 하루에 많이 벌면 500원까지 벌었는데 500원을 번 날은 5번 심부름을 했다는 뜻이다. 그런 날은 비가 오는 날이었다.

아버지는 트럭을 타고 다니셨다. 지저분하고 여기저기 찢어진 시트 틈으로는 낡은 솜이 튀어나와 있었다. 너무 심하게 삐져나온 것은 내가 손가락으로 밀어 넣곤 했다.

가끔은 아버지가 트럭으로 학교를 데려다주시곤 했는데 어느 날은 그 부잣집 아이가 내가 트럭에서 내리는 것을 보았다. 그러고는 교실에서 나를 놀렸다. 트럭을 타고 다닌다고. 놀렸다기보다는 있는 사실을 그대로 말했던 것 같다. 별 의도 없이 순수하게.

하지만 나는 괜찮지 않았다. 창피했다. 그때부터 그 아이가 시키는 심부름이 하기 싫어졌다.

비가 새고 화장실이 밖에 있는 집을 벗어나 처음으로 아파트라는 곳으로 이사한 것은 초등학교 3학년 무렵이다. 그때도 주차장에 트럭을 세워놓는 집은 우리 집뿐이었다.

5

아버지는 사업을 하셨다.

어떤 제품을 만드는 공장을 운영했는데 아버지는 늘 공장 점퍼를 입고 다니셨다.

공장 바로 근처에 있는 아파트로 이사를 하고 며칠 지나지 않아서였다. 새벽에 거칠게 문을 두드리는 소리가 났다.

쾅쾅쾅.

"사장님, 사장님! 얼른 나와보세요. 큰일 났어요!"

"왜 그래? 무슨 일이야!"

아빠는 다급히 문을 열었다. 나는 자리에 누운 채 온몸을 긴장한 채 귀를 쫑긋 세우고 있었다.

"큰일 났어요. 공장에 불이 났어요! 다 탔어요, 지금!"

아버지는 옷을 급하게 입고 뛰쳐나가셨다.

그날 밤, 종일 사고를 수습하고 돌아온 아버지가 어머니에게

이야기하는 소리를 들었다.

"방화래. 절반 정도 탔어. 벌써 두 번째네."

두 번째라니. 내가 기억도 못할 만큼 더 어릴 적에 누군가 불을 지르고 도망간 적이 있었던 모양이다.

공장의 화재는 아버지의 사업에 돌이킬 수 없는 해를 입혔다. 공장에 불이 나서 설비와 제품이 타버린다는 게 얼마나 치명적인지 그때는 미처 알지 못했다.

그럼에도 아버지는 어린 나에게 힘든 내색 한 번 보이지 않으셨다. 아버지는 직원들과 함께 조금씩 공장을 꾸려나갔다. 아버지는 포기하지 않았다.

며칠 뒤, 직원 중 한 명이 아버지를 찾아왔다. 그 시각 공장 근처를 지나가다가 누군가가 불을 지르고 도망가는 것을 봤다고 했다. 그러고는 그 직원은 한달 뒤쯤 퇴사를 했다. 아버지 공장 근처에 완전히 똑같은 제품을 만드는 공장을 만들어 사업을 시작했다.

아버지, 어머니, 나는 귤인지 사과인지 과일 한 상자를 들고 그 공장에 들렀다. 아버지는 진심 어린 말투로 사업이 잘되었으면 좋겠다며 그 직원의 손을 꼭 잡았다. 어린 나는 잘 몰랐지만 그 사람의 눈빛과 웃음에서 뭔지 모를 떨림을 느꼈다.

아버지는 그런 사람이었다. 그렇게 남에게 다 퍼주는 사람. 기계보다 더 많은 일을 하던 사람. 아버지는 그렇게 살아왔지만 정작 손에 남는 것이 없었다. 어린 내가 그 사실을 알 수 있었던 이유는 우리의 가난한 생활에 변화가 없었기 때문이었다.

미련할 정도로 앞만 보며 우직하게 일하시던 아버지를 힘 빠지게 한 것은 아버지의 친구가 60억을 보상받았다는 소식이었다. 가지고 있던 땅 일대가 정부의 사업으로 개발되면서 받은 돈이 60억이었다. 아버지처럼 해서는 수백 년을 일해도 벌 수 있는 돈이 아니다.

수십 년을 뼈 빠지게 일했지만 가진 게 없는 우리 아버지.

한 번에 땅을 보상받아 수십 억을 번 아저씨.

원래 사람은 비교하는 존재다. 그렇게 태어났다.

비교를 하면 안 된다는 것을 알면서도 할 수밖에 없다.

하고 싶어서 하는 게 아니라 저절로 그렇게 된다.

물이 높은 곳에서 낮은 곳으로 흐르듯이 말이다.

6

얼마 후, 60억을 보상받은 아저씨 댁 집들이에 갔다.

아버지와 오랜 친구라서 이사를 하고 가장 먼저 우리를 초대를 했다고 한다. 나는 그 아저씨가 욕심 가득한 얼굴일 거라 생각했다. 놀부처럼 입 주위에 심술이 가득할 것이 분명했다.

문이 열린다. 그런데 의외로 부드러운 인상의 아저씨는 웃음으로 우리를 맞는다. 흰머리 가득한 얼굴에는 인자함이 가득하다.

집 안으로 들어서는데 집이 한눈에 들어오지 않을 정도로 크다. 아저씨는 방을 하나하나 열어 우리에게 보여주신다.

나는 아버지, 어머니와 같이 아저씨를 따라다니며 설명을 들는다. 방이 다섯 개인가 여섯 개에다 화장실은 세 개다. 화장실 하나는 우리 집 안방보다 크다. 화장실도 충격이지만 더 인상적인 것은 아저씨의 서재다. 어두운 톤의 원목 책상에 세트로 맞춘 것 같은 책장, 책장 안의 수많은 책들, 책상 위의 읽다 만 듯 펼쳐져 있는 책 한 권, 길게 뻗은 스탠드, TV 드라마에서 본 회장님이 앉을 법한 가죽 의자, 한쪽 벽에 걸려 있는 큼직한 유화 그림.

부럽다.

부엌으로 가니 가사도우미가 밥을 차리고 있다. 역시나 드라마에서만 보던 가사도우미다. 실제로 보기는 처음이다. 겉으로 보기에는 우리 어머니와 다를 바가 없다.

식탁에 차려진 음식을 보니 같은 반찬인데도 맛있어 보인다.

그릇이 고급스러워 보여서일까.

동그랗게 말린 김치. 그 위에 뿌려져 있는 깨.

집에서는 볼 수 없는 고기전. 그 위에 뿌려져 있는 깨.

명절 때나 먹는 잡채. 그 위에 뿌려져 있는 깨.

그 옆에 놓인 시금치나물. 그 위에 뿌려져 있는 깨.

저 깨가 뭐라고.

눈도 맛있고 입도 맛있고 다 맛있다. 솔직히 어머니가 해주신 것보다 맛있다. 이런 음식을 매일 먹는 아저씨와 그 가족이 부럽다.

저녁식사를 하는 내내 아버지는 기가 죽어 보인다. 아저씨는 전골의 국자 손잡이를 우리 가족 방향 쪽으로 돌려주며 많이 먹으라고 하신다.

아버지는 선뜻 국자를 들지 못하신다. 내가 먼저 조금 떠서 내 그릇에 담는다. 아버지가 머뭇거리는 사이 아저씨는 국자를 잡고 건더기를 가득 퍼올려 자기 그릇에 담는다. 자신감 있는 국자질이다.

식사가 끝나고 거실 소파에 앉는다. 가사도우미가 과일을 가져다주신다.

금색 테두리가 있는 큰 접시 위에 처음 보는 멜론, 망고, 체리, 키위가 빙 둘러 있다. 체리를 하나 집어 입에 넣는다. 팍, 파이팅 넘치게 입안에서 터진다.

아, 체리가 이런 맛이구나.

어라, 씹다 보니 씨가 있다. 이걸 뱉어야 하는 건가, 삼켜야 하는 건가. 모르겠다. 그냥 삼키자.

그렇게 계속 파이팅 넘치는 체리를 씨와 함께 열 개는 먹은 것 같다.

어린 마음에 선입견 때문인지 나는 아저씨가 괴팍하고 불쾌한 사람일 줄 알았다. 부자는 심술 많고 잘난 척하고 얼굴에 기름이 좔좔 흐를 거라 생각했다. 그런 모습을 찾으려고 애썼는데 그렇지 않았다. 우리 아버지와 다를 바 없는 평범한 중년의 아저씨였다.

내가 알던 부자의 이미지와 달랐다. 아저씨는 잘난 척 한 번 하지 않았고, 아버지의 사업에 대해 같이 고민을 하셨다. 아버지의 이야기를 끝까지 들어주시고, 아버지에게 도움이 될 만한 말씀들을 해주셨다.

현관문을 나서면서 아저씨는 나에게 용돈까지 손에 쥐어주셨다.

그렇게 집들이는 끝났고, 돌아갈 시간이 되었다.

7

집에 도착했다.

신기하게도 문을 열자 다른 세상의 집이 보였다. 곰곰이 생각
해보니 비가 새고, 문이 안 잠기고, 화장실이 밖에 있는 집에서
탈출한 지 얼마 되지 않았다.

지금 사는 집도 충분히 좋은데 그런 대궐 같은 집을 부러워
하고 있는 스스로가 간사해졌다고 생각했다.

그런데 어떡하나. 부러운 건 부러운 건데.

집도 부러웠지만 아저씨의 여유로움이 더 부러웠다. 문득 나
에게 동전을 주고 심부름을 시키던 초등학교 1학년 시절 같은
반 친구가 생각났다.

그 친구도 그런 집에서 살았을까.

그 친구도 그런 부모 밑에서 살았을까.

책상 앞에서 그런 생각을 하다가 거실로 나갔다.

아버지가 샤워를 마치고 TV를 켜려고 할 때 내가 물었다.

"아빠, 그 아저씨는 원래 그렇게 잘 살았어요?"

"아니, 우리 옛날에 살던 데 기억나? 그 근처에서 살았어."

"네? 그럼 그렇게 살다가 갑자기 벼락부자가 된 거예요?"

"벼락부자라……. 그렇게 말하면 그렇긴 한데. 그 친구는 당

연히 잘돼야 했고 잘될 줄 알았어."

"왜요?"

"고생 엄청 했어. 돈 되는 일은 다했지. 아빠랑 같이 중학교 다닐 때 그 아저씨는 새벽에 신문 배달로 동네 한 번 싹 돌고, 바로 우유 배달까지 했어. 부모님이 어릴 때 돌아가셔서 동생들 먹여 살린다고 고생을 무지하게 했지. 할아버지가 배추 장사 했던 거 기억나지? 처음에는 그 아저씨도 아빠랑 같이 할아버지랑 트럭 타고 돌아다니면서 배추 장사 했었어. 그러더니 다른 것도 팔아보고 싶다면서 아예 농촌으로 가서 야채, 과일을 떼어오더라고. 살던 동네 바로 근처에 농수산 도매시장이 있었는데 왜 그렇게까지 하나 싶었지."

"그래서요?"

"아빠가 지금 하는 공장 시작할 때쯤에는 모아둔 돈으로 아예 밭을 사서는 직접 농사를 짓기 시작했어. 원래 팔던 흔한 농작물 말고 좀 희귀한 것들을 키우더니 호텔이나 고급 식당에 납품을 하더라고. 그쪽에서 나름 인정을 받았는지 거래처가 많아져서 그걸로 번 돈으로 밭하고 논을 더 사서는 사업을 키우고 그랬지. 그렇게 매일 비닐하우스에서 수십 년 일만 하다가 그 일대가 개발되는 바람에 보상받고 어쩔 수 없이 하던 농사 다 접은 거야."

"아, 그 아저씨도 일을 많이 하셨네요."

"많이 한 정도가 아니야. 나는 그래도 일요일에는 쉬기라도 했지. 그 친구는 일요일이고 뭐고 없었어. 거기서 그냥 살았어. 한 번은 태풍 왔을 때 비닐하우스 싹 다 날아가서 키운 것들 다

죽었을 때 울면서 전화하더라. 비닐하우스 다시 짓고 얼마 안 되어서는 디스크 수술을 받아서 몇 달 동안 병원 신세지기도 했고. 허구한 날 허리 수그리고 일해서 그렇게 된 거지."

"그랬구나……. 고생 진짜 많이 하셨네요."

"그런데 그 친구가 그렇게 큰 금액 보상받는다고 하니까 나도 기분이 이상하긴 이상하더라. 나도 만만치 않게 공장에서 고생 했는데……."

금수저가 아니었다. 벼락부자도 아니었다. 졸부도 아니었다. 사기꾼도 아니었다. 그냥 평범한 사람이었다. 아니, 원래는 가난 한 사람이었다. 중학생 때부터 새벽에 신문 배달을 마치고 우유 배달을 한 사람이었다.

나라고 그렇게 못 될 이유가 없다. 누가 꿈이 뭐냐고 물어보면 '생각해본 적 없다'라고 말하기 그래서 '과학자요'라고 대답하고 넘겼다.

'꿈이 뭐냐 목표가 뭐냐'라는 질문에 대한 대답은 한 번도 머 릿속에 있던 적이 없다. 그나마 지금 목표는 취업인데 그 아저씨 를 알고 나니 나도 목표가 생긴다.

60억 보상받기.

60억 보상받는 사람.

보상받는 사람을 멋있는 말로 뭐라고 할 수 있을까.

그냥 보상받을 사람으로 정했다.

어떻게 해야 보상받는지는 모른다.

하지만 이제 알아갈 것이다.

저들이 했다면 나도 할 수 있다.

아직은 방법을 잘 모르지만 찾을 것이다.

그리고 그 변화는 한 통의 합격 통지 문자에서부터 시작되었다.

축하합니다.

신입사원 채용에 최종 합격하셨습니다.

삶의 '가치'는 동등하지만 '질'은 다르다

1

첫 출근일이다.

요즘은 잘 늦지 않는다. 정신 없이 안절부절못하지도 않는다. 정신과 약을 열심히 먹은 덕이다. 처음에는 하루 빼먹으면 증상이 나타나고는 했다. 이제는 하루 정도 먹지 않아도 괜찮다. 그래도 매일매일 챙겨 먹으려고 노력한다.

지하철역으로 간다. 사람들이 많다.

지하철에서 뭐 하지.

한 시간은 걸릴 텐데.

가방에 있는 볼펜과 수첩을 꺼내 처음 출근하는 감정을 써본다.

회사에 도착해서 오리엔테이션을 한다.

혼자다. 동기고 뭐고 없다.

바쁘게 움직이는 사람들, 외국어를 유창하게 하는 사람들.

그냥 외국인들도 있다.

저들이 말 걸면 안 되는데.

돌아다니면서 인사하고, 안내를 받다 보니 하루가 금방 간다.

재즈바에 출근할 시간이 멀지 않았다. 칼퇴근을 하고 바로 가야 제때 도착할 거 같다.

다행히 상사가 6시가 되자마자 퇴근하라고 한다. 나는 가방을 챙겨 나온다.

앗, 그런데 퇴근하라고 한다고 가는 게 맞는 건가?

찍히는 거 아냐?

상사들이 퇴근하기 전까지 퇴근하지 말라고 들었는데.

에라, 모르겠다.

지하철에 간신히 타고 내리자마자 뛰어 정시에 재즈바에 도착한다.

휴, 다행이다.

나중에 회식이나 야근이라도 생기면 어쩌지.

취직했다고 사장님께 말씀을 드리니 손님이 제일 많이 오는 금, 토, 일만 나오라고 일정을 조정해주신다. 내가 꼭 필요하단다.

내가 누군가에게 필요한 존재라니, 얼떨떨하다.

이유를 물어본다. 많은 키보드 연주자들을 봐왔지만 건반 하나하나 정성을 다해 누르는 건 내가 처음이라고 한다.

그렇다. 나는 잘하지는 못해도 열심히는 한다.

머리가 나빠서 남들보다 두세 배로 공부했다.

아, 머리가 나쁘다기보다는 정신질환 때문이다.

운동신경이 나빠서 체육 수행평가도 남들보다 연습을 두세 배 했다.

잘나지 않아서 몸이 고생하는 것이다.

그렇게 몸을 고생시키니 누군가 알아준다.

나의 이런 무식한 방법이 통하다니.

신은 다 살길을 마련해주시는구나.

감사합니다.

2

취업하고 처음으로 병원에 가는 날이다.

이제는 정신과 가는 게 아무렇지 않다. 편의점 가듯이 간다.

의사 선생님에게 내 명함을 드리려고 한다.

자랑하고 싶다. 선생님 덕분에 취업도 했다고 고맙다는 인사
도 하고 싶다.

"안녕하세요, 선생님."

"안녕하세요."

"저 취업했어요."

내 이름 석 자가 반듯하게 적힌 명함을 드린다.

선생님은 명함 앞뒤를 몇 번이고 들여다보며 말한다.

"와, 정말 축하해요. 잘될 줄 알았어요."

"선생님 덕분이에요. 정말 고맙습니다."

"에이, 제가 뭐 한 게 있나요. 아버님께 감사하다고 하세요."

"제가 전에 말씀을 드렸나요? 저 재즈바에서 연주한다고."

"네."

"금, 토, 일요일에 하니까 혹시 회식하시거나 친구들과 술 한 잔하고 싶을 때 들르세요. 선생님께 한 번 들려드리고 싶어요."

"네, 꼭 한 번 들를게요. 어때요? 약은 잘 맞나요?"

"네, 요즘은 시간도 잘 지키고 잘 안 잊어버려요. 조급한 것도 없고요."

"좋아요. 이 주일치 드릴게요. 다음 진료 때 뵐게요."

"네, 선생님. 감사합니다!"

나의 첫 직장 생활은 순탄하다. 사람들도 좋고, 회사 위치도 좋고, 다 좋다.

불만족스러운 게 딱 한 가지 있다. 본사는 독일이고, 여기는 한국법인인데 왠지 모르게 독일인들이 시키는 대로만 움직이는 것 같다.

한국법인 매출이 크게 늘었음에도 불구하고 인원은 그대로 다. 한국법인 사장과 부사장 모두 독일인인데 한국 직원들이 너무 일방적으로 그들에게 굽실거리는 것 같다.

상사에게 그럴 수 있다는 점은 이해한다. 충분히 기분을 맞춰 줄 수 있다. 그런데 과장 정도 되는 독일인 파견직이 부장인 우리 팀장보다 연봉이 훨씬 높다는 것은 이해할 수가 없다.

일도 한국인들보다 설렁설렁 한다. 출퇴근도 자유로워 보인다.

외국인이라 아무도 안 건드리는 것인지, 본사 사람이라 안 건드리는 것인지 모르겠다. 혹시 사장, 부사장과 어떤 관계가 있는 건가.

내 자리에서 멀찌감치 사장 자리가 보였는데 딱히 뭐 하는 건 없어 보였다. 독일인 과장도 업무와 관계없는 인터넷 서핑을 하다가 중간에 어디론가 사라졌다가 한참 후에 돌아오고는 했다.

그게 불편했다. 나랑 아무 상관없고, 나에게 아무 피해도 주지 않는 그들이 내 눈에 자꾸 거슬렸다.

팀장이 나에게 지시 하나를 내렸다. 나는 금융프로그램을 만드는 팀에 있었는데 고객용 이자와 내부용 이자를 구분하라는 것이다.

고객용 이자와 내부용 이자? 수식대로 계산을 해보니 내부용 이자는 18퍼센트, 고객용 이자는 8퍼센트로 무려 10퍼센트포인트 차이가 난다.

팀장에게 불법이 아니냐고 물어봤더니 아니라고 한다. 수식에 따른 결과 수치이므로 법적으로 문제될 것이 없다고 한다. 회계법인과 법무법인의 검토까지 마쳤다고 한다.

실제 이자는 18퍼센트인데 고객에게 8퍼센트로 숫자 장난을 하다니 이해할 수 없었다.

그토록 원했던 취업인데 벌써 이런 생각을 하다니.

그냥 자본주의일 뿐이야.

그냥 회사의 일일 뿐이야.

무슨 생각을 그리 많이 해? 신입사원이.

그냥 다녀야지. 겨우 취직했는데. 배부른 소리하고 자빠졌네.

쓸데없는 생각하지 마.

나는 고개를 절레절레 흔든다.

점심을 먹고 혼자서 도심 속 거리를 걷는다.

좀 걸어야 소화가 된다.

내 꿈이 뭐였더라.

아, 보상받는 것.

보상받으려면 뭘 해야 하지.

땅을 사야지.

아끼고 아껴서 돈 모으고, 무슨 땅 살지 알아봐야지.

그러려면 공부부터 해야겠구나.

아끼고 공부하는 것, 이 두 가지가 내가 할 일이구나.

의사 선생님이 말씀하시기를 ADHD 정신질환을 가진 사람들은 뭐 하나에 꽂히면 잘한다고 했다.

그렇다면 나도 잘할 수 있겠지.

공부를 하려면 어떻게 해야 하지?

서점을 가야겠지.

3

퇴근하고 바로 서점으로 들어선다.

부동산 코너에 가서 땅, 토지 글자가 들어간 책들을 모조리 빼낸다. 겉 표지 예쁜 것만 추려보니 여덟 권 정도다. 대충 계산해보니 10만 원이 넘는다.

비싼데…… 아끼기로 했는데……. 엄마가 책값은 아끼지 말라고 했는데…… 중고책을 알아볼까.

노트에 책 제목과 저자를 적는다.

다음 날 퇴근해서 중고서점으로 간다. 여덟 권 중에 다섯 권이 있다. 가격도 3분의 1 가격이다. 이 정도면 성공이다. 다섯 권을 다 산다. 벌써 부자가 된 느낌이다.

내가 책을 사는 날이 올 줄이야. 교과서 아니면 평생 책을 안 볼 줄 알았는데.

집에 가서 스탠드를 켜고 제일 얇은 책부터 펼쳐본다. 첫 페이지를 읽는다. 예전 같았으면 첫 문장 읽고 딴 생각을 했을 텐데 요즘에는 글을 쭉 읽을 수 있다.

어려운 용어들이 있다. 모르는 용어는 책상 위에 굴러다니던 포스트잇에 정리해서 벽에 붙인다.

오, 좀 있어 보이는데?

책 내용이 재미있다. 10쪽, 20쪽이 넘어간다. 예전 같았으면 핸드폰 보고, 주방을 들락날락하고, 텔레비전에서 뭐 하나 봤을 텐데 지금의 나는 다른 모습이다.

대견하다.

돈을 모으려면 어떻게 해야 할까.

첫째, 소득의 극대화.

둘째, 소비의 최소화.

셋째, 소득의 극대화와 소비의 최소화를 합한 것.

지금 나에겐 직장에서 일을 해서 대가로 받는 월급뿐이다. 그 외에 돈 버는 방법은 아직 모른다. 따라서 현재 내가 할 수 있는 최선은 소비의 최소화다.

이제 돈 아끼는 방법을 모색해본다. 점심값으로 최소 6,000원은 쓰게 되는데 3,000원으로 해결할 수 있는 방법이 없을까?

근처 김밥천국에 간다. 분명히 얼마 전만 해도 기본 김밥이 1,500원이었는데 2,000원으로 올랐다. 배를 채우기에는 2,000

원짜리 한 줄로는 턱없이 부족하다. 두 줄을 먹으면 4,000원이다.

회사 근처에 한솥도시락이 있는지 검색해본다. 다행히 있다.

또 어디서 줄일 수 있지? 교통비를 아끼려면 자전거를 타고 다녀야 하나? 지하철로 한 시간인데 자전거로는 서너 시간은 걸리겠지. 그건 무리다.

다른 방법은 없을까. 오? 새벽에 일찍 타면 몇백 원 할인?

다음 날부터 새벽에 일찍 나가서 지하철을 탄다. 진짜 몇백 원 할인이 된다.

아침마다 파리바게뜨에 들러 빵 하나씩 사 들고 출근하던 루틴도 패스한다. 이제는 굶기로 한다.

점심시간이다. 팀장한테 오늘부터 혼자 먹겠다고 말한다. 외국계라 그런지 다들 각자 알아서 먹는 분위기다.

한솥도시락 매장으로 간다.

치킨마요 3,000원

참치마요 3,000원

오늘은 치킨마요를 먹자. 생각보다 양이 적다. 이걸 먹고 나면 오후 3시쯤 배가 고플 것 같다. 내일은 주문할 때 밥 좀 많이 달라고 해야겠다.

진짜 3시가 되니 배가 고프다. 정수기로 가서 종이컵에 차가운 물 반, 뜨거운 물 반을 섞는다. 연달아 세 컵을 마신다. 든든하다.

그런 생활을 몇 개월간 지속했다. 마요덮밥은 이제 맛으로 먹기보다는 배고파 죽지 않기 위해 먹는다. 재즈바의 알바 시급도 다른 알바보다 괜찮은 편이고, 회사 월급도 나쁘지 않았다.

책 다섯 권은 두 번씩 반복해서 읽어 내려갔다. 책을 읽으니 왠지 인생의 방향을 잡을 수 있을 것 같은 느낌이 들기 시작했다.

4

한국법인 사장이 다시 독일로 가는 날이다.

아침부터 분주하다. 팀장이 팀원들을 모아놓고 말한다.

"오늘 사장님 출국하시는 날입니다. 전부 공항에 가서 플래카드 들고 사진 찍을 거예요. 열 시쯤 출발합시다. 우리 팀에 차 가지고 온 사람 있나요? 나는 버스 타고 갈 거니까 공항에는 각자 알아서들 가세요."

여기서 인사하면 되지 무슨 공항까지 가서 인사를 해? 공항 가는 버스비가 무려 1만 원이 넘는데!

10시가 되자 직원들 수십 명이 우르르 버스에 오른다. 공항에 도착하니 비서가 어느 위치에 어떻게 줄을 서라고 일일이 정해준다. 그리고 큰 하드보드지를 나눠준다.

하드보드지에는 알파벳이 하나씩 쓰여 있다. 옆에 사람들이 무슨 알파벳을 들었나 쭉 보니 독일어다. 무슨 뜻인지 모르겠지만 느낌상 "회사를 이끌어줘서 고맙습니다.""승진을 축하합니다." 이런 뜻일 것 같다.

비서는 대포 같은 카메라를 들고 우리 앞에 선다. 웃으라고 한다. 독일로 돌아갈 사장은 가운데 맨 앞에 앉아 있고, 한국인들은 들러리를 서고 있다.

저 독일인의 눈에 우리 한국인들이 어떻게 보일까. 인간으로서 동료로서 부하 직원으로서 약간의 정은 있었을까.

모든 직원이 사진을 찍고 난 후에 독일인들끼리 모여 따로 사진을 찍는다고 한다. 한국인들은 사진에 나오지 않게 옆으로 빠진다.

사진을 다 찍고 나자 비서는 탑승 수속 게이트 앞에 일렬로 서라고 한다.

독일인 사장은 한 손에는 여권과 티켓을, 한 손에는 서류가방을 들고 들어간다. 우리는 그가 눈에 보이지 않을 때까지 박수를 친다.

5

독일 사장의 환송 행사를 계기로 회사에 정이 살짝 떨어졌다.

회사에서는 내부용 이자와 고객용 이자를 철저히 구분하고, 나는 그 이자를 계산하고 공지하는 업무를 계속한다. 고객들에게 계속 사기를 친다는 느낌은 지워지지 않는다. 피로감은 점점 쌓여간다.

그렇게 6개월쯤 지났을까. 오늘 점심도 한솥에서 마요덮밥을 시킨다. 하루는 치킨마요, 또 하루는 참치마요. 물린다.

하지만 아침을 굶기 때문에 배가 고파서 막상 먹으면 또 들어간다. 어제 저녁을 조금 먹고 잤기도 했고, 아침도 역시 안 먹기도 했고.

내 얼굴을 아는 아주머니에게 "밥 좀 더 주실 수 있어요?"라고 물어본다. 아주머니는 대답하지 않았지만 그 이후로 평소보다 서너 숟가락 정도 밥을 더 얹어주신다.

어느 날은 두 명이 앉기에는 좁은 자리에 어떤 여자가 먹고 있다. 나는 벽에 최대한 붙어서 여자의 오른팔에 부딪히지 않으려고 몸을 비스듬하게 꺾고 앉는다.

내가 앉자 얼마 되지 않아 일어난다. 그녀는 고기세트 도시락과 라면을 먹었는데 고기반찬과 컵라면의 면이 꽤나 남아 있다. 그녀는 쟁반 통째 계산대 옆에 놓고 나간다.

아주머니는 주방에서 뚝딱뚝딱 조리를 하고 있다. 본능적으로 나는 그 쟁반을 다시 내 옆으로 가지고 온다. 반찬들을 내 마요덮밥 위에 올려놓는다. 라면도 내 쟁반 위에 놓는다. 다시 그녀의 쟁반을 계산대 옆에 놓는다. 순식간이다. 갑자기 나의 식사가 풍성해졌다. 컵라면 면발도 아직 탱글탱글하게 살아있다.

배고픈 사람에게 자존심은 그저 사치이다.

그렇게 행복한 식사를 하는 도중 갑자기 회사를 그만둬야겠다는 생각이 든다. 고객들에게 사기를 치고 있다는 느낌이 지워지지 않는다.

집에 가서 취업사이트를 뒤진다. 직장을 다니면서 취업사이트를 보는 기분은 취업준비생 때의 기분과는 완전히 다르다. 취업한 자의 여유와 약간의 거만함이 있다.

나는 어차피 불합격 인생이다. 떨어져도 본전이다. 국내 대기업들만 골라 이력서를 넣는다.

두 군데 최종 합격을 한다. 연봉이니 복지니 회사 규모니 그런 거 말고 집과 지하철 한 정거장이라도 가까운 곳을 선택한다. 1년 다녀보니 직장은 집과 가까운 게 최고다. 책에서 본 '직주근접'이라는 단어가 이해가 간다.

회사에 퇴사 통보를 한다. 인사팀장과 퇴사 인터뷰를 한다. 내가 나가는 것을 아쉬워한다. 아쉬운 척하는 건지, 진짜 아쉬운 건지 모르겠다.

마지막이니만큼 궁금한 점을 물어보기로 했다.

"저보다 더 좋은 학교 나오고 스펙 좋은 사람 많았을 텐데 왜 저를 뽑으셨어요?"

"그게 궁금했어요? 학점은 나쁘지 않았던 것 같고…… 사실 사람들 생각처럼 외국계가 영어 점수를 많이 보진 않아요. 단순히 스펙 높은 지원자를 원하지 않는다는 얘기지요. 면접에서 훈련된 대답을 하는 사람보다는 우리 회사 문화와 맞는 사람을 원해요."

"제가 좀 달랐나요?"

"그럼요. 그러니까 지금도 기억하죠. 자기소개서를 정말 신선하게 쓰셨던데요? 거기다 면접 때 남자 지원자들은 하나같이 파란색 넥타이였는데 혼자 핑크색 넥타이를 매고 오셨죠. 어찌나 눈에 띄던지…… 하하."

나는 다른 친구들처럼 취업스터디 모임 같은 것을 하지 않았다. 자기소개와 지원동기는 그냥 내 마음대로 썼다. 그런 어리숙함과 솔직함이 먹혔던 것이다.

1년 동안 월급 통장에 매달 200만 원 약간 넘게 들어왔다. 1년 간 절약하고 모은 돈은 2천만 원. 대략 2천 500만 원을 받았고, 500만 원을 쓴 셈이다.

가장 돈이 많이 들었던 것은 밥값, 책값, 교통비, 통신비 순이다. 그래도 책값이 2위에 있다는 게 나름 공부를 했다는 증거다. 집에는 꽤 많은 재테크, 부동산, 자기계발, 경제 책들이 모였다.

6

돈을 벌고 싶다.

새로 취직한 국내 대기업은 전에 다녔던 외국계보다 연봉이 조금 더 높다. 더 바짝 절약해서 더 많이 모아 보상받을 수 있는 땅을 살 것이다. 보상을 많이 받아서 해외여행도 가고, 내가 폐차시킨 아버지 차도 사드리고, 경운기 소리 나는 우리 집 냉장고도 바꿀 것이다.

내가 돈을 많이 벌고 싶은 진짜 이유는 세 가지다.

첫 번째.

어머니와 말도 못하게 허름한 동네를 지날 때였다. 어머니는 "네가 기억은 못하겠지만 여기가 예전에 우리가 살던 동네 중 하나야"라고 말씀하셨다.

내가 저기서 살았다고?

다 쓰러져가는 집들 수십 채, 수백 채가 빽빽하게 붙어 있었다. 기억 속에 있는 옛집들보다 더 가난한 동네였다. 지금 살라고 하면 절대 못 살 곳이었다. 하지만 지금이라도 돈이 없어지면 다시 가서 살아야 할 곳이다. 저 쓰러져가는 집에 다시 들어가지 않기 위해서라도 돈을 벌어야 한다.

두 번째.

어머니는 내 고등학교 졸업 기념으로 가족 첫 해외여행을 준비하고 있었다. 어머니는 아끼고 아껴 500만 원이라는 돈을 모으셨다.

아버지의 사업은 규모가 커져 직원 수도 많아졌지만 계속되는 설비투자와 직원복지 확대, 막대한 접대 비용, 거래처의 부도 등으로 막상 집에 가지고 오는 돈은 얼마 되지 않았다. 어머니는 수년간 그런 돈을 어렵게 모으고 모아 500만 원을 마련했다.

그러던 어느 날 할아버지가 어머니에게 전화를 하셨다. 타던 오토바이가 고장이 났다며 새것을 사달라는 얘기였다. 어머니는 아버지에게 별 얘기 없이 200만 원이 든 봉투를 할아버지에게 가져다드렸다. 아버지가 알았다면 어떻게든 수리를 하거나, 아버지의 부족한 용돈을 털어서라도 돈을 드렸을 거라 생각하셨기 때문이다.

그런데 다음 날 할아버지에게서 다시 전화가 왔다. 200만 원이 든 봉투를 잃어버렸다는 것이다. 이 말은 즉 돈을 잃어버렸으니 200만 원을 또 달라는 뜻이었다.

혹시나 할아버지가 그 봉투를 어디 서랍에 두고 잊어버린 건 아닌가 싶어 나와 엄마는 바로 할아버지 댁으로 달려갔다. 문이 열려 있어 대문 안으로 들어서려는데 할머니와 할아버지가 싸우는 소리가 들렸다. 할머니는 할아버지가 돈을 잃어버린 게 아니라 숨긴 거 아니냐며 두 분은 한참을 다투고 있었다.

어머니와 나는 한동안 대문 밖에서 조용히 싸움이 가라앉길 기다렸다. 그러고는 이제 막 도착한 척, 밝은 목소리로 인사하며 200만 원이 들어 있는 봉투를 드리고 돌아왔다.

그렇게 우리 가족 여행 경비는 500만 원에서 100만 원으로 줄었다. 외국여행은 물 건너갔고, 해외 대신 강릉으로 3박4일의 여행을 떠났다.

돈 때문에 할아버지와 할머니는 싸우셨고, 돈 때문에 우리 가족은 손꼽아 기다리던 첫 해외 여행을 가지 못했다.

세 번째.

만일 내 친구가 토지보상을 받았다는 소식을 듣는다면, 그 금액이 20년 넘게 번 돈과 비교할 수 없이 큰 금액이라면, 내 마음은 괜찮을까.

아버지는 사업을 하고 계셨지만 근로자와 똑같이 공장에서 일을 하신다. 사장이지만 소득도 직원과 별반 다르지 않다. 일감이 많아서 수익이 나더라도 일감이 없는 기간의 적자를 메워야 했기에 결국엔 남는 게 별로 없다고 했다.

60억 보상을 받은 아버지의 친구는 거의 매일 골프를 치러 다닌다고 한다. 두 자녀를 미국으로 유학 보내고, 가끔 미국으로 자식들을 보러 간다고 한다.

반면 아버지는 매일 손에 기름 때를 묻히고 퇴근하신다. 공장

점퍼는 먼지와 기름으로 뒤덮여 웬만한 세탁세제로는 잘 빨리지도 않는다.

아버지 친구의 차 트렁크에는 골프채와 쇼핑백이 있다.

아버지의 차 트렁크에는 제품 샘플과 공구, 헬멧, 작업화들이 있고 바닥 매트에는 모래와 흙들이 묻어 있다.

두 분의 삶 자체는 동등한 가치를 갖지만, 삶의 질은 다르다.

처음에는 직업 때문인 줄 알았는데 아니다. 결국 돈 때문이다.

이것이 내가 돈을 많이 벌어야겠다고 생각하는 세 번째 이유다.

내가 유명 운동선수나 연예인이 되지 않는 한 그런 큰돈을 절대 만질 수 없을 것 같았다. 그렇다고 사업을 할 용기도 없었고 사업을 할 머리도 없었다. 공부처럼 혼자 할 수 있는 게 나와는 더 잘 맞기도 했다. 그래서 나는 아버지 사업을 물려받거나 다른 장사를 하지 않고, 아버지 친구의 길을 가기로 했다.

그때는 자본소득과 노동소득이라는 개념을 잘 몰랐다. 그저 땅 부자와 사업가 또는 근로자라는 개념만 알았다. 책 50여 권을 읽고 난 후에야 자본소득에 대한 개념을 조금씩 이해하기 시작했다.

가난하게 살았음에도 아버지는 나라 탓, 사회 탓, 부모 탓을 하지 않았다. 그 때문인지 나도 누구 탓을 하지 않으려 한다.

서점에 가면 남들은 해외여행 준비로 여행책자를 본다. 그들이 어느 나라, 어느 도시에 관련된 책을 보는지 살펴보기도 한다.

그들이 부럽기도 하지만, 내 돈을 훔쳐간 것도 아니고, 이 사회가 나를 일부러 가난하게 만든 것도 아니다. 그저 내 상황이 이런 것뿐이다. 그것을 인정하고, 내가 이 상황에서 벗어나려고 공부하고 실천할 뿐이다.

변명만 늘어놓고, 불평만 늘어놓고, 불만만 늘어놓는 것은 어느 누구에게도 도움이 되지 않는다.

돈이 인생의 대부분을 일만 하다가 끝나게 만든다.

돈 때문에 아쉬운 소리를 해야 한다.

돈 때문에 배가 고파야 한다.

돈 때문에 추위에 떨어야 한다.

그 돈으로부터 자유로워지고 싶었다.

돼지고기가 들어 있는 땅

1

새로운 회사에 다닌다.

부모님은 자랑스러워하신다. 외국계 회사보다는 국내 대기업에 더 만족해하시는 눈치다. 효도했다는 기분이 든다.

내 동기는 대략 100명이다. 120명이 최종 합격했는데 20명은 다른 회사를 선택했다고 한다.

여기는 사내식당도 있다. 나가서 사 먹지 않아도 된다. 돈을 아끼기 위해 노력한 부분 중 하나가 식비를 줄이는 것이었는데, 돌이켜보면 노력보다는 희생에 가까웠다. 내가 선택한 것이라 스스로 노력이라고 미화했을 뿐이다.

돈을 아끼면 통장 잔고만 성장할 줄 알았는데 나도 성장했음을 느낀다. 정확히 말해서 나의 '독함'이 성장했다.

나랑 같은 층에서 일하게 된 동기는 열 명 정도. 우리는 꽤 친하다. 다 같이 모여 탕비실에서 취업 준비하던 시절 이야기도 하

고, 각자 팀 분위기 이야기도 하고, 처음 부여받은 업무 이야기
도 한다.

동기가 있다는 게 이렇게 좋을 줄이야.

예전 회사에서는 혼자 말하고 혼자 대답했는데 지금은 상대
방에게 말하고 상대방이 대답을 해준다. 다양한 의견들이 있기
에 나의 좁디좁은 사고를 넓혀준다.

좋다. 이직하기를 잘했다. 누구는 예전에 다니던 외국계 회사가
더 좋은데 왜 이직했냐고 하지만 나는 이 회사가 더 좋다.

아버지와 어머니께 명함을 열 장씩 드린다. 뿌듯한 미소를 지
으시며 나를 대견하다는 듯 바라보신다.

명함 한 장을 식탁 유리 아래에 끼워두신다.

아버지 지갑에도 하나 끼워두신다.

어머니 화장대 거울 아래에도 하나 끼워두신다.

2

병원에 가는 날이다.

1년 넘게 매주 가다 보니 선생님과도 꽤 친해진 것 같다. 의사
선생님에게도 새로 취업한 회사의 명함을 드린다. 여기 아는 회
사라며 축하한다고 말씀하신다. 자기 후배가 재즈를 좋아한다
며 조만간 재즈바에 한 번 가겠다고 한다. 말만이라도 고맙다.

몇 개월이 지났다. 동기들끼리는 더 돈독해졌다. 나만 빼고.
동기들끼리는 회사 업무가 끝나고 술도 마시고, 주말에 만나서

놀러가기도 한다.

나는 술 마시는 데 돈을 쓸 금전적 여유가 없다. 주말에 놀러 갈 금전적, 시간적 여유가 없다. 동기들이 처음 몇 번은 같이 가자고 물어봐주었다. 지금은 물어보지 않는다. 공통 관심사가 줄어든다. 외톨이가 된 느낌이지만 어쩔 수 없다. 나는 혼자 지내는 것에 익숙하다.

오늘은 동기들이 주말에 1박 2일로 계곡에 놀러가자고 해서 잠깐 고민을 하지만 그럴 수 없다. 내가 몇 군데 찾아 놓은 땅을 보러 가야 한다.

토요일 아침부터 오후까지는 땅을 보러 다니고, 저녁부터는 재즈바에 간다. 재즈바에서 새벽까지 일하고 집에서 기절하듯이 잠들지만, 아침 7시에 일어나 책을 펴고 공부를 한다.

지금의 나에게 업무 시간은 종잣돈을 모으기 위한 시간이고, 여가 시간은 종잣돈을 불리기 위한 시간이다.

월요일부터 금요일까지 출퇴근 시간, 점심시간, 퇴근 후 집에서는 항상 책만 읽는다. 회사 책상에도 책들이 제법 쌓여 있다.

누가 보면 책 보러 회사 다니는 줄 알겠다. 다른 사람들 책상에는 리더십, 조직생활, 엑셀강좌 같은 책이 있다. 내 책상에는 부동산, 토지, 부자, 돈, 성공과 관련한 책이 있다. 책 제목이 안 보이도록 책등을 뒤쪽으로 돌려놓는다.

주변 사람들은 나에게 위로인지 동정인지를 하기 시작한다. 왜 그렇게 힘들게 사냐고, 그렇게 살아서 뭐 하냐고. 처음에는 나를 배려하는 것인 줄 알았다. 알고 보니 질투와 불안함이었다. 다 함께 월급쟁이로 쭉 살아야 하는데 내가 자기들보다 성공하고 돈 많이 벌면 어떡하냐는. 그런 주변의 시샘은 더 열심히 하라는 응원이다. 그들의 질투 섞인 눈빛들이 나에게 더 힘을 준다.

내가 아무리 정신질환자여도 자기들이 뭔데 나의 가능성을 짓밟으려는 건지. 지금의 나는 대서양 한가운데에 던져진 꽃게보다 못한 꽃게랑이지만 언젠가 한 마리의 돌고래가 되어 마음껏 바다를 횡단하겠다고 다짐한다.

3

주말마다 본격적으로 땅을 보러 다닌다.

힘들지만 꼭 필요한 일이다. 아파트, 상가, 토지 전문가들이 공통적으로 하는 말이 있다.

현장에 답이 있다.

현장을 가지 않으면 답을 찾기 어렵다는 뜻이다. 내가 순간이동을 할 수 있는 것도 아니고, 축지법을 쓸 수 있는 것도 아니라서 현실적으로 갈 수 있는 거리로 제한한다. 그리고 여기에 내 상황에 맞는 원칙을 하나 더 추가한다.

대중교통을 적절히 이용해서 갈 수 있는 곳.

지금 살고 있는 경기도. 경기도 안에 있는 서울.

이 두 곳이 나의 타깃이다.

서울의 토지 시세를 검색한다. 터무니없다. 너무 비싸다. 남은 땅도 별로 없다. 서울에 인접하여 경계에 있는 경기도 또한 너무 비싸다. 나의 자금으로 가능한 곳은 경기도 외곽이다. 서울을 타깃에서 뺀다.

경기도 외곽만 선택하고 집중적으로 본다. 경기도 내에서 개발이 아직 덜 되었지만 가능성이 있는 지역을 추려본다. 그 중에서도 시세가 가장 낮은 쪽에 속하는 개발되지 않은 토지 위주로 본다.

네이버와 다음 지도를 번갈아 가며 위성지도를 확인한다. 위성지도로만 봐도 경기도의 미개발지가 얼마 남지 않았다.

신도시 건설 계획이 잡혀 있거나, 그렇지 않은 곳은 개발제한 구역 즉, 그린벨트로 묶여 있다.

책에서 얻은 지식과 상상력을 동원하여 골라놓은 현장을 간다. 막상 가니 바람에 산들거리는 벼만 보인다. 아니면 비료 냄새와 진흙 바닥뿐이다.

손에 들린 등기부등본과 토지대장. 저 앞에 훵하게 보이는 땅.

현장에 답이 있다고 하는데 주관식인지 객관식인지조차 모르겠다. 근처에 집이나 비닐하우스조차 없는 곳을 바라보며 앞으로 걷는다. 돌뿌리에 걸려 발을 헛디딘다. 민첩한 순발력인지 운동신경인지 철퍼덕 넘어지지는 않고, 손으로 땅을 겨우 짚는다.

손을 털고 일어난다. 방금 여기는 분명 경기도 어딘가였는데 정신을 차려보니 가본 적도 없는 사하라 사막이 눈앞에 펼쳐져 있는 것 같다.

왜 답이 안 보일까. 내가 너무 서두르는 건가. 수학문제조차도 풀려면 이렇게도 접근해보고 저렇게도 접근해봐야 하는데 너무 한 번에 답을 찾으려고 한 걸까.

누군가 정답을 알려줬으면 좋겠다. 아니, 알려주지는 않아도 힌트라도 줬으면 좋겠다.

마라톤에 관한 이론을 빠삭하게 외웠지만 그동안 습득한 이론 따위는 적용할 새도 없이 몇백 미터 뛰다가 금세 지쳐버리는 마라톤 초보자 같다. 방구석에서 이론으로 공부하는 것과 실전에서의 입장에는 엄청난 차이가 있다.

그래도 성과가 아예 없는 것은 아니다. 지도에서는 평지처럼 보이는데 실제로는 안쪽으로 푹 들어가 있거나, 경사가 있거나, 불법건축물이 있는 경우가 있다. 주변에 송전탑이나 묘지, 축사가 있는 경우도 있다.

특히 송전탑은 주민들이 왜 목숨 걸고 반대하는지 이유를 알 것 같다. 축사는 다른 곳으로 옮길 가능성이라도 있지만, 송전탑은 한 번 세워지면 갑자기 목성이 궤도를 이탈해서 지구와 충돌해 세상이 산산조각 나기 전까지는 그 자리 그대로에 있다. 집단이기주의니 뭐니 그런 단순한 문제가 아닌 것 같다.

4

토요일 저녁 공연이 끝나고 일요일 새벽 2시에 집에 들어왔다.

씻고 눕는다. 자려고 하는데 귀에서 드럼 소리와 키보드 소리가 들린다. 스피커 옆에 몇 시간 동안 있어서 그런지 아직도 연주를 하는 것 같다. 그러다가 잠이 든다.

눈을 감자마자 알람 소리가 들린다.

아, 일어날까 말까. 일요일인데. 누구와 약속이 있는 것도 아닌데 수백 가지 핑계를 순식간에 만들어낸다.

모르겠다. 조금 더 자야겠다.

얼마나 잤을까. 깨어보니 오후 12시다. 해가 중천에 떠 있다.

꾸역꾸역 옷을 챙겨 입고 예정된 매물을 보러 간다. 목적지에 도착해 한 시간을 넘게 걷다 보니 목 뒤가 따갑다. 머리는 용광로처럼 지글지글 끓는다. 티셔츠는 염전이다. 겨드랑이의 워터파크는 이미 개장했다.

더위에 지쳐 걸음걸이가 느려진다. 만사가 귀찮아진다. 알람에 맞춰 일어나 아침 일찍 왔더라면 이렇게 덥지 않았을 텐데, 이렇게 귀찮아지지도 않았을 텐데 후회가 된다. 왜 그때 나에게 자도 된다고 했을까.

나는 또 도망치는 놈이 된 건가.

절실함이라는 게 있는 걸까.

목표도 정했고, 공부도 하고 있고, 최선을 다하고 있는 거 같은데…… 아니, 최선? 최선을 다하고 있긴 한 걸까?

최선을 다한다? 이 모호한 말의 뜻은 뭐지? 여태까지 내가 해왔던 '이 정도면 됐다'라고 하는 태도. 이게 과연 최선일까?

김연아 선수와 이상화 선수가 젊음을 바쳐 얼음판 위에서 온몸을 혹사시킨 것만큼 내가 최선을 다하고 있는 걸까?

지금 내가 흘리는 땀은 그저 여름의 더위에 흘리는 땀이다. 그동안 남들이 쉬는 날 물건 몇 개 보고 몸이 피곤해진 것에 최선을 다했다고 생각한 것 같다. 아마도 최선을 다한다는 기준이 없었던 것 같다.

게임처럼 레벨이 올라가고, 시험처럼 점수가 나오는 것도 아니다. 평가할 수 있는 기준을 만들어야겠다.

진짜 힘들어서 흘리는 마지막 땀 한 방울까지 쥐어짜내고, 쓸 수 있는 에너지를 몽땅 써버리고, 오늘이 끝나면 정신과 육체가 탈탈 털려 집에 돌아갈 기운조차 없는 수준이 되어야 진짜 노력을 다한 것으로 하자.

집에 돌아갈 힘이 남아 있다면 그날은 최선을 다한 게 아니다. 택시가 아니면 집에 갈 방법이 없을 정도가 되어야 최선을 다했고 노력을 한 것이다. 이것이 앞으로 나의 평가기준이다.

그렇게 집에 도착하면서 나는 생각한다.

나는 오늘 꽤 괜찮은 놈이었다고.

5

책을 읽어보고 혼자서 임장을 다니며 독학을 했다.

그렇게 몇 달이 지났다. 시간은 참 배려 없이 흘러간다. 혼자서 공부하는 데에도 한계가 있다. 시간을 아끼고 싶다는 생각이 들었다.

어느 책에서 부동산 사장님의 지식을 내 것으로 만들라는 말이 있었는데 실천은 하지 못했다. 가끔 부동산중개소를 갔지만 보고 싶은 땅을 그저 내 주관적으로 평가한 적이 대부분이었다.

땅값이 계속 오르고 있는 이 시점에서 부동산 사장님이라는 지식인을 만나야겠다. 내 주관적 평가가 아닌, 전문가의 관점이 필요하다.

땅을 보러 가기 전 근처 부동산중개소 몇 군데에 전화해두고 주말에 여는지 물어본다. 여는 곳을 골라 약속을 잡고 간다. 아파트 주변에 있는 부동산과는 분위기가 다르다.

부동산 문을 연다. 문에 매달려 있는 종이 딸랑딸랑 소리를 낸다. 꽤 높은 음이다. 피아노 건반의 맨 오른쪽에서 세 번째 정도 음이다.

간판도, 테이블도, 소파도 모두 낡았다. 정수기 물은 왠지 수돗물인 것 같다. 사장님은 안에서 담배를 피셨나 보다. 냄새가 절어 있다.

"안녕하세요."

"무슨 일이세요?"

손님이 들어왔는데 무슨 일이냐니.

"땅 보러 왔습니다."

"아이고, 젊은 양반이 무슨 땅?"

"네, 땅 좀 보고 있는데요. 근처 좀 알아보러 왔습니다. 매물이 있는지도 궁금하고요."

"이쪽 주변은 다 그린벨트인데, 알고 왔어요?"

"네, 보상받을 만한 땅을 찾고 있어요."

"보상? 어느 세월에? 그린벨트 풀리려면 총각 손주가 태어날 때나 가능할걸요?"

"네? 아…… 네……."

"그리고 요즘 깐깐해져서 보상도 막 안 해줘요. 공시가랑 시세랑 계산해서 하는데 시세보다 못 받는 경우도 많아요. 그래서 요즘은 보상받는 거 안 좋아해요, 여기 땅 주인들은."

내 꿈이 보상받는 거였는데 땅 주인들은 보상받는 거 안 좋아한다니…… 이게 무슨 말인가.

"그린벨트 풀린다, 개발한다 뭐 어쩐다 이런 말 나오면 땅 값 오르고 땅 사겠다는 사람들 많아지면 그때 비싸게 팔지. 좀 아는 사람들은."

"땅을 사는 사람이 많나요?"

"그럼 많지요. 그러니까 내가 30년째 여기서 먹고 살고 있죠."

"네…… 꼭 보상을 받지 않아도 시세차익을 거두라는 말씀이시네요."

"맞아요. 좋은 땅은 서로 사겠다고 난리예요."

그래, 꼭 보상만이 답이 아니다.

물건을 싸게 사서 마진을 붙여 팔 듯 땅도 그렇게 하면 된다.

"그런데 땅도 시세가 빠지고 그러나요?"

"아파트는 그럴 수 있어도 땅은 그렇게 확 빠지지는 않아요. 그렇지만 아무래도 땅은 팔기가 아파트보다는 어렵지요. 찾는 사람이 그보다는 적으니까. 땅은 부동산에서도 고수의 영역이에요. 땅에 한 번 맛 들리면 아파트, 상가 이런 거 안 해요. 총각은 땅 보는 거 처음인가 보네."

"보러 다니기만 했지 아직 한 번도 사본 적이 없어요."

"매물 지금 나온 것 중에는 괜찮은 거 없고, 하나 나오면 연락할 테니 연락처 주고 가요."

짧은 순간, 짧은 대화였는데 책에 없는 많은 것을 배웠다. 부동산 바로 앞에는 벤츠 S클래스가 세워져 있다. 주변에 아무것도 없는 이 휑한 곳에 고급차라니. 저 사장님 차가 틀림없다. 저렇게 한가해 보이지만 겉모습으로 평가하면 안 된다.

나는 알고 있다. 부동산 사장님들은 연락처만 남기고 가면 절대 연락을 안 준다는 것을.

다른 부동산에도 들어가본다. 처음에 만났던 사장님과는 다르다. 엉뚱하게 주변 아파트를 소개하거나 나 같은 초보자가 봐도 이상한 땅 매물을 소개한다. 별로다. 이 사장님들한테는 내 핸드폰 끝자리 마지막 한 자리를 다르게 알려주고 나온다.

처음 갔던 부동산에 다시 가야겠다. 다음 주에는 점심시간에 맞춰 짜장면 미리 주문해놓고 가야지. 같이 식사라도 하면서 그분의 지식을 내 것으로 만들어야겠다고 다짐한다.

6

집으로 돌아오는 길에 많은 생각을 한다.

인생을 살아가면서 고수를 만날 필요가 있다. 앞으로 고수들을 찾아 지식을 더 깊고 넓게 키워야겠다고 마음먹는다.

집에 도착해 서둘러 양복으로 갈아입는다. 재즈바에 온 손님들, 내 음악을 듣는 관객들에 대한 최소한의 예의는 이 양복에서 시작한다.

피아노 연습량이 줄긴 했지만 새로운 곡을 받을 때는 완벽히 소화할 수 있도록 연습을 한다. 머리 나쁘고, 센스 없는 내가 잘하는 것은 노력, 노력, 노력뿐이다.

남들만큼 하려면 두 배는 더 노력해야 한다.

우리 밴드는 내가 처음 시작한 멤버 그대로다. 다들 각자 직업이 있고, 이 일을 즐긴다. 이제 합이 잘 맞아서 진짜 밴드 같은 느낌이 난다.

두 번째 연주가 끝나고 잠깐 숨을 고른다. 손님이 얼마나 왔나 둘러본다. 익숙한 얼굴이 있다.

아, 의사 선생님이 오셨다!

일행도 있다. 그때 재즈 좋아한다는 후배라는 사람인가.

선생님과 눈이 마주쳤다. 선생님이 손을 흔든다. 나는 웃으며 고개를 끄덕인다.

그런데 옆에 빛이 나는 분은 대체 누구신지.

선생님은 잘 안 보이고 그 옆에 있는 후배만 보인다.

느낌이 온다.

어둡고 멀리 있지만 저 사람만 환하게 보인다.

세 번째, 네 번째 곡이 끝나고 쉬는 시간이다.

나는 다른 손님들 눈에 띄지 않게 조용히 의사 선생님과 그녀가 있는 곳으로 간다.

"선생님, 와주셔서 감사합니다."

"공연 너무 좋았어요. 잘 들었어요."

"아, 감사합니다."

"여기 제 후배예요. 인사해요."

가까이서 보니 그녀의 똘망한 눈망울에 빨려 들어갈 것만 같다. 나를 빤히 쳐다보는데 심장이 터질 것 같다.

화장기 없는 얼굴. 수줍은 듯한 미소. 동그랗고 맑은 입술.

"안녕하세요. 연주 너무 좋아요. 자주 올게요."

선생님이 말씀하신다.

"이 친구는 지금 레지던트 하고 있어요. 저랑 같은 정신과예요. 아, 오빠네. 스물 아홉인가요?"

"네, 올해 스물 아홉입니다."

"오빠, 동생해요. 이러면서 친구 사귀는 거지."

의사랑 나랑 오빠 동생하라고? 내가?

저렇게 고공 비행하는 사람이랑 나처럼 저공 비행하는 놈이랑?

나와는 다른 상공에 있는 사람이다.

저 후배라는 사람이 비웃을 것만 같다.

한 차례 공연을 더 보고는 다음 쉬는 시간에 선생님과 그녀는 나에게 인사를 하고 돌아갔다.

그날 밤 피곤해서 쓰러져 자야 하는데, 그녀의 표정과 눈빛이 내 눈 바로 앞에서 왔다 갔다 한다.

내가 지금 누구를 좋아할 땐가. 얼굴만 보고 사랑에 빠지는 그런 가벼운 놈인가. 사람 성품도 모르고 좋아하는 그런 놈인가.

그런데 그녀는 다른 사람과는 다르다.

그저 스쳐 지나가는 그런 느낌이 아니다.

그래, 어차피 연락처도 모르고, 나랑 사귈 가능성은 전혀 없는데, 깊이 생각하지 말자.

누군가로 인해 이렇게 설렘을 느끼다니.

부동산 공부와 회사 업무로 빡빡한 일상 속에 활력이 생긴다.

7

일주일이 지나고, 지난 주에 갔던 부동산중개소에 다시 간다.

짜장면을 대접할까 했는데 그건 좀 오버인 것 같아서 빵과 음료수를 사서 간다. 오늘도 부동산 앞에는 세차한 지 한참은 되어 보이는 벤츠 S클래스가 서 있다.

사장님은 슬리퍼 차림에 후줄근한 셔츠를 입고 텔레비전을 보고 있다. 셔츠 단추 세 개 중에 가운데 것 하나만 채워져 있다. 맨 아래 것도 아닌 중간 단추만 채워져 있는 이유가 궁금하다.

"안녕하세요."

"어? 지난 주에 왔던 총각이네."

두 번째 보는 건데 말을 바로 놓으신다.

"네, 기억하시네요."

"그럼, 그럼. 여기는 총각처럼 젊은 사람들 거의 안 와. 당연히 기억하지. 일주일밖에 안 됐는데. 뭐 때문에 왔어?"

"좋은 땅 하나 꼭 사고 싶습니다."

"하하하하. 밥 먹었나?"

"아, 아니요. 사장님이랑 빵 같이 먹으려고요."

"나 빵 안 먹어. 소화 안 돼서. 밥 먹으려던 참인데 같이 시켜서 먹자고."

테이블에 있는 명함을 흘긋 보니 박 씨다. 박 사장님은 김치찌개 2인분을 시킨다. 테이블 위에 어제 날짜의 신문을 펼친다. 밥이 도착하고 두 사람은 먹기 시작한다. 박 사장님이 말씀하신다.

"땅은 어려워."

"네⋯⋯."

"내가 이 집 김치찌개를 왜 좋아하는 줄 알아?"

"왜요?"

"언뜻 보기에는 다 같은 김치찌개 같잖아. 그런데 여기는 달라."

박 사장님이 숟가락을 깊이 집어넣더니 무언가를 푹 떠서 든다.

"자, 봐. 돼지고기. 여기는 돼지고기가 밑에 잔뜩 깔려 있어. 김치만 끓인 김치찌개와 돼지고기를 넣고 끓인 김치찌개는 맛이 완전 다르지. 먹어봐."

나는 숟가락으로 국물을 살짝 떠서 먹는다.

와, 이 국물!

진짜 깊은 맛이 난다. 숟가락으로 찌개 바닥을 헤집어본다.

이 두툼한 고기! 여기는 국물 반 고기 반이다. 이번에는 김치와 돼지고기, 밥을 한 번에 먹는다. 세 가지 맛의 삼위일체가 무엇인지 보여준다. 맛에 빈틈이 없다.

박 사장님이 만족스러운 표정으로 묻는다.

"어때? 맛있지?"

"네, 엄청 맛있어요."

"땅도 언뜻 보기에는 다 똑같아 보여. 저기 있는 논들 좀 봐. 전부 똑같이 생겼어. 다 논이고 밭이야."

"네, 그렇네요."

"생긴 건 같아도 가치는 다 달라. 총각이 이 동네를 개발하는 정치인이나 공무원이라고 생각했을 때 어떤 위치의 땅을 개발할지는 이 돼지고기에 달렸어."

"네?"

"개발 압력. 개발 가능성. 눈에 보이지 않는 그것이 바로 성패를 좌우하는 돼지고기야. 이 돼지고기가 들어 있는 땅인지 없는 땅인지 분별해 내는 안목이 중요해."

돼지고기가 들어 있는 땅.

순간 너무 놀라 씹어야 한다는 것조차 잊어버렸다.

"그, 그런 안목을 어떻게 기르죠?"

"그건 과거의 자료들에 답이 있어. 어디가 어떻게 개발이 되었는지, 어떤 토지들이 개발이 되고 거래가 많았는지, 나란히 있는 땅이라도 왜 가격이 두 배 이상 차이가 나는지 조사해보면 답이 보여."

"어떻게 조사를 하나요? 그런 자료들은 어디에서 찾고 어떻게 조사하면 되는 건가요?"

"서점에 있는 부동산 책에는 없지. 그런 자료들이 책에 있겠어? 있으면 다 부자 되게. 그런 보물 같은 자료들은 일일이 발로 뛰면서 찾아봐야지."

오늘도 나는 박 사장님께 책 50권에 맞먹는 지식을 배운다.

"총각, 지난 주에 오고 다시는 안 올 줄 알았는데 찾아왔네, 하하. 진짜 좋은 땅 나오면 내가 사지. 왜 남한테 주나? 안 그래? 그런데 이제 나는 땅 욕심도 없고, 젊은 친구 도와준다고 생각하고 괜찮은 매물 나오면 알려줄게."

"네, 박 사장님. 또 올게요. 밥 잘 먹었습니다. 좋은 말씀 감사합니다."

사장님에게 인사를 한다. 인사를 하려고 고개를 숙이는데 사장님 셔츠의 단추들이 눈에 들어온다.

맨 아래 실밥이 거의 다 풀려 단추 하나가 위태롭게 달랑달랑 매달려 있다. 중간 단추만 채운 이유를 알겠다.

부동산을 나오면서 박 사장님 차를 다시 본다. 일반 도로를 다니면 저렇게 더러워질 리가 없는데 왜 저런 고급세단에 흙탕물 튄 자국이 많은 걸까.

집으로 가는데 머리와 가슴과 배를 가득 채운 듯해 기분이 날아갈 것만 같다. 오늘 저녁 재즈 연주도 잘될 것 같다.

그 뒤로 다른 지역의 부동산도 간다. 부동산은 나의 놀이터이자 나의 배움터이다.

놀면서 배운다. 배우면서 논다.

박 사장님의 조언대로 국토부, 시청, 구청, 주민센터 등등 해당 동네에 관련 자료를 싹 다 모아 출력한다. 대백과사전이다. 하나하나 놓치지 않고 읽어본다.

10년 전 진행하려 했던 사업이 이제야 시작하는 것들이 수두룩하다. 아예 취소된 것은 더 많다.

읽어도 읽어도 끝이 보이지 않는다. 수능공부는 그렇게 하기 싫었는데 이건 재미있다.

"나무를 베는 데 한 시간이 주어진다면, 도끼를 가는데 45분을 쓸 것이다."

링컨 대통령의 말이 떠오른다.

내 옆에 수북이 쌓인 자료들이 나의 도끼를 갈아줄 것이다.

나의 여신님

1

출근길에 책을 읽다가 눈이 피로해진다.

눈을 감고 고개를 뒤로 젖힌다. 머리가 몽롱하다. 피곤해서 그런 것도 있지만 책을 읽다 보니 전에 읽었던 내용들과 지금 읽는 내용들이 뒤죽박죽 섞인다.

책을 읽고 사람을 만나고 온갖 자료들을 찾아보면서 무언가 배워가고 있는 것 같기는 하지만, 눈에 보이는 성과가 없다. 결과물이 없다.

지금 내가 하고 있는 게 맞는지 모르겠다. 고1 때 무슨 과목을 하고, 고2 때는 무슨 과목을 하고, 수능을 보고 점수에 따라 진학을 하는 그런 정해진 코스가 없다.

부동산을 하는 게 맞는지부터 혼란스럽다. 친구들은 만나기만 하면 주식 이야기를 하는데 나만 뒤처지는 것은 아닌가?

내가 가는 길이 맞는 길인지 의구심이 든다. 내가 하는 것들이 맞는 것들인지 의문점이 생긴다. 의구심과 의문점이 생긴다는 것은 아마도 확신이 부족해서 그런 것 같다.

냇물이 강물을 거쳐 바다로 가듯이 돈의 방향, 즉 부의 흐름이 어디로 가는지가 궁금해진다. 천천히 생각해본다.

나 말고 대부분의 사람들에게 돈이 생긴다면 무엇을 할까.

내릴 역이다. 내려서 출구 쪽 계단으로 가는데 천 원짜리 하나가 떨어져 있다.

주울까 말까.

생각하는 사이 등산복 입은 아저씨가 한치의 고민도 없이 줍고 나서 계단을 두 칸씩 올라간다. 역시 생각은 오래하면 안 된다.

그나저나 저 아저씨는 갑자기 생긴 저 천 원으로 무엇을 할까?

아마도 아이스크림 사 먹겠지.

만약에 만 원을 주웠다면?

아마도 밥을 사 먹겠지.

10만 원이 갑자기 생긴다면 무얼 할까.

아마도 옷을 사거나 고기를 사 먹겠지.

100만 원이 갑자기 생긴다면 무얼 할까.

여행을 가거나 핸드폰이나 가전제품을 바꾸겠지.

천만 원이 갑자기 생긴다면 무얼 할까.

아마도 차를 바꿀 고민을 하겠지.

억 단위 돈이 갑자기 생긴다면 무얼 할까.

아마도 더 좋은 집으로 이사할 고민을 하겠지.

결국 집인가.

이런저런 생각을 하며 지하철역을 빠져나와 회사 건물로 들어선다.

자리에 앉아 주말에 임장 갈 곳의 날씨를 검색하는데, 연예인 누가 빌딩 시세차익으로 수십 억을 벌었다는 기사가 눈에 들어온다.

기사를 클릭해서 읽는다. 그 연예인 외에도 다른 연예인과 운동선수들이 건물에 투자해서 큰돈을 벌었다는 얘기도 보인다.

나의 선택에 대해 확신이 선다. 수입이 많은 일부 연예인과 운동선수들은 현역 때 번 돈으로 건물을 산다. 결국 부의 흐름의 끝은 건물이다. 건물도 부동산이다. 그렇다. 전부는 아니지만 돈은 결국 부동산으로 흘러 들어간다. 나의 최종 목적지와 같은 곳이다.

생각해보니 주식으로 돈을 번 사람도 그 돈으로 집을 산다고 한다. 좋은 집에 산다는 것은 인간의 당연한 욕망이다.

사람이 사는데 필요한 세 가지. 의식주. 원하는 옷을 입고, 원하는 음식을 먹고, 원하는 집에 사는 것. 셋 중에 하나만 고르라면 사람들은 집을 고를 것이다.

내가 선택한 부동산이라는 아이템이 틀리지는 않은 것 같다. 조금이나마 안심이 된다.

2

주말이다.

나는 다시 박 사장님을 만나러 간다. 빵을 안 좋아하신다고 해서 떡을 사간다. 떡집에 가니 종류가 많다. 떡집 사장님에게 소화가 잘되는 떡으로 골라달라고 해서 몇 종류를 포장한다. 맛있어 보이는 알록달록 예쁜 것들로 고른다. 뇌물이 아니라 진심이 담긴 선물이다.

박 사장님 부동산에 도착한다. 지난 주보다 더 더러워진 고급 세단이 문 앞에 서 있다.

"안녕하세요, 사장님!"

"뭐야, 또 왔어?"

"지난 번에 김치찌개 잘 얻어 먹었는데 떡이라도 드리려고요."

"뭐 이런 걸 사와. 안 사와도 돼. 점심 먹었어?"

"이거 떡 같이 먹으면……."

"점심으로 무슨 떡이야. 이거 집에 가서 마누라랑 먹을게. 고마워. 피자나 시켜 먹자."

"네? 피자요? 전에 빵은 소화가 안 되신다고……."

"피자는 피자지. 빵은 빵이고."

"아…… 네……."

"피자 좋아하지 않았는데 우리 손주들이 하도 피자를 찾아서 같이 먹다 보니까 맛있어지더라고."

박 사장님은 냉장고에 덕지덕지 붙은 음식점 스티커를 보며 물어보신다.

"무슨 피자 먹을래? 나는 콤비네이션이 제일 맛있더라고. 다들어 있어."

"네, 저도 좋아요."

박 사장님이 전화를 건다.

"여기 부동산인데요. 콤비네이션 피자 대자로 한 개. 제일 큰 거. 내가 매일 먹는 거. 콜라는 필요 없어요."

20분 후 피자가 도착한다. 피자가 담겨 있는 납작하고 넓은 박스를 탁자 위에 놓는다. 따뜻하다. 피자의 열기가 느껴지는 이 따스함이 좋다.

박 사장님이 냉장고에서 물을 꺼내는 동안 나는 박스를 연다. 사장님 말씀대로 콤비네이션이라는 이름답게 온갖 재료들이 다 들어가 있다.

박 사장님이 말씀하신다.

"나는 피자만 보면 평생 이 일만 해서 그런지, 그런 생각밖에 안 나."

"무슨 생각이요?"

"피자를 자를 때 어떻게 자르지?"

"동그란 칼 같은 걸로 세로로 한 번 긋고, 가로로 한 번 긋고, 다음에 사이 사이 한 번씩 긋는 거 아닌가요?"

"어 맞아. 그래서 총 한 번, 두 번, 세 번, 네 번 긋지?"

"네."

"그 피자 칼이 어디는 네 번 지나가고, 어디는 한 번만 지나가잖아."

"네. 그게…… 왜요?"

"꼭 도로 같지 않아? 그냥 거기서 끝나는 도로가 있고, 어쩔 수 없이 다른 도로들과 연결될 수밖에 없는 도로가 있어. 그게 내가 좋아하는 도로야."

순간 머리가 '띵' 했다.

"그 도로 옆에 있는 땅들은 어떻게 될까? 말 안 해도 알지? 그런 땅들을 찾는 게 내가 하는 직업이고, 총각이 찾는 땅이고. 맞나?"

"네……."

겉으로는 고개만 끄덕거리고 있지만 마음속으로는 허리를 90도로 굽혀가며 감사하다는 인사를 한다.

박 사장님은 피자 끝에 딱딱한 부분을 이리저리 보면서 말씀하신다.

"이 끝에 있는 딱딱한 빵 부분 있잖아. 중심에서 멀어지면 멀어질수록 가치가 낮아져. 그래서 사람들이 안 먹고 버리는 건가? 부동산 관점에서 따지면 버리는 게 맞아. 중심에서 멀리 있으니까. 멀리 있는 땅들은 얼마든지 있어. 결국 부동산은 입지라고 하는 거야."

오늘 박 사장님의 강의 핵심은 바로 이것이다.

도로와 입지.

박 사장님은 다른 피자 조각을 집어 반으로 접고 뾰족한 부분부터 크게 한입 베어 문다. 나는 방금 얘기에 충격을 받아 피자 맛을 거의 느낄 수가 없다.

"부동산 공부 좀 하고 있어?"

"네, 자료들을 찾아보고 있어요."

"이해가 돼?"

"안 되는 게 더 많아요."

"학교에서 이해가 안 되면 어떻게 하라고 배웠나?"

"네?"

"이해가 안 되면 외워. 외우다 보면 이해가 가게 돼 있어."

"네……."

학생 때 이해가 가지 않는 수학 문제는 그냥 외워버리라는 선생님 말씀이 떠오른다.

박 사장님은 세 조각을 드신 후에 나보고 나머지 다섯 조각을 다 먹으라고 한다. 음식을 남기는 게 예의가 아닌 것 같아 꾸역꾸역 모두 삼킨다.

박 사장님은 먼저 일어나서 입에 이쑤시개를 물고는 사무실 문 앞에서 밖을 바라본다. 나는 피자박스를 꽉꽉 접어 작게 만들고 쓰레기통 안에 집어넣는다. 접힌 박스가 슬금슬금 펴지면서 쓰레기통을 꽉 채운다.

박 사장님 옆으로 간다. 더러운 박 사장님의 차가 눈에 들어온다.

"사장님, 세차는 안 하세요?"

"어제 했어. 주유소에서."

"네? 그런데 이렇게 지저분해요?"

"아침에 누가 물건 좀 봐달라고 해서 갔다 왔지."

보이는 게 다가 아니다. 나보다 일찍 일어나는 사람은 많고, 나보다 많이 돌아다니는 사람도 많고, 나보다 열심히 사는 사람도 많다. 많이 먹고 많이 배웠다.

내 배 속도 내 머릿속도 콤비네이션이다.

이런 고수에게도 어려운 것이 있을까. 다 아는 것 같아 보이는데.

"사장님, 사장님은 이 일 하시면서 어려운 점 없으세요?"

"처음에 할 때는 다 어려웠지. 뭐 그거는 배우면 되는 거였고. 가끔씩 진짜 어려운 것들이 있어."

"어떤 거요? 송전탑 있는 땅 매매하는 그런 문제요?"

"아니."

박 사장님은 한숨을 푹 내쉰다.

"저기 보여? 검은 비닐하우스."

"네."

"저기 한 번 가보자."

박 사장님은 내가 가져온 떡을 챙긴다. 차 키도 챙긴다.

"내 차로 가자. 타."

3

사장님의 벤츠 S클래스를 탄다.

처음 타본다. 세단의 끝판왕.

나도 언젠가는 이런 차를 타고야…… 타긴 뭘 타. 초심을 잃지 말자. 차는 절대 자산이 아니라는 것을 잊지 말자.

그래도 좋긴 하다.

나를 감싸주는 포근한 시트, 요트를 연상시키는 럭셔리한 인테리어, 양탄자 위를 미끄러지는 듯한 부드러운 승차감.

박 사장님이 말씀하신다.

"차 좋지?"

"네, 너무 좋아요."

"친구들이 죽기 전에 한 번 꼭 타보라고 해서 샀는데, 아으."

"왜요? 잔고장이라도 있어요?"

"보험료 1년에 300만 원, 기름값 한 달에 30만 원 포함해서 대충 한 달에 고정비 60만 원이라고 하자. 그리고 감가상각 1년에 천만 원. 어림잡아서 한 달에 들어가는 비용이 160만 원이야. 그렇게 보면 내가 이 자리에 앉으려고 한 달에 160만 원씩 월세 내고 있는 거야. 완전 돈 먹는 하마 아니야?"

"그렇게 계산도 되네요. 워낙 비싼 차라서……."

"나도 드디어 이런 차 타보는구나, 승차감 죽이는구나, 싶긴 했는데 처음 일주일만 좋더라고. 그리고 여기 핸들에 박혀 있는 삼각별이 나한테 계속 말해. 당신을 성공한 사람으로 인정합니다. 그러니 앞으로도 쭉 이 삼각별과 함께 합시다. 이러는 거 같아. 이 로고 진짜…… 이 로고 만든 사람 천재야."

"네……."

"좀 타다가 감가 더 빠지기 전에 팔아야지. 내가 미쳤다고 차에다 160만 원씩 월세 내고 있어? 내 부동산 사무실 월세가 150인데. 한 달에 몇 번 타지도 않는 차에 160만 원? 어이쿠 참."

검은 비닐하우스 앞에 도착한다. 저쪽에서 허리가 거의 90도로 구부러진 할아버지가 걸어오신다. 아주 천천히 걸어오신다.

1미터를 이동하는데 다섯 걸음이 필요할 정도로 보폭이 작다. 돌아가신 할아버지가 생각난다.

박 사장님은 비닐하우스의 문을 연다.

"어르신, 계세요?"

"어, 누구? 박 사장?"

"네, 떡 좀 드시라고요."

"어, 들어와."

할머니의 목소리가 들린다.

박 사장님은 나보고 들어가자고 손짓한다. 그런데 비닐하우스에 농작물이 쌓여 있을 거라 생각했는데 사람이 살고 있다. 왜 집이 있는 거지? 여기서 사시는 건가? 그냥 쉬는 장소인가? 문을 열고 아까 본 할아버지가 들어오신다.

"어르신, 떡 좀 드세요."

"아이고, 고마워. 박 사장."

"별일 없으시죠?"

"뭐 노인네가 별일은. 똑같지 뭐."

"드세요. 가볼게요."

밖으로 나와 박 사장님과 나는 나란히 차 쪽으로 걸어간다. 내가 알기로 이 땅의 지목(地目)에서 이렇게 집을 만들고 거주하는 것은 불법이다.

"저 할머니 할아버지 여기에서 사시는 거예요?"

"사연이 있지."

"불법 아닌가요?"

"불법이지. 여기 내 땅이야."

"네?"

"여기 땅이 원래 저 어르신들 거였는데, 자식들이 사업자금

댄다고 담보로 대출을 받았어. 그런데 사업이 쉽나. 대출 못 갚아서 경매로 넘어갔지. 그걸 내가 낙찰을 받았는데 비닐하우스 안에 저렇게 사람 사는 집이 있을 줄 상상이나 했겠어. 여기서 부동산 한 지 몇십 년인데 저기 사람이 산다는 건 생각도 못했네."

"그래서 어떻게 하셨어요?"

"자네라면 어때? 저 갈 곳 없는 노인들을 쫓아낼 수 있어?"

"아, 아니요……."

"그렇다고 신고할 수도 없고. 당장 갈 데도 없는 노인들인데. 그냥 살면서 농사 지으시라고 했어."

"저분들 비닐하우스 안에 사시는 거 지자체에서는 아나요?"

"아마 알걸. 그냥 모른 척하는 걸 거야. 법적으로는 불법인데 어떻게 사람이 또 그래. 젊은 사람들도 아니고 제대로 걷지도 못하는 노인네들한테 어떻게 나가라고 하겠어. 이런 게 어려워. 불법인 건 누구나 다 알아. 그런데 어떻게 할 수가 없어. 이렇게 정답이 책에 나와 있지 않은 것들. 결국 사람 문제가 제일 어려운 거지."

"네……."

"자네도 회사 다니잖아? 뭐가 제일 어려워? 사람이지?"

"네. 맞아요."

"부동산도 결국 사람끼리 거래하고, 물건에 다 사연이 있고. 뭐 그래. 사람이 제일 중요하지, 사람이."

차에서 내린다. 매달 160만 원씩 받아먹는 차를 다시 한 번 본다. 더 더러워져 있다. 사장님 차가 더러운 이유가 있다. 남들이 다 부러워하는 이 차를 사장님은 돈 먹는 하마라고 생각하고 계신다. 오랫동안 몸에 밴 절제력, 절약 습관 그리고 남들과 다른 사고방식. 이 사람은 진짜 고수다.

"사장님 같은 통찰력은 어떻게 키우나요?"

"하하, 내가 무슨 통찰력이 있다고 그러나? 그냥 경험이 쌓이다 보니까 자네보다 조금 더 아는 것뿐이지. 나도 처음에는 아주 얄팍했는데 그 얄팍한 것들이 층층이 쌓이니까 두툼해진 것뿐이야. 이건 학벌이나 아이큐나 배경 같은 것과는 다른 차원의 문제야. 내가 왜 일을 하는지, 진짜 목표가 무엇인지, 왜 그런 목표를 정했는지, 혹시 목표가 잘못되지는 않았는지 계속 알아가는 과정이 필요하지. 결국 파고들다 보면 두 가지 질문으로 귀결되더라고. 나는 누구인가. 나는 어떤 인생을 살 것인가. 자네는 이런 생각 해봤나?"

"음……. 대학생 시절 소파에 누워 TV 보면서 한 마리의 연체동물처럼 흐느적거릴 때요. 달팽이도 나보다는 많이 움직이겠다는 생각을 했어요. 그런데 시간이 지날수록 점점 더 움직이지도 않는 미역줄기처럼 되어 있더라고요."

"하하, 자네 말 참 재미있게 하는구먼. 내 친구들은 항상 그런 얘기를 해. 시간 참 빨리 지나왔다, 인생 덧없다, 이제까지 뭐하고 살았나, 이런 말들. 그런데 난 그렇게 생각 안 해. 왜냐면 열심히 살아왔고, 많은 걸 배워왔고, 좋은 일도 많았고. 물론 힘든 적도 많았지만 결국 과정 중 하나일 뿐이야. 그런 세월들이 나를 일깨워줬거든. 인생을 마무리할 때쯤에 내 인생은 왜 이렇게 아무 의미가 없었나 하고 생각하면 얼마나 끔찍하겠어? 나는 다행히 지금까지는 그렇지는 않아."

"네……."

"자네, 하루 일과를 인생의 축소판이라고 생각해본 적 있나?"

"하루 일과요?"

"그래, 이를테면 이런 거야. 우리가 아침에 일어나면 정신이 희미하지. 그건 유아기야. 정신을 차리고 출근해서 일을 시작하는 시간은 청소년기인 거고. 점심을 먹는 시간, 이때는 뭔가 스스로 선택할 수 있고 돈을 벌어 즐길 수 있는 20대 후반에서 30대 중반이지. 점심을 먹고 나면 졸음이 오지 않나? 꾸벅꾸벅 졸면서 여기는 어디인가, 나는 누구인가, 졸면 안 되는데, 일어나야 하는데, 눈은 왜 감기지, 이런 생각하며 몽롱하게 꿈과 현실 사이를 헤매는 이때는 30대 후반에서 40대 중반. 시간이 지나서 어느 정도 잠이 깨고 오늘 뭐했나 되돌아보는 시간이 40대 후반에서 50대 초반인 셈이지. 그러다가 저도 모르게 퇴근 시간이 되어 회사를 벗어나는 시기는 50대 중반. 퇴근하고 집에 갔는데 딱히 뭘 해야 할지는 모르겠고, 반겨주는 것은 강아지뿐이고, 손잡아주는 것은 리모컨뿐인 시간은 60대인 거야."

"와, 딱인데요."

"저녁 먹으며 TV를 보는데 아나운서만 다를 뿐 수십 년째 같은 내용인 뉴스. 그 뉴스가 지겨워 어느새 내셔널지오그래픽에 나오는 기린, 사슴을 보며 자연의 아름다움과 경이로움에 감탄하다가 사자가 그런 동물들을 잡아먹는 것에 가슴 아파하지만 한편으로는 자연의 섭리라는 것에 고개를 끄덕이며 스르르 잠이 오는 때는 70대. 지금 자면 새벽 2시에 깰 거 같아 강아지 목줄 걸고 동네 산책 나가서 이제야 퇴근하는 젊은 사람들을 보고 나도 한때는 저랬지, 나는 그동안 뭐하고 살았나, 이런 고민을 40대부터 했는데, 하고 한탄하는 때가 80대. 이런 게 바로 평범한 사람들의 일생 아니겠나?"

"자, 잠시만요. 종이에 좀 적을게요."

"아니, 뭘 이런 걸 적어? 살다 보면 저절로 알게 돼. 자네가 내 얘길 너무 잘 들어줘서 내가 오늘 주책맞은 소릴 좀 한 거야. 나는 이제 가봐야겠어. 자네는 어쩔 텐가. 오늘 어디 가나?"

"아, 저는 물건 몇 개 더 보고 가려고요."

"그래, 오늘 즐거웠어. 조심해서 보고 가."

오늘도 박 사장님에게 너무 많은 것을 배우고 돌아가는 것 같아 가슴이 벅차오른다.

4

박 사장님에게 인사를 하고 미리 약속해놓은 매물을 보러 간다.

시세보다 많이 저렴한 매물이다. 여기서 5킬로미터 정도 떨어져 있다. 다행히 거기까지 가는 버스가 있다.

버스를 타면 편하게 간다. 한여름의 폭염 아래 땀을 흘리지 않고 갈 수 있다. 그런데 왠지 버스를 타고 가기가 찜찜하다. 여기까지 왔는데 또 버스를 타고 가는 것이 아깝다. 버스를 타더라도 창밖을 유심히 보긴 하겠지만 그러다 중요한 단서를 놓칠 것만 같다.

그냥 걷기로 한다. 체감온도 40도에 육박하는 한여름에 구름 한 점 없고 그늘 하나 없는 길을 걷는다.

덥다. 다리도 아프다. 그런데 마음은 편하다. 마음이 편해서 그런지 아프던 다리가 어느새 아프지 않게 느껴진다.

한 시간쯤 걸었을까. 보려고 했던 매물 근처에 거의 다 와 가는데 나지막한 나무와 풀들 사이로 깃발들이 보인다. 노란색 삼각형 깃발이다.

노란색 삼각형 깃발은 토지보상이 제대로 진행되지 않고 있다는 뜻이다. 뭔가 있는 것 같다. 노란색 깃발은 내가 보려고 한 매물 바로 직전까지 쭉 이어져 있다.

찾아보니 혐오시설이 들어오는 모양이다. 마을 주민들은 반대하고 있는 상황이고, 주변의 토지 지주들은 땅값이 떨어질 것을 우려해 빨리 처분하는 중이었다. 풀들이 높이 자라 깃발이 제대로 보이지 않았기 때문에 만일 버스를 타고 왔다면 깃발을 보지 못했을 수 있다. 역시 걷기를 잘했다.

다음 물건을 보러 간다. 역시나 5킬로미터 정도 떨어져 있다. 목적지까지 가는 버스가 있었다면 아마도 탔을지도 모른다. 다행히 버스가 없어 고민 없이 걸어간다. 편의점이나 슈퍼마켓 하나 없다.

군대시절 행군할 때가 생각이 난다. 중학생 때 오래달리기를 하던 때가 생각난다. 초등학생 때 동전을 주우려고 운동장을 몇 바퀴씩 돌던 생각도 난다. 몸이 힘들면 생각이 없어질 줄 알았는데, 몸이 힘들면 생각이 더 많아진다.

목적지에 도착한다. 아니나 다를까 바로 옆에 축사가 있다. 축사가 있는 곳은 기피 대상이다.

다시 돌아가려고 하는데 소 울음 소리가 들린다. 이왕 온 거 소 구경이라도 하고 가야겠다. 소똥 냄새와 사료 냄새가 예고 없이 콧속으로 파고든다. 입으로만 숨을 쉰다. 어떤 소들은 누워 있고, 어떤 소들은 먹고 있고, 어떤 소들은 자고 있다.

참 편해 보인다. 나도 그냥 먹고 자기만 하면 안 될까.

그때 부스럭거리는 소리가 났다.

"누구세요?"

"아, 안녕하세요. 여기 땅 좀 보러 왔다가 잠깐 소 구경하고 있습니다."

"아, 축사 때문에 실망하셨겠어요."

"네? 아, 아니요."

"여기 오는 사람들 다 축사 있는 거 보고 욕 한마디씩 하고 가요."

"네……."

"저 앞에 땅 보러 오신 거 맞죠? 그거 사셔도 돼요."

"네?"

"민원도 맨날 들어오고 더 이상 저도 못해먹겠어요. 그래서 이거 다음 달에 접을 거예요. 그러니까 사셔도 돼요."

어리벙벙하다. 이건 현장에서만 들을 수 있는 고급 정보다. 축사 때문에 주변 땅값이 꽤 오랫동안 정체되어 있었다. 이곳 시세는 축사만 나가면 건너편에 축사 없는 곳의 시세만큼 바로 올라갈 수 있다.

근처 농협에 가서 대출을 알아보고, 통장의 잔고까지 더해본다. 돈이 부족하다. 나의 종잣돈이 아직 부족하다. 그렇게 아까운 매물을 코앞에서 놓치고 만다.

부동산은 역시 현장이다. 부동산은 '걷는 자'에게 황금열쇠를 쥐어준다는 것을 점점 실감해간다.

5

2주가 지났다.

여전히 재즈바에 출근한다. 연주를 시작하려는데 의사 선생님의 후배가 친구 한 명과 같이 들어온다. 이번에도 그녀에게 후광이 비추는 것 같고 머리 위에는 무지개가 떠 있다. 그때 느꼈던 빛이 가짜가 아니었다. 두 번째 보는 지금도 빛이 보이는 걸 보니 그 빛은 진짜다.

그녀가 고개를 살짝 숙여 인사한다. 나도 허리와 고개를 살짝 숙여 인사한다.

떨린다. 여태까지 살면서 처음 느껴보는 감정이다.

설마 이게…… 사랑……?

그래, 내가 늘 하던 짝사랑…… 그런 거겠지. 내 주제에 무슨 사랑이야.

베이시스트 편의점 사장이 연주를 시작하자고 신호를 보낸다. 드럼이 먼저 시작한다.

탁탁탁탁.

베이스기타와 키보드가 동시에 들어간다. 사장님의 제안대로 오늘은 빠른 곡으로 시작한다. 떨릴 때는 차라리 빠른 곡이 낫다.

악보는 머릿속에 있고, 귀는 양쪽 다 잘 들리고, 눈도 둘 다 잘 보이고 손가락만 잘 움직여주면 된다. 처음 연주할 때만큼 떨린다.

표정도 중요하다. 무표정한 것보다는 드라마 속 유아인 느낌이 나도록 해야겠다. 살짝 심취한 듯하지만 너무 과하지는 않게.

실수로 건반 몇 개를 겹쳐 눌렀다.

괜찮다.

재즈의 장점 중 하나가 틀려도 별 티가 안 난다는 것이다.

오늘 그녀가 오는 줄 알았더라면 머리에 왁스라도 바르고 오는 건데.

의사 선생님이 자기 환자라고 말씀하셨을까?

뭐 어때.

차라리 아는 게 속 편하지.

손가락은 바삐 움직이는데 생각은 다른 데에 가 있다.

다섯 곡 연주를 끝내니 20분 쉬는 시간이다.

그녀가 있는 테이블에 가볼까? 가도 되나?

지난 번에는 의사 선생님이 있어서 갔는데 지금은 없다. 어떡하지?

"야, 너 아는 손님이야? 인사나 하고 와."

사장님의 말에 마지 못하는 척하고 테이블로 향한다.

감사합니다, 사장님.

자리로 가서 조심스럽게 인사한다.

"안녕하세요."

"안녕하세요. 오늘 공연도 너무 좋아요."

"와주셔서 감사합니다."

아, 이제 무슨 말을 해야 하지. 여기서 이렇게 끝내면 너무 아쉬울 것 같다. 초집중해서 다음 대화거리를 만들어야 한다.

빨리, 빨리, 빨리.

"여기 안주 맛있네요."

다행히 그녀가 먼저 말을 꺼낸다.

"네, 주방장 형님이 요리를 잘해요."

다행히 한마디는 넘겼다.

아, 이제 무슨 말을 하지. 이대로 끝나면 너무 짧잖아.

아무 말이나 해보자.

"저 연락처……."

"네?"

무슨 개소리야. 갑자기 무슨 연락처를 달래. 여기가 무슨 헌팅포차니? 빨리 핑곗거리를 만들어!

"혹시 듣고 싶으신 곡 있으시면 문자로 주세요. 제가 연습해 올게요."

와, 나의 감춰졌던 센스가 여기에서 나오는 건가!

핑계 죽인다.

"아, 그래 주시면 너무 감사하죠. 010……."

"재즈도 좋고 클래식도 할 줄 아니까 좋아하시는 거 다 알려주세요."

이 정도면 성공인가.

나는 다시 멤버들이 있는 곳으로 가서 목을 축인다.

얼떨결에 전화번호를 받았다.

치료하는 사람과 치료받는 사람.

고공 비행하는 사람과 저공 비행하는 사람.

참 안 어울린다.

그래도…….

그나저나 뭐라고 저장하지?

의사 선생님 친구? 그냥…… 선생님?

흠…….

'여신님'이라고 저장한다.

모든 꽃은 각각 피는 계절이 있다

1

새 회사에서 나는 꽤나 공격적이다.

우리 회사 제품이 외국 회사들에 비해 경쟁력이 부족하다. 이유는 크게 두 가지다.

첫 번째는 각 제품에 대한 사용 목적이 모호하다는 점이다.

외국 회사들은 각 모델마다 목적이 뚜렷해서 소비자가 선택하기 쉽다. 우리 회사 제품은 모델 수도 적은 데다 한 가지 모델로 외국 회사의 여러 경쟁 모델을 커버하려고 한다. 신제품이 나와도 기존 제품과 차이가 별 차이가 없다. 기능이 향상되고 추가되었다고 하지만 거의 다를 바가 없다. 내가 사용자라도 메리트가 보이지 않는다. 결국 이도 저도 아닌 제품만 계속 내놓고 있다.

둘째는 디자인이다.

과거의 제품을 보면 디자인 면에서 해외 브랜드나 우리 회사나 비슷했다. 그런데 요즘의 해외 브랜드 제품은 젊어진 사용자 층에 맞추어 온라인 광고도 늘리고 심플하고 세련된 디자인으로 진화하고 있다.

우리 회사 제품은 옛날 감성 그대로다. '레트로'라고 포장해 봤자 그냥 촌스러울 뿐이다. 내가 고객이라도 같은 기능에 같은 가격이면 해외 브랜드 제품을 고를 것이다.

영업팀인 나는 항상 그런 불만을 고객들에게서 직접 듣는다. 선배들도 같은 상황이다. 늘 변명을 해야 한다.

이런저런 이유가 있어서 안 되고, 그래서 죄송하다고 말한다. 반복의 반복이다. 변명과 사과를 하는 것도 금세 지친다. 선배들은 껄껄 웃으며 한잔하면서 풀자고 고객사들을 달랜다.

뒤떨어지는 디자인에 사용 목적이 모호한 제품군.

이것만 잡아도 꽤나 승산이 있어 보인다.

나만 아는 게 아닐 텐데.

선배들도 분명히 알 텐데.

사수에게 물어본다.

"대리님, 신제품 개발하는 거요. 원래 있던 제품과 너무 비슷하지 않아요?"

"내버려둬. 자기들 마음대로 하게."

"네?"

"안 그래도 회의에서 이것 가지고 말이 엄청 많았어. 왜 이런 거 또 만드냐고. 팔리지도 않을 건데. 그런데 위에서는 하라고 시키니까 해야지. 별수 있나. 전화 붙잡고 미안하다고 하고, 찾아가서 미안하다고 하고. 아우, 지겹다. 우리 회사 물건을 사는 사람들이 있다는 게 더 신기해. 나 같으면 외국 걸 사지."

선배들도 알고 있다. 알고는 있지만 우리에게 무엇이 필요한지 집요하고 강하게 어필하는 사람은 없는 것 같다. 선배들 대부분 기계처럼 일만 하다가 집으로 돌아가는 느낌이다.

내일 신제품 중간 점검이 있는 날이다. 임원들하고 주요 연구 개발자들이 들어온다고 한다. 나도 회의를 참관하겠다고 팀장에게 말해두었다.

2

나는 회의에서 할 말을 머릿속에서 재생해본다.

문제 제기할 것과 불만사항, 건의사항 등이다. 불만처리 접수처가 되어버린 나는 굉장히 날카로워져 있다.

덥수룩한 머리에 두꺼운 안경을 쓴 연구원이 발표한다. 마지막 질문을 받는다고 한다. 아무도 말이 없다. 마음을 먹고 오긴 했지만 순간 손을 들까 말까 고민한다.

들면 모두 나를 쳐다보겠지.

1년 넘게 무대에서 연주한 경력이 있는 나다.

긴장할 필요 없다.

이렇게 생각하자 바로 손이 올라간다.

연구원이 나를 보고 말한다.

"네, 말씀하세요."

"기존 제품하고 별 차이가 없어 보이는데요."

연구원은 내려간 안경을 살짝 올리고 대답한다.

"이 부분이 개선되었고, 저 부분이 추가되었습니다."

"그건 기존 제품에서도 구현할 수 있는 거 아닌가요? 신제품이라면 뭔가 확실하게 달라진 게 있어야 하는데 기능이나 디자인이나 거의 차이가 없어 보입니다."

회의 참석자들 표정이 점점 굳어간다. 마치 왜 이제 와서 이러냐는 듯이. 나는 말을 이어간다.

"고객들은 신제품에 거는 기대가 큽니다. 제가 고객이라면 실망할 것 같습니다. 그리고 디자인에도 변화가 없습니다. 신제품인지 설명을 하지 않으면 알아채지 못할 것 같습니다."

"그건 디자인팀 역할입니다. 저희는 소프트웨어만 담당합니다.

평계를 다른 부서에 돌린다. 맞는 말이기는 하다. 다들 나를 '뭐 저런 인간이 다 있어' 하는 표정으로 쳐다본다.

이왕 이렇게 된 거 할 말은 해야겠다. 선배들도 다 알고 있는 내용인데 씨알도 안 먹혀서 안 하고 있다면 내가 그 씨알 좀 먹히게 해봐야겠다.

그 씨알을 먹히게 하려면 모두의 머릿속에 콱 박힐 만한 단어가 필요하다.

적절한 비유가 없을까.

"호텔의 안심스테이크를 기대했는데 사내식당의 퍽퍽한 미트볼 같은 그런 거네요."

미친. 사원 나부랭이가.

아, 모르겠다. 이미 뱉은 말. 뭐, 어떻게든 되겠지.

앞에 선 연구원 표정이 썩는다. 임원들 표정은 이미 썩어 있

다. 대리들은 티 나지 않게 웃는다. 우리 팀장은 그만하라는 제
스처를 보낸다.

나는 자리에 앉는다.

연구원이 말한다.

"더 이상 질문 없으시면 이만 마치겠습니다. 수고하셨습니다."

참석자들 모두 회의실을 우르르 빠져나간다.

임원 중에 한 명이라도 내 말에 힘을 실어주길 바랐지만 역시
나 아무도 말을 하지 않았다.

자꾸만 전 회사와 비교하게 된다. 전에 다니던 외국계 회사에
서는 회의 참석자가 여기처럼 많지도 않았다. 소수의 참석자가
누구나 자유롭게 의견을 말하고, 그 의견에 대해 검토했다. 잘
못된 게 있으면 바로 수정 작업에 들어갔다. 진행이 꽤 된 것도
아니다 싶으면 과감하게 접었다.

그런데 여기는 아니다. 이미 여기까지 왔으니, 기획하고 진행
한 사람들의 수고와 노력을 위해서라도 어떻게 해서라도 끝을
봐야 한다는 분위기다. 그 끝이 좋지 않을 거라는 걸 예상하면
서도 말이다.

3

팀 선배가 어깨동무를 한다.

건물 밖으로 나가서 한 바퀴 돌고 오자고 한다.

"너 우리 팀장님 과장 때까지 별명이 뭔 줄 알아?"

"뭔데요?"

"쌈닭. 쌈닭이었대. 끝없이 싸워댔던 거지. 뼛속까지 영업맨인 사람인데 담당한 제품이 고객 지향적이지 않고 자꾸 생산자 지향적으로 나오니까 개발자랑 맨날 붙었던 거야. 지금 우리 제품이 딱 그렇잖아."

"네, 맞아요."

"쓰는 사람이 편해야 하는데 우리 회사는 만드는 사람이 편하도록 만들어. 그러니 팀장님이 빡치겠니, 안 빡치겠니?"

"빡치죠."

"다 너 같은 생각 가지고 있다. 그냥 입 다물고 가만히 있을 뿐이지. 포기했다고 해야 하나, 무관심해졌다고 해야 하나."

무관심.

연예인에게 가장 무서운 것은 비난이나 악성 댓글이 아닌 무관심이라고 들었다.

회사원이 회사에 무관심해지면 그 회사는 어떻게 될까.

선배가 말한다.

"그리고 만약에 누가 구체적으로 어떤 시장에는 어떤 기능이 필요한지, 어떤 디자인이 우리 회사 제품과 회사 아이덴티티랑 맞는지 물어보면 설명할 수 있어?"

"……."

그 생각은 못해봤다. 저격할 준비만 했을 뿐 대안은 생각해놓지 않았다.

"만약에 네가 그 대답을 잘 못했거나, 아니면 잘했다 하더라도 너랑 연구개발팀 사이에 언쟁 비슷하게 했겠지. 사람들은 그게 보기 싫은 거야. 그냥 좋게 좋게 넘어가자, 뭐 이런 문화가 지금의 우리 회사를 만든 거지."

"왜죠?"

"그 사람들도 다 월급쟁이니까. 열심히 해도 안해도 월급은 같아. 그런데 뭐 하러 스트레스 받아가면서 해? 그게 대부분의 직장인들 마인드야."

우리는 앞을 보고 터벅터벅 걷는다.

"희한한 게 뭐냐 하면, 다들 무관심해도 회사는 안 망해. 나도 신기해. 다들 정신은 딴 데 있는데 회사가 돌아가는 게."

"네…… 그러네요."

"너도 회사에 애정 가지고 그러는 건 좋은데 쉽지 않을 거야. 상대가 너무 커. 회사는 수천 년 된 거대한 바위이고 우리는 굴러 들어온 자갈 같단 말이야. 같은 편인데 상대편인 것 같은 느낌은 왜 드는지 모르겠어. 그리고 사람들은 위로 올라갈수록 듣고 싶은 말만 들으려고 해."

"왜요……?"

"윗사람들이 사원, 대리였을 때는 우리 때보다 폭언, 욕설, 괴롭힘이 엄청 심했거든. 지금은 나이 먹고 직급도 올라갔는데 좋은 말만 듣고 싶고, 자기 치켜세워주는 사람 끌어주고 싶겠지. 이해는 가. 나도 위로 올라가면 그렇게 될 것 같으니까."

"그렇군요."

"그러다 보니 밑의 사람들은 윗사람한테 찍히지 않으려고 입맛에 맞는 말만 하게 되고. 윗사람은 듣고 싶은 말만 듣고, 보고 싶은 것만 보다 보니 현실은 모르고 탁상공론이 되는 거지. 우리 사업부 상황만 봐도 딱 그렇잖아."

"네, 그런 것 같아요. 아무도 임원들 의견에는 반대를 안 하는 것 같아요."

선배가 다시 조용하게 말한다.

"제품이 만들어지는 걸 봐. 네가 말한 대로 고객 맞춤이 아니라 생산자 맞춤이지? 실무자들도 다 살아남으려고 사장, 임원들이 원하는 제품을 만들어. 고객이 원하는 제품이 아니라."

"네? 그게 말이 돼요?"

"신제품이 기존 제품과 별 차이 없다고 지적했잖아. 신제품 자체보다는 자기 임기 때 신제품이 나왔다는 사실이 중요한 거야."

"와…… 그건 짐작도 못했네요."

"또 중요한 게 있어. 책임도 안 져."

"무슨 뜻이죠?"

"우리 본부장은 자기가 속으로 이미 답을 정해놔. 그리고 각 팀장들 보고 어떻게 할 건지 보고하라고 해. 자기가 정해놓은 답과 비슷한 보고가 나올 때까지 기다려. 그리고 그게 나오면 그나마 낫다면서 그걸로 하자고 그래. 결과가 안 좋으면 보고를 했던 팀장한테 뒤집어씌워. 그렇게 지금 10년째 임원하고 있어."

"우리가 그런 사람 밑에서…… 하아……."

"내가 신입일 때나 지금이나 변한 게 하나도 없어."

건물 주변 한 바퀴를 다 돌았다. 회사 내에서 능력 있고 싹싹하기로 유명한 선배는 한 달 뒤 다른 곳으로 이직을 한다. 듣자하니 연봉을 2천만 원 더 받고 옮긴다고 한다. 회사는 좋은 인재를 이렇게 놓치고 만다.

역시 완벽한 회사란 없다. 외국계도 국내 대기업도 각자의 장단점이 있다. 업무도 많이 다를 줄 알았는데 시간이 지나고 보니 다 거기서 거기다.

4

핸드폰이 울린다.

발신자는 박 사장님이다. 내가 사고 싶었던 위치의 매물이 괜찮은 가격에 나왔다고 한다. 최근에 매수세가 높아져서 문의가 많으니 서두르라고 한다.

경험상 땅 전문 부동산들은 바쁜 적이 없었다. 항상 한가해 보였고, 가면 나만 한참을 상담하다가 왔다.

박 사장님이 계약서를 빨리 쓰고 싶으신 건가. 나는 다음 날 연차를 내고 부동산에 간다. 계약할 준비는 다 되어 있다. 얼마를 대출받을지, 어떤 서류를 확인해야 할지 꼼꼼히 머리에 그려 본다.

부동산 문을 연다.

"안녕하세요, 사장님."

"왔어? 어제 내가 서두르라고 했잖아. 벌써 계약 끝났어."

"네?"

"다른 부동산이 주인하고 연락해서 벌써 계약금 보냈어. 땅 주인도 빨리 다른 물건 잡으려고 한 것 같아."

"아……."

"총각처럼 좋은 매물 기다리다가 사려는 사람 많아. 여기도 나름 치열해."

이럴 수가.

허탈하게 집으로 돌아간다.

너무 안일했던가. 성공할 수 있었는데.

아깝다.

뭘 해야 하지?

뭘 하긴 뭘 해. 더 찾아보고, 더 많이 돌아다녀야지.

휴가 낸 것이 아까워 전에 봐둔 동네 땅을 보러 간다. 근처 부동산에 들러 연락처를 남긴다.

땅 투자는 경쟁자가 별로 없는 줄 알았다. 그런데 눈에 보이지 않을 뿐 실제로는 꽤 많았다. 내 생각이 짧았고, 내 식견이 부족했다.

아직 어설프지만 내 계산으로 그 땅의 가격은 3년 뒤에 최소 두 배로 팔 수 있는 아주 좋은 조건이었다.

배가 고프다. 방심했다가 계약을 놓쳤으니 밥을 먹을 자격이 없다.

계약을 했으면 만 원짜리 갈비탕 한 그릇 먹는 건데.

계약을 못했으니 5,000원짜리 순두부찌개도 아깝다.

너무 배가 고프니 3,000원짜리로 먹어야겠다.

전 직장에서 매일 먹던 한솥도시락이 생각난다. 어차피 집에 가는 길이다. 생각이 난 김에 거기로 간다.

아주머니는 그대로다. 오늘도 무표정이다. 나를 전혀 기억 못하는 것 같다.

나는 치킨마요 하나를 시킨다. 조그만 목소리로 덧붙인다.

"밥 많이 주세요."

"여기, 나왔어요."

나는 카운터에 가서 쟁반 위에 있는 치킨마요를 본다. 치킨마요 위에 고기 산적 세 덩이가 있다. 나는 아주머니를 바라본다.

"오랜만에 왔네요. 얼굴 좋아졌어요."

"아, 네…… 잘 지내셨죠?"

"난 또 무슨 사고라도 난 줄 알았지……. 다행이네."

세상은 따뜻하다. 차가운 이 세상에도 틈틈이 온기 있는 곳이 있다. 나를 기억하고 계셨다.

내가 그때 옆 사람이 남긴 반찬과 라면을 몰래 먹던 것을 보셨던 것 같다.

아들뻘 되는 사람이 매일 같이 와서 3,000원짜리 밥만 먹는 게 안타까웠던 모양이다.

내가 나에게 너무 가혹한가.

먹는 것까지 이렇게 아껴야 하나.

얼마 되지도 않는 돈 아껴봐야 부자가 되는 것도 아닌데.

이런저런 생각을 하면서 정신 없이 밥을 해치웠다. 아주머니께 또 오겠다고 인사를 하고는 식당을 나온다.

문을 등지고 나오니 직장인들이 삼삼오오 스타벅스 커피를 손에 들고 있다. 나의 한 끼 식사보다 비싸다. 내 한 끼 값의 두 배가 되는 음료도 있다. 그런 계산을 하고 나니 갑자기 뿌듯해졌다.

지금 회사의 사내식당에서는 공짜로 밥을 먹을 수 있다. 반찬을 추가로 가져갈 수도 있다. 밥을 더 퍼달라고 할 수도 있다. 그래서인지 이직을 하고부터는 나를 괴롭히던 배고픔이 없었다.

배고픔이 단순히 배만 고픈 것이었을까.

여유로운 사람이 다이어트 하는 것과 그렇지 않은 사람이 어쩔 수 없이 굶는 것.

할 수 있는데 안 하는 것과 할 수 없어서 못하는 것.

헝그리 정신이라는 말이 처음으로 이해가 가기 시작했다.

이런 생각을 하며 집으로 돌아가는데 핸드폰이 울린다.

한 달 전쯤 들렀던 부동산중개소다.

내가 말했던 시세와 평수, 위치가 비슷한 매물이 나왔다고 한다.

바로 가겠다고 답한다.

5

부동산중개소에 도착한다.

사장님과 할아버지 한 분이 앉아 계신다.

"안녕하세요, 사장님."

"금방 왔네요? 여기 땅 주인분이세요."

땅 주인 할아버지는 얼굴에는 '나 평생 농사했어요'라고 쓰여 있다.

볕에 그을려 새까만 피부, 두툼하고 거친 손, 피오르 해안 같이 구불구불 좁고 깊은 주름.

"자식 놈들 벌이가 변변치 않아서 증여도 못하고 참. 아들 놈이 뭐라고 하는 줄 알아? 증여세도 내달래. 증여세 내주면 그거에 대한 증여세도 또 내는 줄 모르나 봐. 그리고 요즘은 아파트지 무슨 땅이냐고 필요 없대. 뭘 몰라도 한참 몰라."

할아버지와 부동산 사장님의 대화를 들으며 서류들을 확인한다. 딱 내가 원하던 위치와 크기다.

이 동네는 하도 다녀서 안 가봐도 어디인지 안다. 이제 가격 협상만 남았다.

"저, 사장님…… 계약할게요."

할아버지가 나를 쳐다보신다. 내 눈을 계속 바라보신다.

뭐라고 말해야 하지.

심장이 두근거린다.

갑자기 안 판다고 하는 건 아니겠지.

"이 땅 사서 뭐 하려고?"

여러 번 상상해온 순간이다.

보상받으려고요, 시세 오르면 다시 팔려고요, 하고 말했다가는 수십 년 이 터전에서 농사를 지어온 할아버지가 마음을 접어버릴 것만 같다.

뭐가 정답인지 모르겠지만 나는 사는 게 목적이고, 할아버지는 파는 게 목적이다. 이왕 사고팔려면 기분 좋게 거래를 하고 싶다.

"회사 그만두면 농사 지으려고요. 그 전까지는 친척 중에 농사 지으시는 분이 있어서 그분께 맡기려고 합니다."

회사 그만두면 농사 짓는 것은 확실하지 않지만, 이모부가 나와 농사를 짓기로 한 것은 사실이다.

"요즘 사람들이 농사를 지어?"

그냥 궁금한 건지, 나를 테스트하는 건지 모르겠다. 얼굴이 너무 까매서 표정을 읽을 수도 없다. 일단 대답한다.

"네, 한 번 해보고 싶어요……."

나는 말끝을 흐린다. 자신이 없다.

부동산 사장님의 역할은 여기서 나온다.

"이 총각이 몇 개월 전부터 사무실 와서 농사 지을 만한 좋은 땅 없냐고 물어봤어요. 그러니까 제가 어르신이 땅 내놓으셨을 때 바로 이 총각한테 연락했지요. 저 봐요. 농사 잘 짓게 생겼잖아요. 요즘은 젊은 사람들이 농사 더 잘 지어요."

할아버지가 내 얼굴을 다시 쳐다보신다. 누가 봐도 희끄무레한 얼굴과 뽀얀 손은 농사와는 거리가 멀게 생겼다. 이 순간 그나마 내가 햇빛을 등지고 앉아 얼굴에 그림자가 졌을 것이라는 희망을 가진다.

부동산 사장님이 멍석을 깔아주셨으니 이제 내가 마무리를 지을 차례다.

"어르신, 저 농사 진짜 잘 지어보고 싶어요. 저희 외갓집이 전부 농사를 지으셔서 그분들이 많이 도와주신대요."

부동산 사장님이 나의 말에 바로 지원 사격을 한다.

"어르신, 값은 전화로 말씀하셨던 그 금액 맞죠?"

어르신은 잠시 생각한다.

무슨 생각을 하실까.

가격을 올릴지 말지, 팔지 말지. 둘 중 하나겠다.

팽팽한 긴장감 속에 고요함이 이어지다가 할아버지가 부동산 사장님을 쳐다보며 말씀하신다.

"네, 그럽시다."

나는 너무 활짝 웃지도, 무표정을 유지하지도 않는다. 입꼬리만 가볍게 들어올린다.

드디어 계약하는 건가!

아니다. 자만하면 어떤 방식으로 판이 뒤집어질지 모른다. 끝까지 집중하고 신중하고 조심해야 한다. 계약서에 도장을 찍어도 엎어지는 일이 허다한 게 바로 땅 거래다.

사장님은 준비해둔 계약서를 할아버지 앞에 둔다. 가격 협상은 못할 것 같다. 괜히 가격 이야기 꺼냈다가 할아버지 마음이 상해서 돌변할 수 있으니.

"자식 새끼들 있어봐야 뭐해. 돈 필요할 때만 찾아오고."

한숨을 푹 쉬신다. 셔츠 가슴 주머니에 손을 푹 찔러 넣더니 도장을 꺼내신다.

나도 그제야 준비한 도장을 꺼낸다. 사장님은 고급스럽게 생긴 검붉은 인주를 꺼내 테이블 중간에 올려놓는다.

두근두근.

콩닥콩닥.

첫 거래의 순간이 다가온다.

할아버지께서 도장을 찍으시고, 그 다음 내가 찍는다.

계약서 한 부는 내가 가지고, 한 부는 할아버지가 가지고, 한 부는 부동산 사장님이 갖는다.

결정하기까지가 오래 걸리지 막상 결정하고 실천하는 데는 오래 걸리지 않는다. 등기는 법무사에게 맡기기로 했다.

할아버지가 먼저 자리에서 일어나신다.

먼저 손을 내미신다. 악수를 한다. 나의 고운 손과는 대조된다. 세월과 고생의 흔적이 고스란히 전해진다.

나는 두 손으로 할아버지 손을 잡고 인사한다.

6

부동산 사장님이 투명 파일에 계약서를 넣어주신다.

나는 부동산 사장님과도 인사를 하고 나온다.

끝났다.

내 등은 젖어 있다.

30분 동안 얼마나 긴장을 했는지 계약서 파일이 부들부들 떨린다. 내 팔과 손이 떨린다는 뜻이다.

생각해보니 부모님과 상의도 하지 않았다. 다 필요 없고 지금 생각나는 게 한 가지 있다.

밥이다.

다시 부동산 사무실로 들어간다.

"사장님, 여기 근처에 백반집 있어요?"

"여기 가봐요. 괜찮을 거예요."

냉장고에 붙어 있던 것을 떼어서 나에게 주신다. 근처에 있는 기사식당이다. 오늘만큼은 축제를 하고 싶다.

식당에 도착한다. 오래되어 보이는 간판이다. 믿음이 가는 클래식한 간판이다. 식당 문을 열고 들어가니, 이 동네 주민들처럼 보이는 사람들이 있다. 맛집이 맞나 보다.

사람들은 아무 말도 안 하고 먹기만 한다. 맛집이라는 확신이 든다. 역시 사장님의 추천 식당이다.

벽에 걸려 있는 메뉴판을 본다.

된장찌개, 김치찌개, 부대찌개, 제육볶음…….

어렵다.

내가 진짜 무엇을 원하는지 차분히 정답을 찾아보자.

일단 선택지를 줄이자.

고기도 먹고 싶고, 국물도 먹고 싶다.

그래, 나는 지금 제육볶음이 제일 먹고 싶다.

그런데 최소 2인분 이상 주문이다.

그동안 3,000원짜리 외식만 한 나를 위해 선물을 주자.

"제육볶음 2인분이요."

1만 2,000원.

비싼 음식을 먹을 때는 근엄한 마음가짐으로 기다려야 한다.

몇천만 원 거래는 쉽게 하면서 몇 천원에 이렇게 생각을 많이 하다니.

하지만 이렇게 작은 것을 아꼈기에 종잣돈을 마련할 수 있었다.

그럼에도 내가 아끼지 않았던 비용이 있다. 딱 세 가지다.

첫 번째는 부동산 사장님들에게 드리는 소소한 선물.

두 번째는 시골길을 너무 오래 걸어서 금세 떨어져버리는 운동화를 사기 위한 신발값.

세 번째는 내 가슴과 머리를 채워주는 책값.

밑반찬이 나온다. 어묵, 두부, 김치, 그리고 내가 좋아하는 핑크색 소시지다. 마지막 그릇은 알록달록 다진 채소가 들어간 계란말이!

주인공은 나중에 등장하는 법. 제육볶음이 등장한다.

조그만 뚝배기에 된장찌개도 따라 나온다.

상추와 깻잎, 청양고추와 양파도 나온다.

왕의 식사다. 오늘은 나의 입과 위장에게 사치 부릴 시간을 준다.

된장찌개의 호박은 푹 끓여졌는지 살살 녹아내린다.

뜨끈한 된장찌개 국물과 매콤한 제육볶음과 아삭한 상추와 짭짤한 어묵이 한데 어우러진다.

맛있다. 너무 맛있다. 환상적인 맛이다.

마치 나의 피아노와 드럼, 베이스, 이 세 개가 합쳐져 아름다운 음악을 만들어내듯이.

국물까지 싹 다 정리하고 식사를 끝낸다. 이 땅의 탄수화물의 정기를 모두 받았다.

식사를 마치고 등을 뒤로 기댄다.

계산을 하고 밖으로 나온다.

제육부장관을 만나고 나온 기분이다.

반찬부장관을 만나고 나온 기분이다.

국방부장관, 교육부장관, 외교부장관들은 무릎을 꿇어야 한다.

여기 제육볶음과 친구들 앞에서는 모두가 평등하다.

집으로 바로 갈까 하다가 계약한 땅 현장으로 간다.

땅을 밟아본다. 엉덩이가 닿지 않게 쭈그려 앉는다. 흙을 한

줌 잡는다. 냄새를 맡는다. 농사에 완전 무지하지만 비옥한 토양 같다. 여기서 자라는 벼들은 윤기 흐르는 쌀을 품을 것 같다.

집에 도착한다. 책상 앞에 앉는다. 프린트한 온갖 자료들이 수북이 쌓여 있다. 그동안 읽었던 책들도 수북이 쌓여 있다.

계약서 파일을 다시 들여다본다.

해냈다. 나도 할 수 있다.

멀게만 느껴졌던 것들이 하나씩 이루어지고 있다.

계약서 파일을 빌어먹을 토익 책 옆에 끼워 둔다.

이렇게 나의 첫 계약이 성공적으로 이루어졌다.

7

몇 달 뒤, 두 번째 계약을 했다. 여러 모로 쉽지 않은 계약이었다.

토지 주인이 계약서에 금액을 낮게 써주면 본인도 양도세를 적게 내고 나도 취득세를 적게 낸다고 했다.

말로만 듣던 다운 계약서다.

혹하는 제안이었다. 흔들리지 않았다면 거짓말이다. 돈 한 푼이 아쉬워 삼각김밥에 치킨마요 덮밥을 물리도록 먹었던 나에게는 머리가 아찔하도록 유혹적인 제안이었다.

그러나 넘어가지는 않았다. 나같이 저공 비행하는 인간이 정직, 신뢰, 윤리 같은 기본적인 것조차 지키지 않는다면 나는 그냥 추락하는 비행기에 탄 것과 다름없다. 이것은 절대 양보할 수 없는, 나에게 마지노선 같은 것이었다.

3부 송 과장 편

그 자리를 박차고 나올까도 생각했다. 하지만 계약을 성사시키는 것이 나의 목적임을 잊어서는 안 됐다. 감정이 앞서서는 안 됐다.

토지 주인에게 "그럴 수는 없다"라고 말하자 그도 알겠다며 정상 계약서를 작성하자고 했다. 그냥 한 번 떠본 듯한 느낌이었다. 시험 하나를 통과한 기분이었다.

다른 계약 자리에서도 희한한 조건들을 거는 사람들이 있었다. 그러나 매번 나는 선을 지켜냈다. 비록 그게 나에게 유리하게 작용할지라도 내 양심을 지키고 싶었기 때문이다.

그렇게 서서히 투자를 늘려나갔다. 나의 불찰로 좋은 매물을 놓치기도 했다. 시세보다 싸게 판 적도 있고 반대로 비싸게 산 적도 있었다.

그런 계약을 한 날에는 어김없이 밥을 굶었다. 왜 이런 실수가 있었는지 관련 자료를 모두 출력했다. 배고픈 상황에서 자료들을 눈이 빠지도록 읽고 또 읽었다. 이런 과정에서 매번 배우는 것은 투자는 사는 게 끝이 아니라 사는 게 시작이라는 사실이다.

또 한 번은 계약하러 가는 길에 버스 안에서 잠이 들었다. 깨어보니 반대 방향으로 가는 버스였다. 부동산 사무실에 전화해 늦어서 죄송하다고 말을 했지만 매도자는 계약을 하지 않겠다며 이미 자리를 떠났다고 했다. 시간이 늦었지만 부동산 사장님께라도 죄송하다고 인사를 드려야 했다.

다시 반대 방향 버스를 타고 부동산중개소에 도착했다. 가는 길에 동네 과일 가게에 들러 바나나와 복숭아를 사서 사장님께

드리고 이런저런 이야기를 나누니 시간이 늦었다. 집에 돌아가는 버스는 끊긴 뒤였다.

집까지는 약 40킬로미터. 실수로 계약을 하지 못했으니 나는 벌을 받아야 했다. 택시를 탈 자격이 없다.

걷기로 했다. 가로등이 띄엄띄엄 있다. 어둡다. 이쪽으로 가는 게 맞는지조차 모르겠다. 진흙이 신발 안으로 스며들어 질퍽거렸다. 바지가 젖었고 다리가 무거워졌다.

길을 걸으며 한 가지 생각만 했다.

오늘의 나보다 더 독한 사람이 있다면 옆으로 지나가는 트럭이 나를 치고 지나가도 좋다고.

이렇게 결심한 다음부터 나는 답사를 가기 전에 항상 책상과 이불과 옷장을 정리하고 나온다. 언젠가 나태해지는 순간이 찾아와 내가 트럭에 치어 세상을 떠나게 된다면 그때 부모님에게 깔끔한 모습으로 기억되고 싶기 때문이다.

저녁에 출발한 여정은 이튿날 오전이 되어서야 끝이 났다. 집에 도착해 화장실에 들어간다. 거울을 본다. 거지꼴이 되어 있다.

그런데 이상하다. 잘생겨 보인다. 멋있어 보인다. 나 자신이 대견하다. 평생 거울을 보며 한숨만 쉬게 했던 내 얼굴에서 빛이 나는 순간은 처음이었다.

밤새 걸어왔지만 집에 와서 잠을 자지 않았다. 원래 잠잘 시간이 될 때까지 버텼다. 앉아 있으면 졸릴까봐 최대한 서 있었다. 주의하지 못한 자신에 대한 채찍질이자 일종의 벌이었다. 경고였다.

같은 실수를 반복해선 안 된다.

지금 이 고생은 어떠한 형태로든 긍정적인 결과로 돌아올 것이라 믿으며 나 자신을 갈고닦아 나갈 것이다.

모아놓은 수천 장의 자료들을 결국에는 다 보았다. 다 못 보는 건 아닌가 했는데 결국에는 해냈다. 이 많은 종이들을 전부 가지고 있을 수 없어서 요약본을 만들었다. 기말고사 공부하듯이 사례집과 이론서를 분류했다.

돌이켜보면 내 질투, 이기심, 욕망이 결국 나를 움직이는 동력이 된 것 같다. 이런 욕망을 남을 해하는 데 쓰지 않고 나의 발전을 위해, 내 삶을 업그레이드하는 방향으로 온전히 돌릴 수 있다는 것을 이제는 확실하게 안다. 그리고 그 방향키는 오직 나만이, 나 자신이 쥐고 있다는 것도 이제야 분명하게 깨닫는다.

기나긴 과정이 지나면 결실은 어느 순간 찾아온다.

덥고 더운 여름이 가고 비가 시원하게 오면, 갑자기 가을이 온다.

추운 겨울이 가고 비가 시원하게 오면, 갑자기 봄이 온다.

그리고 모든 꽃은 각각 피는 계절이 있다.

오피스텔 ‹ 월셋집 ‹ 자가

1

1년이 지났다.

나는 결혼을 했다. 15평짜리 오피스텔에 산다.

결혼하고 한 달쯤 지났을 무렵, 나는 재즈바를 그만두어야겠다고 결심했다.

주말 저녁 시간을 아내 혼자서 둘 수는 없다. 사장님도 내 아내를 잘 알고, 내 사정도 잘 안다. 정중히 말씀드린다.

리더인 베이시스트 편의점 사장이 오늘은 쉬지 말고 쭉 달리자고 한다. 아쉬움이 느껴지는 걸 보니 그동안 정이 들긴 들었나 보다. 알고 보면 나쁜 사람은 없는 것 같다. 우리 밴드는 중간에 5분 정도만 쉬고 5시간 동안 여태까지 했던 모든 곡들을 연주했다.

사장님이 베이스와 드럼을 내려 보내고 나에게 독주 기회를 주신다. 사장님이 말씀하신다.

"해봐. 네가 제일 잘하는 거."

내가 가장 자신 있는 곡은 자살 시도에 실패하고 나서 처음 연습했던 곡이다. 내가 처음으로 무언가에 집중하고, 즐거움을 느끼며, 내 가치를 인정하게 만들어준 곡.

앞에서 가장 잘 보이는 자리에 아내가 앉아 있다. 눈 인사를 하고 연주를 시작한다.

연주가 끝나고 나는 녹초가 된다. 키보드를 붙잡고 겨우 일어 난다. 손님이자 관객들에게 인사를 한다.

아내가 꽃을 들고 있다.

꿈은 아니겠지.

상상은 아니겠지.

아내가 꽃을 건넨다. 꽃 향기가 나는 걸 보니 꿈이 아니다. 현 실이다.

정말로 마지막이다. 나도 할 수 있다는 희망을 가질 수 있었 던 곳이다. 누군가와 손발을 맞춰보며 연주할 수 있었다. 다른 생각 안 하고 한 가지 일에 집중할 수 있게 해주었다. 종잣돈 마 련에 큰 도움이 되기도 했다.

베이시스트 편의점 사장이 와서 나를 안는다.

"고생했다. 미안하고. 고맙고. 편의점이나 여기나 아무 때나 놀러와. 맛있는 거 사줄게."

재즈바 사장님은 나에게 봉투를 주신다. 마지막 월급이다.

"좀 더 넣었어. 제수 씨하고 맛있는 거 사 먹어. 고마웠다. 그 리고 너 처음 봤을 때 더 이상 내려갈 곳이 없는 사람처럼 보였 어. 돈 벌기 위해서 온 게 아니라 살기 위해서 키보드 치는 사람

같았는데 많이 좋아진 것 같아서 다행이다."

내가 남의 감정을 대충 알 수 있듯이 남들도 나를 대충은 알 수 있다는 것을 이제야 알 것 같다. 정신질환자, 아니다, 주의력 결핍 과잉행동장애인 나를 믿고 고용해준 사장님은 나의 은인이나 다름없다.

눈물이 난다. 벌겋게 달아오른 눈과 귀를 보이기 싫다. 실내가 어두워서 다행이다. 애써 입꼬리를 끌어올리며 인사를 하고 아내와 함께 나간다. 밖에서 본 재즈바의 간판은 화려하게 그 자리를 지키고 있다.

늘 시궁창에서 혼자였던 나에게 처음으로 소속감이라는 것을 알게 해준 곳. 떠나게 되니 더욱 알게 된다.

그동안 본 책에 등장한 인물들, 중요한 순간에 손을 내밀어준 사람들 모두가 나의 동료이자 선후배이다.

이순신 장군, 세종대왕은 나와 한 팀이다.

빌 게이츠, 스티브 잡스는 나와 한 팀이다.

부동산 사장님들은 나와 한 팀이다.

아버지, 어머니는 나와 한 팀이다.

아내는 나와 한 팀이다.

나는 그들에게서 소속감을 느낀다.

어떤 집단에 '회원 가입'을 해야만 소속이 되는 게 아니다. 내가 마음속에 동그라미를 그려 그룹을 만들고, 각 분야의 사람들 이름을 채워 넣으면 그게 소속이 된다.

결국 소속은 내가 결정하고, 내가 만들어가는 것이다.

5년이 지났다.

그동안 나는 대리로 진급했고, 후배들도 생겼다. 사람들은 나를 송 대리라고 부른다. 팀장도 여러 번 바뀌다가 자료 작성의 달인으로 불리는 김 부장님이 지금의 팀장이 되었다.

김 부장님이 오늘 건강검진으로 휴가를 썼다. 회사에서 지원해주는 건강검진이다. 건강검진을 받는 날만큼은 회사에 감사하다. 내 건강을 걱정해주는 것만 같다.

점심을 먹고 믹스커피를 마시러 휴게실로 간다. 소파에서 누군가 낮잠을 자고 있다. 김 부장님이다. 분명 오늘 건강검진이라고 했는데.

구겨진 셔츠에 이쪽저쪽으로 뻗친 머리, 입술 근처에는 침 자국이 있다.

대단하다. 수면내시경으로 몽롱할 텐데 좀 쉬면 안 되나.

김 부장님도 팀원들이 자신을 이해하지 못한다는 것을 알지만 팀장으로서의 책임감이나 임원들에게서 받는 압박감 때문에 어쩔 수 없이 나오는 게 아닐까. 이해가 안 되면서도 이해가 된다.

주변 사람들이 아마도 나를 비슷하게 바라볼 것 같다. 고등학교 때 안 하던 공부를 지금에서야 하냐고, 쉬라고 있는 게 주말인데 뭘 그렇게 보러 다니냐고. 실제로 그런 말을 자주 듣는다.

나도 여가시간에는 안락한 집에 있고 싶다. 하지만 이런저런 핑계를 대며 내려놓고 싶지만 나태했던 과거의 나로 돌아가기는 싫다.

자녀가 자랐을 때 내가 이룬 결과물을 보여주고 싶고, 무슨 일이 있었는지 이야기해주고 싶고, 커가면서 어떤 생각과 자세로 살아가야 하는지 최소한의 가이드를 해주고 싶다. 그러려면 나뿐만 아니라 가족들까지 일정 부분, 아니 중요한 부분에 대한 어느 정도의 희생과 포기가 있어야 한다.

우리 가족 모두가 했던 희생과 포기의 결과가 결코 헛되지 않아야 하기에 나는 오늘도 헐거워진 운동화 끈을 풀어 꽉 묶고 현관문을 열고 또 다른 일터로 나선다.

나는 오늘도 꽤 괜찮은 놈이 될 것이다.

3

나는 월세로 신혼을 시작했다.

전세금은 최소 1억 원은 있어야 한다. 1억이면 종잣돈이다. 재계약시 1억 2천으로 올릴 수도 있다. 그러면 2천만 원을 또 넣어야 한다. 모은 돈을 계속해서 올라가는 전셋값으로 넣어야 한다. 은행은 미미한 이자라도 받지만 전세금은 이자조차 없다.

종잣돈을 모아 그 돈을 불려야 하는데, 전세금은 그저 보관하는 용도에 지나지 않는다. 인플레이션을 생각하면 보관이라 말할 수도 없다.

월세 50만 원이 1년이면 600만 원이다.

10년이면 6천만 원이다.

하지만 10년간 아파트나 땅이나 6천만 원은 넘게 오른다.

그래서 나는 월세를 선택했다. 아내도 동의했다. 사람들은 월세는 매달 나가는 돈이 아깝다고, 돈을 모을 수 없다고 생각한다. 대신 보증금도 낮고 월세가 좀 싼 곳에서 살면 된다.

그래도 내가 어릴 때 살던 집보다는 훨씬 좋다. 화장실도 안에 있고, 비도 새지 않는다. 문도 잘 잠긴다. 둘이 살기에는 좁긴 하지만. 만족과 불만족이 공존하는 집이다.

4

사실 그동안 땅을 사면서 가장 큰 걸림돌이었던 것은 장모님의 반대였다.

장모님은 집을 사야지 왜 땅을 사냐고 하셨다. 내가 아무리 설명을 드려도 어른들은 집이 최고다. 어쩌면 딸이 집도 없이 이사 다니는 게 속상하셨을 수도 있다.

그래도 나는 아내를 설득하여 땅을 샀다. 양가 부모님께는 더 이상 우리 투자와 경제 사정에 대해 말씀드리지 않기로 했다. 무슨 말씀을 드려도 걱정만 하시기 때문이다.

사실 집이 없으니 매번 보증금과 월세를 조율하는 데에 신경이 많이 쓰인다. 계약 기간은 2년인데 1년이 지나면 머릿속에서 이따금씩 계약과 이사 문제가 떠오른다.

이사 다니는 것도 힘들고 비용도 만만치 않다. 아이가 어린이집을 다니고 유치원을 다닐 때가 되니 벌써 초등학교가 눈에 들어온다. 나처럼 여러 번 전학을 다니게 하기는 싫다.

마침내 아파트를 매수하기로 아내와 계획을 세운다. 땅에 비해 아파트는 비교적 간단하다. 답이 나와 있다.

실거래 매매가도 나와 있고, 전세가와 월세가도 명확하게 나와 있다. 지하철역과의 거리도 명확하고, 학교와의 거리도 지도를 보면 알 수 있다. 내 눈에는 마치 교과서를 펴놓고 시험을 보는 것과 같다.

토요일 아침, 아파트 매물을 올려놓은 부동산으로 간다. 지하철에서 내린다. 이어폰을 끼고 노래를 흥얼거린다. 저 멀리 정해놓은 아파트가 보인다. 음악 소리에 맞춰 기분 좋게 길을 걷는다.

빠아아아앙.

"으악!"

흙을 가득 실은 덤프트럭이 내 바로 옆으로 빠르게 지나간다.

깔릴 뻔했다. 죽을 뻔했다.

순간 신발에 진흙을 감고 밤새 추적추적 걷던 그날이 생각난다.

내가 지금 무슨 생각을 하는 거지?

이 거만함과 나태함은 대체 어디서 나온 거지?

정신이 번쩍 든다. 저 트럭에 깔렸어도 나는 할 말이 없는 사람이다.

휴…… 그래도 아내도 있고 자식도 있는데…….

심장이 쿵쾅쿵쾅 멈추지 않는다.

나는 분명 방심하고 있는 게 맞다.

절대 쉬운 게 아니다.

내가 놓치고 있는 것이 분명히 있다.

이럴 때 생각나는 사람이 있다.

부동산 박 사장님이다.

아파트를 보러 가려던 발걸음을 돌려 박 사장님을 만나러 간다.

5

버스를 타고 박 사장님을 만나러 가는 길은 늘 기분이 좋다.

한편으로 어떤 질문을 던질지도 고민이 된다. 박 사장님에게 질문하고 답을 듣고 모르는 문제를 같이 의논하다 보니, 이제는 질문이 서로 깊이 있는 의견을 교환하기 위한 중요한 시작점임을 깨달았다.

오늘도 흙탕물 범벅인 벤츠 S클래스가 대각선으로 주차되어 있다.

"사장님, 안녕하세요!"

"어, 왔어? 이제는 자네가 안 오면 이상해, 하하. 귤 먹어. 엄청 달아."

나는 귤을 받아 껍질을 까며 말한다.

"제가 집을 사려고 하는데요. 토지만 보다가 집을 보는데 뭔가 제가 놓치고 있는 것 같기도 하고요. 실거래, 전세가 이런 것도 보고 역세권, 초등학교 거리 같은 게 다 나와 있는데 이게 전부인가 싶어서요."

"자네 아직 집이 없었어? 집이나 땅이나 같은 부동산인 건 맞지만 다른 부분이 당연히 있지. 땅은 이미 공급이 되어 있으니까 바다를 메우지 않는 이상 늘어나지 않잖아."

"네."

"집은 지어야 집이지. 누군가 지어야 해. 들어가서 살 수 있어야 해. 사람이 논바닥에서 잘 수는 없잖아?"

이해가 되는 듯싶으면서도 이해가 되지 않는다.

"자네 같으면 판자촌 같은 데서 살 수 있어? 요즘 세상에?"

어릴 때 살던 집이 생각난다.

못 살겠다.

"아니요. 못 살 것 같아요."

"그래. 땅은 근본적으로 공급 부분에서 어떻게 할 수 없는 부분이고, 수요는 오르락내리락하는 거지. 그런데 주택 공급은 사람이 어떻게 할 수 있는 부분이잖아. 그러니까 수요랑 공급을 같이 봐야지."

아, 이제 조금 이해가 된다.

"공급은 새로 짓는 집과 이미 지어놓은 집의 주인들이 부동산에 내놓는 매물들이야. 새로 짓는 집이 없고, 집주인들이 매물을 안 내놓으면 공급이 확 줄어드는 거고, 분양을 많이 하고 입주 물량이 많거나 팔려는 매물이 많으면 공급이 늘어나는 거고."

"네, 그렇죠."

"판자촌 얘기는 왜 한 거냐 하면 주택보급률이 사실 100퍼센트가 넘어. 그런데 여기에 판자촌까지 계산하면 안 된다는 거지."

"아, 네……."

"그리고 집은 땅 파고, 기초공사 하고, 뼈대 올리고, 인테리어 하는 데 시간이 걸리잖아. 분양하고 사람이 들어갈 수 있을 때까지 얼마나 걸리는지도 봐야 해. 그리고 재개발 재건축은 조합설립부터 입주까지 최소 10년이야. 처음에는 5년 만에 끝낸다고 말은 하지만 그게 그렇게 되나. 중간에 소송하고 난리도 아닌데. 그런 것도 봐야 하고. 집은 땅과 다르게 신경 써야 할 부분이 많아."

"아…… 네……."

"자네 너무 땅 공부만 했어. 집 공부도 해봐. 같은 세계인 것 같지만 다른 세계야. 공급 말고도 다른 점들이 더 있으니까 자네가 스스로 공부하면서 찾아봐. 그런 거 잘하잖아, 공부하는 거."

역시 다른 부분이 있다. 내 손에 들린 귤껍질과 박 사장님 테이블 위에 쌓여 있는 귤껍질들을 한데 모아 쓰레기통에 버린다.

"사장님, 그런데 지금 집을 사도 괜찮은 타이밍인가요?"

"이 바닥에 있으면서 깨달은 재미있는 사실 하나 말해줄까? 주식이나 부동산이나 시세가 빠질 때는 신문이나 TV에서 마치 나라가 망할 것처럼 얘기해. 경제가 침몰할 것 같으니 안전벨트 단단히 매고 있으라고 말야. 그런데 웃긴 건 지금이 기회라는 말은 절대 하지 않아."

"아, 생각해보니 정말 그러네요."

"뉴스를 보고 기회라고 생각하는 사람과 움츠러드는 사람은 평소에 준비가 되어 있는 사람과 그렇지 않은 사람의 차이지. 요즘 뉴스에 부동산 얘기 많이 나와?"

"아니요. 거의 못 본 거 같아요."

"뉴스에서 안 나온다는 것은 사람들이 별 관심 없다는 뜻이야. 무슨 투자든 간에 아무도 관심 없을 때 조용히 하는 거야. 지금 타이밍 괜찮다고 봐, 나는. 그런데 얼마짜리 사려고?"

"수중에 현금이 별로 없어서 적당한 거 보고 있어요."

"그래. 너무 무리해서 사지는 마. 우리 흔히들 집이 은행 거라고 하잖아. 대출받아서 집 사면 집 주인은 은행에 이자를 내지. 그러면 그 집으로 돈 버는 사람은 누구겠나?"

"은행이겠네요."

"명의는 집 주인인데 현금 흐름은 은행으로 가. 그 집에서 이자가 나오든 뭐가 나오든 아무튼 은행으로 돈이 흘러 들어가니까 실질적으로 그 집은 은행자산이지."

"네……. 좀 헷갈리긴 하는데요. 그런데 이자보다 집값이 더 많이 오르면 그게 집주인한테 이득 아닌가요?"

"집값이 오를 때야 그렇지. 만약에 집값이 오른다고 해도 세금, 이자 감당하느라 모으는 돈이 줄거나 없어지면 그건 자산의 역할을 못한단 말이지. 만일 집값이 올라서 팔고 시세차익을 봤어. 시세차익이 이자와 세금, 인플레이션보다 크다면 자산투자로서 성공한 건데 그런데 그 이후가 중요해. 더 큰 집으로 가서 더 많은 이자와 더 많은 세금을 내기에 급급하다면 그게 자산인지는 한 번 생각해봐야 한다네. 사람들이 집 한 채 사고 시세가 오르면 그게 끝인 줄 안다니까? 화폐가치가 하락한 거라고는 생각 못해."

"집을 소유하는 게 무조건 정답은 아니라는 말씀이신가요?"

"집이 있으면 이사 다니지 않는 안정감이라는 장점은 있지만 소득에 비해 너무 무리해서 사면 집을 모시고 살다가 인생 다 갈 수 있지. 요즘 더 좋은 집으로 이사하는 게 목표인 것 같은 사람들이 많이 보여. 소득에 비해 너무 무리한 대출을 받는 건 반대야. 특히 소득이 하나만 있는 월급쟁이들한테는 말이야. 그 월급이 갑자기 끊기면 어떻게 하려고. 분수에 맞게 살라는 옛말이 틀린 말이 아니라니까. 저기 밖에 있는 내 차는 자산일까 부채일까?"

"차는 당연히 부채죠."

"그런데 저 차를 자산으로 바꿀 수도 있어."

"네? 어떻게요? 튜닝해서 더 비싸게 파나요?"

"하하, 튜닝한 걸 신차보다 누가 비싸게 사나? 그건 아니고. 저 차를 렌트를 해서 거기서 수익을 발생시키면 자산이 되는 거지. 돈을 벌어주니까. 대신 저 차의 감가상각비보다 수익이 더 높아야겠지."

"그렇게도 될 수 있겠네요."

"내 말은 무조건 자산인 것도 없고, 무조건 부채인 것도 없단 얘기야. 소유한 것들을 어떻게 자산으로 만드느냐가 실력이란 거지. 그런데 저 차는 팔아버릴 거야. 너무 과해. 무슨 세단의 왕이라고들 하는데 나한테는 기름 먹고 돈만 먹는 왕이지. 한 지붕 아래 왕이 두 명이면 되겠어?"

"저 차 말고 또 다른 왕은 누군데요? 사장님인가요?"

"아니. 부동산에 오는 자네 같은 사람들. 점심이나 먹자."

"매일 얻어먹는 것 같아서 죄송해요. 그럼 이번에는 제가 살게요."

"나는 자네랑 얘기하는 게 재미있어. 나 젊었을 때 모습 생각도 나고. 그리고 밥도 혼자 먹는 것보다 둘이 먹는 게 낫잖아?"

"네. 저야 감사하죠, 항상."

박 사장님은 냉장고에 잔뜩 붙은 스티커를 뒤적이더니 주문을 하신다. 항상 느끼는 거지만 밥 주문을 할 때 3,000원, 4,000원에 벌벌 떨던 나와는 다른 모습이다. 경제적 자유를 달성한 사람이라서 그런가. 아직까지 일하시는 걸 보면 그런 것 같지는 않은데. 말이나 행동을 보면 굉장히 자유로워 보인다.

"사장님, 사장님은 경제적 자유를 이루지 않으셨나요? 이 일은 왜 계속하시는 거예요?"

"하하, 경제적 자유라……. 나도 젊었을 때는 돈 많이 벌어서 마음껏 쓰고, 좋은 데 살고, 좋은 거 입고, 좋은 차 타는 게 경제적 자유인 줄 알았어. 그런데 지금은 생각이 좀 달라졌어. 돈이 많아도 돈에 스트레스 받고, 더 벌기 위해 본인이 하고 있는 일에 구속된다면 그건 그냥 재정적으로 여유로울 뿐이지 진짜 자유로운 상태가 아니더라고. 그래서 생각해봤지. 경제적 자유가 뭘까, 하고 말야. 진짜 경제적 자유는 말이야. 재정적인 여유와 정신적인 자유가 합쳐져야 해. 그게 진짜 경제적 자유라고 봐. 햇살 좋은 날에 차 한잔하면서 미래에 대해 생각할 수 있는 여유, 돈 걱정 없이 가족과 보내는 행복한 일상, 가까운 친구들과 함께하는 소중한 추억. 그런 게 진정한 경제적 자유가 아닐까 싶어. 자네 생각은 어때?"

박 사장님은 내가 생각하고 있던 돈과 경제에 대한 관념을 넘어서는 말씀을 하셨다. 그저 60억이라는 큰돈을 보상받은 아버지 친구가 부러워서 지금껏 내달려온 내가 부끄러워지는 순간이었다.

"자네는 처음 볼 때부터 자세가 된 친구였어."

"네? 무슨 말씀이신지……."

"자네는 약속 시간보다 항상 20, 30분을 일찍 도착했어. 그렇다고 내 사무실로 바로 들어오지도 않고 저 멀찌감치에서 기다리고 있었지. 내가 불편해할까봐. 다 봤어. 시간을 지킨다는 건 결국 신용을 쌓아간다는 것이거든. 부모님께 감사하다는 말 해봤나?"

"아니요. 부끄러워서 그런 말 못해요."

"집에 들어가면서 전화로 잘 키워주셔서 감사하다고 말씀드려. 자네를 보면 언행의 기본이 아주 잘 잡혀 있다는 느낌이 들어. 그런 건 어릴 때부터 부모님으로부터 올바른 습관을 보고 배웠고 가정교육을 제대로 받았다는 뜻이거든."

"감사합니다."

"사업이든 투자든 직장이든 모든 것의 기초는 예의와 매너야. 한마디로 덕(德)에서 출발해야 한다네. 그게 없으면 아무리 큰 업적을 세워도 결국에는 콩밥 먹게 되어 있어. 누군가를 밟고 올라가서 성공해야 한다거나 저 사람이 나보다 잘난 것을 인정하기 싫어서 상대를 누르고 잘돼야 한다거나 하는 식으로는 절대 경제적 자유를 얻을 수 없지."

"네……."

"어떻게 법 사이를 비집고 들어가서 이득을 볼까, 어떻게 해야 남이 좀 피해를 보더라도 나에게 돈이 될까, 이렇게 살면 절대 안 돼. 모두에게 좋은 방향을 찾아야지. 그렇지 않으면 화살은 자신에게 돌아오게 되어 있어. 사람들이 그걸 몰라. 그걸 통제할 줄 아는 게 경제적 자유의 첫 번째 원칙인 정신적 자유야. 덕을 갖추고 자신의 원칙을 지키는 힘이지. 이게 재정적 여유보다 우선이라고 봐. 그래서 경제적 자유의 첫 번째 원칙이라고 얘기한 거야."

알 것 같으면서도 모르겠고 또 모를 것 같으면서도 알 것 같다.

"앞으로 차차 경험하게 될 거야. 재정적 여유는 정말 마음만 먹으면 어떻게든 이룰 수 있다네. 그런데 그때마다 자신의 기준을 흔드는 순간들이 계속 찾아올 거야. 그때 필요한 게 정신적 자유라는 원칙이야. 자네는 잘할 수 있을 거라고 믿어."

재정적 여유, 그보다 더 중요한 정신적 자유, 그리고 이것을 합한 궁극적인 목표. 경제적 자유.

내가 왜 돈을 벌어야 하는지, 본질에 대해서는 생각해본 적이 없다. 본질은 책을 통해 머리로 습득할 수 있는 것이 아니라 체험을 통해 깨달아야 하는 것이다.

6

주택에 대해 공부할 시간이다.

주택의 흐름을 결정하는 것은 무엇일까. 우선 대학교 전공인 경제학에서 배운 수요공급 그래프, 수요와 공급부터 봐야 할 것 같다.

공부를 하면서 가장 확실했던 것은 주택 공급이 줄어들고 있다는 것이다. 특히 서울은 재개발, 재건축이 아니면 지을 땅이 없는데 쉽게 진행이 되지 않고 있다. 분양 물량도 없다. 여기서 얻은 결론은 공급이 부족하다는 것이다.

시장에서 돈의 흐름에 영향을 주는 정부 정책도 살펴야 한다. 미국은 금리를 내리고 있고, 그에 맞춰 우리나라도 금리를 내리고 있다. 저성장 국면에 접어든 우리나라 역시 저금리 기조가 한동안 유지될 것 같다. 이는 대출이 수월해진다는 뜻이고, 이자 부담이 줄어든다는 의미이다.

봐둔 아파트 말고 다른 곳의 시세도 같이 본다. 매매가와 전세가 흐름도 꽤 의미가 있다. 전세가가 매매가를 밀어올리는 곳도 있고, 전세가와 매매가가 상관이 없는 곳도 있다.

길 하나 차이로 시세가 확연히 차이나는 곳도 있다. 나 같으면 당연히 저렴한 것을 살 텐데 왜 차이가 나는 것일까. 지하철역도 같고, 근처 병원과 마트도 같은 범위에 있는데 왜일까.

다시 핸드폰으로 내가 서 있는 위치와 주소를 본다.

아, 주소가 다르다. 구도 다르고 동도 다르다.

박 사장님이 했던 말이 생각난다. 결국 사람이라고.

누군가 어디 사냐고 물어봤을 때 "무슨 구 살아요"라고 말하는 것은 전세든 자가든 상관없이 마치 그 사람의 브랜드 가치를 논하는 것과 같다.

그리고 배정되는 학교도 다르다. 조금 더 학구열이 높고 소득 수준이 높은 동네의 학교를 보내는 것이 몇 억을 더 지불할 가치가 있다는 게 매매와 전세 실거래가에서 드러난다. 김치찌개

안의 돼지고기 같은 개발 압력이나 피자를 자르는 듯한 도로 개통과는 또 다른 영역이다.

자료를 계속 조사하다 보니 집값이라는 게 수요공급과 무조건 일치하지 않고 금리, 환율과도 맞아떨어지지 않는다.

뭐지? 무슨 중요한 요소가 더 남아 있는 거지?

나와 가장 친한 친구이자 증권사에서 일하면서 아파트 투자를 하고 있는 설렌 버핏에게 물어봐야겠다.

"어이, 송 대리. 무슨 일이야? 버거 먹자고?"

"집을 알아보고 있는데 궁금한 게 있어서. 퇴근 후에 뭐해? 너 있는 데로 갈게."

"여의도로 온다고? 음…… 여의도는 바스 버거지. 7시까지 와."

7

여의도는 바스 버거라니 기대가 된다.

벌써 배가 고파온다. 설렌 버핏을 만나 주문을 하러 들어간다. 메뉴판을 보니 '탐욕 버거'라고 있다. 내가 그동안 버거를 대하는 자세는 근엄함과 존엄성이라 생각했지만 사실은 탐욕이었다는 것을 메뉴판을 보고 깨달았다. 주저없이 탐욕 버거를 선택한다.

"네가 여의도까지 무슨 일이야?"

"요즘 집에 대해 공부하고 있는데 말이야. 시세의 흐름에서 수요공급이 중요한 것 같긴 한데 딱 들어맞지는 않는 것 같아서."

"또 뭐 봤어?"

"또…… 금리, 환율, 재개발 재건축 진행 상황…… 뭐 그런 거?"

"통화량은 봤어?"

"어? 아니."

"음…… 나는 통화량이 첫 번째 요소라고 봐. 이유는 민간에 공급된 통화는 분명 어딘가로 흘러가는데 대부분 주식, 채권, 부동산으로 가거든. 그래서 세 개 중 하나 이상의 가격을 올릴 수밖에 없어."

"역시 증권맨의 시각은 새롭구나. 통화량은 책에서 본 적은 있는데 따로 공부를 해본 적은 없네."

"그리고 소득 증가도 봐봐. 소득 상승에 비해 집값 상승은 어땠는지."

"아…… 소득."

"어느 지역의 전세가율이 예를 들어 90퍼센트가 넘어. 그것만 보면 마치 갭이 적어서 투자하기 딱 좋아 보일 수도 있는데 이삼십대 인구수가 줄고 있거나 일자리까지 줄고 있다면 그 지역의 통화량과 소득이 줄어든다는 뜻이겠지. 그 뜻은 더 이상 오를 가능성이 적다는 것이고, 혹시나 풍선효과로 오른다면 주변에 약간의 공급만 있어도 바로 빠질 가능성이 크다는 걸 의미해. 그런 수요가 얕은 곳은 피해야 하는데 요즘 보면 마구잡이로 사들이는 투기수요가 은근히 많아. 반대로 남들 다 살고 싶어하는 곳, 예를 들어 일자리가 넘쳐나고 인프라가 다 깔려 있거나 깔릴 곳인데 공급이 적은 곳, 그런데 거기에 통화량도 증가하고 있고 인구도 늘고 있다면 바로 답이 나오는 거지."

"어떻게 보면 당연한 거네."

"응, 당연한 거지. 수요라는 게 돈, 돈을 가지고 있는 사람, 돈을 쓰고 싶은 사람의 마음, 다시 말해서 돈, 사람, 심리, 이 세 가지가 합쳐진 것이거든. 돈이 많고, 사람이 많고, 쓰고 싶은 마음이 생길 만한 지역과 그 지역 아파트를 고르면 되는 거야. 그런데 중요한 게 또 있어."

"뭐야?"

"내가 개인적으로 좋아하는 아파트보다 사람들이 좋아할 만한 아파트를 골라야 한다는 거."

"아······."

버거가 나온다. 이름대로 탐욕이 잔뜩 묻어 있다. 맛이 없을 수 없는 불변의 재료들이 빵과 빵 사이에 꽉 차 있다.

설렌 버핏이 한입 크게 베물고 말한다.

"소득 증가에 비해 집값이 너무 안 오르면 앞으로 오를 가능성이 크다는 거고, 너무 많이 오르면 조정받을 가능성이 크다는 거고. 늘어난 통화량 대비 안 올랐다면 오를 가능성이 크다는 거고, 통화량 증가 대비 너무 올랐으면 조정받을 가능성이 크다는 거고. 이렇게만 보면 단순한데 수요공급, 통화량, 경제 상황, 금리, 소득 등등 강력한 호재가 있는지 다 봐야지. 절대 하나 때문에 오르락내리락하지는 않아."

통화량, 소득, 경제 상황이라······ 토지보다 고려할 것들이 더 많은 것 같다. 머릿속이 복잡해진다.

"그럼 금리가 내리면 통화량이 많아지는 건 맞아?"

"금리가 내리고 대출이 많아져서 통화량이 늘어날 때 정부가 돈을 덜 풀어서 통화량 증가를 멈출 수도 있지."

"금리가 올라가면?"

"금리가 올라가서 대출이 줄어들고 시중 통화량이 회수되더라도 정부가 돈을 더 풀면 오히려 통화량이 늘어날 수도 있고. 결국 통화량이라는 게 총량이 중요해."

"아…… 어렵네. 나같이 머리 나쁜 사람은 이해하는 데 시간 좀 걸리겠다."

"엥? 나는 네가 투자하는 땅보다는 쉬운 것 같은데."

"시세라는 게 정확히 뭐야? KB지수를 봐야 하나?"

"그걸 봐도 되고. 실제 매매를 할 때 느낀 건데 시세라는 건 실거래가와 호가의 중간 어디쯤에 있더라고."

고등학생 때 토요일에 학교가 일찍 끝나면 라면에 스팸을 넣어 끓여주던 이 친구는 증권가에서 10년 넘게 근무하면서 내가 모르는 또 다른 세계에 대해 능통해져 있었다.

"그렇구나……. 아, 또 하나. 만약에 네가 집을 산다면 말이야. 초등학교가 100미터 떨어져 있는데 건널목을 하나 건너야 하는 곳. 또 하나는 200미터 떨어져 있는데 건널목을 안 건너도 되는 곳. 너 같으면 뭘 사겠어?"

"당연히 조금 더 멀어도 길 안 건너는 집을 사지. 물리적 거리도 중요하지만 심리적 거리가 더 중요해. 길 하나 건넌다는 게 부모한테는 얼마나 큰 불안인데. 불안을 6년 동안 안고 사느냐 아니냐는 진짜 큰 차이야. 물리적으로 가까워도 마음이 불편하면 그건 먼 거야. 괜히 '초품아'라는 단어가 생겼겠어? 아파트 투자하면 다 알게 돼. 어려운 건 아니야."

"또 하나, 어떤 아파트는 중심부랑 거리가 좀 있어. 근처에 지하철역도 없어서 교통이 썩 좋은 편은 아닌데 완전 새 아파트야. 커뮤니티도 좋고 구조도 완전 잘 빠지고 대단지에 유명 브랜드까지 갖췄어. 다른 아파트는 지하철역이랑 가깝고 차로도 어디든지 금방 갈 수 있는데 좀 구식이야. 그렇게 대단지도 아니고 재건축은 언제 될지도 몰라. 너 같으면 어떤 아파트를 선택할 거야?"

"음…… 지금은 새 아파트가 좋아 보일 수 있는데 20년 뒤를 생각해봐. 현재의 신축아파트는 20년차가 되어 있을 거고, 구식 아파트는 새로 지어진 신축이 되어 있겠지. 그런데 그 신축아파트가 입지까지 좋다면 시세 차이가 어떻게 될지 잘 알겠지? 아파트는 시간이 지날수록 낡아지지만 입지는 변함이 없잖아. 알면서 그래."

"그래도 새 아파트에 살고 싶으면?"

"입지 좋은 집은 전세를 끼고 사두는 거야. 그러고 다른 새 아파트에서 전세로 살면 되지."

"그러면 되는구나. 역시 똑똑한 놈."

나는 입에 묻은 소스를 휴지로 닦아낸다. 버거를 감싸고 있던 포장종이는 소스에 젖어 흐물흐물해져버렸다. 입에 있던 버거 조각을 넘기고 주제를 바꿔서 묻는다.

"너는 경제적 자유에 대해 생각해본 적 있어?"

"흠…… 경제적 자유라……. 어딘가에 고용되어서 발생하는 수입에 의지하지 않고 다른 수입만으로 자신이 원하는 삶을 누리는 것, 그런 게 아닌가 싶은데. 어딘가에 고용되어 있다는 뜻은 경제적으로 의지한다는 뜻이고, 그 말은 독립되어 있지 못하면서 동시에 자유가 없다는 의미니까."

"다른 수입이라면……."

"고용에서 벗어난 다른 형태의 소득에는 여러 가지가 있겠지."

"배당금이나 월세 같은 거?"

"그런 것도 있고 노후연금, 저작권, 각종 로열티 등등 많아. 그런데 많은 사람들이 육체적 노동 없이 버는 돈을 불로소득이라고 생각하는데 난 그렇게 생각 안해. 세상에 공짜는 없잖아. 쉬운 예로 길거리 자판기는 마치 모든 게 자동으로 돌아가는 것처럼 보이지만 실제로는 누군가가 재고를 실시간으로 파악하고, 물건을 채우고, 자릿세를 내고 있어. 보이지 않는 노력이 들어가는 거지. 어쩌면 아무것도 남지 않는 장사일 수도 있어. 세상에 쉬운 게 있겠어? 있다면 돈 쓰는 게 제일 쉽지. 재미있기도 하고."

"맞아."

"그런 시스템을 만들기 위해 얼마나 노력하고 고생하는지 모르는 사람들이 말을 쉽게 하더라고. 세상은 불공평하지만, 또 어떻게 보면 공평하기도 해. 출발선의 차이는 있을 수 있지만 결국에는 노력한 만큼 가져가잖아."

"그렇지. 그럼 말야. 어느 정도 금액이면 경제적으로 자유로울까?"

"음…… 그런 기준은 딱히 없는 것 같은데. 얼마나 어떻게 쓰면서 만족하느냐에 달려 있겠지. 그리고 당장 쓰는 것만 생각해선 안 돼. 미래에 대한 대비까지 생각해야지. 매달 300만 원 월세를 받으면서 200만 원으로 여유로운 생활을 할 수도 있을 거야. 언뜻 봐서는 경제적으로 자유로워 보여. 하지만 사실 그렇진 않아. 갑자기 지병이 생겨 병원비가 크게 들어간다든지 예기치 못한 이유로 목돈이 들어가는 것에 대한 대비가 되어 있어야 하거든. 그렇기 때문에 당장 눈앞의 300만 원에 의존하기보다는 하락하는 화폐가치와 만일의 경우까지 대비해 꾸준히 수입을 늘려야 진정한 의미에서 자유로울 수 있어. 다른 케이스로 매달 1천 만 원 월세를 받으면서 대출 이자, 각종 세금, 생활비로 1천 만 원 가까이를 쓴다면…… 어휴, 위태위태한 상황인 거고."

"내 생각도 그래. 건물주들 중에서도 적자 보는 사람들이 꽤 있더라고."

설렌 버핏은 고개를 끄덕인다.

"말이 길어졌네. 그나저나 집 사게?"

"응, 알아보는 중인데 네 의견이 궁금했어."

"입지 보고 사. 단순하게 생각해."

박 사장님이 말씀하신 입지다. 부동산은 아파트, 토지 할 것 없이 결국에는 입지다. 집의 시세는 하나의 요인으로 결정되는 것이 아니라 여러 가지가 복합적으로 작용해서 형성된다는 것을 오늘 또 한 번 확인하고 배운다.

나는 서점에서 통화량과 아파트 투자에 대한 책들을 찾아본다. 쉽게 설명이 된 책 몇 권을 사 온다. 두 번씩 정독한다.

정리를 해본다. 공급은 줄어들고 있다. 미국은 금리를 내리고, 우리 정부도 그에 맞춰 금리를 내린다. 정부는 돈을 계속 풀고, 통화량이 늘어나고 있다. 소득도 예전보다 늘어났다. 하지만 이상하게 시세는 몇 년간 횡보를 했다. 가까운 시일 내에 급격한 우상향 그래프가 예측이 된다.

8

집을 사기로 결정했으니 이왕이면 빨리 저렴하게 사고 싶다.

자산이라는 것은 시간과 비례하기 때문이다. 이상하게 시세도 몇 년간 횡보를 했다. 수요공급을 볼 차례다. 공급이 줄어들고 있다. 그것도 급격하게. 정부는 돈을 계속 풀고 있다. 미국은 금리를 내리고 우리 정부도 그에 맞춰 금리를 내린다. 이것만 봐도 가까운 시일 내에 가파른 우상향이 기대된다.

아내에게 이 부분을 설명한 후 함께 집을 보러 다니기 시작했다. 아내의 직장과 내 직장 중간 정도 위치, 역세권, 초품아, 미래 가치까지 고려하니 몇 군데가 추려진다. 그 중에서 우리 형편에 맞는 곳을 고른다. 형편에 맞는 곳이란 감당할 만한 수준의 대출을 끌어 다가 살 수 있는 곳이다.

자산이란 항상 가용할 수 있는 자금으로 비싸더라도 이왕이면 더 오를 여지가 높은 것을 산다. 오를 여지가 높다는 것은 그만큼 미래 가치가 있다는 뜻이다.

모두 책에서 배운 내용이다. 책을 통해 실제로 투자와 매매를 하면서 쌓인 경험에서 배운 내용들이다. 하지만 사채를 끌어 쓴다거나, 부모님이나 지인의 돈을 빌린다거나, 당장 내일 밥 먹을 돈까지 밀어 넣는다거나, 영혼까지 끌어서 자금을 마련하지는 않는다.

내가 먼저 아내에게 원하는 집에 대해 말한다.

"여보, 방은 네 개가 있으면 좋겠어."

"왜? 우리 식구가 세 명인데 세 개면 충분하지 않아?"

"우리 방 하나, 아들 공부방 하나, 아들 침대방 하나, 그리고 서재 하나."

"그래? 서재도 있으면 좋지. 그러면 방 네 개짜리로 보자."

"그리고 너무 대형 평수가 없어. 죄다 84제곱미터 아니면 59제곱미터밖에 없어. 나 같은 집돌이한테는 너무 좁아. 그리고 내가 학생 때 공부하고 있으면 침대가 맨날 나를 불렀거든. 이리와, 이리 와, 잠깐 쉬었다가 해, 한숨 자고 해. 그래서 아들 방은 침대방이랑 공부방이랑 분리해주고 싶어."

"하하하. 그랬어? 당신 지금 모습 보면 죽기 살기로 공부만 했을 것 같은데."

전반적인 공급량도 부족하지만, 그동안 대형 평수 공급이 너무 없었고 앞으로도 없을 것 같다. 실거주로서도 가치가 있지만 투자로서의 가치도 높아 보인다.

나와 아내의 돈을 합친다. 대출을 받는다. 그렇게 전세를 끼고 첫 집을 장만한다.

집을 산다는 것은 땅과는 또 다른 느낌이다. 더 재미있다. 실체가 있고, 사람들이 왔다 갔다 하고, 주변에 인프라도 있고, 내가 직접 거주할 수 있기 때문이다.

아파트에 대해 공부하다 보니 생각과 다른 점이 많다. 주택은 토지, 상가와는 별개라고 생각했는데 결국에는 다 연결되어 있다. 말 그대로 다 같은 부동산이다.

주택시장에 대해 더 공부한다. 토지보다 자료가 훨씬 더 많다. 순식간에 머릿속 용량을 넘어선다. 정보가 여기저기 넘쳐난다. 그만큼 사람들의 관심이 많다는 뜻이다.

인터넷에는 사기꾼들과 가짜 강사들이 판친다. 사람들의 불안을 자극하여 수익을 얻는 자칭 전문가들이 넘쳐난다. 그나마 다행인 것은 진짜 전문가와 가짜 전문가를 분별할 수 있다는 사실이다.

어설픈 전문가들은 복잡하게 가르친다. 복잡하게 설명한다는 것은 본인의 머릿속에서도 정리가 안 되었다는 뜻이다.

진짜 전문가들은 간단 명료하게 가르친다. 핵심만 딱 집어 설명한다.

주택, 특히 아파트에 대해 계속 공부한다. 분명한 것은 바로 지금부터 상승 불장의 초입이라는 것이다.

나는 우리 팀 사람들에게 집을 사라고 권유한다. 공부한 내용을 나누고자 좋은 마음으로 언질을 줬지만, 어떤 과장은 내가 집을 샀으니 떨어질까봐 겁이 나냐고 조롱한다. 어떤 부장은 집값은 더 떨어질 것이라고 훈수를 둔다.

9

회사에서 나는 부동산 투자자로 알게 모르게 소문이 나 있다.

투자자라는 단어는 나에게는 어색하다. 나는 그냥 돈 모으고 공부하고 사고 파는 것뿐이다. 이런 나의 모습을 싫어하는 사람이 대다수다. 그래도 나에게 도움을 얻으려는 사람도 몇 명 있다.

40년 넘은 아파트에 살면서 불편을 호소하던 상사는 나와 따로 식사까지 하면서 궁금한 걸 물어보셨다. 마지막 남은 계란말이까지 양보하시는 걸 보고 확실히 대인배임을 알았다. 이 분은 크게 되실 분이다. 나는 그 집을 끝까지 가지고 가실 것을 조언해드렸다.

어정쩡한 입지의 아파트에 살고 있는 다른 상사에겐 지금 사는 아파트를 팔고 재개발 끝나고 짓는 신축 아파트 분양권을 매수할 것을 권고했다.

나는 자산격차가 벌어질 것이 걱정되어 계속해서 주변사람들에게 집을 사라고 설득한다.

왜 이런 오지랖인가. 조용히 아웃사이더로 지내던 사람이 갑자기 무슨 집 타령인가. 내가 생각해도 내가 이상하다.

회사 사람들 말고도, 고등학교 친구들에게도 집을 사라고 말한다. 땅을 사란 말은 하기 어렵다.

고등학교 친구와 땅을 보러 간 적이 있다. 그는 아파트 투자는 해봤어도 땅에는 관심도 없던 친구다. 부동산에서 같이 설명도 듣고 직접 가서 보기도 한다. 그는 관심을 보이는 듯했으나 결국 그 땅 주변에 있는 아파트에 관심을 가졌다.

그만큼 땅은 대부분의 사람들에게 낯설기만 하다. 이런 비슷한 이유로 주변 사람들에게는 땅을 사라고 말하지 못한다.

땅은 허허벌판이라 사기가 쉽지 않다. 논과 밭, 벼, 고구마, 비닐하우스, 흙뿐이다. 아파트 같은 형체가 없다. 사고 싶은 마음이 들지 않는다. 엄두가 나지 않는다. 어쩌면 그래서 더 기회가 있다.

아파트는 이미 다듬어진 보석이고, 땅은 다듬어지기 전의 원석이다. 원석은 알아보기가 힘들다. 본질을 깊숙이 꿰뚫어보려고 집요하게 몰입하는 자만이 원석을 알아볼 수 있다.

투기꾼인가 투자자인가

1

5년이 지났다.

나는 과장이다. 사람들은 이제 나를 송 과장이라 부른다.

10년 전부터 읽기 시작한 책들이 방 하나를 가득 채웠다. 500권은 족히 넘는다. 중고로 팔 수도 없다. 연필과 형광펜 흔적으로 가득하기 때문이다. 나의 소중한 자산들이다.

책장을 둘러본다. 이 많은 책을 읽었다니 새삼 믿기지 않는다. 내가 자살 시도했다는 것을 경찰이 아버지에게 알리지 않았다면 정신과에 갈 일도 없었을 것이고, 주의력결핍 과잉행동장애도 평생 치료하지 못한 채 살았을 것이다. 그랬다면 이 많은 책들을 읽지도 못했겠지.

아직도 믿기지 않는 것이 몇 가지 더 있다. 이력서를 100부 가까이 넣고 떨어진 내가 취업에 성공하고 대기업으로 이직까지 한 것. 영원히 혼자일 것만 같았던 내가 결혼을 한 것. 그 사이에서 아내와 나를 반반 닮은 꼬마가 있는 것.

내 원래 목표는 '60억 보상받기'였지만 이제는 아니다. 보상을 받는다는 것은 내가 어떻게 할 수 있는 영역이 아니다. 개발지로 지정이 되어야 가능한 것이다. 나에게 주도권이 없다는 뜻이다.

그래서 목표를 바꿨다.

경제적 자유.

이것이 내가 온전한 내 삶을 살 수 있는 키워드다.

중요한 선택의 갈림길에서 나는 늘 나를 믿었다. 그래야 후회가 없을 것 같았다. 결과가 나쁘더라도 내가 한 선택이기 때문에 억울하지 않다. 행여나 억울할 것 같다면 억울하지 않을 만큼의 노력을 하면 된다.

노력했는데 안 됐다는 핑계를 대며 결과에 대해 변명하고 싶지 않다. 어설픈 노력으로 나태하지 않았다고 스스로를 위로하고 싶지도 않다. 그저 그런 노력은 하고 싶지 않다. 남들이 범접할 수 없는 수준의 노력을 하고 싶다.

파이팅.

오늘도 변함없이 새벽 4시 30분에 일어나 회사로 향한다.

2

오늘은 부동산 계약이 있는 날이다.

김 부장님에게 오후 반차를 쓰겠다고 한다. 부장님의 표정이 좋지 않다. 잠깐 휴게실로 따라오라고 한다.

"내가 산 아파트가 지금 두 배가 됐어. 궁금한 거 있으면 나한테 물어봐, 다 알려줄게. 나중에 집값 떨어지면 어떡하려고 그래?"

최근 상승기를 거치고 나니 갑자기 다들 전문가로 돌변했다. 부동산에 대해 경험담을 늘어놓으며 강의를 한다. 그런 말을 들어보면 대부분 모두가 아는 상식이거나 흘러간 과거를 본인 이론에 끼워 맞추는 말뿐이다.

김치찌개가 4,000원에서 7,000원이 된 것처럼 결국에는 오르게 되어 있다. 통화량이 늘어나는 만큼 부동산뿐만 아니라 모든 자산의 가격은 오르게 되어 있다. 가격이 올랐다기보다는 화폐의 가치가 떨어졌다고 보는 게 더 맞겠다.

가격 상승이 집에 대한 가치의 상승이라고 믿고 있지만, 안타깝게도 사실 집의 가치는 아무런 변화가 없다. 주소도, 구조도, 입지도 모든 게 그대로다.

이튿날, 회사에 카드키를 찍은 시간.

6시 10분이다.

자리에 앉아 어제 못 다 읽은 책을 펼 때쯤 입구 쪽 자동문 열리는 소리가 난다. 청소하시는 아주머니인 줄 알았는데 불규칙한 걸음의 구두소리가 들린다.

"깜짝이야! 소…… 송 과장, 뭐해?"

"부장님! 안녕하세요. 일찍 오셨네요. 책 읽고 있습니다. …… 괜찮으세요?"

"어, 어…… 아니야. 나 좀 쉴 테니까 일 봐."

술 냄새가 난다. 넥타이도 느슨하게 매인 것이 보인다. 부장님은 휴게실 쪽으로 향한다. 자러 가는 것 같아서 서랍에 있던 숙취 해소제를 가지고 휴게실로 따라 들어간다. 그새 잠이 든 것 같다. 머리는 기름으로 떡이 져 있다.

김 부장님의 자는 모습을 이렇게 볼 줄이야. 자는 모습을 보니 세상 편해 보인다.

매일매일 치열하게 살아가는 대한민국의 중년 남성. 나의 미래 모습을 보는 것 같다. 급히 눕느라 벗지도 않은 구두를 벗겨 드린다.

3

김 부장님과 외근을 가는 날이다.

신도시 쪽이다. 처음 방문하는 회사다. 회의실에는 20대 후반쯤 되어 보이는 직원만 있다. 떨떠름한 말투와 귀찮은 듯한 표정이다.

"30분밖에 없으니까 하고 싶은 말 다 하고 가세요."

거만하다. 자세도 삐딱하다.

아니야, 아니야. 이게 요즘 애들 스타일일 수도 있어.

요즘 애들? 나도 모르게 요즘 애들이라는 단어를 생각한다. 그래도 기본적으로 저 자식은 비즈니스 매너가 너무 아니다. 귀찮다는 표정, 빨리 하고 꺼지라는 듯한 말투.

그래도 김 부장님은 표정 하나 바뀌지 않고, 당당하게 제품 설명을 한다.

김 부장님은 30분을 딱 맞춘다. 그 직원은 수첩을 딱 접고 바로 일어난다. 우리는 더러운 기분을 안고 나온다.

김 부장님이 말한다.

"저 정도면 양반이야. 더 한 놈들 많아. 아예 안 만나주는 사람들도 수두룩해."

여기서 느낀다.

부장님이 때로는 철없어 보이지만 나보다는 어른이라는 것을.

업무가 끝났다. 편의점에 들어간다. 아르바이트생을 바라본다. 계산도 잘하고, 말도 또박또박 잘한다. 나보다 낫다.

편의점에서 해고당한 그때가 생각난다. 베이시스트 편의점 사장님이 생각난다. 얼마나 열받았을까. 자기가 돈 주고 쓰는 사람이 사고나 치고 그랬으니.

편의점 밖 테이블에 앉아서 옥수수 수염차를 마신다. 저쪽에서 머리에 기름을 바른 남자 두 명이 걸어온다. 딱 봐도 분양하는 사람들이다. 분위기만 봐도 말솜씨가 화려할 것 같다. 꺼림칙한 게 있으면 말에 미사여구가 많다. 물건이 좋으면 미사여구가 필요 없다. 그냥 사실만 알려주면 끝이다.

정보의 시대다. 물건이 좋으면 영업하러 돌아다니지 않는다. 사람들이 알아서 찾아간다. 이런 길거리 무작위 아날로그 영업 방식을 취한다는 것은 버리고 싶은 것을 빨리 남에게 떠넘기고자 하는 목적이다.

역시나 대폭 할인해준다고 한다. 귀한 것을 싸게 준다고 한다. 그럴싸하다. 초보라면 넘어갈 만하다. 김 부장님의 눈이 초롱초롱하다. 마치 구원자를 만난 듯한 눈빛이다.

이거 위험한데.

이럴 때는 사람을 보지 말고 상황을 봐야 한다. 왜 갑자기 다가와서 좋은 물건을 싸게 준다는 건지 생각해야 한다.

부장님은 명함을 챙긴다. 아무래도 많이 할인해주고 매달 따박따박 월세가 들어온다는 말에 혹한 것 같다. 이 세상에 '따박따박' 멈추지 않는 것은 시계추뿐인데. 부장님은 아직 잘 모르시는 것 같다.

나는 저런 물건은 조심해야 한다고 한 번만 말한다. 두 번 말하면 기분 나빠할 수도 있을 것 같기 때문이다.

상황이 꽉꽉한 사람이면 저런 달콤한 유혹에 넘어간다. 현실을 직시할 여유가 없기 때문이다. 자신에게 어떻게든 유리한 방향으로 행복회로를 돌린다. 남들은 다 사기라고 할 때 본인만 기회라고 믿는다. 남들은 다 사기꾼이라고 할 때 본인만 행운의 여신이라고 믿는다. 김 부장님이 저 상가를 부디 사지 않기를 바란다.

젊을 때는 일해서 돈 벌고 나이 들면 월세 받는 것이라는 통념이 있다. 나이 들어서 월세를 받으려면 정말 좋은 매물을 잘 찾아야 한다.

머리가 가장 잘 돌아가고 체력적으로 좋은 시기는 30대와 40대다. 그때 좋은 매물을 찾기 위해 공부하고 돌아다녀야 하는데, 은퇴 후에 머리가 굳고 체력도 떨어진 상태에서 좋은 월세 매물을 찾기란 어렵다.

젊을 때 월세 받아도 아무도 뭐라 하지 않는다. 은퇴 후에 뭔가 하려고 하면 조급해질 수밖에 없다. 그래서 월급이라도 받을 수 있는 직장이 있을 때 이것저것 먼저 해봐야 한다.

그러고 보면 나에게는 운이라는 것이 적절하게 따랐던 것 같다. 종잣돈을 모으려고 마음을 먹었고, 종잣돈이 모이는 과정 중에 공부를 했다. 종잣돈이 어느 정도 모이고, 부동산에 대한 전반적인 지식들을 알았을 때, 좋은 매물을 발견해서 거래를 성사시켰다.

만일 종잣돈을 모으고 나서 공부를 시작했거나, 공부가 부족한 상황에 종잣돈이 모여 이상한 매물을 샀다거나, 공부는 충분히 해두었지만 돈이 없어서 그제야 종잣돈을 모으기 시작했다면 어땠을까.

나는 다행히 운이 좋게 투자 순서를 지킬 수 있었고 시간을 절약할 수 있었다. 이것은 실력이 아닌 운의 영역이다. 이 운에 늘 감사한다.

또 한 가지 운은 내가 돈에 대한 집착이 별로 없었다는 점이다. 아마도 목표가 60억 보상받기여서 그런 것 같다. 60억 벌기였다면 집착이 생겼을 수도 있다. 그런데 보상받기가 목표여서 부가가치를 일으킬 땅에 집중한 덕에 돈 자체에 집중하지 않았던 것이다.

4

나한테 마지막 계란말이를 양보하면서까지 재건축 아파트에 대해 상의를 했던 상사는 상무가 되었다.

마지막 계란말이를 양보한다는 것은 나를 진심으로 존중한다는 뜻이다. 직원들을 존중하는 사람은 자기 자신과 회사를 존중한다는 뜻이기도 하다. 정치 잘하는 사람 대신 이런 사람이 임원이 되었다는 것은 회사가 변할 준비가 되었다는 의미이기도 하다.

분양권 매수에 대해 물어본 상사는 아무래도 차기 임원이 될 것 같은 분위기다. 나의 팀장 김 부장님은 자신이 임원이 될 것이라 믿고 있지만 내가 보기엔 그렇지 않다. 김 부장님은 김 부장님만의 장점이 있지만 아쉬운 점이 있다. 후배들은 부장님을 꼰대라고 표현한다. 내가 보기에는 부장이라는 위치와 중년의 나이가 그런 점을 더욱 두드러지게 한다.

누구나 꼰대 기질은 있다. 이것을 단순히 나이와 성별과 연관지을 수는 없다. 팀장이라는 위치, 부장이라는 직급은 무언가를 결정하고 누구에게 지시를 해야만 한다. 모두를 만족시킬 수는 없다. 누군가는 기분이 나쁠 수 있다. 자신과 맞지 않는다며 무조건 상사를 꼰대로 몰아붙이는 것은 정답이 아니다. 본인 스스로를 먼저 돌아봐야 한다. 그래서 나는 최대한 말을 아끼려고 하는 것뿐이다.

나는 팀장은 될 수 없을 것 같다. 팀장은 임원과 팀원의 중간 역할이다. 높은 것 같지만 알고 보면 별로 높지 않은 자리. 나에겐 힘들 것 같다.

팀원은 실무지만 팀장은 관리다. 실무를 잘한다고 관리를 잘하는 것은 아니다. 완전히 다른 영역이다. 나 자신에 대해서도 관리를 못하는데 팀원들 관리라니. 팀장이 되기 전에 회사를 떠날 생각부터 한다.

생각해보니 전에 다니던 외국계 회사는 달랐다. 아무리 근속 년수가 쌓이고 직급이 올라가도 본인이 원하면 실무를 계속하게 했다. 실무보다 관리에 능숙한 사람이면 관리자 역할을 부여했다.

내 생각엔 그게 더 맞는 것 같다. 관리에 맞지도 않는 사람을 억지로 관리를 시킨다는 것은 인력 낭비다.

5

오늘도 지하철 첫차를 타고 출근을 한다.

예전에는 몇백 원 아끼려고 새벽에 출근했지만 요즘은 조용한 지하철이 좋아서 새벽에 출근한다.

매일 앉는 자리에 앉아 책을 편다. 책을 읽기 전 주위를 한번 둘러본다. 혹시 시끄럽거나 이상한 사람이 있으면 미리 자리를 옮겨야 한다. 다행히 잠잠히 모두 핸드폰을 주시하고 있다. 내가 탄 칸에는 총 열 명이 앉아 있다. 책을 보는 사람은 나 한 명뿐이다. 내가 상위 10퍼센트에 들어갈 가능성이 있다는 뜻이다.

다음 역에서 10명 정도가 더 탄다. 역시 책을 보는 사람은 나뿐이다. 상위 5퍼센트가 될 가능성이 크다는 뜻이다.

몇 개 정류장을 지나고 보니 약 100명 정도가 탄 것 같다. 아직도 책을 보는 사람은 나뿐이다. 상위 1퍼센트가 될 가능성이 아주 높다는 뜻이다.

회사에 도착한다. 신문을 보고, 책을 읽고, 일기를 쓰다 보면 하나둘씩 출근을 한다.

권 사원은 남자친구와의 결혼 때문에 골치가 아프다. 본인과 경제관념이 많이 다르고, 무엇보다 아직까지 부모님께 의존을 많이 한다고 한다. 이야기를 들어보니 당장 헤어지라고 하고 싶지만 각자 속사정은 모를 일이라 말을 조심한다. 양쪽 이야기를 들어봐야 한다.

권 사원의 남자친구는 집값이 떨어지면 그때 집을 사자고 했다고 한다. '떨어지면'이라는 조건부가 붙는다. 떨어뜨리고 싶다고 해서 떨어뜨릴 수가 있는 게 아니다. 내가 어떻게 할 수 없는 영역에 집착하는 것, 예를 들면 내가 키만 컸으면, 내가 금수저였으면, 내가 머리가 좋았으면, 내가 과거로 돌아갈 수 있다면…… 이런 가정들은 스스로를 불행하게 만든다.

권 사원은 곧 서른 살이 된다. 서른 살. 어른들이 보기에는 뭐든 할 수 있는 한창 나이지만 내가 느꼈던 서른 살은 힘겨운 시기이다. 이십 대를 벗어나 어른이 되었다는 생각과 함께 연애, 결혼, 직장, 미래, 돈과 관련하여 밀려오는 허탈함과 불안감, 한편으로는 새로운 출발에 대한 약간의 기대감 같은 것들이 모두 섞여 뒤엉킨 그런 나이다.

최근에 김 부장님이 권 사원이 만든 자료를 자신이 발표한 적이 있다. 심지어 부장님 마음대로 내용을 바꿨다. 나는 김 부장님이 왜 그렇게 했는지 알지 못했다. 상무님이 개인적인 자리에서 말씀해주셨다.

"습관이라는 게 무서워."

"네?"

"김 부장 말이야. 김 부장이 대리 때부터 위에서 시키는 장표라는 장표는 다 만들고, 발표라는 발표는 다 했거든. 그때 당시임원들이 뭘 좋아하는지 김 부장은 알고 있었어. 긍정적인 것, 밝은 미래가 보이는 것, 다 잘될 거라는 희망적인 메시지. 위에서 이런 말만 듣기를 원해서 매번 그렇게 발표를 한 거야. 그게머릿속에 박히게 된 거고. 고쳐질 법도 한데 쉽지 않지……."

김 부장님은 알고 보면 고성장 시대의 중심에 서 있던, 회사가 인생의 전부이던 시절의 주인공이자 피해자가 아니었을까싶다.

6

정 대리가 말을 건다.

정 대리는 요즘 차에 온 신경이 쏠려 있다. 틈만 나면 차 얘기다. 부럽다. 나도 오래된 차 그만 타고 싶지만 그럴 순 없다. 아직은 잘 굴러간다.

정 대리는 자기의 욕구보다는 남이 원하는 욕구를 채우려고한다. 남이 자신을 인정해주는 것이 더 중요한 것 같다.

오늘 정 대리의 외투는 처음 보는 코트다. 차르르 흘러내리는것이 내 눈에도 멋져 보인다. 볼 때마다 코트, 구두, 셔츠, 넥타이, 벨트 중 어느 하나는 꼭 바뀌어 있다.

주의력결핍 과잉행동장애를 가진 내가 이런 말 하면 우습지만, 정 대리는 중독증인 것 같다. 충동을 채우는 중독. 이런 충동적 소비는 더 많은 결핍을 느낄 수밖에 없다. 매일같이 쏟아져 나오는 신상품과 빠르게 변하는 유행 속에서 허우적거릴 수밖에 없다.

그러다 보면 결국 내가 어딘지, 무엇을 원하는지 모르는 상태가 된다. 내가 원하는 것인지, 남이 원하는 것을 내가 채우려는 것인지 구분할 수가 없다. 타인을 기준으로 하는 우월감과 인정 욕구에 끝이라는 건 있을 수 없다.

정 대리는 부자가 되고 싶은 건지 부자처럼 보이고 싶은 것인지 모르겠다. 부자처럼 보이고 싶으면 지금처럼 살면 되고, 부자가 되고 싶으면 지금처럼 살면 안 된다.

결국 정 대리는 카드가 정지되었다고 한다. 이런 날이 올 줄 알았다. 부자가 되기는커녕 부자처럼 보일 수조차 없게 되었다.

7

아내도 나도 절약하는 것이 몸에 배어 있다.

결혼 전만큼 지독하게 아끼지는 않지만, 그래도 지출은 최소화하려고 한다. 문득 이렇게 아끼기만 하다가 늙어버리면 너무 슬플 것 같다는 생각이 든다. 써야 돈이지 안 써야 돈인가.

나이 드신 분들은 인생 짧다고 젊을 때 즐기라고 하신다. 자기계발서에는 젊을 때 아끼라고 한다.

누구 말이 맞는 것일까.

결국 나의 선택이다. 그 선택은 생각보다 쉽다. 돈을 아낀다고 해서 즐기지 못하는 게 아니다.

소비를 절제하면서 느낀 게 하나 있다. 돈을 쓰면서 무언가를 사는 짜릿함보다 유혹을 뿌리치고 아끼는 짜릿함이 더 강하다는 것이다.

옷을 한 벌 살 때 정해둔 규칙이 있다. 일주일에 3일 이상 입을 것인가, 안 입을 것인가. 나는 이 규칙에 따라 소비를 한다.

예전에는 가끔씩 내 기분을 위해 소비를 했다면, 이제는 나 자신을 위해 소비를 한다. 기분은 언제든지 바뀔 수 있지만 나에게 꼭 필요한 것을 찾아내는 것은 결국 나를 성찰하는 일이다. 소비에 있어서 스스로를 통제할수록 나는 더 자유로워진다.

아내와 나는 책 읽는 것이 공통된 취미다. 종이와 연필이 필요하고 읽을 책만 있으면 된다. 남들이 차를 바꾸거나 쇼핑하는 돈으로 우리는 자산을 사고 판다.

다시 생각해보면 젊을 때 즐기라는 말이 흥청망청 돈 쓰고, 음주가무를 하라는 뜻이 아니고, 진심으로 내가 추구하는 가치와 내가 진정으로 원하는 것에 에너지와 돈을 쓰라는 뜻일 수도 있다.

8

이후로 부동산 시세는 더욱 올랐다.

뉴스에서는 매일같이 부동산에 대한 소식이 나온다. 회사에서는 모였다 하면 집 얘기다. 집 한 채 가지고 있는 게 올랐다고 자랑하는 사람, 집값이 곧 폭락할 거라는 사람, 지금이라도 빨리 사라는 사람, 이미 늦었다는 사람, 어디에 지하철역과 쇼핑몰이 생긴다는 사람, 어디가 어떻게 개발된다는 사람 등. 이제야 부동산이 주식만큼 화젯거리가 되었다.

부동산을 소유하지 않은 사람과 부동산을 소유한 사람 간의 자산격차는 극심하게 갈렸다. 내가 바라지 않은 상황이다. 누구는 웃음을 참고, 누구는 울음을 참는다.

다 같이 열심히 살고 있는데 왜 급격한 부동산 인플레이션 때문에 서로 불편한 상황으로 몰려야 하는가. 이런 마음을 달래줄 무언가가 필요하다.

믹스커피가 마시고 싶다. 휴게실로 간다. 믹스커피가 없다. 아까 김 부장님이 믹스커피 두 봉지를 한꺼번에 타 마시는 걸 봤다. 하루에 몇 봉지를 마시는지 남아나는 게 없다.

정수기에서 차가운 물을 종이컵에 3분의 1 정도 붓고 뜨거운 물을 채운다. 뜨거운 물부터 부으면 손가락이 너무 뜨겁다. 그래서 차가운 물부터 붓는다.

옆에 나란히 정렬되어 있는 녹차 티백을 물속에 넣는다. 옆 테이블에는 입사동기 3명이 잡담을 하고 있다.

"송 과장, 여기로 와."

나를 불러주다니 고맙다.

"투자와 투기에 대해서 이야기하고 있었어. 송 과장은 어떻게 생각해?"

어려운 주제다. 나는 녹차 티백을 올렸다 내렸다 하면서 고개를 좌우로 흔든다. 모르겠다는 뜻이다.

나는 동기들의 이야기를 듣기만 한다.

"남이 하면 투기고, 내가 하면 투자 아니야?"

"공부하고 분석해서 사면 투자고, 그냥 막 사는 게 투기 같은데."

"막 사더라도 오를 거를 예상하고 사면 투자지. 이거 오를 것 같다는 느낌이 있어. 떨어져도 내가 손해인 거고 올라도 내가 이익인 거잖아. 어차피 책임은 자신이 지니까 어떻게 사건 말건 간에 투자 같은데."

"맞아. 그런데 좋게 말하고 싶은 때는 투자라고 하고 누구 욕하고 싶을 때는 투기라고 하고. 결국 같은 거 아니야? 어차피 주식 사고팔면서 세금 다 내잖아. 부동산도 취득세랑 양도세 다 내고."

"그래도 투기는…… 뭐랄까, 남에게 피해를 준다고 하나? 시장을 교란시키고, 독점하고. 예를 들어서 중국 부자들은 아파트 한 채가 아니라 한 동을 다 사버린대. 그렇게 사놓고 임대도 안 맞추고 시세가 오를 때까지 기다린다는데. 그런 게 투기 아닐까? 임대를 주면 몰라도 그렇게 아무도 못 사고 못 살게 하면 사회 교란이잖아."

"그렇네. 그건 투기네. 그런데 만약에 그 아파트가 우리가 생각하는 15층, 20층짜리가 아니라 2층짜리라면? 세대 수가 둘이라고 하자. 2세대가 과연 시장 교란을 일으킬까?"

"그래도 본인이 안 살고 묵혀두는 거니까 투기지."

"그럼 주식은? 나는 아무것도 안 하고 샀다가 팔기만 하는데 그것도 투기겠네?"

"흠…… 그건 또 그렇네. 그럼 로또는? 그것도 투기인가?"

"아, 로또…… 투자가 아닌 건 확실하고…… 그렇다고 투기라고 볼 수도 없고……. 나라에서 합법적으로 하는 거니까. 그냥 로또는 게임 아닐까? 아, 몰라. 로또나 사러 가야지."

"야, 송 과장. 너는 투기꾼이냐 투자자냐?"

갑자기 세 명의 얼굴이 나에게로 향한다. 이 부분에 대해 생각해본 적이 없다.

"음…… 잘 모르겠는데……."

이런 질문을 들으니 기분이 좀 이상하다. 기분이 썩 좋지는 않다.

나름 열심히 하고 있는데 어쩌면 남이 볼 때는 투기가 될 수도 있구나.

여러 가지 생각이 드는 대목이다.

9

나는 투자자일까 투기꾼일까.

투자와 투기. 무엇이 다를까. 사전을 찾아보니 생산활동과 관련된 것을 투자라고 하고, 생산활동과 관계없이 이익을 추구할 때는 투기라고 쓰여 있다.

그렇다면 집을 사는 것은 투기인가.

실거주 목적으로 자기가 들어가서 사는 것도 투기인가.

생산활동을 하려면 사람이 필요하다. 사람이 있으려면 살 곳이 필요하다. 살 곳은 생산활동과도 연결되어 있다. 즉 집을 사는 것은 원활한 생산활동을 하는 사람의 기본적인 조건이므로 투자라고 봐야 한다.

그렇다면 집을 사고 전세나 월세 같은 임대를 주는 것은 무엇일까. 생산활동을 위한 사람들에게 매매가보다 저렴한 전세와 월세를 제공한다. 명백한 투자다.

아니다. 전세 보증금이라는 무이자 레버리지를 이용해서 시세차익을 노리거나, 월세를 받으며 현금 흐름을 창출한다. 이렇게 보면 투기인가? 주식에 투자해서 배당금을 받아가며 현금 흐름을 만드는 것과 뭐가 다른 거지?

공부를 해서 사든 공부를 안 하고 사든 목적은 같다. 돈을 번다는 것. 10시간 공부하면 투자, 1분 공부하면 투기. 뭐 이런 건가? 이 기준은 누가 정하는 거지? 내가 결정하면 투자, 남이 하는 거 따라하면 투기?

그런데 남이 하는 것도 일종의 패턴 분석이나 트렌드 효과라고 스스로 정의해버린다면 그것도 투기일까? 열심히 노력해서 이익을 보면 투자, 운 좋게 이익을 보면 투기? 하지만 운도 실력이라고 하지 않는가.

아…… 어렵다.

그래도 나름 투자자에 대해 내린 결론은 투자를 시작할 때부터 하락장에 대비하고 있고, 하락장에서도 무언가를 할 줄 알고, 하락장에서도 수익을 낼 수 있는 사람이라는 것이다.

아까 나에게 투기꾼인지 투자자인지 물어본 회사 동기가 메시지를 보낸다. 회사 끝나고 밥을 먹자고 한다.

근처 식당에서 만난다. 동기는 표정이 좋지 않다. 소주를 꿀꺽 넘기고 말한다.

"재미 좀 봤냐?"

"무슨 재미?"

"너 하는 거. 부동산. 그걸로 재미 좀 봤냐고."

"계속하고 있어. 재미있어. 공부하고 사고팔고 하는 거."

"그래서 얼마 벌었어?"

이렇게 가끔 나보고 자산이 얼마나 되냐고 묻는 사람들이 있다. 계산해본 적도 없지만 대충 알더라도 대답해주기가 싫다.

자칫 말투가 조금이라도 이상하게 전달되면 자랑하는 것처럼 들리는 게 싫다는 이유도 있지만, 어떤 액수를 말하면 그동안의 노력과 고통, 좌절의 순간들이 그 숫자에 묻히는 것 같다. 결과만 보이는 것 같다. 결과가 중요하긴 하나 과정에서 얻은 것이 몇만 배 중요하기 때문이다.

나는 입을 다물고 입꼬리만 아주 미세하게 올린다. 물을 쭉 마신다.

이 정도면 알아들었을 것 같다.

동기가 계속 말한다.

"아끼고 아꼈는데…… 집값은 쭉쭉 올라가. 따라갈 수가 없어. 갑자기 부모님이 원망스러워. 아니, 원망스럽지는 않은데 원망스러워질까봐 두려워. 연봉 5천, 6천, 이런 게 무슨 의미지? 노동의 가치라는 게 뭐지? 그때 네 말 듣고 대출 왕창 받아서 샀어야 했어."

동기가 한숨을 푹 쉬고는 말을 잇는다.

"집값 오르는 거 보면 월급 몇백만 원은 그냥 종이 쪼가리 같아 보여. 성과급? 관심도 없어. 인사고과나 승진에도 관심 없어. 집 없는 부장보다 집 있는 대리가 위야. 참 어이없지. 일 잘하고 회사에 헌신하는 사람이 집 없으면 바보 소리 들어. 이상한 세상이 되어버렸어. 나는 뭐지? 열심히 회사 다니고 저축한 죄밖에 없는데……"

동기가 말을 마치고 소주 한 잔을 꿀꺽 넘긴다.

내 마음이 무너져 내린다. 이게 동기만의 속마음이 아니라, 현재 부동산을 소유하지 않은 모든 사람들의 속마음이다.

동기가 물어본다.

"너 주식은 하냐?"

"아니. 주식은 전혀 몰라."

"주식은 재미 삼아 하고 있는데 처음에는 재미 좀 봤다가 지금은 마이너스야."

"얼마 넣고 하는데?"

"1천 500."

"1천 500이 재미……?"

"그냥 취미지. 없는 셈치고 하는 거야."

1천 500만 원을 없는 셈이라…….

1천 500만 원은 3,000원짜리 치킨마요 5,000그릇을 사먹을 수 있는 돈이다.

투자는 장난이 아니다. '버느냐 잃느냐'의 문제다. '피 같은 돈이 늘어나느냐 줄어드느냐'의 싸움이다.

정해진 규칙은 없지만 공식은 있다. 싸게 사서 비싸게 파는 것.

싸게 사서 비싸게 파는 자는 승리자고, 비싸게 사서 싸게 파는 자는 패배자다. 투자의 세계에서 '졌지만 잘 싸웠다'같은 말은 통하지 않는다.

무조건 벌어야 한다. 승리자가 되어야 한다. 승리자가 되는 길은 험난하다.

나는 동기에게 묻는다.

"어떤 주식을 사는데?"

"뭐, 고급 정보 같은 거. 그런 거 봐."

"돈 주고 보는 거야?"

"아니, 친구들 단체 카톡방에서 도는 것도 있고 아는 형이 주는 소스도 있고."

"그게 고급이야? 공짜로 보는 게?"

"어. 그 회사 내부정보 빼내서 주는 거래."

이 동기는 열심히 회사 다니고 저축한 죄밖에 없다고 했다.

내가 보기에는 죄가 있다.

돈을 소중히 다루지 않은 죄. 게으른 죄.

집을 살 때는 아무리 초보라도 교통, 직주근접, 로얄동, 로얄층, 구조, 세금, 복비 모두 계산해가며 산다.

그런데 주변에서 주식하는 사람들의 공통된 특징은 그 회사의 본사 주소조차 모르고 산다는 점이다. 회사의 5년간 매출과 순이익은 더욱 모르고 산다. 대부분 남이 말해준 싸구려 정보나 희망회로 선글라스를 쓰고 보는 차트, 직감에 의해 산다. 여기서부터 승자와 패자가 결정된다.

가장 좋은 결과를 내는 방법은 더 귀찮고, 더 어렵고, 더 복잡한 과정을 거치는 것이다. 쉽게 사고 쉽게 판다는 것은 덜 고민하고 덜 공부하고 덜 조사한다는 뜻이다.

주식도 해볼까 생각했다. 빠르다. 엄청난 양의 데이터가 빠르게 움직인다. 빨간색 파란색 막대그래프가 그려진 차트를 보니 그나마 약으로 진정시켜놓은 나의 주의력결핍 과잉행동장애가 다시 악화될 것만 같다. 내 머리로는 도저히 감당할 수가 없다.

개미 투자자들은 기관과 외국인이라는 거대한 바위와 부딪쳐야 한다. 바위 안에서는 수많은 전문 투자자들과 슈퍼컴퓨터들이 로직을 돌려 의사결정을 한다.

그들과 동등하게 맞서려면 최소 그들만큼의 노력을 하든지, 바위를 통째로 사버릴 자본이 있든지, 바위를 깨버릴 토르 망치나 헐크 펀치가 있어야 한다. 나는 그럴 자신이 없어 주식은 일찌감치 포기했다. 그래서인지 주식투자자들이 대단해 보인다.

지인 중에 주식으로 성공한 사람이 한 명 있다. 발전 가능성 높은 회사를 찾은 후에 회사 공장 앞에서 트럭이 하루에 얼마나 왔다 갔다 하는지 계수기로 센다. 아침 7시부터 저녁 7시까지 매일매일.

그렇게 3개월 정도를 체크한다. 트럭 통행량의 증감 추이를 보고 나서야 그 회사의 주식을 살지 말지를 결정한다. 지금은 아르바이트생들을 고용하여 그렇게 하고 있다. 그 형의 자산은 나날이 불어나고 있다.

그렇게 해야 겨우 성공할 수 있는 곳에서 월급보다 많은 1천 500만 원을 장난으로 굴린다는 것은 돈에 대한 예의가 없다는 것이다.

또 한 가지 간과해서는 안 될 것은 주식에 10만 원만 투자했을지라도 대부분의 사람들은 매일 최소 하루에 5번은 주가가 얼마인지 올랐는지 내렸는지 확인한다는 점이다. 투자한 것을 아예 묻어두고 몇 개월 몇 년을 기다리는 사람은 드물다.

올랐으면 신나고, 내렸으면 씁쓸하고, 팔고 나서 내리면 신나고, 팔고 나서 오르면 억울하다. 하루에도 몇 번씩 롤러코스터를 탄다.

사람이 놀이동산에 가서 오전 9시부터 오후 3시까지 쉬지 않고 롤러코스터를 타면 어떨까. 멀미가 없던 사람도 전정기관, 반고리관, 달팽이관이 다 튀어나와 너덜너덜 걸레가 될 것이다.

주식도 마찬가지다. 웬만한 멘탈의 소유자가 아니라면 흔들리는 주가에 처음에는 미미하게 흔들리지만 시간이 지날수록 진폭이 커져 마침내 영혼이 파괴된다.

동기가 말한다.

"어차피 집도 못 사는데 있는 돈 주식에 전부 넣을까봐."

동기는 지금 초조하다. 뒤처지고 있다고 생각한다. 더 뒤처질까봐 두려워하고 있다. 이런 상태에서 하는 선택은 투자뿐만 아니라 다른 선택의 결과도 좋지 않다. 주변의 변화에 흔들린다면 인생의 주도권은 자신에게 있지 않다.

나는 대답한다.

"기다려. 기회는 오게 되어 있어."

그러나 동기는 내 말이 들리지 않을 것이다.

요즘에는 빠르게 돈 버는 법, 빠르게 성공하는 법, 빠르게 은

퇴하는 법 같은 현실 속에서 존재하기 힘든 영웅서사적인 책들이 많다. 유튜브에도 비슷한 내용의 인터뷰나 강의들이 넘쳐난다. 심지어 단숨에 영어 잘하는 법까지 있다. 세상의 변화가 빨라진 만큼 빠른 결과를 얻고 싶도록 자극한다.

혹할 만하다. 다들 이 지루한 직장생활을 때려치우고 싶어한다. 하루아침에 수억, 수십억 돈 벼락이 떨어지기를 기대한다. 그러나 전부 허황된 것들임을 알아야 한다.

"뭘 기다려. 이러다가 지금보다 더 거지가 되어서 나앉으면 어쩌려고."

동기는 소주를 꿀꺽 원샷을 한다.

"그냥 부동산 하나 찍어줘. 나도 사보게."

질문이 들어온다. 찍어달라는 말은 뺐으면 좋겠다. 권 사원에게 했던 말 그대로 한다.

"살고 싶은 지역하고 아파트 단지를 세 군데만 정해봐. 거기서 봐줄게."

"아니, 그냥 찍어달라고. 내가 그거 공부하고 보러 다닐 시간이 어디 있어."

이런 게 투기가 아닐까. 투자와 투기는 이런 마음가짐에서 갈리는 것 같다. 결과나 과정보다는 어떤 자세로 임하는지에 따라서 말이다.

동기는 지금 투기를 하려고 한다. 나의 시간은 부족하고, 남의 시간은 많다. 나의 노력은 힘들고, 남의 노력은 쉽다. 나는 힘들고, 남은 편하다. 노력하지 않으려고 한다. 어떻게든 핑계를 만들어서 귀찮음과 힘듦을 피하려고 한다. 그런 핑계는 본인에게는 꽤나 합리적이겠지만 결국 핑계에 불과하다.

점점 취해가는 이 친구는 자신에 대한 이해부터 해야 할 것 같다. 주변 사람들을 올려다보지 말고 자기 자신을 들여다봐야 할 것 같다. 지금도 내가 '나는 누구인가'에 대해 끊임없이 질문을 하듯이.

며칠 뒤, 그 동기는 내 자리로 와서 고급스러운 가죽 케이스에 보테가베네타 키링이 걸린 차 키를 보여준다. 동그라미 네 개가 겹쳐 있는 로고가 새겨 있다.

"새로 뽑았다. 천만 원 할인받아서. 완전 잘 나가. 밟는 대로 쭉쭉. 주차장 가서 볼래?"

고개를 끄덕이고는 더 이상 아무 말도 하지 않았다.

10

누가 무엇을 해서 돈을 벌었다더라, 얼마를 벌었다더라, 같은 말은 듣지 말아야 한다.

가벼운 귀는 생각을 흩트리고, 판단을 무디게 하며, 정신을 피폐하게 만든다.

각자의 길이 있고 각자의 방법과 수단이 있고 각자의 목표가 있다.

목표는 믿는 것이지 의문을 가지는 게 아니다. 의문을 가지는 사람은 장애물을 믿는 사람이고, 목표를 믿는 사람은 자기 자신을 믿는 사람이다.

생각해보면 투자는 단순히 어떤 기술이나 정보가 아닌 것 같다. '어떻게 살아가느냐'의 문제이다. 무엇을 선택하고 무엇을 포기할지를 판단하는 것이다. 꾸준히 관리하고 견뎌내는 것이다. 매일매일 누적되는 지식보다 한 단계 더 올라선 인생관과 가치관에 대해 배워가는 것이다. 결국에는 '뭘 해도 안 될 놈'에서 '뭐라도 하면 될 것 같은 놈'으로 스스로에 대한 인식을 변화시켜가는 과정인 것 같다.

성공한 사람들의 자서전을 보면 진부하기 짝이 없다. 일찍 일어나고, 명상을 하고, 책을 읽고, 관심 분야에 깊이 파고들고, 운동을 하고, 좋은 사람을 만나고, 당장 일어나서 실천하고, 메모하고, 계획적인 삶을 살고, 담대한 목표를 만들고, 자신을 통제하고, 윤리적이며, 두려움에 맞서는 용기를 가지고, 좋아하는 일을 한다. 어디서 베껴 쓰기라도 한 것처럼 똑같다.

그럼에도 진부하고 뻔한 과정이 바로 성공의 함수이다. 함수라고 하면 어려우니 덧셈 뺄셈이라고 하자. 결국 성공은 무엇을 더 하고, 무엇을 덜 하는지의 문제다.

맛있는 김치찌개를 만드는 데는 특별한 방법이 존재하지 않는다. 맛있는 김치와 질 좋은 돼지고기를 오래 끓이면 된다. 그러나 많은 사람들이 이 정도 끓였으면 되었겠지 하고는 불을 끈다.

운도 실력이라는 말이 맞는 것 같다. 평소에 자신을 가다듬고 통제하고 집중하고 있어야 한다. 혹시나 운이 다가왔을때 거침없이 잡아채서 내 것으로 만들 수 있도록 몸과 마음이 뜨겁게 예열되어 있어야 한다.

그리고 그 운이 끝나갈 때는 무엇을 어떻게 해야 할지 대처하는 것까지가 운을 다스리는 실력이다.

성공에 운이라는 것은 있을지라도 우연이라는 것은 없다. 혹시라도 운이 나를 좌지우지할까봐 운의 영역을 뛰어넘기 위한 정도의 지독하고 치열한 노력을 하려고 한다. 그런 노력 없이 남들보다 빨리 성공할 수 있는 '꿀팁'이라는 건 존재하지 않는다. 그래서 나는 어떠한 우연과 어떠한 꿀팁도 찾아다니지 않는다.

퇴근 후에 서점에 들른다. 보고 싶은 책이 있었는데 오래전에 출간된 책이라 매장에 없어서 따로 신청을 해두었다.

나는 점원에게 카드를 건네고, 점원은 촌스럽고 투박한 표지의 책을 건넨다. 책을 사는 순간은 50퍼센트 세일을 하는 멋진 코트를 사는 순간만큼 짜릿하다.

서점에서 나와 회사로 다시 돌아가는데 줄이 길게 늘어서 있다. 오십 명쯤 되어 보이는 사람들이 한 줄로 서 있다.

뭐지. 공짜로 뭘 주는 건가.

무엇을 주는지 줄의 끝을 보기 위해 사람들 머리를 쭉 따라가보니 알록달록한 색의 글자들이 보인다.

복권판매점
1등 당첨 37번
2등 당첨 86번
천 원의 행복
만 원의 행복

복권을 사보지 않아서 모르겠다.

저렇게 줄까지 서서 사려는 이유가 뭐지?

돈에 대한 간절함일까.

그저 심심풀이일까.

나름 사정이 있는 사람들을 폄하하고 싶지는 않다.

하지만 내가 돈을 간절히 원한다면 복권 대신 지금 내가 들고 있는 책을 택할 것이다. 내가 심심풀이용을 찾는다면 지금 들고 있는 책을 볼 것이다. 어젯밤 꿈에서 황금 여의주를 물고 하늘에서 내려오는 일곱 마리 용들을 바라보는 꿈을 꾸었을지라도 나는 이 책과 저 복권을 절대 바꾸지 않을 것이다. 단언하건대 성공으로 가는 순간이동이나 축지법은 현실에 존재하지 않는다.

경제적 자유에 대하여

1

김 부장님은 공장으로 발령이 났다.

다시 본사로 올라올 수 있을까. 아니면 거기서 회사생활을 마무리할까. 김 부장님이 팀장이 되기 전까지의 퍼포먼스를 공장에서 다시 보여준다면 서울로 다시 올라올 수 있을 것이다.

몇 주 뒤, 정 대리가 공장을 다녀왔다. 김 부장님이 밥을 먹으러 전력질주를 했다고 한다. 업무시간에 휴게실에서 낮잠을 자고 있었다고 한다. 김 부장님은 그렇게 무너진 자존심을 놔버렸다. 김 부장님이 다시 본사로 복귀하기를 바라지만 정 대리 얘기를 들어보니 가능성이 높아 보이지는 않는다.

권 사원은 결혼을 접었다고 한다. 충분히 고민하고 결정했을 테니 잘한 선택일 것이다. 정 대리와 권 사원과 같이 공차에서 이런저런 이야기를 하던 중 나는 물어본다.

"권 사원, 그런데 집을 사려는 이유가 뭐야?"

"요즘 집값이 오르고 있어서 안 사면 상대적으로 가난해지는 것 같아서요."

"음…… 이왕 그렇게 마음 먹은 거면 생각을 바꿔봐."

"어떻게요?"

"이기기 위해 공격 축구를 하는 것과 지지 않기 위해 침대 축구를 하는 거 본 적 있어?"

"네, 잘은 몰라도 스포츠 뉴스에서 들어보기는 했어요."

"가난해지지 않기 위해 집을 산다고 생각하지 말고, 부자가 되기 위해 산다고 생각해."

"네? 부자요? 저와는 거리가 있는 것 같은데요."

"누구나 부자가 될 수 있어. 나도 부자가 되기 위해 열심히 살고 있고. 더 행복해지기 위한 것과 더 불행해지지 않기 위한 것에는 큰 차이가 있어. 잘 생각해봐."

권 사원은 내가 본 후배 중 몇 안 되는 똘똘하고 현명한 사람이다. 충분히 경제적으로나 정신적으로 부자가 될 수 있는 사람이다.

내가 이런 말을 후배들에게 할 자격이 있는지는 모르겠다. 그렇지만 지금껏 본 책들과 인생의 고수들을 통해 알게 된 것들, 짧은 인생이지만 경험을 통해 알게 된 것들을 알려주고 싶다. 이제는 내가 그들에게 인생의 고수가 되어주고 싶다.

보통은 주유소에서 기름을 넣고 기계 세차를 해왔다.

최소 비용, 최단 시간, 최대 효율의 결정판이다. 여태까지 그렇게 살아왔다. 차에 기스가 생겨도 가장 효율적인 방법을 택했다. 내 몸에 상처가 나도 가장 효율적인 방법을 택했다.

정작 무엇을 위해 나를 혹사시키며 뛰고 있는지 잊어버리는 때가 많다. 그럴 때면 아버지의 기운 없는 뒷모습을 떠올린다. 그리고 내 뒷모습을 바라보고 자라고 있는 아들을 떠올린다.

가난하게 태어나는 것은 죄가 아니다. 하지만 가난을 물려주는 것은 죄가 된다. 가난을 물려준다는 것은 돈이나 경제력을 물려줌을 뜻하는 게 아니다. 가난한 사고방식과 행동습관들을 물려주는 것을 뜻한다.

가난이 창피하지는 않았다. 단지 불편했을 뿐이다. 가난에서 벗어나기 위해 부모님은 얼마나 열심히 사셨을지 마음이 짠하다.

만일 부모님이 불평만 하고 나라 욕하고 현실에 안주한 채 게으르게 살았다면 나도 분명히 가난의 습성을 물려받아 나태했을 것이다. 금수저보다 백만 배 소중한 성실함과 강인함을 알려주신 부모님께 감사하다.

내 자녀에게도 물질보다는 근면함, 가족간의 화목한 분위기, 밝은 미소를 물려주고 싶다. 책에서 본 부자의 습성을 물려주고 싶다.

가난해도 행복하게 살 수 있다고 주장하는 사람들이 있다. 놀랍게도 가난의 잔인함, 냉혹함, 처절함을 느껴보지 못한 사람들이다. 아이러니하게도 이런 사람들이야말로 평생 돈에 목숨을 걸며 살아간다. 돈이 인생의 전부는 아니지만 돈 때문에 인생이 고통스럽다면 그때는 돈이 인생의 전부다.

친구가 많지 않은 나지만 가끔 만나는 오랜 친구가 몇 있다. 언젠가부터 나는 고등학교 친구들과 함께 주기적으로 세차를 하곤 한다. 사실 세차는 모이기 위한 핑계일 뿐이다. 우리는 한적한 평일 밤에 셀프 세차장에서 만난다. 오늘은 최 프로, 깐디, 설렌 버핏, 나 이렇게 넷이 모였다.

차를 각자 칸에 세운다. 물을 뿌린다.

촤아아아아.

비눗물을 뿌린다.

퐁퐁퐁퐁퐁.

차가 비누 거품으로 하얗게 뒤덮인다. 때를 불린다.

때가 불기를 기다리면서 넷은 한 군데로 모인다. 다른 사람들을 관찰한다. 다른 차들을 관찰한다. 열심히 하는 사람. 대충 하는 사람.

세차장에만 오면 이상한 기분이 든다. 여기에서는 가장 좋은 차를 타는 사람이 최고 같다. 마치 헬스장에서 가장 몸 좋은 사람이 최고인 것처럼. 차가 여기 있는 사람들의 서열을 세우는 것 같다. 내 차는 10년 동안 11만 킬로미터를 뛴 구형이다. 뿌듯하다. 말썽 없이 10년째 타고 있다는 사실이. 더 이상 감가상각도 없다. 그러하기에 더 오래 타야 한다.

친구들은 최근에 다들 차를 바꿨다. 셋 다 중고차를 샀다. 신차보다 훨씬 싸고, 상태도 아주 좋다. 나도 차를 바꾼다면 중고

차를 찾을 것이다.

　중고차라도 친구들 차가 내 차보다는 신형이다. 부러운 게 몇 가지 있다. 통풍시트와 열선핸들. 여름에 에어컨을 아무리 세게 틀어도 등에 땀이 차는 것은 어쩔 수 없다. 작년 겨울에 회식 끝나고 김 부장 차를 운전한 적이 있는데 열선핸들은 신세계였다. 차디찬 손이 녹는다. 히터 앞에다 손을 갖다댈 필요가 없었다. 두 손으로 핸들을 더 꽉 잡는다. 덕분에 저절로 안전 운전이 가능하다.

　아, 또 있다. 전동 트렁크. 열 때는 상관없는데 닫을 때가 불편하다. 특히 차가 더러울 때는 닫고 나면 손에 먼지가 묻는다. 무거운 것을 들고 닫을 때는 팔이 떨어져 나갈 것 같다.

　요즘 트렁크를 손으로 닫는 사람은 지금 팀장인 최 부장님과 나뿐이다. 최 부장님과 나는 마치 누가 더 오래 차를 타나 시합을 하는 모양새다.

　이 세 가지만 어떻게 안 되나, 늘 상상한다. 이 세 개 기능이 있는 차를 언제 바꿀지 상상만 해도 기분이 좋다. 막상 바꿔서 거기에 익숙해지면 소중함이 없어지고 더 편리한 기능을 갈구하겠지만.

3

세차를 끝내고 맥도날드로 간다.
　우리는 감자튀김과 오레오 맥플러리를 시킨다. 감자튀김에 맥플러리를 찍어 먹는다. 단짠뜨차(달고 짜고 뜨겁고 차갑고)의 상반되는 맛과 온도가 어우러져 환상적인 조화를 만들어낸다.

최 프로가 감자튀김 세 개를 잡고 아이스크림에 폭 찍으며 먹는다. 철근 같이 강력해 보이는 하관이 위아래로 움직이면서 말한다.

"세차하니까 스트레스가 확 풀리네. 이게 물을 뿌리면서 먼지 쓸어 내리는 쾌감이 있다니까."

"그런데 앞에 벌레 붙은 건 진짜 안 떨어지더라."

"그건 걸레로 좀 문지르든지 약품을 쓰든지 해야 할걸."

"가끔 큰 벌레 죽어 있으면 무서워. 내장이 다 보여."

"아까 옆 칸에 있던 사람 봤어? 손걸레로 비눗물 묻혀서 자기 몸 닦듯이 하더라. 난 그렇게는 못하겠던데."

"차는 밖에서는 그냥 보는 거고, 실내가 중요하지 않나? 나는 밖은 대충 물만 뿌렸어. 대신에 실내는 매트 기계에 넣어서 다 털고, 시트 밑이랑 사이사이 먼지 다 빨아내고, 전체는 걸레로 싹 닦고."

"그런데 손세차 맡기면 얼마야? 요즘 셀프 세차도 가격이 올라서 다 하면 거의 만 원은 쓰는 것 같아."

손세차 하니까 순간 가슴이 먹먹해진다.

김 부장님.

얼마 전에 땅을 보러 임장을 나갔다가 편의점에 들렀다. 옥수수 수염차를 마시고 있는데 맞은편 세차장에서 익숙한 얼굴이 보였다.

설마, 김 부장님?

큰 밀짚모자에 무릎까지 올라오는 파란색 장화를 신었지만 알아보기 어렵지 않았다. 5년간 매일 9시간을 봤던 사람이다. 김 부장님이 어떻게 지내는지 궁금했다.

4

멀리서 김 부장님을 지켜봤다.

손님으로 보이는 사람이 손가락질을 하며 계속 뭐라고 한다. 김 부장님은 모자를 벗고 죄송하다고 말한다. 모자를 벗으니 더욱 확실했다. 뭔가 잘못됐나 보다. 저렇게 김 부장이 안절부절 못하며 죄송하다고 사과하는 모습은 처음 본다.

깔끔한 정장, 번쩍이는 구두, 고가의 시계, 명품 가방을 들고 다니던 사람.

진급 누락 없이 부장까지 승진했던 사람.

장표 작성의 달인.

회사에서 치이도록 바쁘게 사는 게 인생의 동력이던 김 부장님.

교육, 사회, 문화, 관습이 만들어놓은 전형적인 사람.

밑그림이 그려진 스케치북에 열심히 색칠만 하면 되었던 존재.

새로운 것을 그리는 것보다 정해진 도안에 익숙한 중년.

50년 넘게 살면서 남의 그림에 색칠만 하다가 자신의 그림은 정작 그려본 적이 없는 어른아이. 그야말로 백지상태.

정 대리가 부동산중개소에서 봤다고 해서 거기서 일하는 줄 알았다. 부동산은 잘 어울린다고 생각했다. 그런 김 부장을 세차장과 연결시키기는 힘들었다. 퇴직한 지 오래된 것도 아닌데. 인생은 진짜 모르는 일인 거 같다.

인사를 하고 갈까, 잠시 고민했다. 자존심 강한 분이니 아는 사람과 마주치기 싫을 것 같았다. 나를 보는 게 오히려 상처가 되겠지.

계속 보고 있으려니 김 부장님이 세차하는 모습이 꽤나 어울린다는 생각도 든다. 역시 직업이란 적성이 아니다. 적응이다.

인사를 할지 말지 망설이는 사이, 어느새 사태는 정리되어 있다. 그런데 김 부장님이 다른 남자와 같이 이쪽으로 걸어오고 있는 게 아닌가. 김 부장님의 친구처럼 보이는 저 남자는 빼질빼질해 보이는 것이 왠지 별명이 놈팽이일 것만 같다.

여기서 기다렸다가 자연스럽게 인사를 할까, 잠시 생각하다가 그냥 내 차로 들어간다.

김 부장님은 친구로 보이는 사람과 삼각김밥을 사 먹는다. 얼굴이 꽤나 볕에 탄 것이 보인다. 핼쑥해졌다. 그래도 표정이 좋아 보인다. 회사에서 보던 모습과 다르다. 진짜 웃음이다. 좋은 친구인가 보다. 웃는 그를 보니 나도 기분이 좋다.

김 부장님과 그의 친구가 즐겁게 대화하는 모습을 뒤로 한 채 나는 액셀을 밟고 자리를 떠났다. 그것이 내가 김 부장님을 본 마지막 순간이었다.

5

세차를 같이 한 친구들은 전부 회사원이다.

우리는 전형적인 회사원 코스를 걸었다. 대학을 졸업하고, 취업을 하고, 결혼을 하고, 과장이 되고, 몇몇은 차장이 되었다.

모두 10년 혹은 12, 13년 직장 생활을 한 평범한 회사원이다.

30대 후반인 우리의 주제는 역시 돈이다.

내가 인정하는 투자의 귀재 설렌 버펏이 말한다.

"나는 내 와이프가 임원 달았으면 좋겠어."

"왜?"

"내가 회사 빨리 그만두게."

"야, 빨리 녹음해. 쓰레기네, 이거."

"아니 나는 딴 일 하고. 뭐 그런 거지."

강철턱 최 프로가 말한다.

"지금 다니는 회사 너무 좋아. 물려줄 수 있다면 우리 애들한테도 물려주고 싶어."

이건 또 무슨 소리야. 부속품이자 노예 같은 월급쟁이 자리를 물려준다고?

나는 헛웃음을 치며 말한다.

"에이, 무슨 월급쟁이를 물려줘. 언제 목이 날아갈지 모르는데."

"쉽게 안 자르고, 안정적이고, 월급도 높은 편이고, 회사 이름도 있고. 나는 좋은데?"

"50세 넘으면 위태롭고 불안하지 않을까?"

"30세부터 50세까지 20년이면 꽤 긴 시간인데 그 시간 동안 마음 편히 사는 게 어디야. 만약에 25세부터 55세까지 꽉 차게 다니면 30년, 정년 연장이 되면 35년. 35년 동안 재미있게 다니는 거지. 그리고 우리 회사 임원들은 즐거워 보이더라. 안 믿기겠지만."

나는 회사의 임원들을 생각하며 다시 반박한다.

"우리 임원들은 매년 실적 걱정에, 재계약 걱정에, 술자리에, 완전 회장님 오른팔 역할 하느라 머리가 다 빠졌던데. 나는 최대한 현금 흐름 넉넉하게 만들어서 퇴사하는 게 답이라고 봐. 자기 삶을 위해서."

"그건 회사 나름, 사람 나름이지. 나랑 친한 전무는 회사가 너무 좋대. 힘들지도 않대. 매년 초에 성과급 받는 것도 뿌듯하고. 회사 콘도 쓰는 것도 너무 좋고. 시간 지나면 자녀 학자금도 나오고. 누릴 수 있는 것을 누리는 것도 중요한 것 같아."

"그래? 흠……"

빨리 퇴사하고자 하는 나의 생각과 최 프로의 생각은 많이 다르다.

나랑 가까운 사람이 이런 생각을 할 줄이야.

옆에 있던 친구 깐디가 말한다.

"나도 회사는 끝까지 다닐 거야. 회사가 아무리 나를 부려먹는다 해도 내가 회사를 부려먹으면 돼."

"네가 회사를 어떻게 부려먹어?"

"회사가 나를 일하는 기계라고 생각한다면, 나는 회사를 돈 주는 기계라고 생각하면 되지."

"하루에 절반 이상을 회사에서 보내는데 그러기엔 너무 시간이 아깝지 않아?"

"나는 놀면서 일해. 커피 공짜로 줘, 과자 공짜로 줘, 점심밥 공짜로 줘, 같이 노닥거릴 사람들도 많아, 얼마나 좋아? 팀장 기분만 좀 맞춰주고, 일이야 매일 하던 일이니 어려운 것도 없고. 너무 편하고 좋아. 매년 월급 오르는 것도 좋고."

"이 사람들이 큰일 날 소리 하네. 너희들이 정리해고 시즌에 부장, 대리 할 것 없이 집에 가는 상황을 못 봐서 그래. 우리 팀장도 공장 발령 났다가 퇴직했어."

깐디가 말한다.

"우리 회사도 공장 발령 낸 적 있는데 그렇게 되지 않도록 어느 정도는 해야지. 나 열심히 하는 사람이다. 보여주기식 퍼포먼스도 가끔 해주고. 너도 회사 다녀서 알잖아. 그리고 장점이 얼마나 많은데. 주말에 따박따박 쉬고, 월급 따박따박 나오고, 요즘은 휴가도 마음대로 쓸 수 있어서 놀러가기도 좋고. 안 그래?"

"퇴직하고 나서는 어떡하게? 뭐 할지 막막하잖아."

"그런 부분도 있는데 그건 어떤 직업이나 마찬가지야. 미래는 모두 불투명해. 그 시간이 다가오는 동안 준비하면 되지. 직장 다니는 게 무조건 나쁜 건 아니야."

"우리는 그냥 사장한테…… 아, 아니다."

"송 과장, 나는 회사를 내 비즈니스 파트너라고 생각해."

"무슨 말이야?"

"사장이든 회장이든 우리를 월급 루팡으로 볼 수도 있고, 충실한 직원으로 볼 수도 있고, 하나의 부품으로 볼 수도 있고, 그저 비용으로 볼 수도 있는데 우리는 그런 거 생각하지 말자고. 사람들이 우리를 어떻게 생각하는지는 알 필요 없어. 그냥 우리 재능과 노동력을 그 사람들한테 파는 거야. 팔고 돈을 받는 거야. 장사하듯이. 비즈니스 파트너처럼."

나와 생각들이 다르다. 어떻게 회사를 계속 다닐 생각을 하는지 이해가 가지 않는다.

고등학교 때 공부 꽤나 했던 애들이 어떻게 저런 생각을 할 수 있지?

참 순진하다. 세상을 모르는 것 같다.

회사를 인생의 터전으로 생각하다니.

날 잡고 한 번 제대로 설명해줘야겠다.

그렇게 신나게 놀다가 집으로 향한다.

6

시간이 늦어서인지 도로에 차가 없다.

창문을 연다. 선선한 바람이 들어온다. 5분쯤 갔을까. 갑자기 차가 한쪽으로 기운다.

어, 어?

계기판에 불이 들어온다. 공기압이 낮다는 알람이다. 갓길에 세운다. 내려서 보니 한쪽 타이어가 주저앉아 있다. 핸드폰 불빛을 비춰 보니 타이어에 못이 박혀 있다.

갑자기 뾰족한 못 하나가 이마를 관통해 뒤통수를 통과하는 것 같은 느낌이다.

아, 나도 꼰대였다. 내 방식이 무조건 맞다고 생각하고 있었다. 내 경험이 무조건 맞다고 믿고 있었다.

회사는 나를 먹여 살려주지 않는다. 퇴사만이 정답이라고 각인되어 있지만, 회사는 도움이 되고 일할 만한 가치가 있는 곳이라고 생각하는 사람들도 있다. 각자 살아가는 방식이 있고, 각자 추구하는 가치가 있고, 각자 선택하는 기준이 있다.

내가 그동안 회사라는 곳은 공허함과 허탈감만 있다고 정의 내려버린 것은 아닌지.

내가 주인이 아니라고 해서 회사생활에 대한 의미를 내 마음대로 접어버린 것은 아닌지.

30대를 보낸 직장에서의 가치와 존엄성을 무시해왔다. 존엄하지 않은 일은 없다. 방향과 방법만 다를 뿐이다.

순진하고 세상을 모르는 것은 친구들이 아니라 바로 나였다. 돈만 모이면 언제든지 때려 치울 생각만 하고 있었으니 회사 일이 재미있을 수가 없었고, 의미를 부여할 수가 없었다. 회사를 성장할 수 없는 곳이라고, 성장이 없는 곳이라고 여겼다. 그런 마인드로 하루의 절반을 보내는 회사에서 시간 낭비를 하고 있었다.

회사가 없었다면 지금의 나도 없었을지 모른다. 일과 사생활을 철저히 분리하려고 일부러 그렇게 생각을 한 것인지, 빠른 은퇴가 멋있어 보여서 그런 것인지, 회사에 정이 들까봐 그런 것인지, 아니면 진심으로 그런 생각을 하고 있는 것인지, 이 부분은 아직도 잘 모르겠다.

취업준비생들이 늘어만 가고 있고, 취업준비생들 가운데 많은 수가 공무원 시험 준비를 하고, 취직했다 하더라도 2, 3년 만에 이직하는 사람들이 폭발적으로 증가하고 있는 현상을 지켜보며 어쩌면 10년째 다니는 이 직장이 어쩌면 나와 잘 맞는 것일 수도 있고, 잘 맞지 않더라도 이미 잘 적응했다는 의미일 수도 있다. 그저 스트레스의 대가라고만 생각했던 월급의 가치와 노동의 존엄성이 이제야 조금씩 다르게 보인다.

내가 남의 삶의 방식을 옳다, 그르다 할 자격도 없다. 그럴 필요도 없다. 모두가 같은 생각만 하고 산다면 세상은 얼마나 재미없을까. 이런 사람도 있고 저런 사람도 있기에 아름다운 것이 아닐까.

'인생은 멀리서 보면 희극, 가까이서 보면 비극'이라는 말이 있지만 '멀리서 보면 드라마, 가까이서 보면 영화'라고 말하고 싶다. 극적인 장면들이 한데 모여 있는 단편영화가 이어져 장편 드라마로 만들어지는 게 인생이다.

다시 시간을 돌릴 수만 있다면 작별의 편지를 쓰고 차 키를 들고 내려가 시동을 거는 그날의 나를 꽉 안아주고 싶다.

7

오늘은 박 사장님을 만나러 간다.

어제 계란말이에 막걸리 한잔하자고 연락이 왔다. 자주 시켜 먹는 계란말이집은 케첩을 안 줘서 나는 아내에게 허락을 받고 가방에 케첩을 챙겨서 간다. 케첩은 역시 하인즈다.

박사장님 사무실에 도착한다. 거대한 벤츠 S클래스는 없고 소형 SUV가 서 있다.

"사장님, 안녕하세요!"

"송 과장 왔어? 계란말이 시켜놨어. 케첩도 하나 사뒀지. 하하."

"어? 저도 케첩 가지고 왔는데요."

"역시 사람은 다 비슷한가 봐. 케첩이 없어서 뭔가 아쉬웠는데 자네도 그렇게 느꼈나 보네. 버스 타고 오느라 힘들었지? 와서 막걸리 한잔해."

"네."

박 사장님이 막걸리를 냉장고에서 꺼내 커피잔에 따라주신다. 나는 두 손으로 받아 한 모금 마시며 입을 축인다. 시원하다.

우리의 대화 주제는 역시나 부동산이다.

"자네 회사 사람들이 요즘 집 얘기 안 해?"

"많이 해요. 너무 올라서 다들 속상해해요. 그런데 지금 집값 어떻게 보세요?

"사람의 욕심을 숫자로 계산할 수 있으면 얼마나 좋겠어? 어떻게 보면 주식이나 부동산 같은 자산이라는 게 욕심에 의해 움직이는 것 같다니까. 심리가 중요하다고 하잖아. 내가 보기에는 말이 좋아 심리지 그냥 욕심인 것 같아."

"그러게요. 적당한 욕심은 긍정적인 원동력이 되지만 과하면 탐욕이 되고, 그게 자산시장을 부풀릴 수도 있는 것 같아요."

"자산 값에 욕심이 얼마나 끼어 있는지 알 수 있다면 투자는 참 쉽겠지. 모든 사람들의 가슴에서는 용암이 부글부글 끓어.

그래서 머리에서 냉각수로 계속 식혀줘야 해. 냉각수가 없으면 주식은 매수버튼을 급하게 클릭을 하고, 부동산은 계약서에 급하게 사인을 휘갈기고. 그런 식이겠지. 가슴은 뜨겁게 머리는 차갑게, 그런 말도 있잖아."

딸랑딸랑.

문을 열 때 들리는 고주파수의 종소리다.

"안녕하세요, 사장님. 시키신 계란말이 두 개 왔습니다."

"사장님, 두 개나 시키셨어요?"

"쌀밥 먹으면 살찐다고 해서 밥 대신 먹는 거야. 자네가 좋아하기도 하고."

"잘 먹겠습니다, 사장님."

박 사장님은 미리 꺼내둔 케첩을 찻잔에 짠다. 계란말이 위에 바로 뿌리지 않아 다행이다. 아마도 예전에 탕수육 소스를 붓지 않고 찍어먹는 나의 성향을 파악하신 듯하다. 이런 사소한 배려가 상대방에 대한 신뢰와 감사를 갖게 한다.

푸푸 푹 푸우푹.

처음에 공기만 나오다가 불그스레한 케첩이 쭉 빠져 나온다.

공기만 나올 때는 시끄럽고 케첩이 나올 때는 조용하다.

빈 수레는 요란하고 꽉 찬 수레는 조용하다.

현명한 사람은 무겁고 그렇지 않은 사람은 가볍다.

나는 하던 말을 계속 이어간다.

"그럼 그 끓는 용암은 어떻게 식히고, 냉각수는 어떻게 만들죠?"

"부지런한 발."

"네?"

"자네가 그래도 여기까지 올 수 있었던 게 그 발 때문 아니야? 난 그것 때문이라고 보는데."

"저는 그냥 책에서 무조건 직접 눈으로 봐야 한다고 해서 그렇게 한 것뿐인데요."

"그래. 잘했어. 직접 보지 않고 자산을 산다는 건 목소리만 듣고 결혼하는 것과 같은 거야."

"와, 그 정도예요?"

"하하, 비유가 너무 심했나? 만약에 내 마누라가 내 목소리만 듣고 결혼했으면 도망갔을 거야. 내가 목소리 하나는 끝내주잖아. 농담이고. 아까 하던 집값 얘기하자면 나도 어떻게 될지 예측하기는 힘들어. 이성적으로 차곡차곡 올라간 견고한 시세인지 광기에 의해 비이성적으로 올라간 시세인지 말이야. 이건 시간이 지나봐야 알 수 있을 것 같아. 자산에 버블이 끼어 있다는 말은 지나친 욕심이 끼어 있다는 말과 같거든. 자산이 싸다는 것은 사람들의 욕심이 들어올 공간이 마련되었다는 뜻이고. 그래서 인간의 욕심을 숫자로 계산할 수만 있다면 얼마나 좋겠어. 자네가 한 번 그런 계산기를 만들어봐."

"사장님도 집값이 내려갈지 올라갈지 예측하기 어렵다는 말씀이신가요?"

"한 지역만 파고들면 알 수 있겠는데 전체 시장을 예측하기는 어려워. 주변 사람들이 요즘 많이 물어보는데 사라고 하기도 그렇고, 사지 말라고 하기도 그렇고. 나도 뭐라고 해야 할지 모르겠어. 대신에 사지 말아야 할 것들은 확실하게 사지 말라고 말해주지."

"어떤 거요?"

"예를 들어 유령회사 주식, 지역주택조합, 신도시 상가, 호텔 분양 이런 거. 부동산은 특히나 시세보다 싸게 준다고 한다는 건 거의 다 사기라고 보거든. 자네도 누가 물어보면 스스로 몇 군데 정한 다음에 부지런히 직접 돌아다녀 보라고 해. 인터넷으로만 깨작거리지 말고. 그래야 그 사람도 현실을 제대로 느끼고 들끓는 마음을 좀 추스를 수 있어. 자자, 한잔해."

우리는 서로의 잔을 가볍게 부딪친다.

"이건 다른 얘기인데요. 가끔씩 여기는 괜찮을 것 같다, 느낌이 좋다, 잘될 것 같다, 반대로 이건 좀 아닌 것 같다, 이런 직감이 들 때가 있잖아요. 그런 건 어떻게 생각하세요?"

"경험 많은 사람의 느낌은 단순한 감각이 아니라 실력일 거야."

"실력이요?"

"그래, 실력. 여자들 촉이 왜 잘 맞는 줄 알아? 미세한 표정, 말투, 목소리, 몸짓의 변화를 잘 파악하기 때문인데 그런 능력이 그냥 생긴 게 아니라 상대방에 대한 정보가 차곡차곡 쌓였기 때문이지. 일부러 그 정보를 수집한 게 아니라 같이 지내다 보니까 무의식 중에 저장된 거야. 부동산 투자도 계속 하다 보면 자기도 모르게 데이터가 쌓여서 직감처럼 느껴지는 빠른 판단 능력이 생길 수밖에 없어. 이래서 내가 마누라한테 거짓말을 못해. 다 걸려. 자네도 마누라한테 사소한 거라도 거짓말할 생각도 하지 마."

"네, 명심할게요."

"경험이 없는 사람들이 차라리 나아. 어설프게 경험이 있는 사람의 직감은 허상을 아름답게만 보려 하거나 반대로 부정적으로만 보려는 망상이자 공상이지. 이런 사람들을 좀 깨워야 하는데 다들 자는 척한단 말이야."

"자는 척이요?"

"자는 사람은 흔들어서 깨우면 되는데 자는 척하는 사람들은 아무리 흔들어도 일어나지 않아. 아예 아무것도 모르는 사람은 처음부터 가르치면 되는데 이상한 것들을 배워서 엉뚱한 신념과 지식이 굳어버린 사람들은 거기에서 벗어나는 게 힘들어. 그래서 첫 단추, 첫발이 중요한 거야. 자, 마지막 한잔하지."

우리는 커피잔에 담긴 막걸리를 후루룩 마신다. 각자 앞에 놓인 계란말이는 다 먹고 없다. 찻잔 위에 뿌려진 케첩은 거의 다 없어지고 계란말이가 이리저리 쓸고 간 흔적만 남았다.

8

다음 날 아침, 정 대리가 즐거운 표정으로 말을 건다.

"송 과장님, 혹시 지역주택조합이라고 아세요?"

"어…… 왜?"

"그거 조합원 되면 분양 싸게 받을 수 있다고 해서 상담받고 왔거든요. 대박이에요. 완전 시세의 반값이에요. 왜 이걸 이제 알았나 몰라요."

나는 눈을 지그시 감았다가 뜨고는 말을 잇는다.

"정 대리, 회사 선배가 아니라 형으로서 말할게. 그거, 쳐다보지도 마."

"왜요? 유명 건설사가 짓는 걸로 확정됐다던데요? 위치도 완전 좋아요. 역세권이에요, 역세권."

"그렇게 좋은 건설사에 좋은 위치에 좋은 가격에 나왔는데 그 좋은 아파트를 왜 정 대리한테 줄까 생각해봤어?"

"사업 진행 90퍼센트 이상이고, 승인도 거의 다 완료돼서 몇 개월 안 남았대요."

"그러니까 말이야. 그렇게 저렴하고 좋은 아파트인데 왜 매물이 아직 있을까? 지역주택조합은 100개 중에 1개가 성공할까 말까야. 중간에 조합장이 도망가는 경우도 있고, 사업이 중단되는 경우도 있고, 경우의 수가 너무 많아. 제발 그건 쳐다보지도 말아줄래, 응? 우리 정 대리야."

"아…… 그런 거예요……?"

"그래. 부동산 카페나 유튜브에 '지역주택조합' '지주택' 검색만 해도 금방 나와. 안 그래도 김 부장님이 신도시 상가 사신 거 같아서 속상한데 정 대리 너까지 이러지 말자. 형이 부탁한다. 응?"

"완전 대박처럼 보이는데……."

부동산 박 사장님과의 김치찌개가 생각난다.

"그거 돼지고기 없는 김치찌개야."

"네?"

"아니다. 김치도 없는 김치찌개야. 그냥 빨간색 물감이야."

"무슨 말씀이신지……."

"지금 청약 시장 완전 뜨거운 거 알지?"

"네."

"수십 년 동안 당첨 안 되는 사람들이 수만 명, 수십만 명이야. 그 사람들이 바보일까? 분양가의 반값이라면 다 그거 사지. 왜 청약을 기다려. 안 그래?"

"몰라서 그런 거 아니에요?"

"정 대리는 어떻게 알았어?"

"문자 받고……."

"그 문자 서울역 노숙자한테도 가고 초등학생한테도 가고 나한테도 와. 그냥 정 대리 개인정보가 털린 거야."

"……."

"정 대리 마음 알겠는데 조급해하지 마."

이렇게 불안할수록 수영장에서 수영 한 번 배워보지 않고 바다로 뛰어든다. 모든 사람이 그렇듯 자신의 상황과 환경이 바뀌면 이성과 감정이 균형을 잃고 비상식적이고 경솔한 선택을 하게 된다.

"그런데요, 송 과장님. 저 너무 늦은 거 아닐까요?"

"뭐가 늦어?"

"주식이든 부동산이든 공부하면서 재테크하는 거요."

"만약에 정 대리한테 고등학생이 와서 '저 좋은 대학 가기엔 그른 것 같은데 인생 망한 거 아닐까요?'라고 물어보면 뭐라고 대답해줄 거야?"

"야 이 자식아, 늦긴 뭐가 늦어. 이제 고딩이. 좋은 대학 갈 시간 얼마든지 있어. 그리고 대학이 전부인 줄 알아? 대학은 그냥 따라다니는 꼬리표고 세상에 할 일 널렸어'라고 할 것 같은데 요."

"봐, 정 대리도 아주 잘 알면서 그래. 이제 30대 초반이 늦었다고 하면 곧 마흔을 바라보는 나는 인생 끝이겠네."

"아…… 그, 그건……."

"늦었다고 해서 살던 대로 살지 않았으면 좋겠어. 합리화할 거리를 만들지도 않았으면 좋겠고. 선택하는 것에 대가와 책임이 따르고, 선택하지 않는 것에도 대가와 책임이 있어. 가만히 있는 것도 가만히 있기로 본인이 선택한 것의 결과거든."

"저 방금 엄청 찔렸습니다. 그런데 금수저들은 이런 생각조차 안 하겠죠? 과장님도 금수저들이 부러운 건 마찬가지인가요?"

"뭐, 나도 가끔씩 부러울 때도 있지. 하지만 돈이라는 것은 벌 수도 있고 모을 수도 있고 쓸 수도 있고 없으면 은행 가서 빌릴 수도 있잖아. 사람이 어떻게든 할 수 있다는 얘기야. 하지만 시간은 대출이라는 게 없어. 따로 어디에 쌓아둘 수도 없고 버릴 수도 없어. 누구에게나 공평해. 그래서 그 시간을 더 알뜰하게 쓴다면 얼마든지 금수저들을 역전할 수 있다고 생각해."

"시간…… 맨날 누워서 티비 보고 핸드폰 보고…… 한숨만 나오네요."

"신용카드 정지당한 신용불량자보다 시간을 낭비한 시간신용불량자가 나중에 더 비참하고 초라해진다면 이해가 빠르려나?"

"헉, 저는 그 둘 다……. 너무 뼈 때리시는 거 아닙니까? 뭔가를 열심히 해본 기억이 너무 오래되어서 제가 뭘 할 수 있을지 모르겠어요."

"정 대리 운동화 모은다고 했지? 어디 제품이지?"

"나이키요."

"그럼 나이키 슬로건 잘 알겠네."

"그…… '저스트두잇'이요?"

"응, 그냥 해. 아무 생각하지 말고 그냥 해봐. 혼자 시작하기 힘들면 나랑 임장 한 번 같이 가자. 부동산 말고 주식하고 싶으면 내가 아는 슈퍼개미 형이 있는데 같이 밥 한 번 먹든가. 일단 뭐라도 누구와 같이 해보면 그걸 해야 할 원동력이 조금은 생겨. 그런 원동력이 더 필요하면 한 번만 더 해보면 돼."

"언제부터 하면 될까요? 주말 지나고 다음 주 월요일 정도면 좋겠지요?"

"금수저 은수저 같은 배경 조건에 관해서는 핑계를 댈 수 있어. '나는 흙수저니까 불리한 조건이다'라는 식으로. 그런데 시간은 누구에게나 공평해서 핑계를 댈 수가 없어. 그게 더 무서운 거야. 그러니까 오늘 퇴근길에 동네 주변 한 바퀴 돌다가 부동산에 들어가든지 여의도에서 주식 좀 하는 친구 있으면 만나든지 해. 대신 둘 중 하나만 정해."

"네. 생각해볼게요."

"그리고 지역주택조합은 당장 버려."

"알겠어요. 식사하러 가실까요?"

"오늘은 나가서 먹자. 뭐 먹고 싶어?"

"돈까스요."

"어제도 돈까스 먹었는데 오늘도?"

"네, 돈까스 좋아해요."

"좋아. 그런데 회사 주변에는 왜 이렇게 돈까스 집이 많을까? 사람들이 돈까스를 정말로 좋아해서 먹는 건지 먹기 편하고 익숙해서 먹는 건지 모르겠네."

"몰라요, 저도. 가시죠."

9

진급자 발표날이다.

우리 팀은 권 사원이 대리로 진급할 차례다. 아, 박 과장님도 10년째 과장에서 벗어나 차장으로 진급할 차례다.

회사 사내 사이트에 진급자 명단이 PDF로 올라왔다. 조심스레 클릭하여 스크롤을 한다.

권…… 권…… 권…… 권씨 성을 찾는다. 보이지 않는다. 다시 처음으로 돌아가서 천천히 스크롤 한다. 중간 중간 권 사원 동기들 이름이 보인다. 그런데 권 사원은 없다. 권 사원의 동기들은 대부분 진급한 것으로 아는데 권 사원은 하지 못했다.

고개를 살짝 돌려 권 사원을 본다. 무표정이다. 모니터를 멍하니 바라보고 있다. 내가 과장 진급에서 미끄러졌을 때의 표정과 똑같다. 그때 주변에서 진급 별거 아니라고 했던 말이 기억난다. 나도 권 사원에게 가서 진급 별거 아니라고 말해주고 싶지만 할 수 없다. 동정이나 위로 따위는 필요 없을 것이다. 그저 선배로서 미안할 뿐이다.

내 옆에 있는 정 대리와 옆에 옆에 있는 권 사원.

내가 아끼는 후배들.

비교하기 그렇지만, 비록 권 사원이 진급은 못했더라도 권 사원에게 남은 것은 집이고 정 대리에게 남은 것은 카드값이다. 김 부장님에게 남은 것은 현명한 아내분과 아내분을 빼닮은 자녀와 별명이 놈팽이일 것 같은 친구다.

"송 과장님!"

며칠이 지났을까. 퇴근하는데 익숙한 목소리가 나를 부른다.

권 사원이다. 퇴사를 한다고 한다.

대기업의 단점은 사람이 많다 보니 누가 진짜인지 누가 가짜인지를 알기 쉽지 않다는 데 있다. 회사 입장에서는 신입사원을 입사시키고 교육시키고 일을 제대로 하기까지 투자를 했는데, 가장 왕성하게 실무를 진행할 사원에서 대리급이 퇴사를 하는 것은 굉장한 손해다. 더구나 권 사원 같은 괜찮은 친구라면 더더욱. 아까운 인재가 또 회사를 떠난다.

10

몇 달 뒤, 정 대리는 해당 지역주택조합의 조합장이 사기혐의로 구속되었다는 뉴스를 보여주며 공차를 쏘겠다고 한다.

나는 라지 사이즈에 엑스트라 펄을 주문한다.

"송 과장님, 저도 좀 제대로 살아볼까 하는데요. 뭐부터 해야 할까요?"

"사실 나도 뭐가 정답인지는 잘 모르는데 그동안 경험하고 인생 선배들로부터 배운 것들을 말하자면…… 정 대리 혹시 아직도 다른 사람들 인스타그램 보면서 부러워해?"

"친한 친구가 그렇게 되고 나서 한동안 안 봤는데…… 요즘 또 보기 시작했어요."

"내 얘기 하나 해주자면 부산 출장 갔을 때 돼지국밥을 진짜 맛있게 먹고 있었어. 김치랑 깍두기랑 같이 신나게 먹고 있는데 옆 테이블에서 '아, 냄새 나' 그러는 거야. 그런데 신기하게 그때부터 냄새가 나는 것 같아서 못 먹겠더라고. 신기하지 않아? 그전까지는 엄청 맛있게 먹었는데 말이야. 이렇게 사람 귀가 가벼워. 정 대리 친구들 만나면 무슨 얘기해?"

"회사 욕으로 시작해서 게임 얘기, 자동차 얘기, 그런 얘기해요. 그리고 그 친구들 뭐 샀다고 보여주는데 그런 거 보면 장난 아니에요."

"그 부자 친구들?"

"네."

"부자들이 돈 쓰는 거를 부러워하지 마. 돈이 많으니까 쓰는 거야. 그리고 그 사람들이 써야 경제가 돌아가지. 부자들이 돈 많이 쓴다고 우리 같은 사람들이 같이 많이 쓰면 어떻게 될까?"

"무슨 말씀이신지……."

"바꿔서 부자들이 검소하게 사는데 평범한 사람들이 그 사람들보다 더 많이 쓰면 어떻게 될지 생각해봐."

"부자들은 아끼고 저 같은 일반인들은 쓰고……."

"그게 부익부 빈익빈이야. 그런 환경부터 바꿔야 해. 그 친구들을 버리라는 게 아니라 자기계발에 노력하는 친구들을 만나. 나도 내 동기들 놀러 다닐 때 왜 안 가고 싶겠어. 대신 부동산 사장님들을 만나러 다녔지. 결국 선택인 건데 정 대리는 지금 뭘 포기할 수 있어?"

"무슨 포기요?"

"지금 정 대리가 가지고 있는 것 중에 뭘 버릴 수 있는지 생각해봐. 예를 들어 친구들 만나는 거, 먹고 마시는 거, 쇼핑하는 거, 또 거기에 소요되는 시간들. 나는 이런 것들을 포기했거든."

"아직 생각해본 적이 없어요."

"내가 만일 정 대리라면 비트코인에 들어가 있는 돈 다 빼고, 인스타그램앱부터 지울 거야."

"비트코인이요? 그건 마지막 희망 사다리인데……."

"지금 수익률 몇 프로라고 했지?"

"마이너스 60프로요."

"희망 사다리가 아니라 추락 사다리네."

"하긴 그래요."

"주문하신 음료 두 잔 나왔습니다!"

정 대리는 음료를 받아 나에게 건넨다. 나는 말을 이어간다.

"그리고 인스타그램 속에 존재하는 그렇게 잘생기고 멋진 사람들은 현실에서는 안 보이잖아. 그 사람들 다 어디 있는지 모르겠어. 현실에 없는 사람들을 부러워하는 것은 비현실을 동경하는 거야. 그런 것들을 우선 포기하면서 주변 환경을 바꿔봐. 인간이란 게 단순해서 동물들처럼 주변 환경의 영향을 절대적으로 받긴 하지만 또 동시에 동물과 다르게 그 환경을 본인이 선택할 수 있잖아."

"네. 그렇게 해볼게요."

우리 둘은 밀크티를 쭉 빨아 올리며 목을 축인다. 정 대리는 펄을 질겅질겅 씹으며 말한다.

"과장님, 솔직히 요즘 집값이 너무 올라서 박탈감이 커요."

얼마 전 동기가 했던 말이 생각난다. 정 대리마저 찍어달라는 말은 안 했으면 좋겠다.

"기다려. 기회는 오게 되어 있어."

"너무 올라서 이제는 불가능할 것 같은데요. 권 사원 집 사는 거 보고 왜 사나 싶었는데……. 지금은 제가 큰 실수한 것 같다는 생각도 듭니다."

"그게 실수인지 아닌지는 모르겠지만 정 대리가 실수한 것 같다는 생각이 들면 무엇이 부족했고, 앞으로 어떻게 하면 다시 같은 실수를 하지 않을지 고민해보면 되겠네."

"그러게요. 현실 부정만 실컷 한 것 같고요."

"요즘에 정 대리처럼 박탈감 느끼는 사람들이 많아져서 어떻게 말해야 할지 조심스러운데……."

"괜찮습니다. 말해주세요."

"상대적으로 뒤처진듯한 느낌, 좌절감, 이런 거 이해하겠는데 이럴 때일수록 정 대리 자신에게 더 집중해봐."

"무슨 말씀이신지……?"

"가장 소중한 자산이 뭔 거 같아?"

"주식? 부동산? 그런 거 아닌가요?"

"바로 정 대리 자신이야. 정 대리 자신이 바로 가장 소중한 자

　　　　　　　　　3부 송 과장 편

산이라고 생각해. 극단적인 상황이나 인물에 비교하자면 빌 게이츠나 스티브 잡스 같은 사람이 집값이 올라서 성공했을까?"

"아니죠. 사업한 사람들이죠."

"우리나라에서 자수성가한 사람들 한 번 봐봐. 집값 올라서 재벌이 되었는지."

"그러게요. 아니네요."

"나는 정 대리만큼 잘생기지도 않았고, 패션감각도 없고, 친구가 많지도 않고, 사람들과 어울리는 능력도 부족해. 그런 것 말고도 정 대리보다 부족한 게 많아. 나는 사실 정신적 결함…… 아무튼 문제가 좀 있어서 같은 일도 남들보다 어쩔 수 없이 더 많이, 더 오래 해야 했거든. 그래서인지 남보다 잘할 수 있는 것은 열심히 하는 거였어. 내가 그나마 잘할 수 있는 걸 찾은 거지. 정 대리도 정 대리만의 장점을 찾아보는 게 어때?"

"글쎄요. 저는 잘하는 게 없는 것 같은데요."

"왜 없어? 내가 보기에 정 대리는 패션센스가 좋아. 그동안 쇼핑하면서 느낀 점, 성공 사례, 실패 사례 같은 거 쭉 정리해봐도 좋을 것 같고. 매일 아침 어떻게 입고 출근하는지 왜 이 의상을 골랐는지 공유해도 좋을 것 같고. 정 대리가 가지고 있는 아이템들을 소개하는 영상을 만들어도 될 것 같고. SNS를 이용하는 소비자 말고 정보를 제공하는 생산자가 되어보는 거야."

"제가 그런 걸 어떻게 합니까? 전문가도 아니고요."

"전문가가 아니니까 더 친근하지. 요즘 사람들은 일반인의 눈높이에서 마치 자기 친구가 설명해주는 것 같은 콘텐츠를 더 좋아해."

"저는 그런 재능이 없는데요."

"재능이 뭘까? 수십만 유튜버들이 어떤 재능이 있어서 그렇게 된 걸까. 나는 그들이 성공할 수 있던 요인은 구독자 수가 늘지 않아도, 비난하는 댓글이 달려도 오랜 시간 꾸준히 영상을 만들어 올렸기 때문이라고 생각해. 재주, 재능이라는 건 타고난게 아니라 지속적으로 하는 힘, 힘들어도 꾸준히 버텨내서 결국에는 잘하게 되는 능력, 그런 게 아닐까 싶어."

"송 과장님 말씀은 재능이란 게 특별히 뛰어난 게 아니라 꾸준함이라는 거네요."

"응, 계속하다 보면 더 잘하고 싶은 욕심이 생기고, 뭔가 더 파고 싶은 마음이 생길 거야. 회사에서 인재로서 인정받아 연봉을 올리든지, 아니면 회사 밖에서 지속적으로 하면서 동시에 가치를 끌어올릴 수 있는 게 무엇인지 찾아봐. 하다 보면 몸이 힘들다기보다는 귀찮음이 더 클 텐데 그 귀찮음을 이겨내는 게 열쇠라고 봐. 몸이 힘들다고들 하지만 실제로는 마음이 힘든 거거든."

"귀찮음을 이겨낸다라……. 저 귀찮은 거 진짜 싫어하는데……."

"더 중요한 건 시작을 하느냐 하지 않느냐인데 대부분의 사람들은 시작조차 하지 않더라고. 정 대리가 뭘 할지는 모르겠지만 그 경계에서 하고 안 하고는 시간이 지나면 크게 벌어져 있을 거야. 그 또한 정 대리의 선택이지. 정 대리가 잘할 수 있는게 여러 가지 있겠지만 그 중 가장 오래할 수 있을 것 같고, 가장 매력적이고, 가장 즐거울 것 같은 거 하나만, 딱 하나만 골라

서 해봐. 투자는 분산투자를 할지라도 인생은 분산투자하지 말
자, 우리."

정 대리는 곰곰이 무언가를 생각하는 듯 아무 말이 없다.

밀크티를 다 마시고 남은 얼음을 입에 넣고 이리저리 굴리며
정 대리가 입을 연다.

"그런데 송 과장님, 사람들이 왜 집, 집 하는지 모르겠어요.
집은 한 채 있어야 하는 거예요?"

"나 같은 경우는 집 주인이 보증금 올려달라, 월세금 올려달
라 할 때마다 협상하는 것도 불편하고, 이사 다니는 것도 힘들
고 해서 사긴 했는데 한편으로 자산이라는 측면에서도 의미를
두긴 했어. 우리가 출장 갈 때 기차 타잖아. 기차라는 것이 있어
서 먼 곳도 빨리 갈 수 있는 거고. 마찬가지로 우리 돈도 달리는
기차에 태워야 해."

"그 기차가 자산…… 인가요?"

"맞아. 기차를 타려면 목적지를 정하고, 표를 사고, 역에 가서
플랫폼이 어딘지 확인하고 타야 하잖아. 그리고 기차표를 지불
할 돈이 있어야 뭔가 할 수 있겠지? 그 돈을 모으면서 어느 목
적지로 갈지 어떤 기차를 탈지 미리미리 알아보는 거야. 그 기
차표 값이 흔히 말하는 종잣돈인데 돈을 모으는 과정은 진부
하고 지루하고 때로는 처절하기까지 해. 많은 것을 포기해야 할
수도 있어. 그런데 그 종잣돈을 빨리 모으기 위해서 또 주식 사
고 코인 사고 그러는 건 절대 안 돼. 회사 끝나고 아르바이트를
하든지 뭘 하든지 간에 일을 해서 모아야 해. 중간에 종잣돈을
빨리 모으려고 어딘가에 투자하고 싶은 유혹이 있을 수 있는데

그럴 때 한눈팔지 않는 것이 중요해."

"흠……."

"그리고 중요한 거. 자신의 상황에 맞지 않게 무리해서 비싼 기차표를 사서 아무것도 못하고 근로소득 대부분을 이자나 다른 유지비에 쓴다면 그건 자산이 아니야. 폭탄이 될 수도 있어. 항상 리스크를 염두에 두고 있어야 해."

"하아……. 그런데 불안하고 부럽기도 하고…… 솔직히 그래요. 우울하기도 하고요. 집값 좀 떨어졌으면 좋겠어요."

"집 가진 사람들은 무조건 오르기를 바라고, 없는 사람들은 떨어지기를 바라고. 그렇게 자연스럽게 상승론자와 하락론자가 되어버린 경우를 봤는데 정 대리는 시장론자가 되었으면 좋겠어. 한쪽으로 편중되지 않고 중간에서 양쪽을 다 볼 수 있는 그런 사람 말야."

"상승론자도 아니고 하락론자도 아닌 시장론자……. 어렵네요."

"우리 상무님, 최 이사님, 김 부장님, 그리고 나를 봐. 집값 오르긴 했는데 뭐 달라진 거 있어? 정 대리가 원하는 트리마제에 페라리는 꿈도 못 꿔. 예전하고 똑같아. 왜냐하면 소득은 그대로거든. 세금만 늘었어. 만약에 하락기가 오면 어떻게 될지 생각해봐. 안절부절못하거나 불안해하거나 뭘 해야 할지조차 모르는 사람들이 대부분일걸? 그 사람들은 본인들이 집을 소유하는 게 아니라 집이 그 사람을 소유하고 있는 거야."

"갑자기 비트코인이 생각나네요. 실시간으로 거기에 매달려서 오르면 좋아 죽고, 떨어지면 화가 치밀어 오르던 기억도 나고요. 생각해보니 비트코인이 제 목덜미를 잡고 있는 거네요."

"지금처럼 불안한 상태에서 지르는 것은 투자가 아니야. 불안을 상쇄하려는 자위행위에 불과해. 생각해보면 투자라는 것은 실력과 시간의 차이인 것 같아. 우선 시간은 자동으로 가. 멈출 수가 없어. 반대로 실력은 스스로 키워나가야 해. 그러다 어떤 시간이 찾아왔을 때 자신의 실력과 종잣돈으로 꽉 붙잡으면 돼. 그런데 실력과 종잣돈이 없으면 그 시간이 왔는지 갔는지조차 모르지. 기회는 늘 오게 되어 있어. 늘 그래 왔어."

"기차표 값을 모으고, 실력을 키우고, 타이밍을 주시하고……
이건가요?"

"그래. 정 대리가 기차표 값을 모으고, 실력도 키우고 있을 때 또 하나 알아야 할 것은 기차의 목적지는 각각이 다르다는 거야. 곳곳에 목적지가 낭떠러지인 기차도 많아. 우리가 출장 갈 때 타는 KTX가 시속 300킬로미터인데 새로 생긴 열차라면서 500킬로미터로 달린다고 빨리 타래. 곧 출발한다고. 검증되지 않은 것은 타면 안 돼. 그런 기차를 타지 않는 것도 실력이야."

11

정 대리의 핸드폰이 울린다.

"어, 권 사원!"

"대리님, 저 학교 일찍 끝나서 회사 앞으로 지나가는 길인데 들러도 될까요?"

"안 그래도 지금 송 과장님과 공차에 있어. 이쪽으로 와."

10분 뒤, 권 사원이 캐주얼한 복장으로 에코백을 옆으로 매고 머리를 흩날리며 안으로 들어온다. 회사 다닐 때의 초췌함은 보이지 않는다.

권 사원이 반짝이는 눈으로 공차 내부를 쭉 훑어보며 말한다.

"아, 너무 그리웠어요. 여기 들어오니 아직도 계속 회사를 다니고 있는 것 같아요."

정 대리가 말한다.

"권 사원은 회사 나온 거 후회 안 해?"

"아뇨. 학교 다니는 거 재미있어요. 회사 다닐 때보다 시간도 많아서 여유로워요. 가끔씩 당장 소득이 없어서 좀 쪼들린다고 느낄 때도 있는데요. 나중에 하고 싶은 일 한다고 생각하면 후회는 없어요."

"송 과장님, 권 사원도 자신의 가치를 높이고 있는 건가요?"

"그건 권 사원한테 물어봐야지."

권 사원이 나와 정 대리를 번갈아 보며 물어본다.

"두 분 무슨 말씀 나누고 계셨어요?"

"송 과장님이 가장 큰 자산은 자기 자신이라고 하셔서 혹시 권 사원도 그렇게 생각하고 있나 해서."

"하하하, 두 분 무슨 철학자 같은 토론하셨어요?"

"나 심각해. 이대로 돈 펑펑 쓰면서 살다가 골로 가게 생겼어."

"음…… 이 회사를 들어오겠다고 마음먹은 것도 저고, 나가겠다고 결심한 것도 저고, 김 부장님과 같은 아파트를 사겠다고 결정한 것도 저고, 대학원 가기로 한 것도 저고요. 제 자신이 가장 큰 자산임을 넘어서 그냥 전부 아닐까요? 누가 제 머리에 총을 들이대고 아파트를 선택할래, 너를 선택할래, 하면 저는 100층짜리 빌딩이 있더라도 저를 선택할 거예요. 지금까지 인생은 몇 번 몇 번 고르는 객관식인 줄 알았는데요. 알고 보니 제가 직접 쓰고 고칠 수 있는 주관식이더라고요."

"역시 권 사원이 나보다 낫네. 누나라고 부를게. 권 누나!"

"앗, 또 흘렸네."

정 대리가 밀크티를 바지에 흘렸다. 예전 같았으면 일어나서 털고 난리가 났을 텐데 아무렇지 않은 표정이다.

권 사원이 묻는다.

"정 대리님, 이거 비싼 바지 아니에요?"

"아…… 사실 이거 짝퉁이야."

"네? 정 대리님이요?"

"어, 진퉁은 다 팔았는데 또 이 브랜드 옷이 입고 싶어서. 그런데 돈이 없어서 짝퉁 샀어. 비밀이야. 신기한 게 하나 있는데 짝퉁 입은 사람은 짝퉁 입은 사람을 알아보더라. 그게 티가 나. 진짜 신기해. 내가 입으면 전혀 티 안 나는 거 같은데 남이 입은 거 보니까 불쌍해 보이더라. 순간 나도 같은 처지이면서 나한테는 관대한데 남한테는 엄격해지더라고. 권 사원은 명품에 관심 없어?"

"네, 별로 관심 없어요. 남자는 그냥 스파 브랜드 깔끔하게 입는 게 제일 예뻐 보여요."

"그거 모델들이 입으니까 깔끔해 보이지. 일반 사람들이 입으면 그냥 찐따야."

"아니에요. 그 사람만의 분위기랄까. 어떤 품위랄까. 그런 게 느껴지는 사람은 뭘 입어도 괜찮더라고요."

"그럼 권 사원이 보기에 송 과장님은 어때?"

"왜 여기서 나를 끌어들여? 나는 그냥 찐따라고 하자. 그리고 본인한테는 관대한데 남한테는 엄격하다고 했잖아? 반대로 정 대리가 자신한테는 엄격하고 남한테는 관대해져보는 게 어때?"

"송 과장님, 왜 제 명치를 쿡쿡 찌르세요? 오늘 진짜 여러 번 털리네. 그런데 권 사원, 이 바지 가짜인 거 티나?"

"관심 없어서 브랜드도 사실 뭔지 몰라요. 정 대리님은 인물이 좋아서 그냥 심플한 거 입어도 멋있어요."

"그래? 알았어. 이거 당장 버려야겠다. 안 그래도 봐둔 거 몇 개 있는데 다 접어야지. 고마워, 권 사원."

"왜 그러세요, 하하. 회사에는 별일 없죠?"

"똑같지, 뭐."

"그런데 송 과장님은 회사 계속 다니실 거예요?"

"어? 그럼 다녀야지."

"송 과장님은 이미 경제적 자유를 찾은 거 아닌가요? 요즘 모든 직장인들의 꿈이 경제적 자유잖아요."

"경제적 자유라……. 요즘 생각이 좀 많아. 단순히 재정적으로 자립했다고 해서 그게 다가 아니더라고. 만약에 내가 돈이 많아서 회사를 그만두면 남는 시간에 뭘 할지에 대해 생각해본 적이 없더라고. 회사가 있기 때문에 아침에 일찍 일어나서 출근해야 한다는 압박감이 있고 그 압박감으로 생활 패턴이 유지되고 있거든. 그런데 매일매일이 주말 같다면 나는 분명 게을러질 거야. 지금은 4시 30분이라는 기상 시간이 정해져 있지만 회사를 다니지 않으면 무너질 거 같아. 몇 시에 알람을 해야 할지 매일 밤 고민할 것 같기도 하고. 그게 나에게는 오히려 자유롭지 않은 상태가 될 것 같아. 결국 시간이 많은 게 자유로운 게 아니라 주체적으로 쓸 수 있어야 자유로운 거더라고."

정 대리가 말한다.

"저는 돈 많이 벌면 무조건 회사 그만둘 것 같아요."

"나도 처음에는 돈 생기면 회사를 그만두는 게 경제적 자유인 줄 알았어. 지금은 생각이 좀 바뀌었는데 경제적으로 자유롭다는 것은 무조건 놀고먹는 게 아닌 것 같아. 내가 의미 있는 일을 하고, 스트레스를 받더라도 거기서 어떤 가치를 느끼고 뭔가 배울 점이 있다면 계속해야 할 이유가 충분히 있다고 봐. 나도 물론 회사 생활 하면서 때려치우고 싶은 날도 많지만 아직 나는 30대 후반이고 회사에서 더 보여줄 것도, 배울 것도 많아. 그리고 정 대리, 권 사원 너희들처럼 좋은 후배들도 만날 수 있고 최 부장님, 상무님, 김 부장님, 나에게는 다 소중한 선배들이야. 내가 이런 훌륭한 선후배들을 어디 가서 만날 수 있을까? 회사니까 가능한 것 같아."

권 사원이 말한다.

"그럼 과장님은 회사를 계속 다니실 건가 보네요."

"내가 회사를 그만두는 순간은 아마도 두 가지 경우일 것 같아. 회사가 이제 내가 더 이상 필요 없다고 나가라고 할 때와 내가 진짜로 하고 싶은 무엇인가를 찾았을 때. 권 사원이 그랬던 것처럼. 단순히 재정적인 여유가 생겼다는 이유만으로 그만두지는 않을 거야."

"궁금한 게 있는데요. 경제적 자유가 돈만 있으면 다 되는 건 가요?"

"인생의 목적과 방향에 대한 주도권이 나에게 있어야만 진정한 자유를 얻을 수 있어. 나를 통제할 줄 안다는 것은 칼자루가 내 손에 있다는 뜻이지. 그런데 사람들은 칼날을 잡고 있으면서 칼자루를 잡고 있다고 착각을 해. 아무것도 통제하지 못하고 세상과 주변 환경에 이리저리 휩쓸린다면 그게 진정한 자신의 모습인지 생각해볼 필요가 있다고 봐."

"주변 환경에 휩쓸리지 않는다는 게 어려운 일 아닌가요?"

"맞아. 어려워. 어렵지만 주어진 환경에서 최선의 선택을 하고 결과에 대한 고민을 해야 해. 그러다 보면 그간의 최선의 선택을 뛰어넘기 위해 주어진 환경 안이 아닌 밖에 대해 생각하게 되지. 그때 비로소 다른 세상이 열리는 것 같아. 어렵나? 내가 생각해도 단순히 경제적인 부분보다 더 어렵더라고. 나도 알아가는 중이야."

남은 공차 한 모금을 깊게 빨아들인다.

내가 지금 후배들에게 한 말들이 정답인지는 모르겠다. 이런 생각이 언제 또 바뀔지도 모르겠다.

후배들에게는 조금이나마 도움이 되었을까?

직장의 소중함을 모르고 지냈던 내가 이런 말을 할 자격이 있는 걸까?

나는 앞으로 어떻게 살아야 할까?

나는 요즘 친구가 무엇인지 궁금하다.

나는 요즘 가족이 무엇인지 궁금하다.

나는 요즘 직장이 무엇인지 궁금하다.

나는 요즘 돈이 무엇인지 궁금하다.

나는 요즘 경제적 자유가 무엇인지 궁금하다.

나는 요즘 행복이 무엇인지 궁금하다.

나는 요즘 인생이 무엇인지 궁금하다.

나는 요즘 내가 누구인지가 궁금하다.

이런 인생의 여정에 대한 즐거운 고민은 앞으로도 계속될 것 같다.

12

핸드폰에 '여신님'이라고 뜬다.

아내의 전화다.

"맥주 사갈까?"

"응, 좋지."

나는 재즈바에서 연락처를 받은 후 9개월 만에 결혼했다. 주의력결핍 과잉행동장애와 우울증을 갖고 저공 비행 인생을 살던 내가 결혼을 했다는 사실이 지금 생각해도 놀랍다.

처음에는 그녀에게서 연락이 없었다. 나는 어떻게든 연락을 하고 싶었다. 그래서 내가 먼저 몇 개 곡을 선정해서 연락을 했다. 그녀는 좋다고 했다.

나는 재즈바 사장님에게 부탁해 그녀를 위한 자리를 여러 번 예약해두었다. 내가 제일 잘 보이는 자리로. 아니, 내가 제일 멋있게 보이는 자리라고 표현하는 게 맞겠다.

레지던트 생활에 지친 그녀에게 당분이 되어주고 싶었다. 비타민이 되어주고 싶었다. 그렇게 연애는 시작되었다. 우리는 서로의 다른 점에서 매력을 느꼈고 서로의 공통점에서 동질감을 느꼈다.

그녀의 부모님은 의사인 딸이 평범한 직장인과 결혼하는 것에 반대했다. 장인, 장모님은 직장인은 언제든지 백수가 될 수 있다며 전문직 배우자를 원했다. 딸이 의료인이니 사위는 법조인이었으면 좋겠다고 했다.

이해할 수 있다. 내가 부모라도 반대했을 것이다.

나중에 알게 된 것인데 아내는 부모님의 반대가 심하자 하루는 크게 다퉜다고 한다. 아내는 이렇게 소리를 지르고는 집 밖으로 뛰쳐나왔다고 했다.

"그 사람 잘리면 내가 벌어서 먹여 살리면 되잖아요!"

우리 부모님도 반대를 하셨다. 의사 며느리라면 플래카드를 걸고 환영할 줄 알았는데 의외였다. 정신치료를 하는 사람과 정신치료를 받는 사람의 조합은 납득이 되지 않아 그러시나 했는데 그런 게 아니었다.

우리 부모님은 부모님대로 내가 기죽어서 살까봐, 사위 취급 못 받고, 남편 취급 못 받고, 아빠 취급 못 받고 살까봐 걱정을 하셨다. 부모님 마음은 똑같다. 자기 자식이 가장 소중하다. 나도 자식이 생기니 그 마음을 알겠다.

그렇게 우여곡절 끝에 결혼을 했고 나는, 우리는 행복하게 살고 있다.

　아이를 재우고 냉장고에서 맥주를 두 캔 꺼낸다. 오늘도 수고했다는 뜻으로 우리 부부가 매일 맞이하는 의식이다. 갑자기 김 부장님 생각이 나 툭 던져본다.

　"전에 내 팀장이었던 김 부장님 말야. 퇴사하시고 세차장에서 일하시는 걸 우연히 봤어. 인생 참 모르는 일이야. 신도시 분양상가 사기당하신 것 같은데…… 안타까워."

　아내가 흠칫 놀라더니 맥주를 쭉 들이켠다. 무언가를 생각하는 듯 잠시간의 침묵 끝에 아내가 대답한다.

　"많은 사람들이 인생의 향기라고 해야 하나, 무언가를 찾기 위해 삶의 시간을 전부 써버리잖아. 그런데 그 향기를 결국에는 찾지 못하는 것 같아."

　"왜?"

　"그 향기는 바로 자기 자신에게서 나고 있는데 그걸 몰라. 자신이 얼마나 소중한 존재인지 모르고 다른 곳에서 찾으려고 해. 타인에게서 찾으려고 하기도 하고 때로는 과거나 미래에서 찾으려고 하거든. 현재의 자기 자신의 가치를 제대로 아는 것이야말로 인생에서 가장 중요한 일이잖아. 그런 면에서 보면 당신은 스스로에 대해 잘 아는 것 같아."

　아내는 맥주를 한 모금 마시며 말을 이어간다.

　"벌써 10년 전인가. 재즈바에서 와인 마시면서 공연 볼 때가 생각나. 그때 당신이 피아노 치는 모습이 지금도 눈에 선해. 그러고 보면 시간 참 빨라. 나는 예전의 내 모습이나 지금이나 변한 게 없는 것 같은데 말야. 당신은 어때?"

방구석에서 늘어진 미역줄기처럼 처져 있던 과거 모습이 스쳐 지나간다.

"나는…… 조금 달라진 것 같긴 해. 달라져야만 했지."

우리 둘은 각자의 맥주캔에 입술을 대고 고개를 뒤로 젖힌다. 아내는 잠시 생각에 잠기다가 말한다.

"당신 참 열심히 살았어. 지금도 그렇게 살고 있고. 어떨 때는 안타깝기도 해. 나도 말이 의사지 월급 받는 월급쟁이고 당신도 월급쟁이고. 우리 같은 월급쟁이들은 아침에 출근해서 저녁때 퇴근하는 직장생활이 어찌 보면 다 똑같은 것 같아. 그리고 당신 너무 무리하지 마. 그러다가 쓰러지기라도 할까봐 겁나."

"걱정 마. 건강은 챙기면서 하고 있으니까. 내가 세운 목표를 향해 가는 걸 즐길 뿐이야."

"아, 전에 말했던 그거?"

"어."

"음…… 그래서…… 경제적 자유에 이르렀어?"

나는 아무 대답을 하지 않는다. 무슨 말을 해야 할지 생각이 나지 않는다. 손에 눌려 살짝 찌그러져 있던 맥주캔이 펴지면서 딱 소리가 난다. 무슨 말을 해야 할지 생각이 났다.

"재정적 여유라는 조건에는 가까워진 것 같은데 나머지는 잘 모르겠어."

"하긴, 그게 쉬우면 이 세상 부자들이 돈만 벌다가 저 세상으로 가진 않겠지."

나는 아무 말 없이 고개만 끄덕인다. 맥주를 다시 한 모금 마시고 아내에게 말한다.

"단순히 돈 버는 걸 그만두거나 돈에 대한 욕심을 버리는 게 정신적 자유가 아니더라고. 극단적으로 노숙자들이 자유로워 보이지 않는 것처럼 말이야."

"나도 요즘 병원에서 상담하면서 많이 느껴. 사회가 성과와 능력만을 강조하다 보니 교육과 문화까지도 영향을 받더라고. 그러니 사람들은 점점 물질적인 것만 추구하는 거고. 꿈이 뭐냐고 물으면 다들 행복이라고 대답하지만 실은 행복은 자유의 일부인 거잖아. 만일 사람들의 최종 목적이 우리가 지금 말하는 진짜 자유라면 사회가 이렇게까지 차갑진 않을 거 같아. 모두 자유를 위해 살아가지만 오히려 자유로부터 도피하려는 삶을 사는 것 같아."

오늘은 어쩐 일인지 평소에 잘 하지 않던 깊은 얘기까지 오고 간다.

아내는 멍하니 어둑한 거실 창밖을 바라본다.

창문을 통해 보이는 달을 보는 것 같다.

나도 같은 곳에 시선을 두고 맥주캔을 만지작거린다.

"사실 나중에 은퇴하고 나서 하고 싶은 일이 있는데……."

"뭔데?"

"내가 쌀 기부하고 있는 보육원이랑 양로원 있지? 그 중간에 창고가 하나 있는데 그 자리에 도서관을 짓고 싶어. 좀 알아봤더니 지자체에서 보조금을 대줄 수 있다고는 하는데 거절하려고. 결국 다 세금이잖아. 온전히 내 돈으로 사람들에게 뭔가를 해주고 싶어. 도서관에서 책 빌려주고 책 정리도 하고. 그러면서 글씨가 안 보이는 어르신들께는 책도 읽어드리고. 무슨 책을 읽어야 할지 모르는 청소년들에게는 좋은 책도 권해주고. 그렇게 살다가 인생을 마무리하고 싶어. 지금 내 기준에서는 재정적 여유와 정신적 자유가 합쳐진 진정한 경제적 자유가 그런 게 아닐까⋯⋯ 하는 생각이 들어. 먼 훗날이지만 도서관이 완성되고 사람들의 발걸음이 그쪽으로 향하는 걸 상상하면 절로 웃음이 나고 설레고 그래. 당신은, 당신만의 삶의 의미나 목적에 대해 생각해본 적 있어?"

"⋯⋯."

맥주 한 캔에 취한 아내는 어느새 내 무릎을 베고 잠들었다. 그녀가 잠든 사이 나는 소파 옆에 쌓여 있는 책을 하나 집는다.

고개를 드니 거실에 텔레비전 대신 놓아둔 책장에 책 수백 권이 꽂혀 있다. 절반은 그녀가 읽는 정신분석학, 심리학, 육아, 요리 책이고, 절반은 내가 읽는 인문학, 부동산, 자기계발, 소설, 수필 책이다.

10년 전의 나는 이런 현재의 모습을 상상조차 하지 못했다. 그때의 내가 아무것도 하지 않았다면 그때나 지금이나 나는 같은 모습이었을 것이다. 아마도 이 세상과 작별하기 위해 또 한 번 고속도로에서 눈을 감고 어딘가를 향해 돌진했을지도 모른다. 결국은 주어진 이 시간을 어떻게 쓰느냐가 미래를 결정한다.

이제 앞으로 다음 10년의 미래를 상상해본다. 상상은 주의력결핍 과잉행동장애를 가지고 있는 내 전문이다.

다음 날, 오전 4시 30분이다. 저절로 눈이 떠진다. 4시 30분이 넘어서 눈이 안 떠지기가 쉽지 않다. 주방으로 간다. 최대한 소리가 나지 않게 그릇과 수저를 꺼낸다. 오늘은 그릇끼리 부딪치는 소리를 내지 않았다.

주방 선반 위에 놓인 두 가지 종류의 시리얼을 바라본다. 아들이 먹는 달콤한 것과 아내가 먹는 현미인지 그래놀라인지 하는 덜 단 것. 요즘 옆구리 살이 좀 빠져서 달콤한 것을 고른다. 그릇에 시리얼을 붓는다. 우유가 튀지 않게 나지막이 붓는다. 턱을 움직일 때마다 와삭 소리가 머릿속을 울린다. 다 먹고 우유를 쭉 들이켠다. 시리얼 때문에 달콤해진 우유가 한여름에 줄넘기를 500번 뛰고 나서 마시는 생맥주 같다.

물과 함께 약을 먹고, 지하철에서 읽을 책을 챙기고, 말랑해진 가죽 구두를 신고, 현관문을 열고 조심스럽게 닫는다. 도어락이 잠기는 소리와 함께 나는 다짐한다.

나는 오늘도 꽤 괜찮은 사람이고 싶다고.

회사에 도착한다. 노트북 전원 버튼을 누른다. 권 사원의 자리는 아직 공석이다. 똑똑한 권 사원은 잘 지내고 있을까. 오늘따라 빈자리가 크게 느껴진다.

믹스커피를 한 잔 마시고 싶다. 휴게실로 향한다. 늘 부족했던 믹스커피가 김 부장님이 나가고 난 뒤로는 늘 수북하다.

커피를 타고 휴게실을 둘러본다. 소파가 눈에 들어온다. 술에 취해 넥타이를 풀어 헤치고 잠든 김 부장님이 생각난다. 나간 지 몇 달 되지 않았는데 몇 년이 된 것 같다.

커피를 들고 자리에 앉는다. 오늘은 일기 대신 오랜만에 블로그에 글을 써볼까 한다.

음…… 뭘 써볼까…….

김 부장님.

김 부장 이야기.

대기업 다니셨으니까……

대기업 다니는 김 부장 이야기.

그래도 서울에 집 한 채 있으시니까……

서울 자가에 대기업 다니는 김 부장 이야기.

〈끝〉

서울 자가에 대기업 다니는
김 부장 이야기
특별합본호

초판 1쇄 발행 2024년 1월 29일

지은이 송희구

책임편집 이정아
마케팅 이주형
경영지원 홍성택, 강신우, 이윤재
제작 357 제작소

펴낸이 이정아
펴낸곳 (주)서삼독
출판신고 2023년 10월 25일 제 2023-000261호
주소 서울시 마포구 월드컵북로 361, 14층
이메일 info@seosamdok.kr

© 송희구
ISBN 979-11-985174-7-0 (03320)

서삼독은 작가분들의 소중한 원고를 기다립니다. 주제, 분야에 제한 없이 문을 두드려주세요.
info@seosamdok.kr로 보내주시면 성실히 검토한 후 연락드리겠습니다.